北京理工大学"双一流"建设精品出版工程

Course of Securities Investment
(2nd Edition)

证券投资学教程
(第2版)

李存金◎编著

北京理工大学出版社
BEIJING INSTITUTE OF TECHNOLOGY PRESS

内容简介

《证券投资学教程（第2版）》系统阐述了证券投资的基础知识、基础理论和基本方法，并以中国证券市场为应用情境力图达成理论与实践有机结合的教学效果。全书共分十章内容：基本证券商品、证券市场、基本证券商品交易、证券投资估价分析、股票基本面分析、技术分析基本理论、K线形态分析技术、技术指标分析法、证券组合投资、资产证券化。前三章主要体现证券投资的基本知识；第四至第六章主要阐述证券投资基本理论；第七、第八章主要概述股市分析技术及运用方法；第九、第十章为证券投资学的前沿理论介绍。本书主要作为经济、管理、财经类专业的本科教材使用，也可作为相关专业及研究生学习证券投资学的入门教材。

版权专有　侵权必究

图书在版编目（CIP）数据

证券投资学教程／李存金编著. 2版. 北京：北京理工大学出版社，2021.3

ISBN 9787568296519

Ⅰ．①证… Ⅱ．①李… Ⅲ．①证券投资－教材 Ⅳ．①F830.91

中国版本图书馆 CIP 数据核字（2021）第 051399 号

出版发行　／　北京理工大学出版社有限责任公司
社　　址　／　北京市海淀区中关村南大街5号
邮　　编　／　100081
电　　话　／　（010）68914775（总编室）
　　　　　　　（010）82562903（教材售后服务热线）
　　　　　　　（010）68944723（其他图书服务热线）
网　　址　／　http://www.bitpress.com.cn
经　　销　／　全国各地新华书店
印　　刷　／　三河市华骏印务包装有限公司
开　　本　／　787毫米×1092毫米　1/16
印　　张　／　22.25　　　　　　　　　　　　　　　　责任编辑／时京京
字　　数　／　520千字　　　　　　　　　　　　　　　文案编辑／时京京
版　　次　／　2021年3月第2版　2021年3月第1次印刷　　责任校对／周瑞红
定　　价　／　89.00元　　　　　　　　　　　　　　　责任印制／李志强

图书出现印装质量问题，请拨打售后服务热线，本社负责调换

前言

国外证券市场的发展已有上百年的历史，许多西方经济发达国家已建立了较为成熟的证券市场，对其经济发展起到了至关重要的保障作用。我国证券市场起步虽然较晚，但经过几十年的发展，其规模日益壮大、体系日趋完善，在国家经济发展中的地位也日显重要。

证券市场是现代金融体系的重要构成部分，是社会经济活动中进行投融资的有效场所，是连接实体产业和社会资本的桥梁。然而，证券市场是一种运行十分复杂的高级资本市场形态，要想正确理解其与经济的密切关系、理解证券市场中的资本运作原理、理解证券市场客观存在的变化规律，就必须掌握证券市场的基本理论，拥有证券市场的必备知识。因此，作为一门研究证券投资基本理论与方法学科的证券投资学，就成为经济、管理、财经类专业学生必须研修的一门专业课程。

本教材是笔者在多年从事证券投资学教学活动资料积累的基础上编撰而成的，框架体系设计上强调事物的逻辑性和知识的连贯性，力求给出有关证券投资基本理论、基本知识和基本方法的一个较为系统的阐述。教材内容涉及证券商品、证券市场、证券交易的基本知识，证券投资分析的基本理论和基本技术，证券投资的基本原理和运用方法。在教材撰写中，我们以中国证券市场的发展作为基本应用背景，既重视理论和方法交代的严谨性和完整性，又强调理论分析、操作方法与实际问题的有机结合，充分体现了证券投资理论的科学性和专业知识的实用性。

全书共分为十章：第一章，基本证券商品；第二章，证券市场；第三章，基本证券商品交易；第四章，证券投资估价分析；第五章，股票基本面分析；第六章，技术分析基本理论；第七章，K线形态分析技术；第八章，技术指标分析法；第九章，证券组合投资；第十章，资产证券化。

本教材的主要特色体现在：（1）系统介绍证券投资学基本知识、理论与方法，使学生能够通过课程学习掌握证券投资的基本知识，夯实其证券投资的理论基础，熟悉证券投资的基本方法和技术；（2）紧密结合中国情境，将中国证券市场发展情况、政策、投资环境等相关信息融入教材内容之中，使学生能够对中国证券市场发展情况和环境有一定认知；（3）借鉴国外教材先进理念，重视问题启发、讨论题、案例分析、练习题、模拟训练等学习方法在教材中的设计，以积极调动学生的自主学习兴趣；（4）增设知识栏目，包括小常识、知识之窗、寓言故事、名人故事等，以拓宽学生视野和丰富学生知识；(5)增加了以前教材较少涉及的证券组合投资、资产证券化内容。证券组合投资属于国际先进的投资理论和方法，资产证券化是国外最新的一种证券运作机制，这两章内容可根据课程学时灵活安排教学。

　　本教程经过四年的教学应用，体现出了良好的教学效果。当然，在教学中也发现了某些不足及存在一些勘误，故产生了对上版教材进行修订、优化的想法。这次再版总体上保留了前书主要内容，重点从以下几个方面进行了修订：(1)重新撰写第二章，力求体系遵循逻辑而明了，内容条理化、简洁化；(2)重新撰写第十章，不仅清晰地概述了什么是资产证券化，而且内容条理化、丰富化，便于学生学习；(3)对习题进行了重要修订，主要设置按照分析题、辩论题、计算题、讨论题、案例分析题等设计题型，不仅增加了习题数量，对计算题还给出了答案提示；(4)在原书基础上对知识之窗、小常识、寓言故事、案例分析等栏目进行了内容充实；(5)增加了一个附录：贵州茅台股票投资分析报告范例。

　　感谢读者们喜欢笔者的这本拙作！感谢使用本教材的学校和老师们！感谢北京理工大学对本教材编写的两次立项支持！欢迎广大读者提出宝贵批评建议！

李存金

2020年10月10日

目 录
CONTENTS

第一章 基本证券商品 ………………………………………………………… 001
  1.1 证券的含义 ………………………………………………………………… 001
    1.1.1 证券的定义及类型 …………………………………………………… 001
    1.1.2 无价证券 ……………………………………………………………… 001
    1.1.3 有价证券 ……………………………………………………………… 002
  1.2 股票 ………………………………………………………………………… 002
    1.2.1 基本概念 ……………………………………………………………… 002
    1.2.2 股票的分类 …………………………………………………………… 004
    1.2.3 股票的价格 …………………………………………………………… 006
    1.2.4 其他相关概念 ………………………………………………………… 006
  1.3 债券 ………………………………………………………………………… 009
    1.3.1 债券的定义与基本要素 ……………………………………………… 009
    1.3.2 债券的基本特点 ……………………………………………………… 009
    1.3.3 债券的分类 …………………………………………………………… 010
  1.4 基金 ………………………………………………………………………… 011
    1.4.1 证券投资基金的概念、分类与特点 ………………………………… 012
    1.4.2 契约型投资基金与公司型投资基金 ………………………………… 014
    1.4.3 开放式基金与封闭式基金 …………………………………………… 015
    1.4.4 股票基金与债券基金 ………………………………………………… 016
    1.4.5 指数基金 ……………………………………………………………… 017
    1.4.6 QDII 基金与 QFII 基金 ……………………………………………… 017
  1.5 证券衍生产品 ……………………………………………………………… 019
    1.5.1 证券衍生产品概念 …………………………………………………… 019
    1.5.2 证券衍生产品类型 …………………………………………………… 019
    1.5.3 证券衍生产品特点 …………………………………………………… 023
    1.5.4 认股权证 ……………………………………………………………… 024

练习题一 ·· 026

第二章 证券市场 ·· 029

2.1 证券市场概述 ·· 029
- 2.1.1 证券市场概念及特征 ·· 029
- 2.1.2 证券市场的结构体系 ·· 030
- 2.1.3 证券市场的基本功能 ·· 031
- 2.1.4 证券市场的中介机构 ·· 032
- 2.1.5 证券监管模式 ··· 033
- 2.1.6 证券市场的自律性组织 ··· 034
- 2.1.7 证券市场在金融市场体系中的地位 ··· 034
- 2.1.8 证券市场的法律制度 ·· 035

2.2 股票市场 ·· 036
- 2.2.1 什么是股票市场 ·· 036
- 2.2.2 股票市场的产生与发展 ··· 036
- 2.2.3 股票市场的主要功能 ·· 037
- 2.2.4 股票上市需要具备的条件 ·· 038
- 2.2.5 股票发行上市的步骤及核准程序 ··· 038
- 2.2.6 股票的发行方式 ·· 040
- 2.2.7 股票的发行价格 ·· 040

2.3 债券市场 ·· 041
- 2.3.1 什么是债券市场 ·· 041
- 2.3.2 债券市场的产生与发展 ··· 042
- 2.3.3 债券市场有哪些主要功能 ·· 042
- 2.3.4 企业发行债券需具备的条件及债券发行的审批程序 ··································· 042
- 2.3.5 我国国债发行的方式 ·· 044
- 2.3.6 我国公司债券发行的条件 ·· 044

2.4 创业板市场 ··· 045
- 2.4.1 创业板市场概述 ·· 045
- 2.4.2 创业板市场的设立方式与运行模式 ·· 046
- 2.4.3 创业板市场和主板市场的区别 ·· 047
- 2.4.4 中国创业板公司上市条件 ·· 048

2.5 科创板市场 ··· 048
- 2.5.1 何为科创板市场 ·· 049
- 2.5.2 科创板上市标准 ·· 049
- 2.5.3 科创板的特色 ··· 050
- 2.5.4 科创板上市的意义 ··· 052

练习题二 ·· 053

第三章 基本证券商品交易 ·· 056

3.1 股票交易 ·· 056

3.1.1　开户 …………………………………………………………………… 056
　　3.1.2　委托 …………………………………………………………………… 056
　　3.1.3　竞价 …………………………………………………………………… 057
　　3.1.4　清算、交割、过户 ……………………………………………………… 057
　　3.1.5　交易费用的规定 ………………………………………………………… 058
　3.2　基金交易 ……………………………………………………………………… 060
　　3.2.1　封闭式基金的上市与交易 ……………………………………………… 060
　　3.2.2　开放式基金的申购与赎回 ……………………………………………… 060
　　3.2.3　基金交易价格 …………………………………………………………… 061
　　3.2.4　基金交易费用 …………………………………………………………… 062
　3.3　债券交易 ……………………………………………………………………… 062
　　3.3.1　场内债券交易 …………………………………………………………… 062
　　3.3.2　场外债券交易 …………………………………………………………… 063
　　3.3.3　债券交易费用 …………………………………………………………… 064
　3.4　股指期货交易 ………………………………………………………………… 064
　　3.4.1　何为股指期货 …………………………………………………………… 064
　　3.4.2　股指期货的功能 ………………………………………………………… 065
　　3.4.3　股指期货合约设计 ……………………………………………………… 066
　　3.4.4　股指期货交易制度 ……………………………………………………… 067
　3.5　股价指数编制方法 …………………………………………………………… 069
　　3.5.1　算术平均数法 …………………………………………………………… 070
　　3.5.2　加权平均数法 …………………………………………………………… 070
　　3.5.3　修正平均法 ……………………………………………………………… 070
　3.6　国内外典型股价指数 ………………………………………………………… 071
　　3.6.1　道·琼斯股票价格平均指数 …………………………………………… 072
　　3.6.2　标准普尔指数 …………………………………………………………… 072
　　3.6.3　金融时报指数 …………………………………………………………… 073
　　3.6.4　日经指数 ………………………………………………………………… 073
　　3.6.5　恒生指数 ………………………………………………………………… 073
　　3.6.6　中国股市主要指数 ……………………………………………………… 074
　练习题三 …………………………………………………………………………… 077

第四章　证券投资估价分析 …………………………………………………………… 080
　4.1　证券收益率 …………………………………………………………………… 080
　　4.1.1　历史收益率 ……………………………………………………………… 080
　　4.1.2　预期收益率 ……………………………………………………………… 081
　　4.1.3　短期证券投资收益率 …………………………………………………… 081
　　4.1.4　长期证券投资收益率 …………………………………………………… 081
　4.2　证券投资风险衡量 …………………………………………………………… 082
　　4.2.1　证券投资风险种类 ……………………………………………………… 082

4.2.2 证券投资风险衡量方法 ………………………………………………… 083
  4.3 资金的时间价值 …………………………………………………………… 085
   4.3.1 单利的终值与现值 ……………………………………………………… 085
   4.3.2 复利的终值与现值 ……………………………………………………… 086
   4.3.3 普通年金的终值与现值 ………………………………………………… 086
  4.4 股票投资估价法 …………………………………………………………… 088
   4.4.1 股票估价基本模型 ……………………………………………………… 088
   4.4.2 零增长股票的估价模型 ………………………………………………… 088
   4.4.3 固定增长股票的估价模型 ……………………………………………… 089
   4.4.4 P/E 比率估价方法 ……………………………………………………… 089
   4.4.5 股票投资收益率的衡量 ………………………………………………… 089
  4.5 债券投资估价法 …………………………………………………………… 090
   4.5.1 永久债券估价 …………………………………………………………… 090
   4.5.2 零息债券估价 …………………………………………………………… 091
   4.5.3 非零息债券估价 ………………………………………………………… 091
   4.5.4 债券投资收益率的衡量 ………………………………………………… 091
  练习题四 …………………………………………………………………………… 094

第五章 股票基本面分析 …………………………………………………………… 097
  5.1 宏观因素分析 ……………………………………………………………… 097
   5.1.1 经济因素 ………………………………………………………………… 097
   5.1.2 科技因素 ………………………………………………………………… 099
   5.1.3 政策因素 ………………………………………………………………… 100
   5.1.4 政治因素 ………………………………………………………………… 101
  5.2 行业因素分析 ……………………………………………………………… 101
   5.2.1 行业性质 ………………………………………………………………… 101
   5.2.2 行业结构 ………………………………………………………………… 102
   5.2.3 行业经营状况 …………………………………………………………… 102
   5.2.4 行业生命周期 …………………………………………………………… 104
   5.2.5 关联行业因素 …………………………………………………………… 104
  5.3 财务指标分析 ……………………………………………………………… 104
   5.3.1 常用的财务指标 ………………………………………………………… 104
   5.3.2 财务指标的运用方法 …………………………………………………… 105
  5.4 利润分析 …………………………………………………………………… 107
   5.4.1 利润的四大来源 ………………………………………………………… 107
   5.4.2 经常性业务与非经常性业务 …………………………………………… 108
   5.4.3 关联方交易——警惕利润的操纵 ……………………………………… 108
   5.4.4 利润表分析方法 ………………………………………………………… 108
  5.5 股票投资分析报告 ………………………………………………………… 114
   5.5.1 股票投资分析报告的意义及编写要求 ………………………………… 114

  5.5.2 股票投资分析报告的基本撰写范式 ················· 114
 练习题五 ··················· 117

第六章 技术分析基本理论 ··················· 123

 6.1 技术分析的理论基础 ··················· 123
  6.1.1 技术分析的定义 ··················· 123
  6.1.2 技术分析的四个基本要素 ··················· 123
  6.1.3 技术分析理论的三大假设 ··················· 124
  6.1.4 技术分析法的种类 ··················· 125
 6.2 道氏股价波动理论 ··················· 127
  6.2.1 道氏理论的基本思想 ··················· 127
  6.2.2 道氏理论的三种运动趋势 ··················· 128
  6.2.3 道氏理论运用方法 ··················· 130
  6.2.4 道氏理论存在的缺陷 ··················· 131
 6.3 波浪理论 ··················· 131
  6.3.1 波浪理论的四个基本特点 ··················· 131
  6.3.2 "八浪循环"的波浪特性 ··················· 133
  6.3.3 波浪之间的比例 ··················· 133
  6.3.4 波浪理论应用要略 ··················· 134
  6.3.5 波浪理论的缺陷 ··················· 136
 6.4 股市发展阶段与成长周期理论 ··················· 137
  6.4.1 股市成长阶段论 ··················· 137
  6.4.2 股市周期循环论 ··················· 138
 6.5 信心理论 ··················· 139
 6.6 股票价值理论 ··················· 141
 6.7 亚当理论 ··················· 141
  6.7.1 亚当理论的基本观点 ··················· 142
  6.7.2 亚当理论的行情对称思想 ··················· 142
  6.7.3 应用亚当理论选择的交易时机 ··················· 142
  6.7.4 亚当理论中的十大戒条 ··················· 142
 6.8 黄金分割率理论 ··················· 144
  6.8.1 黄金分割率的由来 ··················· 144
  6.8.2 黄金分割率的特点 ··················· 144
  6.8.3 黄金分割率在证券市场投资中的运用 ··················· 146
 6.9 其他技术分析理论 ··················· 147
  6.9.1 证券市场分析论 ··················· 147
  6.9.2 随机漫步理论 ··················· 147
  6.9.3 相反理论 ··················· 148
 练习题六 ··················· 150

第七章　K线形态分析技术 ········· 153

7.1　K线图绘制方法 ········· 153
7.2　阴阳线分析 ········· 154
- 7.2.1　长红线或大阳线 ········· 155
- 7.2.2　长黑线或大阴线 ········· 155
- 7.2.3　先跌后涨型 ········· 156
- 7.2.4　下跌抵抗型 ········· 156
- 7.2.5　上升阻力型 ········· 157
- 7.2.6　先涨后跌型 ········· 157
- 7.2.7　反转试探型 ········· 158
- 7.2.8　弹升试探型 ········· 158
- 7.2.9　十字线型 ········· 158
- 7.2.10　"⊥"图形 ········· 159
- 7.2.11　"一"图形 ········· 159

7.3　K线反转形态分析 ········· 159
- 7.3.1　头肩顶形态 ········· 159
- 7.3.2　头肩底形态 ········· 161
- 7.3.3　复合头肩顶（底）形态 ········· 162
- 7.3.4　圆形顶形态 ········· 164
- 7.3.5　圆形底形态 ········· 165
- 7.3.6　双重顶形态 ········· 167
- 7.3.7　双重底形态 ········· 169
- 7.3.8　三重顶（底）形态 ········· 171
- 7.3.9　潜伏底形态 ········· 172
- 7.3.10　V形和伸延V形形态 ········· 173
- 7.3.11　喇叭形形态 ········· 174
- 7.3.12　单日（双日）反转形态 ········· 175

7.4　K线整理形态分析 ········· 176
- 7.4.1　对称三角形 ········· 177
- 7.4.2　上升三角形和下降三角形 ········· 178
- 7.4.3　楔形 ········· 179
- 7.4.4　矩形 ········· 180
- 7.4.5　旗形 ········· 181

7.5　趋势线 ········· 183
- 7.5.1　形态特征 ········· 184
- 7.5.2　趋势线画法 ········· 184
- 7.5.3　市场意义 ········· 184
- 7.5.4　技术运用提示 ········· 185

7.6　缺口 ········· 186

7.6.1 形态特征 ·· 186
7.6.2 市场意义 ·· 187
7.6.3 技术运用提示 ··· 188
练习题七 ·· 188

第八章 技术指标分析法 ··· 193
8.1 移动平均线 ·· 194
8.1.1 指标计算方法 ··· 194
8.1.2 指标特性分析 ··· 195
8.1.3 葛兰维移动平均线八大法则 ··· 195
8.1.4 移动平均线评价 ··· 196
8.2 平滑异同移动平均线 ··· 198
8.2.1 指标计算方法 ··· 198
8.2.2 指标特性分析 ··· 200
8.2.3 MACD 的基本运用方法 ··· 200
8.2.4 MACD 指标评价 ··· 201
8.3 相对强弱指标 ··· 201
8.3.1 指标计算方法 ··· 201
8.3.2 运用原则 ··· 202
8.3.3 指标评价 ··· 203
8.4 布林线指标 ·· 204
8.4.1 布林线的构成 ··· 204
8.4.2 布林线原理 ·· 204
8.4.3 指标计算方法 ··· 205
8.4.4 布林线的运用方法 ·· 205
8.5 涨跌比率 ··· 206
8.5.1 指标计算方法 ··· 207
8.5.2 指标运用方法 ··· 207
8.6 OBV 线 ·· 208
8.6.1 指标计算方法 ··· 208
8.6.2 指标应用方法 ··· 208
8.7 随机指标 ··· 209
8.7.1 指标计算方法 ··· 209
8.7.2 KDJ 指标基本原理 ·· 211
8.7.3 指标应用方法 ··· 211
8.8 威廉指标 ··· 212
8.8.1 指标计算方法 ··· 212
8.8.2 指标运用方法 ··· 212
8.9 心理线 ·· 213
8.9.1 指标计算方法 ··· 214

8.9.2 指标基本原理 ······ 214
8.9.3 指标运用方法 ······ 214
8.10 乖离率 ······ 215
8.10.1 指标计算方法 ······ 215
8.10.2 指标运用方法 ······ 215
练习题八 ······ 216

第九章 证券组合投资* 220
9.1 组合投资理论的发展 ······ 220
9.1.1 20世纪50年代前的组合投资思想 ······ 220
9.1.2 马科维茨投资组合理论及其扩展 ······ 221
9.1.3 资本资产定价模型及其扩展 ······ 222
9.1.4 资本市场假说研究 ······ 222
9.1.5 现代投资组合理论的框架体系 ······ 224
9.1.6 投资组合理论的前沿动态 ······ 224
9.2 投资效用分析 ······ 226
9.2.1 效用函数（偏好函数）的含义 ······ 226
9.2.2 效用函数的经济学性质 ······ 228
9.3 风险条件下机会集分析 ······ 231
9.3.1 平均收益的确定 ······ 231
9.3.2 度量离散程度 ······ 232
9.3.3 证券资产组合的一般特性 ······ 232
9.4 有效投资组合分析方法 ······ 239
9.4.1 不容许卖空下的两个风险资产的组合 ······ 240
9.4.2 投资组合可能曲线的形状 ······ 243
9.4.3 存在无风险借贷情况下的有效边界 ······ 245
9.5 计算有效边界的技术 ······ 247
9.5.1 允许卖空且可以无风险贷款 ······ 247
9.5.2 允许卖空但禁止无风险借贷 ······ 249
9.5.3 不允许卖空但可以无风险借贷 ······ 252
9.5.4 不允许卖空且禁止无风险借贷 ······ 252
练习题九 ······ 254

第十章 资产证券化* 257
10.1 资产证券化的概念与分类 ······ 257
10.1.1 资产证券化的概念 ······ 257
10.1.2 资产证券化分类 ······ 260
10.2 资产证券化缘起与发展 ······ 264
10.2.1 资产证券化的缘起 ······ 264
10.2.2 资产证券化在美国的发展 ······ 264
10.2.3 资产证券化在欧洲的发展 ······ 265

- 10.2.4 中国资产证券化的发展 ... 267
- 10.3 资产证券化的原理 ... 269
  - 10.3.1 资产重组原理 ... 269
  - 10.3.2 风险隔离原理 ... 270
  - 10.3.3 信用增级原理 ... 270
- 10.4 资产证券化的交易结构 ... 274
  - 10.4.1 资产证券化的主要参与者 ... 274
  - 10.4.2 资产证券化的基本交易结构 ... 277
  - 10.4.3 债权融资结构、信托结构和股权融资结构 ... 278
  - 10.4.4 单宗销售和多宗销售结构 ... 278
  - 10.4.5 单层销售结构与双层销售结构 ... 279
  - 10.4.6 循环交易结构 ... 280
- 10.5 资产证券化的运作过程 ... 282
- 10.6 资产证券化的定价方法 ... 288
  - 10.6.1 资产证券化的定价原理 ... 288
  - 10.6.2 资产证券化定价的影响因素分析 ... 288
  - 10.6.3 资产证券化常用定价模型 ... 290
- 10.7 资产证券化的收益分析 ... 295
  - 10.7.1 现金流分析 ... 295
  - 10.7.2 融资成本分析 ... 298
  - 10.7.3 原始权益人收益分析 ... 300
  - 10.7.4 计划管理人收益分析 ... 301
  - 10.7.5 投资人的收益分析 ... 303
  - 10.7.6 其他参与者的收益分析 ... 303
- 10.8 资产证券化的风险管理 ... 304
  - 10.8.1 资产证券化的风险来源 ... 304
  - 10.8.2 资产证券化风险因素识别 ... 305
  - 10.8.3 资产证券化风险评价 ... 306
  - 10.8.4 资产证券化风险管控 ... 307
- 练习题十 ... 312

附录：贵州茅台投资分析报告（2020年） ... 317
参考文献 ... 336

第一章
基本证券商品

本章学习要点：

(1) 理解证券的含义，熟悉证券的基本分类。
(2) 熟悉股票概念、股票分类及不同股票价格，知晓优先股与普通股的差异。
(3) 熟悉债券的定义、特点和基本分类。
(4) 熟悉基金含义及特点，理解股票基金与债券基金、开放式基金与封闭式基金、契约型投资基金与公司型投资基金的不同，知晓指数式基金、QDII 基金与 QFII 基金。
(5) 熟悉证券衍生产品的概念、类型及特点，知晓认股权证。

1.1 证券的含义

1.1.1 证券的定义及类型

证券是用以表明各类财产所有权或债权的凭证或证书的通称，是用来证明持证人享有的某种特定权益的法律凭证。证券实质上体现的是一种具有财产属性的民事权利，它是权利人在行使权利的过程中所表现出来的一种法律现象。证券的特点在于把民事权利表现在证券上，使权利与证券相结合。

证券按其性质不同，可以分为无价证券和有价证券两大类（如图 1-1 所示）。

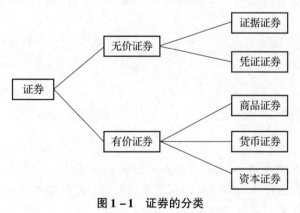

图 1-1 证券的分类

1.1.2 无价证券

无价证券是指具有证券的某一特定功能，但不能作为财产使用的书面凭证。无价证券又可以分为证据证券、凭证证券两类：证据证券只是单纯地证明一种事实的书面文件，如信用证、证据、机票、车船票、电影票等；凭证证券是认定持证人是某种私权的合法权利者和证明持证人所履行的义务有效的书面文件，如存款单、借据、收据、土地所有权证及定期存款存折等。无价证券不具有流通性，所以不存在流通价值和价格。无价证券虽然也是代表所有权的凭证，但不能让渡，政府或国家法律会限制它在市场上的流通，且不得通过流通转让来增加持券人的收益。

1.1.3 有价证券

有价证券是表明持券人对某项财物或利益拥有所有权并可自由让渡的证券。有价证券的本质是一种交易契约或合同，该契约或合同赋予持有人可根据该合同的规定采取相应的行为，并具有获得相应利益的权利。有价证券一般可理解为虚拟资本的一种形式（虚拟资本是独立于实际资本之外的一种资本存在形式，本身不能在生产过程中发挥作用），这类证券本身没有价值，但由于它代表着一定量的财产权利，持有者可凭其直接取得一定量的商品、货币，或是取得利息、股息等收入，因而可以在证券市场上买卖和流通，客观上具有了交易价格。

有价证券又可以分为商品证券、货币证券、资本证券三大类证券。商品证券：有权领取某种商品或货物的凭证，如提货单、运货单、仓栈单等。货币证券：对货币有请求权的凭证，如支票、汇票、期票、商业票据等。资本证券：表明对某种投资拥有权益的凭证，如债券、股票、认股权证等。在实际经济活动中，资本证券也被称为狭义概念下的有价证券，其原因在于：商品证券多用作贸易工具，货币证券多用作结算信用手段，唯有资本证券真正具有投资价值。

有价证券的基本特征：一是收益性，有价证券代表的是对一定数额的某种特定资产的所有权或债权，投资者持有证券也就同时拥有取得这部分资产增值收益的权利。二是流动性，有价证券的流动性是其区别于无价证券的基本特征，即证券持有人可以用证券换取现金的特性。三是风险性，从整体上说，证券的风险与其收益成正比。四是期限性，有些有价证券具有期限性，如债券一般有明确的还本付息期限，这体现了证券对投融资双方权益的一种保护，具有法律约束力。

1.2 股票

1.2.1 基本概念

1.2.1.1 股票

股票是股份公司在筹集资本时向出资人发行的股份凭证，代表着其持有者（即股东）对股份公司的所有权。这种所有权主要体现为股东拥有的股份资本所有权，同时也表征了股东应享有的各种综合权利，如参加股东大会、投票表决、参与公司的重大决策、收取股息或分享红利等。当然，作为股东也要按照自己持有的股份多少来共同承担公司运作错误所带来的损失风险。

股票有如下基本特征：

（1）不返还性。股票是一种无偿还期限的有价证券，"付息分红，不退还本金"是其基本规则。投资者认购了股票后，就不能再要求退股，只能到二级市场卖给第三者。

（2）流通性。股票的流通性是指股票在不同投资者之间的可交易性，即股票可以转让、抵押、买卖流通。

（3）收益性。股东凭其持有的股票，有权从公司领取股息或红利。当然，获取股息或红利的大小，主要取决于公司的盈利水平和公司的盈利分配政策。同时，股票的收益性也表现在股票投资者可以通过获得价差收入去实现资产的保值增值。

（4）风险性。对于上市公司的经营成果，股东必须"风险共担，收益共享"。同时，股票是一种高风险的金融产品，其价格具有波动性，有很大的不确定性，由此可能使股票投资者遭受损失。

1.2.1.2 股份

股份是股份公司均分其资本的基本计量单位，它有三层含义：

一是股份公司一定量资本额的代表，即股份可以通过股票价格的形式表现其价值；

二是计算股份公司资本的最小单位，它是股份有限公司资本的构成成分；

三是股东出资额及其股东权利的体现，即股份代表了股份有限公司股东的权利与义务。

股票与股份是形式与内容的关系。股份的特点有如下几点：

（1）股份的金额性，股份有限公司的资本被划分为股份，每一股的金额相等。

（2）股份的平等性，即同种类的每一股份应当具有同等权利。

（3）股份的不可分性，即股份是公司资本最基本的构成单位，每个股份不可再分。

（4）股份的可转让性，即股东持有的股份可以依法转让。

1.2.1.3 股单

股单也是表示股东出资额和股东权利的股份证书，它与股票的差别体现在如下几点：

（1）适用范围不同。股票为有限股份公司发行，股单是有限责任公司发行。

（2）性质不同。股票属于有价证券、权证证券（权利载体）；股单仅仅是一种设权证券，只能证明股东出资额和股东权利，不是有价证券，不具有价格，不能在市场上流通。

（3）形式不同。股票体现为金额相等的股份；每份股单代表的金额可以不等，但必须记名。

1.2.1.4 注册资本、实收资本、发行资本

（1）注册资本：指认缴和募集的股金总额，是股份公司成立时在工商局注册的资本总额。

（2）实收资本：公司实际收到并登记入账的资本。

（3）发行资本：实际已向股东发行的股票总额。

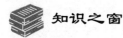

什么是股权分置改革

我国证券市场在设立之初，对国有股流通问题总体上采取搁置的办法，从而在股票市场形成了特有的中国股权分置格局。所谓股权分置，是指A股市场上的上市公司的股份被分

为流通股与非流通股。流通股是股东所持，向社会公开发行的，能在证券交易所上市交易的股份；非流通股是不能上市交易的股份（大多为国有股和法人股）。

股权分置是我国经济体制转轨过程中形成的特殊问题。由于有三分之二的股权不能流通，股票价格不能客观反映企业的真实业绩，上市公司也并不太关心其股票在市场的表现，导致我国股市长期存在"同股不同权、同股不同利"的弊端，严重制约了股市活力和健康发展。因此，股权分置问题被普遍认为是困扰我国股市发展的头号难题。

为适应资本市场改革开放和稳定发展的要求，彻底解决A股市场上相关股东之间的利益平衡问题，2004年1月31日，国务院以国发〔2004〕3号印发《关于推进资本市场改革开放和稳定发展的若干意见》，其中明确提出了要"积极稳妥解决股权分置问题"。2005年4月29日，经国务院批准，中国证监会发布《关于上市公司股权分置改革试点有关问题的通知》，由此中国证券市场开启了股权分置改革的大门。股权分置改革由试点到大面积展开，以大股东向流通股股东让渡权益和分阶段解禁非流通股上市的基本方式被有序推进。截至2006年年底，沪深两市已完成或者进入改革程序的上市公司共1 301家，占应改革上市公司总数的97%，对应市值占比98%，股权分置改革的任务基本完成。

股权分置改革在中国股市发展史上具有战略意义，它结束了上市公司两类股份、两种价格并存的历史，建立起上市公司各类股东的共同利益基础，为完善市场定价功能和资源配置功能、提高上市公司治理水平和推进市场创新发展创造了基础条件。股权分置改革的成功，推动了中国资本市场的机制转换，强化了市场对上市公司的约束机制。

1.2.2 股票的分类

股票的品种很多，分类方法亦不同。

（1）记名股票与不记名股票。

记名股票是在股票票面和股份公司股民册上记载股东姓名的股票，转让时须办理过户手续；无记名股票的股民名字不记入名簿，买卖后无须办理过户手续。

（2）有面额股票与无面额股票。

有面额股票是在股票票面上记载一定金额的股票，无面额股票仅标明其占资金总额的比例。我国早期上市的都是有面额股票，但在二级市场里，其面额往往没有多少实际意义。

（3）流通股票与非流通股票。

流通股票是允许挂牌交易的股票，非流通股票则主要是指暂时不能上市流通的国家股和法人股。流通股与非流通股的划分，是中国证券早期市场特定制度下的产物。2005年4月29日，经国务院批准，中国证监会发布《关于上市公司股权分置改革试点有关问题的通知》。通过这场股权分置改革，当今的中国股市已走向了全流通时代。

（4）普通股与优先股。

按照股东享有的权利不同，股票可划分为普通股与优先股。普通股是指享有普通权利的股份，其每一股份对发行公司财产都拥有平等的权利。优先股是在公司股息分配或公司剩余财产分配上享有比普通股优先权的股票。普通股发行量大，是构成公司资本的基础。优先股在公司资本中占的比重较小，是不能上市交易的，实际上相当于股份有限公司的一种举债集资的形式。其特点比较，如表1-1所示。

表1-1 普通股和优先股的基本特点比较

普通股	优先股
决策参与权	有限表决权
优先认股权	可由公司赎回
剩余财产分配权	优先清偿
股利分配权	股息优先并且固定

普通股的投资收益（股息和分红）不能在购买时作出约定，而是事后根据股票发行公司的经营业绩来确定。因此，普通股东可能是企业经营收益的最大获得者，也自然是企业经营风险的最大承担者，这就使普通股东更为关心公司的经营状况和发展前景。普通股的基本特点如下：

（1）公司决策参与权。普通股股东有权就公司重大问题进行发言和投票表决，特别是，普通股股东的投票权大小取决于其持有的股份多少，每一股拥有均等的投票权。

（2）股利分配权。普通股股东有权从公司利润分配中得到红利和股息，但股利分配多少取决于公司经营业绩及公司的分配政策。

（3）优先认股权。当公司增发新普通股时，现有普通股股东有权按其持股比例优先购买一定数量的新发行股票（价格一般低于市场价）。

（4）剩余资产分配权。普通股股东有权分得公司剩余资产，但必须在公司的债权人、优先股股东之后分得财产。

优先股是公司在筹集资金时给予投资者某些优先权的股票。由于优先股票没有规定最终到期日，它实质上是一种永续性借款，优先股票的收回也由企业决定，故企业在财务上具有较大的灵活性。优先股通常预先定明股息收益率，但由于优先股票股利不是发行公司必须偿付的一项法定债务，如果公司财务状况恶化，这种股利可以不付。这一方面减轻了企业的财务负担，另一方面对优先股股东是一种违约风险。此外，优先股市场容量小，流动性要低于普通股票市场；对投资者而言，优先股的升值空间小，主要收益来自股息的收益。优先股的基本特点如下：

有限表决权。优先股股东一般不享有公司经营参与权，即优先股股票不包含表决权，但在涉及优先股股票所保障的股东权益时，优先股股东可发表意见并享有相应的表决权。

股息优先并且固定。优先股在分配公司利润时可先于普通股，且以约定的比率进行分配。由于优先股股息率事先固定，所以优先股的股息一般不会根据公司经营情况而增减，而且一般也不能参与公司的分红，但优先股可以先于普通股获得股息。

优先清偿。当股份公司因破产或解散进行清算时，在对公司剩余财产的分配上，优先股股东排在债权人之后，但排在普通股股东之前。

优先股可由公司赎回。优先股股东可以依照优先股股票上所附的赎回条款，由股份有限公司予以赎回。

1.2.3 股票的价格

(1) 票面价格。

股票票面价格又称面值,是股份公司发行股票的第一价格,它表明每股股份对公司总资产所占的比例。在中国证券市场里,A股以元为单位,其面值统一定为每股1元。比如,某上市公司的总股本为2 000万元,其股本就将被划分为2 000万股。

(2) 发行价格。

股票发行价格就是股票上市时的实际销售价。股票发行价格的高低受市场机制的影响极大,取决于公司的投资价值和供求关系的变化。因此,股票发行公司计划发行股票时会根据不同情况制订一个较为合理的价格来推销股票。一般而言,股票发行价格要高于面值,称为溢价发行。溢价发行股票增加了公司的资本,其所得溢价款将被列入公司资本公积金,表现为公司股东的权益。

在实际股票发行价格中,溢价发行或者等价发行都是允许的,但是不允许以低于股票票面的价格发行(又称折价发行)。这是因为,折价发行会使公司实有资本少于公司应有的资本,既不符合公司资本充实原则,也不利于保护债权人的利益。

(3) 账面价格。

账面价格是用会计统计的方法计算出来的每股股票所包含的资产净值,实际代表每股净资产价值的价格,又称为账面价值。账面价值是财务统计、计算的结果,数据较精确且可信度很高,所以它是股票投资者评估和分析上市公司实力的重要依据之一。

(4) 内在价格。

内在价格是一种用来分析股票未来收益的理论价格,它代表股票的内在价值,也是在股票投资分析中得出的预期投资价值。计算股票的内在价值需用折现法:

$$P_n = \sum_{t=0}^{n} \frac{Y}{(1+\delta)^t}$$

式中 Y——未来 t 年的收益,δ——贴现率

(5) 市场价格。

市场价格就是市场转让股票的即时价格,也是股票的持有者和购买者在股票交易市场中买卖股票时形成的股票成交价格。股票市场价格总是处在不断变动之中,其价格高低也是由股票内在的价值和外在的供求关系所决定的。当然,在股市运行中,股票价格也会受到市场环境、庄家控制、投机炒作等因素的影响。

(6) 清算价格。

清算价格是公司破产清算时,每一股所代表的真正价格,一般小于账面价格。

1.2.4 其他相关概念

1.2.4.1 A股、B股、H股、N股、S股

我国上市公司的股票有A股、B股、H股、N股、S股等区分,这一区分的主要依据是股票的上市地点和所面对的投资者。

A股的正式名称是人民币普通股票。它是由我国境内的公司发行,供境内机构、组织或个人(不含台、港、澳投资者)以人民币认购和交易的普通股票。

B 股的正式名称是人民币特种股票。它是以人民币标明面值，以外币认购和买卖，在境内（上海、深圳）证券交易所上市交易的我国上市公司股票。投资者来源于境外或中国香港、澳门及台湾地区。

H 股，即注册地在内地、上市地在香港的外资股。此外，在纽约和新加坡上市的股票分别叫作 N 股和 S 股。

1.2.4.2 红筹股与蓝筹股

在中国香港上市的带有中国大陆概念的股票被称为红筹股。

在股票市场上，投资者把那些在其所属行业内占有支配地位、业绩优良、成交活跃、红利优厚的大公司股票称为蓝筹股。

1.2.4.3 国家股、法人股、社会公众股

国家股是指有权代表国家投资的部门或机构以国有资产向公司投资形成的股份。

法人股是指企业法人或具有法人资格的事业单位和社会团体以其依法可经营的资产向公司投资所形成的股份。

社会公众股是指我国境内个人和机构以其合法财产向股市投资所形成的股份。

 小常识

国际上常见的股票发行定价方法

（1）累计投标法。累计投标法源自美国证券市场，询价对象主要是机构投资者。投资银行先与发行人商定一个定价区间，然后通过逐个拜访、通信联系等方式向其客户介绍发行公司的情况及股价定位，由此逐步积累订单，发现不同价格下的需求量。路演结束后，投资银行就能根据订单确定一个基本反映供需关系的价格区间，并以此价将新股先配售给已订购的大机构，再留出一定比例向公众发售。在这种定价方法里，有一种重要的机制运用——"回拨机制"，即让中小投资者间接参与股票发行定价，其目的是在机构投资者与一般投资者之间建立一种相互制衡的关系。其基本原理是：如果一般投资者申购的超额认购倍率提高，机构投资者配售的量就减小，直至为零；如果一般投资者申购的超额认购倍率降低，机构投资者将不得不以较高价格购买股票。

（2）议价法。由股票发行人与主承销商协商确定发行价格。议价法具体有两种方式：

①固定价格方式，其新股发行价格是根据影响新股价格的因素进行加权平均得出的。市场上惯用的计算公式为：$P = A \times 40\% + B \times 20\% + C \times 20\% + D \times 20\%$。其中：$P=$ 新股发行价格；$A=$ 公司每股税后纯收益×类似公司当前 3 年平均市盈率；$B=$ 公司每股股利×类似公司当前 3 年平均股利率；$C=$ 当前期每股净值；$D=$ 预计每股股利/1 年期定期存款利率。

②市场询价方式。当新股销售采用包销方式时，一般采用市场询价方式：第一，根据新股的价值（一般用现金流量贴现等方法确定），考虑各种影响因素，以确定新股发行的价格区间。第二，向投资者介绍和推介该股票，征集在各个价位上的需求量，主承销商和发行人再对最初的发行价格进行修正，最后确定新股发行价格。

（3）竞价法。这是由各股票承销商或者投资者以投标方式相互竞争，以确定股票的发行价格。具体实施中有三种形式：①网上竞价；②机构投资者（法人）竞价；③券商竞价。

1.2.4.4 ST股和PT股

ST股票意即被定为"特别处理"（Special Treatment，ST）的股票。它是针对出现财务状况或其他异常状况的上市公司给出的警示信号（俗称"戴帽"），主要给市场一个警示：该股票存在投资风险。

＊ST是指上市公司经营连续两年亏损，发出退市预警的股票。

PT股是基于为暂停上市流通的股票提供流通渠道的特别转让服务所产生的股票品种。

1.2.4.5 送红股、配股、转增股、转配股

送红股是上市公司将本年的利润留在公司里，发放股票作为红利，从而将利润转化为股本。

配股是指公司按一定比例向现有股东发行新股。

转增股是指公司将资本公积金转化为股本。

转配股是我国股票市场特有的产物，指国家股、法人股的持有者放弃配股权，将配股权有偿转让给其他法人或社会公众。

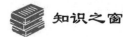

知识之窗

我国股票ST、＊ST、暂停交易、退市的规定

一、股票被ST的规定

（1）最近一个会计年度的审计结果显示，其股东权益为负值；

（2）最近一个会计年度的财务会计报告被注册会计师出具无法表示意见或否定意见的审计报告；

（3）申请并获准撤销＊ST股退市风险警示的公司或者申请并获准恢复上市的公司，其最近一个会计年度的审计结果显示，其主营业务未正常运营或扣除非经常性损益后的净利润为负值；

（4）公司生产经营活动受到严重影响且预计在三个月以内不能恢复正常；

（5）公司主要银行账号被冻结；

（6）公司董事会无法正常召开会议并形成董事会决议；

（7）公司向控股股东或其关联方提供资金或违反规定程序对外提供担保且情形严重的；

（8）中国证监会或证券交易所认定的其他情形。

二、股票被＊ST的规定

（1）最近两年连续亏损（以最近两年年度报告披露的当年经审计净利润为依据）；

（2）因财务会计报告存在重大会计差错或者虚假记载，公司主动改正或者被中国证监会责令改正后，对以前年度财务会计报告进行追溯调整，导致最近两年连续亏损；

（3）因财务会计报告存在重大会计差错或者虚假记载，被中国证监会责令改正但未在规定期限内改正，且公司股票已停牌两个月；

（4）未在法定期限内披露年度报告或者半年度报告，公司股票已停牌两个月；

（5）因股权分布不具备上市条件的情形，公司在规定期限内提出股权分布问题解决方案，经证券交易所同意其实施；

（6）法院依法受理公司重整、和解或者破产清算申请；

（7）出现可能导致公司解散的情形；

(8) 其他存在退市风险的情形。

三、暂停交易

(1) 公司股本总额、股权分布等发生变化，不再具备上市条件；
(2) 公司不按照规定公开其财务状况，或者对财务会计报告作虚假记载，可能误导投资者；
(3) 公司有重大违法行为；
(4) 公司最近三年连续亏损；
(5) 证券交易所上市规则规定的其他情形。

四、退市

(1) 公司股本总额、股权分布等发生变化，不再具备上市条件，在证券交易所规定的期限内仍不能达到上市条件；
(2) 公司不按照规定公开其财务状况，或者对财务会计报告作虚假记载，且拒绝纠正；
(3) 公司最近三年连续亏损，在其后一个年度内未能恢复盈利；
(4) 公司解散或者被宣告破产；
(5) 证券交易所上市规则规定的其他情形。

1.3 债券

1.3.1 债券的定义与基本要素

债券是国家及地方政府或者金融机构、工商企业等机构直接向社会借债筹措资金时，向投资者发行的承诺按一定利率支付利息并按约定条件偿还本金的债权债务凭证。债券的本质是债的证明书，是具有法律效力的表明债券购买者与发行者之间具有债权债务关系的一种金融契约。

债券的品种具有多样性，但其在内容上都要包含一些基本的要素，即债券发行时必须给出债权人和债务人权利与义务的明确约定。债券基本要素包括：

一是债券面值，即债券的票面价值，是债券到期后应偿还债券持有人的本金数额。
二是偿还期，即债券发行日至到期日之间的时间间隔。
三是付息期，即利息支付的时间，有分期支付和到期一次支付两种形式。
四是票面利率，即债券利息与债券面值的比率。
五是发行人名称，即明确登载债券的债务主体（债务人）。

1.3.2 债券的基本特点

债券属于有价证券，是资本市场中一种重要的融资手段和金融工具。债券具有如下基本特点：

(1) 偿还性。发行人必须在规定的偿还期限内按约定条件偿还债券持有人的本金并支付利息。
(2) 流通性。债券一般都可以在流通市场上自由转让。
(3) 低风险性。债券通常规定有固定的利率，收益可能比股票低，但稳定，投资风险较小。当然，在实际操作中也存在一定的违约风险。
(4) 收益性。主要是指债券投资者可以获得定期或不定期的利息收入。当然，投资者也可以利用债券价格的变动,通过在二级市场上买卖债券赚取差价利益。

1.3.3 债券的分类

1.3.3.1 按发行主体分类

(1) 国债。是由中央政府为筹集财政资金而发行的一种债券。国债以一个国家政府的信用作担保,所以信用最好。

(2) 地方政府债券。由地方政府发行的债券,又叫市政债券。它的信用、利率、流通性通常都略低于国债。

(3) 金融债券。由银行或非银行金融机构发行的债券。信用高,流动性好,安全,利率高于国债。

(4) 企业债券。由企业(公司)发行的债券。其风险较前三种债券高,但利率也高。

(5) 国际债券。国外各种机构发行的债券。

1.3.3.2 按债券的形态分类

(1) 实物债券。是一种具有标准格式实物券面的债券。在其券面上,一般印制债券面额、债券利率、债券期限、债券发行人全称、还本付息方式等各种债券票面要素。其一般不记名,不挂失,可上市流通。

(2) 凭证式债券。是一种国家储蓄债,可记名、挂失,以"凭证式国债收款凭证"记录债权,不能上市流通,从购买之日起计息。

(3) 记账式债券。指没有实物形态的票券,以电脑记账方式记录债权,通过证券交易所的交易系统发行和交易。

1.3.3.3 按偿还与付息方式分类

(1) 附息债券。指债券券面上附有息票的债券,是按照债券票面载明的利率及支付方式支付利息的债券。通常半年或一年支付一次利息,利率是固定的,因此又称定息债券。

(2) 贴现债券。发行价低于票面额,到期以票面额兑付,发行价与票面额之间的差额就是贴息。例如:投资者以70元的发行价格认购了面值为100元的5年期国债,那么,在5年到期后,投资者可兑付到100元的现金,其中30元的差价即为国债的利息,年息平均为8.57%,即 (100-70)/(70*5)*100% = 8.57%。

(3) 浮息债券。利息不固定的债券,具体有两种形式:①浮动利率债券,债券利率随着市场利率变化;②累进利率债券,根据持有期限长短确定利率,持有时间越长,则利率越高。

1.3.3.4 按偿还期限分类

(1) 短期债券。偿还期限在1年以内的债券,通常有3个月、6个月、9个月、12个月几种期限。

(2) 中期债券。偿还期限在1~5年范围内的债券。

(3) 长期债券。偿还期限在5年以上的债券。

1.3.3.5 按债券是否记名分类

(1) 记名债券。在债券上记载持券人姓名或名称的债券。

(2) 无记名债券。在债券上不记载持券人姓名或名称的债券。

1.3.3.6 按财产担保性质分类

（1）抵押债券。以不动产作为抵押发行。

（2）担保信托债券。以动产或有价证券担保。

（3）保证债券。由第三者作为还本付息的担保人。

（4）信用债券。只凭发行者信用而发行，如政府债券。

1.3.3.7 按公司债券是否可转换分类

（1）可转换债券，指在特定时期内可以按某一固定的比例转换成普通股的债券，它具有债务与权益双重属性，属于一种混合性筹资方式。

（2）不可转换债券，指不能转换为普通股的债券，又称为普通债券。

1.3.3.8 按债券是否能够提前偿还分类

（1）可赎回债券，是指在债券到期前，发行人可以按照事先约定的赎回价格收回的债券。

（2）不可赎回债券，是指不能在债券到期前收回的债券。

案例分析

北京建材集团的债转股

1999年9月2日，中国信达资产管理公司与北京建材集团共同签订了北京水泥厂债转股协议书，北京水泥厂也由此成为中国首家债转股试点企业。

北京水泥厂是日产两千吨水泥的国有大型骨干企业，但该厂在投资建设期间形成了巨额贷款。由于债务负担过重，该厂生产经营陷入困境。1999年3月，国务院启动了债权转股权国企改革试点工作，以此为契机，北京水泥厂实施了债权转股权改革尝试。北京水泥厂通过资产评估，设计合理转股方案，成功地完成了债转股工作，使其资产负债率大幅下降。同时，北京水泥厂通过完善公司法人治理结构，建立现代企业制度，促进了企业经营机制的转换。1999年，该厂实现了扭亏为盈，企业运营开始步入良性循环。

案例点评：在中国，实施债权转股权是1999年国务院决定的搞活国有大中型企业、实现三年国企脱困的重大举措。北京水泥厂债转股试点改革的成功，说明当时这项改革措施对搞活国企具有重要意义。今天，债转股已经成为中国债券市场的一个有效市场机制，即企业可以发行可转换债券。发行可转换债券有利于减少企业融资成本，债券的持有者则因可以在约定的时间内将其转换成公司的股票而获利。这一举措促进了投资者购买债券的积极性。

1.4 基金

从广义上说，基金是指用于某种特定目的的资金，如证券投资基金、保险基金、公积金、退休基金、社会公益基金等。在这里，我们所说的基金专指资本市场活动中的各种证券投资基金。

1.4.1 证券投资基金的概念、分类与特点

1.4.1.1 证券投资基金的概念

证券投资基金是一种利益共享、风险共担的集合证券投资方式,即通过发售基金份额,集中投资者的资金,形成独立财产,由基金托管人托管,由基金管理人管理和运用资金,从事股票、债券、外汇、货币等金融工具投资,以获得投资收益和资本增值。

投资基金在不同国家或地区的称谓有所不同,美国称为"共同基金",英国和中国香港称为"单位信托基金",日本和中国台湾称为"证券投资信托基金"。

证券投资基金是证券市场发展的必然产物,是一种重要的金融创新,在发达国家已有上百年的发展历史。证券投资基金的产生和发展丰富了证券市场的投资品种,扩大了证券市场的交易规模,有效地改善了证券市场的投资者结构,对证券市场的稳定和发展形成了重要保障作用。证券投资基金可以吸收社会上的闲散资金,为企业在证券市场上筹集资金创造了良好的融资环境,为产业发展和经济增长提供了重要的资金来源。证券投资基金通过把众多投资者的小额资金汇集起来进行组合投资,由专家来管理和运作,经营稳定,为中小投资者拓宽了投资渠道并降低了投资风险。

1.4.1.2 证券投资基金的基本类型

证券投资基金形式多样,品种众多,可根据不同的标准划分其种类。

(1) 根据基金单位是否可增加或赎回,投资基金可分为开放式基金和封闭式基金。开放式基金是指基金设立后,投资者可以随时申购或赎回基金单位,基金规模不固定的投资基金;封闭式基金是指基金规模在发行前已确定,在发行完毕后的规定期限内,基金规模固定不变的投资基金。

(2) 根据组织形态的不同,投资基金可分为公司型投资基金和契约型投资基金。公司型投资基金是具有共同投资目标的投资者组成以营利为目的的股份制投资公司,将其资产投资于特定对象的投资基金;契约型投资基金也称信托型投资基金,是指基金发起人依据其与基金管理人、基金托管人订立的基金契约,发行基金单位而组建的投资基金。

(3) 根据投资风险与收益的不同,投资基金可分为成长型投资基金、收入型投资基金和平衡型投资基金。成长型投资基金是指把追求资本的长期成长作为其投资目的的投资基金;收入型投资基金是指以能为投资者带来高水平的当期收入为目的的投资基金;平衡型投资基金是指以带来当期收入和追求资本的长期成长为目的的投资基金。

(4) 根据投资对象的不同,投资基金可分为股票基金、债券基金、货币市场基金、期货基金、期权基金、指数基金和认股权证基金等。股票基金是指以股票为投资对象的投资基金;债券基金是指以债券为投资对象的投资基金;货币市场基金是指以国库券、大额银行可转让存单、商业票据、公司债券等货币市场短期有价证券为投资对象的投资基金;期货基金是指以各类期货为主要投资对象的投资基金;期权基金是指以能分配股利的股票期权为投资对象的投资基金;指数基金是指以某种证券市场的价格指数为投资对象的投资基金;认股权证基金是指以认股权证为投资对象的投资基金。

(5) 根据募集方式的不同,可以将基金分为公募基金和私募基金。公募基金是指可以面向社会公开发售的基金;私募基金则是只能采取非公开方式,面向特定投资者募集发售的基金。

(6) 依据投资理念的不同,可以将基金分为主动型基金与被动(指数)型基金。主动型基金是一类力图取得超越基准组合表现的基金。与主动型基金不同,被动型基金并不主动寻求取得超越市场的表现,而是试图复制指数的表现。被动型基金一般选取特定的指数作为跟踪对象,因此通常又被称为指数型基金。

(7) 交易型开放式指数基金(ETF)与上市开放式基金(LOF)。交易型开放式指数基金通常又被称为交易所交易基金(Exchange Traded Funds,ETFs),是一种在交易所上市交易、基金份额可变的开放式基金。上市开放式基金(Listed Open-ended Funds,LOF)是一种既可以在场外市场进行基金份额申购赎回,又可以在交易所(场内市场)进行基金份额交易和基金份额申购或赎回的开放式基金。

(8) 根据投资货币种类不同,投资基金可分为美元基金、日元基金和欧元基金等。美元基金是指投资于美元市场的投资基金;日元基金是指投资于日元市场的投资基金;欧元基金是指投资于欧元市场的投资基金。

此外,根据资本来源和运用地域的不同,投资基金可分为国际基金、海外基金、国内基金、国家基金和区域基金等。

1.4.1.3 证券投资基金的特点

基金是一种受益凭证,基金财产独立于基金管理人,投资者与基金管理人是一种信托关系,基金管理人并不承担投资损失的风险。与股票和债券相比较,股票和债券是直接投资工具,筹集的资金主要投向实业领域;基金是一种间接投资工具,所筹集的资金主要投向有价证券等金融工具或产品。就投资收益与风险而言,基金投资是介于股票与债券之间的相对稳健的投资品种。其具体特点如下:

(1) 集合理财,专业管理。基金将众多投资者的资金集中起来,委托专业的基金管理人进行投资运作,有利于形成资金规模优势,减少投资成本,降低投资风险。

(2) 组合投资,分散风险。基金投资主要采取组合投资方式,组合投资可以有效分散投资风险。

(3) 利益共享,风险共担。基金投资者是基金的所有者,基金投资收益的盈余全部归基金投资者所有,并依据各投资者所持有的基金份额比例进行分配。当然,投资损失也是按各投资者所持有的基金份额比例进行分配的。

(4) 独立托管,保障安全。基金管理人只负责基金的投资操作,基金财产的保管则由独立于基金管理人的基金托管人(一般是银行)负责,由此形成的相互制约、相互监督的制衡机制对投资者利益提供了重要的保护。

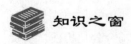

LOF 基金

LOF 基金(Listed Open-Ended Fund,即"上市型开放式基金"),是既可以在场外申购、赎回,也可以在二级市场交易的基金。LOF 基金本质上仍是开放式基金,基金份额总额不固定,基金份额可以在基金合同约定的时间和场所申购、赎回。但它结合了封闭式基金的优点,即可以在二级市场上交易。

LOF 基金是我国在基金品种上的独特创新,批准发行后的上市开放式基金可在深交所上市交易,其在封闭式基金和开放式基金之间搭建了一个桥梁,为投资者提供了一种方便的基金投资渠道。LOF产品的申购和赎回与其他开放式基金一样,申购起点为1 000基金单位,故更适合中小投资者参与。

某一LOF基金发行时,投资者既可以选择在银行等代销机构按当日收市的基金份额净值申购、赎回基金份额,也可以选择在深交所各会员证券营业部按撮合成交价买卖基金份额。不过,投资者如果是在指定网点申购或在交易所网上买进的基金份额,想要上网抛出,须办理一定的转托管手续。申购和赎回基金单位由中国注册登记系统托管,申购和赎回的基金单位由中国结算深圳分公司系统托管。因此,跨越申购赎回市场与交易所市场进行交易必须经过系统之间的转托管,完成托管至少需要两个交易日的时间。LOF基金交易流程如图1-2所示。

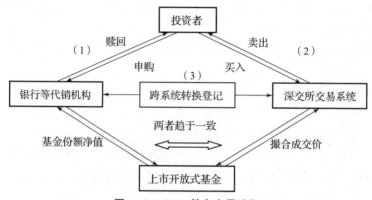

图1-2 LOF基金交易流程

由于市场价格是波动的,LOF基金会出现两种套利机会:

(1) 当LOF基金二级市场交易价格超过基金净值,且这样的差价大过其中的交易费用(一般申购费1.5% + 二级市场交易费用0.3%时),卖出套利机会就出现了。卖出套利收益 = 二级市场卖出价格 – 申购基金净值 – 交易费用。

(2) 当LOF基金二级市场交易价格低于基金净值,且这样的差价大过其中的交易费用(一般为二级市场交易费用0.3% + 赎回费用0.5%)时,买入套利机会就出现了(可在第二天赎回)。买入套利收益 = 基金净值 – 二级市场买入价格 – 交易费用。

1.4.2 契约型投资基金与公司型投资基金

1.4.2.1 契约型投资基金

在英国、日本和中国,应用的多是契约型基金。契约型投资基金一般由三方组成:基金托管人,由商业银行担任,负责保管基金,监督运作;基金管理人,由基金公司担任,负责管理与运作基金;基金受益人,即投资者。

契约型投资基金也称信托型投资基金。基金管理公司依据法律、法规和基金契约负责基金的经营和管理操作;基金托管人负责保管基金资产;投资者通过购买基金单位,享有基金投资收益。

1.4.2.2 公司型投资基金(共同基金)

美国的基金多为公司型基金,也称共同基金。公司型投资基金一般由六方组成:基金投资公司（投资者组成），认购基金股份；基金管理公司，经营操作；基金保管公司，保管投资证券，支付收益；承销公司，承包发行；零售商，推销基金；基金受益者，即投资者。

公司型投资基金是具有法人资格的经济实体。基金持有人既是基金投资者，又是公司股东。发起人组建股份投资公司后，通常委托特定的基金管理公司进行投资运作，基金资产则委托另一金融机构保管。

1.4.2.3 两种基金的区别

公司型基金像一般的股份公司一样依据公司章程来经营，契约型基金则凭借基金契约经营基金财产，两种基金的主要区别如表1-2所示。

表1-2 契约型投资基金与公司型投资基金的主要区别

比较内容	契约型投资基金	公司型投资基金
法人资格	依照基金契约组建，不是法人	属于股份公司，具有法人资格
资金运用依据	不受《公司法》约束，按照基金管理条例或法规运作	受《公司法》约束（资金运用依据的是《公司法》）
投资者地位	投资者是契约受益人，是契约中的当事人，不参与投资决策	公司型基金发行的是股票，投资者即股东

1.4.3 开放式基金与封闭式基金

开放式基金的基金单位总数不固定，可根据证券市场发展和资金需求追加发行量，对投资者人数也没有限制，投资者还可以赎回基金；封闭式基金发行总额有限制，一旦完成发行计划就不能再追加发行，投资者不可以赎回基金，但基金单位可以在二级市场进行买卖，或者在柜台市场公开转让，其转让价格由市场供求决定。

开放式基金与封闭式基金在基本特性、发行方式与运作管理等各方面都存在很大差别（如表1-3所示）。

表1-3 开放式基金与封闭式基金的不同

内　　容	开放式基金	封闭式基金
基金期限	不固定	固　定
基金规模	不固定	固　定
基金销售	连续不断	一次性
交易方式	不在交易所上市，在销售机构的营业场所交易	在交易所上市
基金单位交易价格	由基金单位资产净值决定，外加一定手续费	受市场供求影响

续表

内　容	开放式基金	封闭式基金
基金投资比例及投资方式	受赎回干扰，基金不能全部投资或长线投资	不受赎回干扰，可长线投资
管理及信息披露	管理压力大，信息披露频度高	管理压力不大，信息披露频度不高

1.4.4　股票基金与债券基金

1.4.4.1　股票基金

股票基金是以股票为投资对象的投资基金，是投资基金的主要种类。股票基金作为一种投资工具，在股市中占有重要地位。以美国为例，1996 年股票基金总值为 17 501 亿美元，占美国共同基金总值的 49%。

股票基金具有以下特点：

①与其他基金相比，股票基金的投资对象具有多样性，投资目的也具有多样性。

②与投资者直接投资于股票市场相比，股票基金具有风险分散、费用较低等特点。

③从资产流动性来看，股票基金具有流动性强、变现性高的特点。

④对投资者来说，股票基金经营稳定、收益较稳定。

⑤股票基金还具有在国际市场上融资的功能和特点。

1.4.4.2　债券基金

债券基金是一种以债券为投资对象的证券投资基金，它通过集中众多投资者的资金，对债券进行组合投资，寻求较为稳定的收益。债券基金也是证券投资基金的重要种类，其规模仅次于股票基金。如在美国，1997 年年初，债券基金资产总额为 886 亿美元，占美国基金资产总额的 25%；在中国香港，1997 年年初，债券基金资产总额为 70.5 亿美元，占中国香港基金资产总额的 17%。

按所投资的债券种类不同，债券基金可分为以下四种：①政府公债基金，主要投资于国库券等由政府发行的债券。②市政债券基金，主要投资于地方政府发行的公债。③公司债券基金，主要投资于各公司发行的债券。④国际债券基金，主要投资于国际市场上发行的各种债券。

债券基金与利率的走势紧密相关，也和所投资债券的信用等级有密切关系。债券基金有以下特点：

①低风险，低收益。相对于股票基金，债券基金风险低，但回报率也不高。

②费用较低。相对于股票投资，债券基金的管理费较低。

③收益稳定。投资于债券，定期都有利息回报，到期还可以还本付息，因此债券基金的收益较为稳定。

④注重当期收益。债券基金主要追求当期较为固定的收入，较适合于谋求当期稳定收益的投资者。

1.4.5 指数基金

指数基金投资采取拟合目标指数收益率的投资策略，分散投资于目标指数的成分股，力求获得资本市场的平均收益率。在运作上，它与其他共同基金相同。其优势在于跟踪股票和债券市场业绩以期获得稳定收益，一定程度上能有效规避非系统风险，交易费用也比较低廉。

根据复制方法不同，指数基金一般可以分为：完全复制型，一般是100%复制指数，采取完全被动的策略；增强型，通过其增强型设计，力求超越标的指数；优化指数型，即通过指数化被动投资和积极投资的有机结合，力求使基金收益率超越证券市场指数增长率。

美国是指数基金最发达的西方国家，目前美国证券市场上已经有超过400种指数基金，其类型不仅包括广泛的美国权益指数基金、美国行业指数基金、全球和国际指数基金、债券指数基金，还包括成长型、杠杆型和反向指数基金等。

我国在2002年6月由上证所推出上证180指数，仅半年后，国内第一只指数基金——华安上证180指数增强型证券投资基金就上市了。2003年年初，天同上证180指数基金也上市发行。目前，我国资本市场上各种指数基金已超过50只，品种日趋丰富。

1.4.6 QDII基金与QFII基金

1.4.6.1 QDII基金

QDII（Qualified Domestic Institutional Investor，合格的境内机构投资者）是指在一国境内设立的，经该国有关部门批准从事境外证券市场的股票、债券等有价证券业务的证券投资基金。中国证监会颁布的《合格境内机构投资者境外证券投资管理试行办法》（中国证券监督管理委员第46号令，2007-06-18）规定，符合条件的境内基金管理公司和证券公司，经中国证监会批准，可在境内募集资金进行境外证券投资管理。

QDII由中国香港特别行政区政府部门最早提出，它是在我国人民币没有实现可自由兑换、资本项目尚未开放的情况下，有限度地允许境内投资者投资境外证券市场的一项过渡性的制度安排。华夏基金等两家基金公司是我国第一批获得QDII基金资格的基金公司，标志着以国内投资机构为主体参与海外投资的开始。QDII基金可以人民币、美元或其他主要外汇货币为计价货币募集，国内获得QDII基金资格的机构投资者有商业银行、保险公司、证券公司以及基金公司等。截至2020年9月底，合格境内机构投资者（QDII）达到157家，总计获得国家外汇管理局批准的QDII额度为1 073.43亿美元。QDII基金的设立，使具有专业投资管理经验和投资管理能力的基金公司得以参与全球市场投资，也为投资者通过QDII基金参与海外投资提供了更多选择。

按照中国证监会的规定，QDII基金可投资于下列金融产品或工具：

①银行存款、可转让存单、银行承兑汇票、银行票据、商业票据、回购协议、短期政府债券等货币市场工具。

②政府债券、公司债券、可转换债券、住房按揭支持证券、资产支持证券及经中国证监会认可的国际金融组织发行的证券。

③在与中国证监会签署双边监管合作谅解备忘录的国家或地区证券市场挂牌交易的普通股、优先股、全球存托凭证和美国存托凭证、房地产信托凭证。

④在已与中国证监会签署双边监管合作谅解备忘录的国家或地区证券监管机构登记注册的公募基金。

⑤与固定收益、股权、信用、商品指数、基金等标的物挂钩的结构性投资产品。

⑥远期合约、互换及经中国证监会认可的境外交易所上市交易的权证、期权、期货等金融衍生产品。

1.4.6.2 QFII 基金

QFII（Qualified Foreign Institutional Investors，直译为：合格的境外机构投资者），是指允许合格的境外机构投资者在一定规定和限制下汇入一定额度的外汇资金，并转换为当地货币，通过严格监管的专门账户投资当地证券市场，其资本利得、股息等经批准可转为外汇汇出的一种市场开放模式。就中国证券市场而言，QFII 是指在中国以外国家发行，并以合法的渠道参与投资中国资本、债券或外汇等市场的资金管理人。

QFII 制度是在资本项目尚未完全开放的国家和地区，实现有序、稳妥开放证券市场的特殊通道。包括韩国、印度和巴西等国在内的市场经验表明，在货币尚未自由兑换情况下，QFII 不失为一种通过资本市场稳健引进外资的方式。2002 年 11 月 5 日，证监会、央行联合颁布了《合格境外机构投资者境内证券投资管理暂行办法》。2003 年 5 月，证监会首次批准野村证券和瑞士银行两家境外投资机构，并在当年共批准了 12 家境外投资机构，批准了市场 40 亿美元的额度。此后，QFII 基金在我国逐年增加，许多国际著名投资机构如瑞士银行、野村证券、摩根士丹利、花旗环球、高盛公司、德意志银行、汇丰银行、ING 银行、摩根大通银行等都获批了 QFII 资格。2013 年年底，在我国证券市场投资的 QFII 基金数量达到了 251 只，QFII 额度达到了 1 500 亿美元。QFII 制度是我国证券市场对外开放的重大步骤，是完善我国证券市场健康发展的重大举措。它不仅有利于壮大我国境内机构投资者队伍，促进我国证券市场走向成熟化并助推中国证券市场与国际接轨，对于改善我国上市公司治理结构，促进金融创新，提高市场效率也能起到积极的推动作用。

根据中国人民银行与中国证监会联合发布的《合格境外机构投资者境内证券投资管理暂行办法》，QFII 的投资范围包括：在证券交易所挂牌交易的 A 股股票、国债、可转换债券、企业债券及中国证监会批准的其他金融工具。对合格投资者的认定：对资产管理机构（即基金管理公司）而言，其经营资产管理业务应在 2 年以上，最近一个会计年度管理的证券资产不少于 5 亿美元；对保险公司而言，成立 2 年以上，最近一个会计年度持有的证券资产不少于 5 亿美元；对证券公司而言，经营证券业务 5 年以上，净资产不少于 5 亿美元，最近一个会计年度管理的证券资产不少于 50 亿美元；对商业银行而言，经营银行业务 10 年以上，一级资本不少于 3 亿美元，最近一个会计年度管理的证券资产不少于 50 亿美元；对其他机构投资者（养老基金、慈善基金会、捐赠基金、信托公司、政府投资管理公司等）而言，成立 2 年以上，最近一个会计年度管理或持有的证券资产不少于 5 亿美元。

2019 年 9 月 10 日，经国务院批准，国家外汇管理局决定取消合格境外机构投资者（QFII）和人民币合格境外投资者（RQFII）投资额度限制。

与世界其他国家和地区相比，中国 QDII 基金正处于提升发展阶段（表 1-4 给出了中国与部分国家和地区 QDII 基金占基金总规模比例）。因此，我国需要分析境外投资机构对投资我国证券市场的需求，不断改善投资环境，进一步完善 QFII 额度审批机制，积极促进 QFII 制度和我国资本市场的改革发展。

表1-4 中国与世界部分国家和地区 QDII 基金发展情况比较

国家/地区	国际基金规模/亿美元	占比/%	引进时间	统计时间
美 国	16 000	19.00	1955	2008
日 本	860	14.70	1970	2007
英 国	13 900	27.00	1868	2006
中 国	108	2.75	2007	2010
中国台湾地区	150	28.36	1988	2007
韩 国	749	20.83	1997	2008

（数据来源：安信证券，2012年）

1.5 证券衍生产品

金融衍生品市场是指由银行等金融机构、自营交易商、大型跨国企业参与，通过中介机构或电信系统联结，以各种货币为买卖对象的交易市场。它可以是有形的——如金融衍生品交易所，也可以是无形的——如通过电讯系统交易的银行间金融衍生品。目前，世界上大约有30多个主要的金融衍生品市场，它们遍布于世界各大洲的不同国家和地区。衍生证券实际上是金融市场的保险工具或风险与收益的再分配工具，它的发展历史虽然较短，却是发展最快、交易量最大的金融工具。据国际清算银行（BIS）2019年相关统计显示，国际金融衍生品市场每日平均交易额约为1.5万亿美元；截至2019年6月，全球场外金融衍生品名义市值达到了640万亿美元，场外衍生品的总市值（包括头寸和负值）为12.1万亿美元，外汇衍生品的名义金额总计99万亿美元。

1.5.1 证券衍生产品概念

证券衍生产品（Derivative Security），也称衍生证券、衍生工具、金融衍生品或有债权（Contingent Claims），是一种价值依赖于其他更基本的标的资产价格的证券。按照1994年7月巴塞尔银行监管委员会发布的《衍生证券风险管理指导条文》的定义，衍生证券是一种金融合约，包括远期合约、期货合约、期换（亦称掉期、互换）合约以及期权合约，其价值取决于作为基础标的物的资产或指数。我国银监会2004年2月4日正式发布的《金融机构衍生产品交易业务管理暂行办法》，也在立法上对衍生工具的定义进行了规范。该法第三条规定："衍生产品是一种金融合约，其价值取决于一种或多种基础资产或指数，合约的基本种类包括远期、期货、掉期（互换）和期权。"

衍生工具是和现货工具相对应的一个概念。在外汇市场、债券市场、股票市场中，交易的结果会出现本金的流动，这类交易工具叫现货工具。衍生工具的交易则不发生本金的流动。

1.5.2 证券衍生产品类型

证券衍生产品在金融市场上应用广泛，品种十分复杂（如表1-5所示）。在此，仅介绍几种基本的证券衍生产品分类方法。

表 1-5　金融衍生产品（衍生证券）的品种一览表

产品种类			原生资产（基础金融资产）		金融衍生产品举例
标准化衍生产品（大众型衍生证券）	远　期（Forward）		利率	短期存款	利率远期
			汇率（货币）	各类现汇	货币远期
			商品	各类实物商品	商品远期
	期　货（Futures）		股票	股票	股票期货
				股票指数	股票指数期货
			利率	短期存款	利率期货
				长期债券	债券期货
			汇率（货币）	各类现汇	货币期货
			商品	各类实物商品	商品期货
	期　权（Options）		指　数		指数期货
			混合期权		期货期权
			股票	股票	股票期权
				股票指数	股票指数期权
			利率	短期存款	利率期权
				长期债券	债券期权
			汇率（货币）	各类现汇	货币期权
			商品	各类实物商品	商品期权
			指　数		指数期权
			混合期权		掉期期权（Swaption）
	掉期（互换/Swap）		利率	短期存款	利率掉期合约、利率互换
			汇率（货币）	各类现汇	货币掉期合约、外汇互换
			商品	各类实物商品	商品掉期
	结构债券（Structured Notes）		结构债券是期权或者远期合约同债券的混合工具，主要包括双货币债券、股指联系债券、商品联系债券以及互换联系债券		

续表

产品种类		原生资产（基础金融资产）	金融衍生产品举例
非标准的衍生产品	其他衍生产品	股票	股指期货期权
		债券	指数化外汇期权票据（ICONs）
		新型期权	打包期权（外汇的范围远期合约、牛市价差、熊市价差、蝶式价差期权、跨式期权、宽跨式期权等）
			非标准美式期权
			远期开始期权
			复合期权（基于期权的期权）
			任选期权（亦称选择人期权）
			障碍期权（分为敲出期权和敲入期权）
			两值期权
			回望期权
			亚式期权
			资产交换期权（亦称交换期权）
			含几种资产的期权

1.5.2.1 根据产品性质分类

一般可分为两大类：契约型衍生证券和证券型衍生证券。

（1）契约型衍生证券。

契约型衍生证券是以股票、债券等资本证券或者资本证券的整体价值为衡量标准的（如以股票指数为基础），主要包括各类期货、期权等品种，如股指期货、股指期权、国债期货、股票期权等。其主要特点有：

①契约型衍生证券是以证券交易场所设计的标准化、规格化的合约形式存在，而不是以证券的形式存在。

②契约型衍生证券不具备融资功能，主要是作为一种风险管理工具而存在。

③契约型衍生证券没有发行人，交易的方式为期货交易，实行保证金、持仓限制、逐日盯市等交易风险控制措施。

（2）证券型衍生证券。

证券型衍生证券是指将股票等基础证券与一个权利合约相结合，并将其中的权利以证券的形式表现出来，所形成的一个新的证券品种。具有代表性的证券型衍生证券主要包括认股权证和可转换公司债券。

1.5.2.2 根据产品形态分类

衍生证券可以分为远期（Forward）、期货（Future）、期权（Option）、掉期（Swap）四大类。

远期合约是在指定的未来时刻以确定的价格交割某一特定数量和质量资产的协议。期货是一种标准化的远期合约，期货合约的交割日和交割物数量都是由期货交易所事先确定的。期货交易只能在交易所进行，并实行保证金制度。

期权是一份选择权的合约，在此合约中，立权人授给期权的买方在规定的时间内以事先确定的价格从卖方处购买或卖给卖方一定商品的权利而不是义务。期权交易是买卖权利的交易，期权合同有在交易所上市的标准化合同，也有在柜台交易的非标准化合同。

掉期，也称互换，是交易双方达成的定期交换支付的一项协议。更准确地说，掉期合约是当事人之间签订的在未来某一期间内相互交换他们认为具有相等经济价值的现金流的合约。较为常见的是利率掉期合约和货币掉期合约。掉期合约中规定的交换货币是同种货币，则为利率掉期；是异种货币，则为货币掉期。

1.5.2.3 根据原生资产分类

大致可以分为股票衍生证券、利率衍生证券、汇率衍生证券和商品衍生证券四类。股票类衍生证券主要根据股票指数设计衍生产品；利率类衍生证券主要按照短期存款利率和长期债券利率设计衍生产品；汇率衍生证券主要依据各种不同币种之间的比值设计衍生产品；商品类衍生证券主要按照各类大宗实物商品设计衍生产品。

1.5.2.4 根据交易方法分类

可分为场内交易 ETD（Exchange Trade）与场外交易市场 OTC（Over the Counter）。

场内交易，又称交易所交易，是指所有的供求方集中在交易所进行竞价交易的交易方式。这种交易方式具有交易所向交易参与者收取保证金，同时负责进行清算和承担履约担保责任的特点。期货交易和部分标准化期权合同交易都属于这种交易方式。

场外交易，又称柜台交易，是指交易双方直接成为交易对手的交易方式。由于每个交易的清算是由交易双方相互负责进行的，这种交易参与者仅限于信用程度高的客户。掉期交易和远期交易是具有代表性的柜台交易的衍生产品。

 案例分析

"327"国债期货风波

基于对金融工具创新的尝试，1992年12月28日，上海证券交易所首次设计并尝试推出了12个品种的期货合约，其中就包括"327"国债期货。"327"是一个国债的衍生产品，对应1992年发行、1995年6月到期兑付的3年期国库券。该券发行总量是240亿元人民币，券票面利率为9.5%，到期一次还本付息。

由于当时通货膨胀率较高，自1994年10月开始，中国人民银行提高了3年期以上储蓄存款利率和恢复保值贴补，国债债券也可能同样享受保值贴补和贴息。如果没有保值贴补和贴息因素，那么"327"国债的到期价格应该为：100元面值＋3年累计利息28.50元＝128.50元。但实行保值贴补和贴息具有较大的不确定性，从而为国债期货的炒作提供了丰

富的想象空间。由于市场上对财政部保值贴补的贴息率并未达成过共识,因而多空双方在148元附近开始大规模建仓。

依据1991—1994年里保值贴息率一直保持在7%~8%的水平上以及1995年年初国家宏观调控通货膨胀率初见成效的情况,时任万国证券总经理的管金生做出的预测是:"327"国债的保值贴息率不可能上调,按照8%的水平计算,"327"国债将以132元的价格兑付。因此,当市价在147~148元波动的时候,万国证券联合辽宁国发集团,成为市场空头主力。而另外一边,中国经济开发有限公司(简称中经开,隶属于财政部)当时已经知道财政部将上调保值贴息率信息,成为多头主力。

1995年2月23日,财政部发布公告称,"327"国债将按148.50元兑付,空头判断彻底错误。当日,中经开率领多方借利好大肆买入,将价格推到了151.98元。随后辽国发也由空翻多,致使327国债在1分钟内涨了2元。由此,作为空方主力的万国证券产生了60亿元人民币的巨额亏损。为了避免巨额亏损,管金生在收盘前8分钟作出了一个疯狂举措:大举透支卖出国债期货,做空国债。他在手头并没有足够保证金的情况下,以1 000万手的巨大卖单把价位打到147.40元,致使"327"合约的价格在7分钟内暴跌2.80元。其结果是当日开盘的多方全部爆仓,以中经开为代表的多头出现了约40亿元的巨额亏损。

空方主力的这一蓄意违规行为造成了严重的后果和恶劣的市场影响,上交所当日宣布,最后的8分钟交易无效,并从2月27日起休市,组织场外协议平仓。此后,上交所虽然发布了国债期货市场交易的补充规定,但5月初出现了与"327"事件颇为相似的又一起恶性违规事件——"319"国债期货事件,这使得当时的中国证监会不得不在5月17日下午宣布暂停国债期货网交易。开市仅两年零六个月的国债期货就这样无奈地画上了句号。1995年5月19日,万国证券总经理管金生被捕,1997年2月3日被判17年。

案例点评:"327""319"国债期货事件的出现并非偶然,由于交易规则不完善,风险控制滞后,监督管理不严,致使在短短几个月内屡次发生严重违规交易事件。这说明当时中国证券市场监管体系还存在漏洞,市场机制还不完善,当时并不具备开展国债期货交易的基本条件。

1.5.3 证券衍生产品特点

金融界把远期、期货、期权、互换作为基本工具,通过组合、分解、剥离、指数化、证券化等技术,创造出各种各样不同风险收益特征的衍生证券。从本质上看,衍生证券都是一系列远期合约的组合。衍生证券特点主要有:

(1)衍生证券交易是在现时对基础工具未来可能产生的结果进行交易。交易结果要在未来时刻才能确定盈亏。

(2)衍生证券交易的对象并不是基础工具,而是对这些基础工具在未来某种条件下处置的权利和义务,这些权利和义务以契约形式存在,构成所谓的产品。

(3)衍生证券是对未来的交易,按照权责发生制的财务会计规则,在交易结果发生之前,交易双方的资产负债表并不反映这类交易的情况,因此,潜在的盈亏无法在财务报表中体现。

(4)衍生证券是一种现金运作的替代物。如果有足够的现金,任何衍生品的经济功能都可以通过现金交易来实现。

（5）从理论上讲，衍生证券可以有无数种具体形式，它可以把不同现金流量特征的工具组合成新的工具，但不管组合多么复杂，其基本构成元素还是远期、期货、期权、互换。

（6）由于衍生证券交易不涉及本金，从套期保值者的角度看，减少了信用风险。

（7）衍生证券交易可以用较小成本获取现货市场上需较多资金才能完成的结果，因此具有高杠杆性。

（8）衍生证券独立于现实资本运动之外，却能给持有者带来收益，是一种收益获取权的凭证。它本身没有价值，具有虚拟性。

1.5.4 认股权证

1.5.4.1 什么是认股权证

认股权证是指由特定发行人发行的，约定持有人在规定期间内或特定到期日，有权按约定价格向发行人购买或出售标的证券，或以现金结算等方式收取结算差价的有价证券。

权证实质上是一种以约定的价格和时间（或在权证协议里列明的一系列期间内分别以相应价格）购买或者出售标的资产的期权。认股权证的本质是一种权利证书，它赋予持有人一种权利，在指定时间（即行权期）内，用指定的价格（即行权价），购买或者卖出特定数量的相关资产（或者获得差价）。持有人获得的是一个权利而不是责任，持有人可自主选择是否行使权利。

1.5.4.2 认股权证的种类

（1）根据权利的行使方向（有权买入资产还是有权卖出资产），权证可以分为认购权证（Call Warrants）和认沽权证（Put Warrants）。认购权证权利的实质是一个看涨期权，认沽权证权利的实质是一个看跌期权。

（2）根据发行人的不同，权证可以分为股本权证（Equity Warrants）与备兑权证（Covered Warrants）两类。股本权证与备兑权证的最大区别在于：股本权证是由上市公司发行的，而备兑权证是由证券公司等金融机构发行的，如表1-6所示。我国内地证券市场上曾经出现过的宝安认股权证以及配股权证、转配股权证等均属于股本权证。

表1-6 股本权证与备兑权证的比较

项 目	股本权证	备兑权证
发行人	由上市公司发行	由证券商等金融机构发行
发行目的	融资	避险、理财、增收
行使结果	股份数量增加	股份总数不变
标的资产	单一股票	可以是一组股票
期 限	一般1~5年	一般3个月~2年
结算方式	给付股票	股票给付或现金结算

1.5.4.3 认股权证的价值结构

认股权证作为一种衍生金融产品，因交易功能的扩大而具有独特的投资价值。从法律上讲，认股权证为一种权利契约，即投资人于支付权利金购得权证后，有权于某一特定期间或期日，按约定的权证的价值结构及影响因素（行使价），认购或沽出一定数量的标的资产（如股票、股指、黄金、外汇或商品等）。认股权证的内在价值就是这种权利的价值化。

由于认股权证总是附带一定条件，所以其执行价值总是在一定条件下持有人获取价差利润的具体化。对于认购权证而言，其执行价值是指在特定时间内正股价高于执行价的那部分价差，如某股票正股价为120元，执行价为100元，那么认购权证的执行价值，即内在价值就是20元；认沽权证则相反，其执行价值体现为特定时间内正股价低于执行价的那部分价差。权证的内在价值，即权证立即履约的价值，就是权证的执行价值。如果价差为零或为负值，权证就没有执行价值，其内在价值为零，如图1-3所示。

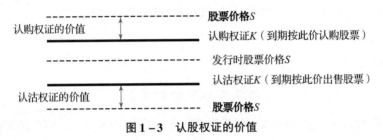

图1-3 认股权证的价值

假设S表示正股市价，K表示执行价格。

认购权证的内在价值 = 正股价 – 执行价，认购权证的内在价值与正股价成正比，与执行价成反比；认沽权证则相反。

（1）$S > K$，认购价值为$S - K$；

当$S \leq K$，认购权证的执行价值≤ 0。

（2）$K > S$，认沽价值为$K - S$；

当$K \leq S$，认沽权证的执行价值≤ 0。

1.5.4.4 权证价值的影响因素

其影响因素如表1-7所示。

表1-7 权证价值的影响因素

影响权证价格的因素	认购权证价格	认沽权证价格
标的证券价格上升	↑	↓
行权价越高	↓	↑
存续期越长	↑	↑
利率越高	↑	↓
波动率越高	↑	↑

价差为20元，权证的执行价值就为20元。然而，从实际交易情况看，权证的实际价值并不是20元，一般要大于20元，这部分差价就是权证的时间价值。权证的时间价值是投资者给予执行价值波动预期的溢价，离到期日越远，权证执行价值波动的概率就越大，投资者获利空间就越大，时间溢价就越高。随着权证到期日的临近，其时间价值将趋于零。

权证的实际价值 = 执行价值 + 时间价值

以上分析的仅是权证的基本价值关系，在实际交易中，权证价格还要受到正股价、正股价波幅、权证期限及其执行价格、市场利率和现金股利等多方面因素的影响。

1.5.4.5 投资者不应忽视的权证投资的风险

投资者必须认识到，权证作为一个金融衍生性商品，是完全不同于股票的，它带有自身独特的收益风险特征，认购权证具有做多功能；认沽权证带来的是做空机制，它的价值大小完全依赖于对标的证券走势的判断。在操作上，如果对其标的正股看涨，我们通过买认购权证能够获得更高的收益率；如果是看跌，也可以买入认沽权证来赚钱。权证的魅力就在于，既可以做多也可以做空，只要方向判断正确，涨跌都有盈利的机会。关键是投资者是否树立了正确的投资理念，是否全面了解和掌握了权证的风险收益特点。

小常识

权证名称包含的意义

很多投资者对我国上市权证的名称感到很困惑。比如，同为认购证，武钢股份的认购证名称为武钢CWB1，而华侨城的认购证叫作侨城HQC1；同为认沽证，招商银行的认沽证和华菱管线的认沽证却分别叫作招行CMP1和华菱JTP1，等等。

实际上，我国证券市场权证的名称并非随意设定，我们从其名称中可以得到很多有用的相关信息，如权证所对应的正股、权证类别以及发行的批次等。同时，权证名称的确定根据上证所和深交所规定的不同而有所区别。

对于沪市的权证来说，名称一般要占用8个字位，第1至第4个字位用汉字（一个汉字占两个字位）、拼音或数字表示标的证券，第5和第6个字位用两个大写字母表示发行人，第7个字位用一个字母B或P表示认购或认沽，第8个字位用一个数字或字母表示同一发行人以同一标的证券发行的第几只权证，当超过9只时用A到Z表示第10只至第35只。

例如武钢CWB1，前4个字位"武钢"代表此权证的标的证券是武钢股份（600005），第5和第6个字位的"CW"代表发行人是武汉钢铁股份有限公司，第7个字位的"B"代表此权证是认购权证，剩下的最后一位阿拉伯数字"1"，代表这是武汉钢铁股份有限公司以武钢为标的证券发行的第一只认购权证。深市的权证名称又有所不同。一般情况下，深市权证简称应为"XYBbKs"，其中XY代表标的证券的两个汉字简称，Bb为代表发行人的两个拼音字母，K为权证类别，其中：C代表认购权证，P代表认沽权证；s为同一发行人对同一标的证券发行权证的发行批次，取值依次为0、9、A、Z、a、z。

例如中集ZYP1，"中集"代表此权证的标的证券是中集集团（000039），"ZY"则表示权证的发行人是中远太平洋有限公司，"P"代表此权证是认沽权证，"1"则代表这是中远太平洋有限公司发行的以中集集团股票为标的的第一只认沽权证。

练习题一

1. 请收集美国、中国的股票市场、债券市场、基金市场的交易规模数据，对其进行比较分析，并总结其市场之间存在的差异。

2. 据美国期货业协会（FIA）对全球 84 家衍生品交易所的最新统计，2013 年，全球衍生品市场场内期货及期权合约交易量达 216.4 亿手（如表 1-8 所示）。分析 2013 年全球期权和期货的交易量所占比重。

3. 讨论题：中国股市散户投资者群体很大，"大鱼吃小鱼"似乎成为一种常态。有学者建议：要加强散户投资者风险教育，大力鼓励其以购买基金的方式间接参与股市投资。对此，你的看法是什么？

4. 辩论题：根据全国社会保障基金理事会官网截至 2018 年年底的统计，社保基金会管理的基金资产总额已达到 29 632.45 亿元。又据相关统计，截至 2019 年 9 月底，已有 18 个省（区、市）政府与社保基金会签署基本养老保险基金委托投资合同，合同总金额 9 660 亿元，即我国养老金委托投资规模占到了社保基金会管理基金资产的 32%，其他大量的养老保险基金都存于银行或是购买国债。根据《基本养老保险基金投资管理办法》，基本养老金投资股票和股票型基金的比例可以达到 30%。但目前已入市规模只占养老金资产规模约 13.6%。下面有两种不同的观点，你更赞同哪种呢？请讲出赞同或反对的理由。

A 方观点：我国养老基金投资股市规模偏小，社保基金不能只考虑如何"保值"，还应考虑如何"增值"，以提升养老金对民众的养老保障。

B 方观点：股市风险很大，我国养老基金不应投资于收益不确定的股市，而应以银行储蓄或国债为主，以保证养老金的安全和保值。

表 1-8 2013 年全球期货和期权交易量（分类，单位：手）

种 类	2012 年	2013 年	变化/%	2013 年所占比例/%
个 股	6 469 512 853	6 401 526 238	-1.1	—
股票指数	6 048 270 302	5 370 863 386	-11.2	—
利 率	2 931 840 769	3 330 719 902	13.6	
汇 率	2 434 253 088	2 491 136 321	2.3	
能 源	925 590 232	1 265 568 992	36.7	
农产品	1 254 415 510	1 213 244 969	-3.3	
非贵金属	554 249 054	646 318 570	16.6	
贵金属	319 298 665	430 681 757	34.9	
其 他	252 686 977	493 359 639	95.2	—
合 计	21 190 117 450	21 643 419 774	2.1	100.00

5. 案例分析题：权证到底是什么？

2007 年 4 月，炒股仅一个月的李女士误将首创权证当作普通股票，在行权期过后还懵懂不知，致使价值 30 万元的 5.7 万份首创权证化为乌有。李女士说："我是初生牛犊不怕股，一生积蓄全赔光。"

请分析李女士投资首创权证造成自己重大损失的原因。

投资名人故事

价值投资之父——本杰明·格雷厄姆

本杰明·格雷厄姆（Benjamin Graham，1894—1976年），1894年5月9日出生于英国伦敦，1914年从哥伦比亚大学毕业。格雷厄姆是20世纪最受证券界人士崇敬也是载誉最丰的证券分析大师，其在50余年的证券分析以及投资生涯中所获得的成就为其赢得了"华尔街教父""证券分析之父""投资价值理论之父"的盛名。

1914年夏天，格雷厄姆来到纽伯格·亨德森·劳伯公司做了一名信息员，其后被提升为证券分析师。在该公司的工作经历为其积累了丰富的投资实践经验。1923年年初，格雷厄姆自立门户，成立了格兰赫私人基金，资金规模为50万美元。他准确判断当时美国军火巨头杜邦公司的投资机会，在短时间里获得单项投资回报率23%的业绩。格兰赫私人基金运作一年半，其投资回报率高达100%以上。其后，由于股东与格雷厄姆在分红方案上的意见有分歧，格兰赫私人基金不得不以解散而告终。

1925年左右，格雷厄姆意外地遇到了他的黄金搭档——杰罗姆·纽曼·格雷厄姆建立了一个联合账户，成立了格雷厄姆—纽曼公司。经过几年的打拼，到1929年为止，格雷厄姆联合账户的资金已达250万美元。然而，随之而来的美国经济大危机引发了美国史无前例的股灾，使格雷厄姆的投资遭受重创。此后，格雷厄姆认真总结了经验教训，为自己建立了严格的投资原则，使格雷厄姆—纽曼投资基金最终赢得了相当好的业绩。他曾用72万美元买下GEICO将近一半的股权，后来，该部分股权的市值超过了5亿美元。

1934年年底，格雷厄姆出版了《有价证券分析》一书，在对1929年美国大萧条深刻反思基础上创立了一整套卓有成效的有价证券理论，被奉为华尔街《圣经》，成为高等学府中不可或缺的经典教材。这部划时代的著作开创了价值分析的先河，奠定了他作为一个证券分析大师和"华尔街教父"的不朽地位。格雷厄姆先后在哥伦比亚大学、加州大学任金融教授，他开设了有关投资的系列课程，成就了巴菲特、莱尼、塔克曼等超级投资家。

在《有价证券分析》中，格雷厄姆提出了以净资产价值、低市盈率为标准的投资方法，并且应用利率来衡量价格的高低。格雷厄姆的价值投资学说是基于稳健投资的原则之上的，而他把稳健投资的精髓提炼为"安全边际"。他认为，一旦股票的价格低于其实质价值，那么，这只股票就存在一个安全边际。概言之，格雷厄姆的理念是：第一，坚持理性投资；第二，确保本金安全；第三，以可量化的实质价值为选股依据。事实证明，格雷厄姆稳健的投资理念和基本分析原理具有理论价值和实践意义。

第二章

证 券 市 场

本章学习要点：
(1) 掌握证券市场的概念及证券市场的主要特征、基本功能及在金融体系中的地位。
(2) 了解证券市场的产生和发展及证券市场的结构分类。
(3) 知晓证券市场的中介机构。
(4) 熟悉证券市场监管模式及相关法规。
(5) 熟悉股票市场及债券相关内容。
(6) 了解创业板市场及中国科创板的情况。

2.1 证券市场概述

2.1.1 证券市场概念及特征

证券市场是股票、债券、投资基金等有价证券发行和交易的网络体系与场所，是金融市场的主要组成部分之一，是有价证券所体现的各种经济关系的总和。证券市场是为解决资本的供求矛盾而产生的市场，是经济发展到一定阶段的产物。

证券市场具有不同于一般商品或服务市场的特征：

(1) 证券市场是价值直接交换的场所。

一般商品市场的交易对象是具有一定使用价值的商品，商品有价值，但商品不是直接以货币形式表达，其首先体现的是具有不同使用价值、能满足人们某种需要的物质特性；证券市场交易的对象是股票、债券等金融产品，这些有价证券是价值的直接代表，本质上是价值的一种直接表现形式。因此，证券市场本质上是价值的直接交换场所。

(2) 证券市场是财产权直接交换的场所。

股票、债券等有价证券是经济权益凭证，其本身代表着对一定数额财产的所有权或债权以及相关的收益权。有价证券是证券市场上的交易对象，故证券市场是一种财产权利直接交换的场所。

(3) 证券市场是风险直接交换的场所。

一般商品或服务市场以等价交换原则为基础，其价格虽然受市场供需关系影响，但主要取决于生产商品的社会必要劳动时间。因此，价格波动较小，市场有较大的可预测性，市场风险较小；证券市场则有所不同，其影响因素复杂多变，市场价格主要依据未来收益和市场利率情况决定，价格波动性大且难以预测，故投资者的投资能否取得预期收益具有较大的不确定性。因此，有价证券交易不仅完成了有价证券收益权转换，同时也把该有价证券所特有的风险进行了转换。从这个道理上讲，证券市场也是风险的直接交换场所。

2.1.2 证券市场的结构体系

证券市场的结构体系可从纵向和横向两个维度进行解析。

2.1.2.1 纵向结构关系

这是一种按证券进入市场的顺序而形成的结构关系。按这种顺序关系划分，证券市场的构成可分为发行市场和交易市场（流通市场）。

（1）发行市场。

发行市场又称为初级市场、一级市场，它是股份有限公司发行股票，筹集资金，将社会闲散资金转化为生产资金的场所。发行市场由证券发行者、证券承销商和认购投资者三个基本元素构成。

（2）交易市场（流通市场）。

交易市场又叫二级市场，是供投资者买卖已发行证券的场所，主要通过证券的流通转让来保证证券的流动性。

发行市场是流通市场的基础，决定着流通市场上流通证券的种类、数量和规模；流通市场则是发行市场存在发展的保证，维持着投资者资金周转的积极性和资金流动的灵活性，两者互为条件，又相互制约。

2.1.2.2 横向结构关系

这是依有价证券的品种而形成的结构关系。这种结构关系的构成主要有股票市场、债券市场、基金市场等。

股票市场是股票发行和买卖交易的场所；债券市场是债券发行和买卖交易的场所；基金市场是基金证券发行和流通的市场。

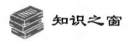

什么是金融市场

金融市场是进行资金融通的市场。按照金融工具的性质和期限划分，金融市场可分为货币市场、资本市场、外汇市场、黄金市场、保险市场和金融衍生品市场。

货币市场是短期资金融通市场，货币市场工具的期限均在1年以内，期限短，流动性强，收益低，风险也低。货币市场的主要功能是满足经济主体的流动性需要，是金融市场体系中的基础市场，它可进一步细分为短期信贷市场、同业拆借市场、回购协议市场、商业票据市场、银行承兑汇票市场、短期政府债券市场（国库券市场）、大面额可转让存单市场等。

资本市场是长期资金融通市场，其融资工具期限均在1年以上，主要是为了满足经济主体长期运营资金的需要，是金融市场体系中的核心市场。资本市场可进一步划分为长期信贷市场、证券市场、信托市场、金融租赁市场和风险投资市场。

外汇市场是以外汇为交易对象的市场。狭义的外汇市场是指银行间的外汇交易，广义的外汇市场则是指中央银行、外汇银行、外汇经纪人及客户组成的外汇买卖、经营活动的总和。

黄金市场是以黄金为交易对象的市场。黄金是重要的国际储备工具，黄金市场在金融市场上也占有重要的一席之地。

保险市场是以保险单和年金单的发行和转让为交易对象的市场。

金融衍生品市场是指建立在基础金融工具或基础金融变量之上，并依基础金融工具和基础金融变量预期价格变化而定价的金融工具。基本的金融衍生工具有期货合约、期权合约、互换合约和远期利率协议。

2.1.3 证券市场的基本功能

作为解决资本供求矛盾和促进资本流动而产生的市场，证券市场在当代社会经济发展中的地位日益重要，其许多功能是其他经济形式无法替代的。

2.1.3.1 投融资功能

融通资金是证券市场构建的根本目的，其融资功能是指证券市场为资金需求者筹集资金的功能，投资功能是指证券市场为资金的供给者提供投资对象。之所以综合称之为投融资功能，是因为投资和融资是不可分割的统一整体：没有融资，就不需要投资；没有投资，就不可能实现融资。中国证券市场过去比较偏重于为企业提供融资的服务导向，故存在单一将筹资功能作为其基本功能的说法，这种思维是有偏执性的，是不利于证券市场健康发展的。

一般而言，企业融资有两个基本渠道：间接融资和直接融资。间接融资即通过银行贷款而获得资金，其特点是资金的供求双方不直接建立债权债务关系，而是与银行建立债权债务关系。直接融资，即发行各种有价证券直接向社会投资者融资，使证券发行人与投资者之间直接形成股权或债权债务关系。银行贷款期限一般较短，适合于解决企业流动资金不足的问题，但往往难以满足企业长期资金需求。直接融资可使社会闲散资金汇集成长期资本，以满足企业需求。此外，证券市场的直接融资具有速度快、规模大、成本低、资金稳定、灵活方便等诸多优点。企业通过直接融资筹集来的资金比较稳定，故有利于企业长期经营发展。对政府而言，发行债券能满足大规模基本建设需要，甚至可以缓解财政赤字。而对投资者来说，证券市场不仅可以实现自己直接投资获益的目的，还可针对债券、股票、基金以及衍生金融工具等丰富的投资品种灵活选择自己的投资对象。

2.1.3.2 资本定价

证券市场的第二个基本功能就是为资本决定价格。资金的供给方和资金的需求方通过竞争决定证券价格，其形成的价格反映了资本创造经济效应的能力和市场供需平衡关系，故证券市场可构建资本的合理定价机制。同时，实际资本通常是一个难以分割的统一整体，只有通过证券市场，利用虚拟资本和实际资本价值运动的分离，才能使实际资本价值获得相对独立的运动形式，如资产的分割、兼并、收购等。

2.1.3.3 资本配置

证券市场的资本配置功能是指通过证券价格引导资本的流动而实现资本的合理配置的功能。在证券市场上，证券价格的高低是由该证券所能提供预期报酬率的高低来决定的。

证券市场配置资本的机制主要表现在：投资者通过研究和选择将资金投向有发展前景或效益好的优秀企业，从而提高了社会资金的利用效率；同时，企业为了获得社会投资，需要开发技术先进和质量优良的产品，需要不断改进管理水平，甚至可以通过市场重组、兼并方式进行资源优化配置，打造自己的核心能力，这些最终都提高了社会资本的配置效率。

上述三个基本功能主要是强调了经济功能，事实上，证券市场在现代社会里能发挥作用的方面是很多的。例如，综合反映信息的能力，不论是经济的、政治的、社会的状态或重大事件发生，都会首先反映在证券市场波动变化上。而对政府来说，可通过在证券市场上公开买卖政府债券，或使用税率等政策措施，调节货币流通量，以防止通货膨胀或促进经济复苏，从而产生宏观经济调控作用。

2.1.4 证券市场的中介机构

证券市场中介机构是指为证券的发行与交易提供服务的各类机构。中介机构是连接证券投资人与筹资人的桥梁，是证券市场运行的组织系统，主要有证券公司（证券经营机构）、证券服务机构两大类（如图2-1所示）。

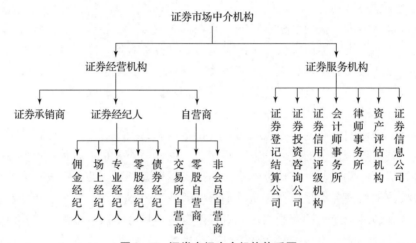

图2-1 证券市场中介机构体系图

（1）证券公司。

证券公司又称证券商，是指依法设立的可经营证券业务的、具有法人资格的金融机构。证券公司的主要业务有代理证券发行、代理证券买卖、自营性证券买卖，以及其他咨询业务，如兼并与收购等。证券公司一般分为综合类证券公司和经纪类证券公司。

（2）证券服务机构。

证券服务机构是指依法设立的从事证券服务业务的法人机构，主要包括证券登记结算公司、证券投资咨询公司、会计师事务所、资产评估机构、律师事务所、证券信用评级机构等。这些中介机构为市场提供各种服务，使证券市场参与各方能够合理、安全、有序、高效地从事证券交易。

 小常识

什么是沪港通

2014年11月17日，资本市场期盼已久的沪港通终于正式开通了，这是中国证券市场继"股权分置改革"之后的又一项重大改革举措，它必将作为中国资本市场对外开放的重

要起点而载入史册。

沪港通是一种沪港股票市场交易的互联互通机制,即在中国香港开户的证券账户能自由换取人民币,直接购买上海的部分 A 股;在上海证券交易所开户的客户可以自由兑换港币,直接购买香港联合交易所的部分股票。沪港通启动初期,限定其总额度为 5 500 亿元人民币,参与港股通个人投资者资金账户余额应不低于 50 万元人民币。为激励投资者的参与积极性,我国政府对内地投资港股收益三年内暂免征收个人所得税,对中国香港市场投资者投资上交所上市 A 股取得差价收益暂免征收所得税及营业税。

沪港通正式开通后运行平稳,A 股市场投资者热情高涨,助推中国股市初现牛市端倪,说明投资者对沪港通重要意义的高度认可。沪港通不仅意味着内地资本市场对港股市场的新一轮高水平开放,更是中国资本市场对国际开放迈出的重要一步,它标志着中国资本将在与国际市场的深度融合中不断提升对外开放的层次和水平。它不仅可以助推中国资本市场国际化发展,还有利于增强人民币资产在国际上的定价话语权。

2.1.5　证券监管模式

虽然各个国家或地区的证券管理机构设置有很多不同,但证券监管模式大体上可分为政府监管模式和自律性监管模式两类。

(1) 政府监管模式。

政府监管模式是指由政府设置附属的行政机构,对证券市场进行集中统一监管。这种模式又可分为两种类型。一是在政府中设立专门的证券监管机构,如法国证券交易所管理委员会隶属于行政内阁,为相对独立的行政管理部门。二是政府机构兼管,主要有财政部兼管、中央银行兼管、中央银行和财政部共管等多种情况。例如,日本的证券主管机关是大藏省,具体是由大藏省下设的证券局、证券交易监视委员会和金融检查部行使监管职能。在我国,政府监管机构是国务院直属的中国证券监督管理委员会,显然属于行政监管类型里的第一种监管模式。

(2) 自律性监管模式。

自律性监管模式是指由直接隶属于立法机关的国家证券监管机构对证券市场进行集中统一监管。例如,在美国,联邦证券交易委员会执行国会的立法,负责保护投资者,对全国的证券发行、证券交易、券商、投资公司等依法实施全面监管,维持公平而有序的证券市场。

证监会处罚虚假挂单制造买盘假象,警惕市场操纵

证监会 2009 年 10 月 19 日宣布,对卢道军操纵市场一案作出行政处罚决定,没收其违法所得 34.96 万元并处以同等罚款。证监会详细披露了卢道军操纵手法并提醒普通投资者不要落入操纵者的圈套。

经证监会调查,卢道军存在利用"张春梅""李丽虹"账户组,操纵四维控股股票价格的违法事实。2008 年 1 月 22 日,卢道军利用上述账户申买四维控股 1 422 万股,撤单 1 088 万股,成交 167 万股。次日,为能以较高价格卖出四维控股股票,卢道军利用上述账户组,在9时39分至9时42分、9时54分至9时55分、10时03分25秒至10时30分50秒等期间，通过逐笔升高申报价格，短时间内进行频繁虚假买入申报，造成四维控股股票申买委托量在短期内迅速放大，制造买盘汹涌的假象，申买价格始终低于申报前一秒的市场平均成交价，委托主要集中在第3档和第5档，随后迅速撤单，最短买入申报驻留时间仅18秒。上述期间，账户组申买委托共计12笔，撤单12笔，撤单笔数占申买笔数的100%；申买总量330万股，撤单量330万股，撤单量占申买总量的100%。在不断申买、撤单过程中，四维控股股价由9.29元上涨至9.74元，卢道军趁机挂出卖单，陆续卖出所持股票，实现卖出收益34.96万元。

证监会认为，卢道军通过不以实际成交为目的频繁大量买入申报和频繁申报行为，影响了其他投资者对该股票供求和价格走势的判断，诱导他们跟进买入，逐步推高股价，影响了四维控股股票价格和交易量。由此，证监会认为卢道军的上述行为违反了《证券法》第77条关于禁止"以其他手段操纵证券市场"的规定，构成了操纵证券市场行为。

证监会有关部门负责人表示，卢道军操纵市场案和之前查处过的周建明案、张建雄案都是通过虚假申报来操纵市场，其危害表现在多方面，但首先表现在个股交易中，这些人通过制造虚假表象误导投资者，损害投资者利益。

点评：虚假申报操纵者的本质是以不正当手段"哄抬"股价。他们往往不以市价挂单，而是在低于市价的档位挂出大量的虚假买单，从而误导投资者作出该股后市将走强的错误判断。如果投资者进而追高买入，则恰恰中了操纵者的圈套，因为他们同时在高位反向挂卖单，实现高位出货。（资料来源：第一财经日报，2009年10月20日）

2.1.6　证券市场的自律性组织

自律性组织的产生、发展与证券市场管理体制有着密切的关系，其主要包括证券业协会和证券交易所。

（1）证券业协会。

证券业协会属于社会团体法人，主要由证券公司作为会员，其权力机构为会员大会。1991年8月28日，中国证券业协会正式成立。根据我国《证券法》规定，所有证券公司都应当加入证券业协会。

证券行业协会具有协助证券监督管理机构组织会员执行有关法律职责，维护会员的合法权益，为会员提供信息服务，制定规则，组织培训和开展业务交流，调解纠纷的职责，还有就证券业的发展开展研究、监督检查会员行为的职责以及证券监督管理机构赋予的其他职责。

（2）证券交易所。

证券交易所是提供证券交易的场所而不以营利为目的的法人组织。其主要职责有：提供交易场所与设施；制定交易规则；监管在该交易所上市的证券以及会员交易行为的合规性、合法性，确保市场公平；公布行情；等等。

2.1.7　证券市场在金融市场体系中的地位

资本市场是指证券融资和经营一年以上中长期资金借贷的金融市场，包括股票市场、债券市场、基金市场和中长期信贷市场等，其融通的资金主要作为扩大再生产的资本使用，因此称为资本市场。

货币市场是经营一年以内短期资金融通的金融市场，包括同业拆借市场、票据贴现市场、回购市场和短期信贷市场等。

资本市场是经济体系中聚集、分配资金的"水库"，而货币市场是"分流站"。资金需求者通过资本市场筹集长期资金，通过货币市场筹集短期资金，国家经济部门则通过这两个市场来调控金融和经济活动。

资本市场和货币市场统称金融市场。证券市场在整个金融市场体系中占有非常重要的地位：

（1）从金融市场的功能来看，证券市场通过证券信用的方式融通资金，通过证券的买卖活动引导资金流动，促进资源配置的优化，推动经济增长，提高经济效率。

（2）从金融市场的运行来看，金融市场体系的其他组成部分都与证券市场密切相关。

第一，证券市场与货币市场关系密切。证券市场是货币市场上的资金需求者。

第二，长期信贷的资金来源依赖于证券市场。

第三，任何金融机构的业务都直接或间接与证券市场相关，而且证券金融机构与非证券金融机构在业务上有很多交叉。

2.1.8 证券市场的法律制度

在我国，已经确立了指导证券市场健康发展的"法制、监管、自律、规范"八字方针，初步形成了中国特色的集中统一监管体系，构建起了一个以《证券法》为核心，包含其他相关法律、国务院行政法规和国务院证券主管部门规章的全国统一的证券市场法律法规体系。

证券法律制度体系由法律、行政法规、部门规章和国家证券主管部门的有关规定构成。有关证券市场的法律有《证券法》《公司法》《会计法》《中华人民共和国信托法》《证券投资基金法》等。有关的行政法规有《股票发行与交易管理暂行条例》《中国证监会股票发行核准程序》《证券交易所管理办法》《企业债券管理条例》等。有关的部门规章有《证券业从业人员资格管理暂行规定》《合格境外机构投资者境内证券投资管理暂行办法》《证券经营机构股票承销业务管理办法》《证券经营机构证券自营业务管理办法》等。

案例分析

海螺水泥王建超等高管违规买卖股票被查处

证监会 2009 年 10 月 19 日宣布对王建超等 4 名上市公司高管人员违规买卖股票行为的行政处罚决定，分别给予王建超、卢宪斌警告并处以 5 万元罚款，分别给予夏世勇、李建军警告的处罚。

王建超是安徽海螺水泥股份有限公司副总经理，卢宪斌任甘肃祁连山水泥集团股份有限公司监事，夏世勇、李建军分别任金发科技股份有限公司副董事长和董事、总经理。

证监会认定，上述 4 人的行为违反了《证券法》第 47 条"禁止上市公司董事、监事、高级管理人员、持有上市公司股份 5% 以上的股东，将其持有的股票在买入后 6 个月内卖出,或者在卖出后6个月内又买入"的规定。因此,证监会作出行政处罚决定。

证监会有关部门负责人指出,由于上市公司董事、监事和高管人员、持有上市公司股份5%以上的股东在决定公司重大问题上有较多的表决权,对公司经营情况有第一时间知晓的便利条件,为了防止其利用优势地位或者信息优势,通过频繁地买卖本公司股票获取利益或规避损失,损害其他中小股东的利益,政府禁止上述主体从事短线交易,对其在规定期限内买卖本公司股票的行为进行限制。(资料来源:腾讯财经,2009年10月20日)

点评:证券市场要不断完善法规和市场机制,加强监管力度,只有做到有法可依、违法必究,才能建立健康的市场秩序,从根本上杜绝违规现象。

2.2 股票市场

2.2.1 什么是股票市场

股票市场是股票发行和交易的场所。根据市场的功能划分,股票市场可分为发行市场和流通市场(交易市场)。

根据市场的组织形式划分,股票市场可分为场内交易市场和场外交易市场。股票场内交易市场是股票集中交易的场所,即股票交易所。股票场外交易市场是在股票交易所以外的各证券交易机构柜台上进行交易的股票交易市场,所以也叫作柜台交易市场。

根据投资者范围不同,我国股票市场还可分为境内投资者参与的A股市场和专供境外投资者参与的B股市场。

2.2.2 股票市场的产生与发展

人类社会分工日益发达、社会化大生产是股份公司和股份制度产生的根本原因。最早的股份公司产生于17世纪初荷兰和英国成立的海外贸易公司。18世纪下半叶,英国开始了工业革命,随着工业革命向其他国家扩展,股份制也传遍了资本主义世界。19世纪中叶,美国出现了一大批靠发行股票和债券筹资的筑路公司、运输公司、采矿公司和银行,股份制逐步进入了主要经济领域。19世纪后半叶,股份制传入日本和中国。1873年成立的轮船招商局,发行了中国最早的股票。

1773年,在伦敦柴思胡同的约那森咖啡馆正式成立了英国第一个证券交易所,以后演变为伦敦证券交易所。1792年,24名经纪人在纽约华尔街的一棵梧桐树下订立协定,形成了经纪人联盟,它就是纽约证券交易所的前身。

进入20世纪,股票市场发展迅速,大致经历了以下三个阶段:

(1) 自由放任阶段(1900—1929年)。

(2) 法制建设阶段(1930—1969年)。1929年经济危机之后,各国政府开始对股票市场全面加强法制和规范化建设。

(3) 迅速发展阶段(自1970年以来)。

1986年,全球股票市场的市值总额为6.51万亿美元,全球上市公司总数为2.82万家。1995年年底,市值总额为17.79万亿美元。10年间,市值增长了近3倍,上市公司增加了6

万多家，达到 8.89 万家。据世界交易所联合会（WFE）的统计和全球股价指数推算，全球总市值，截至 2014 年 4 月底达到 74.7 万亿美元，创出历史新高。而国际货币基金组织（IMF）推算的 2015 年全球 GDP 为 74.5 万亿美元，这意味着全球股票总市值已经超过 GDP 规模。

2017 年全球经济增长达到 2011 年以来最佳水平，为全球股市的攀升提供了支撑，绝大多数股市都呈现出欣欣向荣的景象，历史新高不断被刷新。

在主要发达国家，证券化率（股票市价总值与国内生产总值的比率）已经达到较高的程度（如表 2-1 所示）。其中，中国的股市发展速度比较快。2016 年，中国 GDP 为 74.41 万亿元，中国股市市值与 GDP 的比值为 57.5/74.41 = 77.27%。一般认为，证券化率达到 75% 至 100%，市场处于合理估值范围。

表 2-1 全球主要股票市场市值与 GDP 比率（2016-12-31）

国　家	国内生产总值 /万亿美元	总市值占 GDP 比率/%	历史最低 值/%	历史最高 值/%
USA 美国	18.68	125.2	35	149
China 中国	11.72	77.27	41	123.12
Japan 日本	4.91	137	56	361
Germany 德国	4.13	47	13	58
UK 英国	3.1	118	47	205
France 法国	3.02	79	54	183
Brazil 巴西	2.63	42	26	106
Italy 意大利	2.4	11	10	45
India 印度	2.37	66	40	158
Russia 俄罗斯	2.35	20	16	142

2.2.3 股票市场的主要功能

股票市场对推动国民经济迅速增长和世界经济一体化影响巨大，具体有以下主要功能：

（1）筹集资金。筹集资金是股票市场的首要功能。市场需求是任何产业发展的前提，企业发展需要社会资金支持，就需要更有效的筹资渠道和方式。

（2）投资功能。与筹资功能对应的是投资功能，即吸引社会资金投入股市，以丰富投资或理财渠道。

（3）转换机制。对于我国企业来说，如果想入市，就必须进行现代企业制度改革，使公司能够达到上市要求。因此，股票市场可促进公司转换经营机制，建立现代企业制度。

（4）优化资源配置。股票市场的优化资源配置功能，是通过一级市场筹资、二级市场股票的流动来实现的。投资者必然对企业优劣进行判断以合理选择自己的投资对象，因此，资金会逐渐流向效益好、发展前景好的企业。

（5）分散风险。这一点主要是站在企业视角上讲的。从资金需求者来看，通过发行股票筹集了资金，同时将其经营风险部分地转移和分散给投资者，实现了风险的社会化。当然，从投资者角度看，我们可以根据个人承担风险的程度，通过买卖股票和建立投资组合来转移和分散风险。

2.2.4 股票上市需要具备的条件

根据《中华人民共和国公司法》及《股票发行与交易管理暂行条例》的有关规定，股份公司申请股票上市必须符合下列条件：

(1) 经国务院证券管理部门核准，股票已向社会公开发行。

(2) 公司股本总额不少于人民币3 000万元。

(3) 公司成立时间须在3年以上，最近3年连续盈利。

(4) 持有股票面值达1 000元人民币以上的股东人数不少于1 000人，向社会公开发行的股份不少于公司股份总数的25%；如果公司股本总额超过4亿元人民币，其向社会公开发行股份的比例不少于15%。

(5) 公司在最近3年内无重大违法行为，财务会计报告无虚假记载。

(6) 国家法律、法规、规章及交易所规定的其他条件。

上述条件是针对一般股票上市的要求，而对于中小板、创业板、科技板的公司上市条件，又有具体的规定。

小常识

上市公司股票上市的时机选择

上市公司在选择股票上市时机时经常会考虑的因素：

(1) 在筹备的时候即可预计未来一段时间内股市行情看好。

(2) 要为未来一年的业务做好充分铺垫，使公众普遍能预计企业来年比今年会更好。

(3) 要在公司内部管理制度、派息、分红制度、职工内部分配制度已确定，未来发展大政方针已明确以后上市。

2.2.5 股票发行上市的步骤及核准程序

股票发行上市的步骤及核准程序大致包括以下11个方面：

(1) 设立股份有限公司。

拟上市发行股票的公司首先必须是依法成立的股份公司，同时必须有明确的发行股票的章程（章程中需有发行者情况介绍、发行股票的原因、发行单位、每股金额等内容）。

(2) 聘请中介机构。

主要是聘请有证券从业资格的会计师事务所、律师事务所和有主承销商资格的证券公司。会计师事务所负责出具审计报告，律师事务所出具法律意见书，证券公司负责对拟上市企业发行股票的辅导和推荐工作，辅导期为1年。

(3) 向中国证监会派出机构报送材料。

主要材料包括：发行公司的公司章程、招股章程、股票承销合同书；会计师或审计师事务所和律师事务所审核的资产报表、财务报表等有关文件；可行性研究报告；证券管理机构规定和要求的其他事项。

(4) 改制辅导调查。

对企业有限公司制和现代企业制度建设辅导和实施情况进行调查核实。

(5) 报送申请股票发行文件。

拟发行公司必须按规定填写股票发行说明书。一般需要说明的内容有：公司概况、营业计划、专家审查意见、业务与设备、资本与股份、公司债券发行记录、股票包销或代销机构、公司财务状况、公司发展前景分析等。

(6) 初审。

证券管理机构对发行公司所申报的文件资料进行初步审查：各项文件资料是否齐全，公开说明书的内容，财务报表有无问题，其他事项的情况如何。

(7) 发行审核委员会审核。

将初审材料与初审结果提交股票复查小组或委员会，决定申请股票发行方案是否符合有关规定。

(8) 核准发行。

发行审核委员会核准申请公司开始发行股票。

(9) 复议。

申请公司的申请方案未被通过，但也没有被否决，则需要其后再复议，作出决定。

(10) 发行股票。

申请公司在得到批准发行股票后，即可选择中介机构，并与其签订委托发行协议书。

(11) 上市交易。

被批准发行股票的公司可以在规定的时效期内择机挂牌上市，开始市场股票的交易活动。

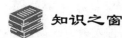 知识之窗

什么是三板市场

三板市场的全称是"代办股份转让系统"，是作为我国多层次证券市场体系的一部分，于2001年7月16日正式开办的。三板市场一方面为退市后的上市公司股份提供继续流通的场所，另一方面也解决了原STAQ、NET系统历史遗留的数家公司法人股流通问题。

1992年7月和1993年4月，中国证券市场研究中心和中国证券交易系统有限公司先后在北京分别成立了STAQ系统和NET系统。这两个系统都以交易法人股为主，因此，它们一度被称为"法人股流通市场"。由于中国产权交易市场发展中出现过较混乱的现象（1997年年初，全国就有100多个地方场外股票交易市场），给中国的金融系统安全带来了极大的隐患。1997年11月，中央金融工作会议决定关闭非法股票交易市场，将非上市公司股票、股权证交易视为"场外非法股票交易"，予以明令禁止，随后STAQ、NET系统也相继关闭。2000年，中国许多地方又恢复、规范、重建了产权交易所。2001年，中国证券业协会为解决原STAQ、NET系统挂牌公司的股份流通问题，开展了代办股份转让系统。

可见，解决历史遗留问题是三板市场创建伊始所承担的重要任务。而三板开设的另一个目的是承接主板的退市股票，它在特定的时期起到了化解退市风险的作用，并弥补了证券市

场的结构性缺陷。

2001年开启的三板市场也被称为"老三板"。由于"老三板"挂牌的股票品种少，且多数质量较低，再次转到主板上市难度也很大，长期被冷落。为了改变我国资本市场柜台交易落后局面，同时为更多高科技成长型企业提供股份流动的机会，2006年年初，北京中关村科技园区建立新的股份转让系统，因与"老三板"标的明显不同，被形象地称为"新三板"。"新三板"与"老三板"最大的不同是配对成交，现在设置30%的幅度，超过此幅度便要公开买卖双方信息。

"新三板"的定位是为非上市的高新技术公司提供高效、便捷的股权转让和投融资平台。"新三板"对企业具有以下功能：（1）宣传功能；（2）培育功能；（3）价值发现功能；（4）融资功能。

2.2.6 股票的发行方式

（1）包销发行方式。

包销发行方式是由代理股票发行的证券商一次性将上市公司所新发行的全部或部分股票承购下来，并垫支相当股票发行价格的全部资本。这种方式下，发行者可以快速获得全部所筹资金，而推销者则要全部承担发行风险，故包销费高于代销费和承销费。当然，其好处是包销的证券商有机会从中赚取买卖差价。

（2）代销发行方式。

代销发行方式是由上市公司自己发行，中间只委托证券公司代为推销。证券公司代销证券只向上市公司收取一定的代理手续费而不承担任何发行风险，全部发行风险和责任都由发行者承担。

（3）承销方式。

股票发行者与证券发行中介机构签订推销合同，若约定期限内中介机构实际推销的结果未能达到合同规定的发行数额，则其差额部分由中介机构自己承购下来。这种发行方法的优点是，能够保证完成股票发行额度，但证券商需承担一定的发行风险，故承销费高于代销的手续费。

股票发行时究竟应采用哪一种方法，需要双方协商确定。一般说来，发行者主要考虑自己在市场上的信誉、用款时间、发行成本和对推销者的信任程度；推销者则主要考虑所承担的风险和所能获得的收益。

2.2.7 股票的发行价格

（1）面值发行。

面值发行，即以股票的票面金额为发行价格。

（2）时价发行。

时价发行即不是以面额，而是以流通市场上的股票价格（即时价）为基础确定发行价格。一般将发行价格定在低于时价5%~10%的水平上是比较合理的。

（3）中间价发行。

中间价发行即股票的发行价格取票面额和市场价格的中间值。中间价格发行对象一般为原股东。

（4）折价发行。

折价发行即发行价格低于票面额，是打了折扣的。

在股票发行实践中，股票发行价格的确定实际上是一个比较复杂的问题。一般确定股票发行价格的方法主要有以下四种：

第一种，议价法。议价法是指股票发行公司直接与股票承销商商定承销价格（承销商愿意付给发行公司的价格）。美国大多数股份公司发行新股时都以此确定发行价格。

第二种，竞价法。竞价法是指以投标方式相互竞争股票承销业务，中标标书中的价格就是股票发行价格。一般出价最高者即可获得新股票总经销的权利。

第三种，拟价法。拟价法是指在股票出售以前，由股票发行公司与股票承销商共同拟订一个承销价格并加以推销。拟价法定价的依据主要有三：一是发行公司最近3年每股税后纯收益和每股股利；二是发行公司最近年度盈余分派后每股账面净值；三是预计当年税后纯收益及每股股利。同时，还需参考当时市场利率水平，即与银行一年期定期存款利率联系起来。

第四种，自定价法。自定价法是指股票发行未经与股票承销商协商而自行定价发行并公开出售。此法多用于公债发行而非股票发行。

国际定价经验

在国际股票市场上，在确定一种新股票的发行价格时，一般要考虑其四个方面的数据资料：

（1）将上市公司上市前最近三年来平均每股税后纯利乘上已上市的其他类似股票最近三年的平均利润率。这方面的数据占确定最终股票发行价格的四成比重。

（2）将上市公司上市前最近四年来平均每股所获股息除以已上市的其他类似股票最近三年的平均股息率。这方面的数据占确定最终股票发行价格的二成比重。

（3）要参考上市公司上市前最近期的每股资产净值。这方面的数据占确定最终股票发行价格的二成比重。

（4）将上市公司当年预计的股利除以银行一年期的定期储蓄存款利率。这方面的数据也占确定最终股票发行价格的二成比重。

2.3 债券市场

2.3.1 什么是债券市场

债券市场是发行和买卖债券的场所。最常见的分类方法有以下几种：

（1）根据债券的运行过程和市场的基本功能，可将债券市场分为发行市场和流通市场。

（2）根据市场组织形式，债券流通市场又可进一步分为场内交易市场和场外交易市场。证券交易所是专门进行证券买卖的场所，如我国的上海证券交易所和深圳证券交易所。

场外交易市场是在证券交易所以外进行证券交易的市场。柜台市场为场外交易市场的主体。目前，我国债券流通市场由三部分组成，即沪深证券交易市场、银行间交易市场和证券经营机构柜台交易市场。

(3) 根据债券发行地点的不同，债券市场可以划分为国内债券市场和国际债券市场。

2.3.2 债券市场的产生与发展

17 世纪下半期，荷兰联省共和国公开发行了一批政府债券，并在阿姆斯特丹交易所上市。后来，欧洲其他国家也纷纷将本国政府债券投放到阿姆斯特丹交易所上市，使得阿姆斯特丹很快成了欧洲最主要的债券市场。

到 18 世纪中后期，英国和法国凭借其资本主义生产和对外贸易的迅速发展，取代荷兰成为新的世界经济和金融中心。欧洲公债市场的重心向伦敦和巴黎转移，英国和法国的债券市场逐渐发展起来。在美国，早在独立战争期间，政府就发行了各种临时债券和中期债券，以支付巨大的战争经费。

19 世纪以后，资本主义经济进入了高速发展阶段，企业债券开始诞生；债券市场开始形成制度化、组织化和规模化。

第二次世界大战以后，各国债券市场发展十分迅猛，成为与股票市场相并列的资本市场。英国债券发行总额为 386 亿英镑，与 GDP 的比率为 5.4%。

在市场交易额方面，据国际证券交易所联合会的统计，1996 年，法国债券交易额与法国 GDP 的比率为 752.8%；德国债券交易额与德国 GDP 的比率为 91.82%；英国债券交易额与英国 GDP 的比率为 146.2%；美国债券交易额与美国 GDP 的比率为 78.9%。

据国际金融协会统计，2017 年全球债务规模达到 217 万亿美元。其中，中国已是全球债务增长的最大部分来源，2017 年年底的市场规模达 11.4 万亿美元（约合 1 300 万亿日元）左右，仅次于美国（约合 4 200 万亿日元）和日本（1 400 万亿日元），位居全球第三。

2.3.3 债券市场有哪些主要功能

债券市场的主要功能有三个：

(1) 融资功能。债券的发行主体主要有政府、金融机构、股份公司以及其他企业，他们可以通过证券市场发行债券，获得所需资金。

(2) 资金流动导向功能。通过债券市场，资金得以向优势企业集中，从而有利于资源的优化配置。

(3) 宏观调控功能。中央银行通过在证券市场上买卖国债等有价证券，调节货币供应量，实现宏观调控的目的。

2.3.4 企业发行债券需具备的条件及债券发行的审批程序

一般有三类公司可以发行公司债券：一类是股份有限公司；一类是国有独资公司；还有一类是两个以上的国有企业或者其他两个以上的国有投资主体投资设立的有限责任公司。

除了必须具有企业债券发行的主体资格外，发行人还必须满足相关法定条件，才可获准发行企业债券。

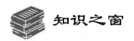 **知识之窗**

公司债券的发行程序

下面以公司债券为例,具体说明其发行程序。

①制定发行方案。

发行方案主要包括发行金额、资金用途、期限、利率、发行范围、发行方式、公司现有资产、收益分配状况、筹资项目的可行性研究或经济效益预测、还本资金来源等。

②董事会决议。

发行公司债券需经董事会决议通过,且要由2/3以上董事出席,以及超过半数的出席董事通过方为有效。董事会的决议决定着公司债券发行的总额、票面金额、发行价格、利率、发行日、偿还期限和偿还方式等内容。

③申请政府主管部门批准。

应报送下列文件:发行公司债券的申请书、营业执照、公司董事会决议文件、准予进行公司固定资产投资的批准文件、发行公司债券的章程或办法、公司财务报表、政府主管部门要求提供的其他文件。政府主管部门根据上述文件对申请进行审批。

④签订承销协议。

这是由发行公司和承销者之间签订的协议。协议主要规定:承销者所承担的责任和义务、承销者报酬、承销者缴款日期等。

⑤订立承销团协议。

承销团协议是参加承销团的所有成员必须签订履行的。协议内容包括:承销团承销债券的数量、承销报酬;承销团各成员分担的份额。协议还应对承销团各成员不得自行做主降低价格出售债券及保证其推销份额的完成等加以规定。

⑥签订信托合同。

在发行抵押公司债的情况下,发行公司必须和受托公司签订信托合同。信托合同中主要规定受托人的权利和义务,根据信托合同,受托公司取得抵押权。

⑦制作认购申请书、债券和债权者名簿。

认购申请书上应载有:认购金额、认购者住所、签书、盖章等栏目。认购申请书实际上是交易合同,投资者有按所填写金额缴款的义务。

债券的制作,通常由募集者代办。债券的内容是法定的,券面上应记载下列内容:公司名称、地点;债券的票面金额、利率、利息支付方式、发行日期和编号、偿还期限和方式;发行公司的印章、公司法定代表签章和政府主管部门批准发行的文号、日期。

发行记名公司债券时,发行公司应备有债权者名簿。债权者名簿在债权转让时,要作相应的更改。

⑧发出募集公告。

发行公司或募集者以公告形式公布发行内容,募集投资者。

公告内容主要有公司经营管理简况、公司财务状况、发行计划、发行债券目的、债券总金额、发行条件、还本付息方式、募集期限等。

⑨正式募集。

在募集期间,由申请认购者填写认购申请书,然后在交割日缴纳价款,领取债券。

⑩呈报发行情况。

债券募足后,董事会应在一定时间(一般为15天)内向政府主管部门呈报发行情况。

2.3.5 我国国债发行的方式

(1) 定向发售。定向发售方式是指向养老保险基金、失业保险基金、金融机构等特定机构发行国债的方式,主要用于国家重点建设债券、财政债券、特种国债等品种。

(2) 承购包销。承购包销方式始于1991年,主要用于不可流通的凭证式国债。它是由各地的国债承销机构组成承销团,通过与财政部签订承销协议来决定发行条件、承销费用和承销商的义务,因而是带有一定市场因素的国债发行方式。

(3) 招标发行。招标发行是指通过招标的方式来确定国债的承销商和发行条件。

小常识

国债招标方式

国债招标方式通常有两种:美国式招标和荷兰式招标。

美国式招标(多种价格招标):在标的为利率时,全场加权平均中标利率为当期国债的票面利率,各中标机构依各自及全场加权平均中标利率折算承销价格;在标的为价格时,各中标机构按各自加权平均中标价格承销当期国债。

荷兰式招标(单一价格招标):在标的为利率时,最高中标利率为当期国债的票面利率;在标的为利差时,最高中标利差为当期国债的基本利差;在标的为价格时,最低中标价格为当期国债的承销价格。

我国国债发行招标规则以往较多采用荷兰式招标。2003年出现重大调整,记账式国债招标在原先单一的荷兰式招标的基础上增添美国式招标方式。招标方式的市场化将使国债发行市场趋于理性,国债发行利率将进一步贴近市场的变化。

长期以来,我国国债发行一直沿用荷兰式的招标方式,极易在投标人之间演绎出类似囚徒困境模式中相互拆台的对局,为了中标压低价格而干扰债券的合理定价。它在国债招投标中常常出现的情形是:承销商为了能拿到国债或能多拿国债,就尽量报出比较低的利率,因为大家最后的成交价格都是一样的,也就是业内俗称的"搭便车现象"。作为记账式国债柜台交易的试点品种,2002年6月3日发行的020006国债,期限7年,招投标后票面利率为2.00%,仅比1年期定期存款利率1.89%高11个基点。由于其票面利率过低,不被以居民为主的投资人看好,导致交易清淡。荷兰式招标方式的另一弊端在于,任何一个大机构的资金量都可能影响最终中标利率,因此这种办法还会给一些大投资机构有意无意操纵市场提供了便利。而美国式招标方式出现后,风险将由市场成员分别承担,将迫使国债承销团成员的行为趋于理性。

2.3.6 我国公司债券发行的条件

(1) 股份有限公司的净资产额不低于人民币3 000万元,有限责任公司的净资产额不低于人民币 6 000 万元。

(2) 累计债券总额不超过净资产额的 40%。

(3) 最近三年平均可分配利润足以支付公司债券一年的利息。

(4) 筹集资金的投向符合国家产业政策。

(5) 债券的利率不得超过国务院规定的标准。

(6) 国务院规定的其他条件：配额审核与资格审核两个环节；发行公司债券筹集的资金不得用于弥补亏损和非生产性支出；凡是前一次发行的公司债券尚未募足的公司，以及对已改造的公司债券或其债券有违约，或者存在延迟支付本息的事实且仍处于继续状态下的公司，不得再次发行公司债券。

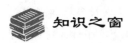

债券信用评级

债券信用评级是指债券评级机构对债券发行者的信誉及其所发行的特定债券的质量进行评估的综合表述。债券信用评级制度起源于 1909 年的美国，随后便被大多数国家采纳。

债券信用评级的作用主要表现在：一是能在一定程度上保护投资者的利益，因为投资者可以依据市场相关机构给出的各种债券的信用级别进行判断和选择，以减少其错误投资的风险；二是为确定债券的发行价格和利率提供参考依据。一般而言，级别越高，说明债券还本付息的安全性越高，利率就越低。

目前国际上公认的最具权威性的信用评级机构，主要有美国的标准·普尔公司和穆迪投资服务公司。标准·普尔公司信用等级标准从高到低可划分为：AAA 级、AA 级、A 级、BBB 级、BB 级、B 级、CCC 级、CC 级、C 级和 D 级。我国目前采用的就是这种等级划分方法，即"国类十级制"。穆迪投资服务公司信用等级标准从高到低可划分为：Aaa 级，Aa 级、A 级、Baa 级、Ba 级、B 级、Caa 级、Ca 级和 C 级。

两家机构的信用等级划分大同小异。评价属于前四个级别的债券信誉高，违约风险小，属于"投资级债券"；评价属于第五级及其后的债券信誉低，属于"投机级债券"。

2.4 创业板市场

2.4.1 创业板市场概述

创业板市场，又称第二板市场，是相对于主板市场（或称第一板市场）的资本市场，是指主板市场之外专为中小企业和新兴公司提供筹资途径的新市场。

2.4.1.1 创业板市场的特点

创业板以自主创新企业及其他成长型创业企业为服务对象，具有上市门槛低、信息披露监管严格等特点，它的成长性和市场风险均要高于主板。创业板市场的主要特点有如下几方面：

(1) 以增长型公司为目的。上市条件较主板市场宽松。

(2) 买者自负的原则。创业板需要投资者对上市公司营业能力自行判断，坚持买者自负原则。

(3) 保荐人制度。对保荐人的专业资格和相关工作经验提出更高要求。

(4) 以"披露为本"作为监管方式。它对信息披露提出全面、及时、准确的要求。

2.4.1.2 创业板市场的功能

创业板市场的功能集中体现在如下三个方面：

(1) 为有前景的中小创新企业的持续发展筹集资金。新兴的中小创新企业在发展过程中所需研发费用较大，需要寻求外部融资。但由于规模较小，不符合主板市场的上市标准，银行又难以通过评估抵押给予贷款。于是，在吸收一定的风险投资和私人投资以后，就可以到上市标准较低的创业板市场发行股票融资。

(2) 为风险投资提供退出机制。风险投资加盟中小创新企业并不谋求长期控制企业，而是谋求获取高额回报。一旦时机适当，它们就会从创业板市场退出，寻求新的风险投资机会。创业板是风险资本退出的最理想方式。

(3) 有利于促进中小企业建立良好的激励机制。有了创业板市场流通股权，中小企业就可以采取股票期权、职工持股计划等激励手段，鼓励职工与管理层共同为公司价值的增长而奋发工作，促进企业的高速发展。

创业板市场对国家和地区的经济发展具有重要意义：它支持高新技术产业的发展，促进经济增长；它的发展扩大了资本市场，提高了资本市场的运作效率；它拓展了中小企业的发展空间，增加了社会就业岗位。

2.4.2 创业板市场的设立方式与运行模式

(1) 创业板市场的设立方式。

从国际上成熟的证券市场的实践经验来看，创业板市场的设立主要有两种方式：

第一种，由证券交易所直接开设，如马来西亚、日本、韩国、新加坡和中国台湾地区的创业板市场。证券交易所设立创业板市场，将创业板上市公司的经营状况及经营期限、股本大小、盈利能力、股权分散程度等与主板区分开来，并明确规定了创业板上市的条件和标准。

第二种，由非证券交易所的机构设立，典型如美国的 NASDAQ 证券市场。美国纳斯达克证券市场有限责任公司成立于 1971 年，隶属于全美证券交易商协会。该协会是在美国证券交易委员会注册券商的自律性组织，几乎所有的美国证券商都是它的会员。

(2) 创业板市场的运行模式。

创业板市场的运行模式与其设立的方式有关，国际上重要创业板市场的运作通常采用三种典型的模式。

①非独立的附属市场模式。附属于主板市场，和主板市场拥有相同的交易系统；有的和主板市场有相同的监管标准和监察队伍，所不同的只是上市标准的差别。我国采用的便是该模式。

②独立新市场模式。与主板市场相比，有独立的交易管理系统和上市标准，完全是另外一个市场。采用这种模式的有美国 NASDAQ、日本 JASDAQ、中国台湾地区的场外证券市场（ROSE）等。在现有的证券交易所内设立一个独立的为中小企业融资服务的市场，上市标

准低，上市公司除需有健全的会计制度及会计、法律、券商顾问和经纪人保荐外，并无其他限制性标准。显然，创业板市场成为主板市场的预备，创业板市场和主板市场之间是一种从低级到高级的提升关系。

③独立模式。由小盘股市场连接而成，其会员市场达成最低运作标准，具有实时的市场行情，承认彼此的会员资格。即创业板市场与主板市场分别独立运作，拥有独立的组织管理系统、交易系统和监管系统。上市门槛低，能最大限度地为新兴高科技企业提供融资服务。

2.4.3 创业板市场和主板市场的区别

创业板市场是主板市场以外的市场，现阶段其主要目的是为高科技领域中运作良好、成长性强的新兴中小公司提供融资场所。如表2-2所示，其在以下几个方面与主板市场有明显区别：

表2-2 中国香港主板与创业板上市条件比较

项 目	中国香港主板	中国香港创业板
实收资本	无具体要求	无具体要求
营运记录	须具备3年业务记录，发行人最近3年主要业务和管理层没有发生重大变化，实际控制人没有发生变更	必须显示公司有2年的"活跃业务记录"
盈利要求	盈利测试：过去3年纯利总额达5 000万港元，其中最近年度须超过2 000万港元，另外前2年的纯利合计须达3 000万港元； 市值/收益/现金流量测试：上市时市值至少为20亿港元；经审计的最近1个会计年度的净利润至少为5亿港元；新申请人前3个会计年度年现金流入合计至少1亿港元； 市值/收益测试：上市时市值至少为40亿港元；经审计的最近1个会计年度的净利润至少为5亿港元	不设置盈利要求
最低公众持股量	一般占公司已发行股本至少25%	股票上市时至少达到3 000万港元，且须占已发行股本的20%~25%
最低市值	预期公开发行部分市值不低于5 000万港元	无具体规定，但实际上在上市时不得少于4 600万港元
实收资本	无具体要求	无具体要求
证券市场监管	其机制相对成熟，监管制度和监管力度较强，政府的监管手段结合市场的力量对上市公司构成极大的约束，监管层和公众投资者对上市公司的不规范问题则反应比较突出	全面信息披露，买卖风险自担

(1) 经营年限相对较短，可不设最低盈利要求。申请公司成立时间可短于3年；对于研究与开发前景高的企业，不设最低盈利要求。

(2) 股本规模相对较小。一般要求总股本2 000万元即可。

(3) 主营业务单一。要求创业板企业只能有一种主营业务。

(4) 必须是全流通市场。

(5) 有主要股东最低持股量及出售股份有限制的规定。这些股东在公司上市时所持有的股本至少占已发行股本的35%；管理层在公司上市后的两年内不得出售名下股份；两年限期届满后，亦不得在连续6个月之内出售名下股份超过25%。

(6) 在某些国家的资本市场中，高新技术企业在创业板市场满两年后可申请转主板上市。

2.4.4 中国创业板公司上市条件

2009年10月16日，国务院批准深圳证券交易所设立创业板市场，并于2009年10月23日举行创业板开板启动仪式。首批上市28家，当日全部以涨停价收盘。此后，中国创业板上市公司一直是市场追逐的投资热点。截至2020年3月23日，中国创业板上市企业已达803家。中国创业板的设立，为许多过去难以上市的小企业创造了良好的融资和发展机会，这主要得益于创业板公司的上市条件远宽松于主板公司。

2020年创业板实施注册证改革，深圳证券交易所发布了《深圳证券交易所创业板股票上市规则（2020年修订）》（深证上〔2020〕500号），创业板股票上市规则相对以前发生了许多变化。如表2-3所示为一个创业板新旧上市标准的比较。

表2-3 创业板上市标准新旧比较

比较内容	旧上市标准	新上市标准
股本要求	发行后股本不低于3 000万元。公开发行股份达到公司股份总数的25%以上；公司股份总额超过4亿元的，公开发行股份的比例为10%以上	发行后股本不低于3 000万元。公开发行股份达到公司股份总数的25%以上；公司股份总额超过4亿元的，公开发行股份的比例为10%以上
市值及财务指标	符合其中一项标准：(1) 最近两年净利润均为正，且累计净利润不得低于5 000万元；(2) 预计市值不低于10亿元，最近一年净利润为正且经营收入不低于1亿元；(3) 预计市值不低于50亿元，且最近一年经营收入不低于3亿元	(1) 最近两年连续盈利，最近两年净利润累计不少于1 000万元，且持续增长；或者最近一年盈利，且净利润不少于500万元，最近一年营业收入不少于5 000万元，最近两年营业收入增长率均不低于30%。净利润以扣除非经常性损益前后孰低者为计算依据。(2) 最近一期末净资产不少于2 000万元，且不存在未弥补亏损

2.5 科创板市场

2019年7月22日9点30分许，伴随开市锣声响起，首批25只科创板股票在上海证券交易所上市交易,这表明中国证券市场又增加了一个可投资的新板块,彰显了中国对高新技术产业发展的高度重视。科创板设置具有很多中国式的创新,同时也表明中国资本市场全面深化改革又迈向了一个新征程。

2.5.1 何为科创板市场

科创板(全称"科技创新板")是面向科技公司融资服务的,也是投资者可直接对科技型公司进行投资的资本市场。科创板的设立补齐了我国资本市场的一些短板,是我国落实创新驱动和科技强国战略、推动高质量发展高新技术战略产业的一项重大资本市场改革举措。当然,要对科创板市场及其定位有一个较好的理解,就必须了解我国资本市场的多层次结构(如图2-2所示)。

图2-2 中国的多层次资本市场

资料来源:杨望. 科技板登场科技板. https://finance.qq.com/original/caijingzhiku/yangwang1203.html. 2019-12-19.

在我国主板市场上市的企业多为大型成熟企业,具有较大的资本规模以及稳定的盈利能力,所以主板市场主要定位为大型蓝筹企业的上市交易。中小板市场主要是针对中小型稳定发展的企业,以解决其未达到主板上市要求下的上市需求。创业板市场主要是为了扶持高成长性的中小企业而设立的。主板市场和中小板市场是相对成熟企业的市场,所以被并称为一板市场;创业板市场是针对成长期的企业上市服务,被称为二板市场;一板、二板市场均属于场内市场。在中国,三板、四板市场主要是股份转让的挂牌行为,而不是真正意义的上市;负责产权交易的交易所被称为五板;他们都属于场外市场。五个板块市场构成了中国多层次的资本市场结构,可满足不同层级投融资主体的多样化需求。因此,科创板显然被定位于二板市场。

2.5.2 科创板上市标准

科创板市场的定位是面向世界科技前沿、面向新经济主战场、面向国家重大需求领域提供资本服务。因此,在上市公司选择上,我们优先支持符合国家战略、拥有关键核心技术、科技创新能力突出、具有稳定的商业模式、市场认可度高、社会形象良好的具有较强成长性的企业。

为保障科创板顺利上市和其后能规范运作,证监会制定和发布了《科创板首次公开发行股票注册管理办法(试行)》(简称《注册管理办法》)《科创板上市公司持续监管办法

(试行)》(简称《持续监管办法》)。与此同时,上海证券交易所发布了包括《上海证券交易所科创板股票发行上市审核规则》《上海证券交易所科创板股票上市委员会管理办法》《上海证券交易所科创板股票上市规则》等一系列实施科创板并试点注册制的相关业务规则和配套指引。

按照上海证券交易所发布的相关业务规则,发行人申请在科创板上市应当符合以下5项条件:

符合中国证监会规定的发行条件;

发行后股本总额不低于人民币3000万元;

公开发行的股份达到公司股份总数的25%以上;公司股本总额超过人民币4亿元的,公开发行股份的比例为10%以上;

市值及财务指标符合本规则规定的标准;

上海证券交易所规定的其他上市条件。

其中,发行人申请在上海证券交易所科创板上市,其市值及财务指标应当至少符合以下5项标准中的1项:

预计市值不低于人民币10亿元,最近两年净利润均为正且累计净利润不低于人民币5000万元;或者预计市值不低于人民币10亿元,最近一年净利润为正且营业收入不低于人民币1亿元;

预计市值不低于人民币15亿元,最近一年营业收入不低于人民币2亿元,且最近三年累计研发投入占最近三年累计营业收入的比例不低于15%;

预计市值不低于人民币20亿元,最近一年营业收入不低于人民币3亿元,且最近三年经营活动产生的现金流量净额累计不低于人民币1亿元;

预计市值不低于人民币30亿元,且最近一年营业收入不低于人民币3亿元;

预计市值不低于人民币40亿元,主要业务或产品需经国家有关部门批准,市场空间大,目前已取得阶段性成果。医药行业企业需至少有一项核心产品获准开展二期临床试验,其他符合科创板定位的企业需具备明显的技术优势并满足相应条件。

对于符合相关规定的红筹企业申请在科创板上市的,市值及财务指标应当至少符合以下2项标准之一:

预计市值不低于人民币100亿元;

预计市值不低于人民币50亿元,且最近一年营业收入不低于人民币5亿元。

可见,根据板块市场定位和科创企业特点,科创板设置了多元包容性的上市条件,以此畅通市场的"入口"。可以发现,科创板上市的财务方面标准更加偏重于市值,而盈利情况不够突出甚至尚未盈利的优质企业,也可依靠高市值以及良好的现金流及营业收入的指标登录科创板;针对盈利状况较为优良的优质企业,其市值的要求则可以适当放低。

2.5.3 科创板的特色

科创板体现出了不同于其他板块的鲜明特色。

(1)实施股份发行注册制。

科创板率先实施股份发行注册制,是借鉴国外成功经验,在国内市场进行的一项重要改革尝试,有可能为我国证券市场未来由审核制全面转为注册制积累经验和奠定基础。

(2) 中国股市成立以来最严厉的退市制度。

科创板在退市制度上较主板更严格，除了信息违规和违法退市之外，还增加了交易类退市规定。其退市时间可能更短，退市速度更快，并且退市情形更多。比如：新增市值低于规定标准，上市公司信息披露或者规范运作存在重大缺陷可被退市；明显丧失持续经营能力，仅依赖与主业无关的贸易或者以不具备商业实质的关联交易维持收入的上市公司可能会被退市；交易不符合规定可引发退市（包括120日累计股票成交量低于200万股，连续20个交易日收盘价均低于股票面值，连续20个交易日股票市值均低于3亿元，连续20个交易日股东数量均低于400人，等等）。

(3) 差异化的科创板企业上市条件。

上交所科创板股票上市规则在发行后股本总额、股权分布、市值、财务指标等方面都作出了明确规定，其中一些条件是可选择性的，实际上相当于存在着多套科创板上市条件。这种多元包容性为科创型企业实现上市提供了更多机会。值得注意的是，科创板企业公开发行并上市时可能存在尚未盈利、有累计未弥补亏损等情形，这在过去的中国证券市场是不会出现的。由此，有可能加大的风险将成为投资者不得不考量的一个问题。

(4) 实行市场化的发行承销机制。

科创板的新股发行价格、规模、节奏等坚持市场化导向，其询价、定价、配售等环节由机构投资者主导。新股发行全部采用询价定价方式，询价对象限定在证券公司等七类专业机构投资者；传统估值方法可能不再适用，允许灵活采用其他定价方法；首次公开发行股票时，科创板发行人和主承销商可以采用超额配售选择权。

(5) 提高投资者门槛情况下必须兼具流动性。

50万证券资产还得有2年交易经验，这可能将95%的普通中小投资者挡在了大门之外。普通的中小投资者被锁死了，但向基金全面开放，可投资A股的公募基金均可投资科创板股票，保证了市场流动性。当然，不符合适当性管理要求的中小投资者，可以通过公募基金等产品参与科创板，这正是我国证券市场应该倡导的做法。

(6) 持续完善的交易所配套业务规则。

针对科创板发布的配套规则，具体包括六项主要业务规则：《上海证券交易所科创板股票上市规则》和《上海证券交易所科创板股票交易特别规定》，以及关于科创板股票发行上市审核、科创板股票发行与承销和科创板股票上市委员会、科技创新咨询委员会工作管理规则。另外有四项配套指引，主要是科创板股票交易风险揭示书必备条款、关于科创板上市保荐书的内容与格式、科创板股票发行上市申请文件受理、科创板股票盘后固定价格交易。

(7) 一些交易规定较其他板块有所突破。

科创板虽然因条件还不成熟未能实现T+0规则，但是在交易规则上较以前还是有一定进步的。①有较宽的涨跌幅限制：首次公开发行上市的股票，上市后的前5个交易日不设涨跌幅限制；其后施行20%的涨跌幅限制。②采用3种交易方式：竞价交易、盘后固定价格交易、大宗交易。③差异化的单笔买卖申报数量和申报价格最小变动单位。单笔申报卖出数量不小于200股；上交所可以依据股价高低，实施不同的申报价格最小变动单位。④对购买的股票要持有20个交易日。⑤核心技术人员股份锁定期为1年，期满后每年可以减持25%的首发前股份；特定股东可以通过非公开转让、配售方式转让首发前股份。⑥优先向机构配售，公开发行后总股本不超过4亿股的，网下发行比例70%；超过4亿股的，网下发行不低于80%。网下发行股票数量的50%优先向公募、养老金、社保基金等机构配售。

(8) 高成长化解高市盈率风险。

科创板面向尚未进入成熟期但具有成长潜力的企业。由于科创板公司的特点是具有良好的成长性，很多投资者在其发行时就愿意以较高的市盈率进行投资。从已发行上市的科创板公司情况看，无论是发行还是上市交易，科创板个股的市盈率普遍较高，最低的也在50倍以上，明显高于二级市场的同行业品种。对未来成长性的预期，使得投资者更愿意中长期持有股票，以待以后业绩大幅提升获得了相应收益。无疑，以高成长化解高市盈率风险，成为科创板的一大特点。

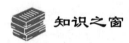

证券发行注册制

证券发行注册制是指证券发行申请人依法将与证券发行有关的一切信息和资料公开，制成法律文件，送交主管机构审查，进而获得申请注册的制度。在注册制下，证券发行审核机构只对注册文件进行形式审查，不进行实质判断，即主管机构只负责审查发行申请人提供的信息和资料是否履行了信息披露义务。注册制的基础是强制性信息公开披露原则，遵循"买者自行小心"理念。

与注册制对应的另一种证券发行方式是核准制。核准制是指发行人在发行股票时，不仅要充分公开企业的真实状况，还必须符合有关法律和证券管理机关规定的条件，即主管机关要对发行人是否符合发行条件进行实质审核。注册制与核准制的主要差异体现在：前者是形式审核，后者是实质审核。在注册制下，行政机关只对披露内容的真实性进行核查与判断；在核准制下，行政机关要对披露内容的投资价值作出判断。核准制遵循的是强制性信息公开披露和合规性管理相结合的原则，其理念是"买者自行小心"与"卖者自行小心"并重。

我国的证券发行一直采用审核制度，应属于广义上的核准制。审批制主要是采用行政和计划的手段，由地方政府或部门根据发行额度推荐发行上市。证券监管部门行使审批职能。我国《证券法》第10条规定："公开发行证券，必须符合法律、行政法规规定的条件，并依法报经国务院证券监督管理机构或国务院授权的部门核准或审批。未经依法核准或审批，任何单位和个人不得向社会公开发行证券。"在具体操作上，对股票发行采取核准制，对债券发行采取审批制。

关于我国是否实行注册制的话题已讨论多年。总体来讲，从审核制向注册制发展是当前股票市场发展的一个重要趋势，也是我国在股票发行上推进市场化改革的一项重要任务。

2.5.4 科创板上市的意义

中国资本市场在走过了29年的曲折历程后，迎来了科创板，并由其进行注册制试点，这标志着中国科技企业和资本市场已进入提速增挡的新周期，从资本市场维度积极推动了中国经济转型升级以及实现"中国梦"的伟大进程。

我国科创板上市的重要功能定位是：重点支持高新技术产业和战略性新兴产业。从《实施意见》来看，科创板将重点支持新一代信息技术、高端装备、新材料、新能源、节能环保以及生物医药等高新技术产业和战略性新兴产业，推动互联网、大数据、云计算、人工智能和制造业深度融合，引领中高端消费，推动质量变革、效率变革、动力变革。科创板上市企业将是符合国家战略、具有核心技术、行业领先、有良好发展前景和市场认可度的企业。过去，本土很多优秀企业都跑到国外市场上市了。有了科创板，中国优秀的科技公司便不必再远走他乡上市，中国的投资者则可以分享到优秀科创企业的成长红利，中国资本市场的核心竞争力也将得到有力提升。

实现"中国梦"离不开"科技梦"的助推，而实现"科技梦"离不开资本的力量。科创板通过制度和规则的创新，增强了资本市场对实体经济的包容性，有利于搭建起科技创新和资本之间的桥梁，使得更多的科技创新型企业能通过科创板这座桥梁走向资本市场，实现科技、资本和实体经济的良性循环。高新技术产业因其高投入、高风险、高效益等特性而更需要强大的资金支持。但高新技术企业以无形资产为主，价值难以衡量。因此，丰富投融资模式，深化资本市场改革，为高新科技企业创造更多资金支持渠道就成为国家创新战略的一项重要举措。

科创板从中国国情和发展阶段出发，积极借鉴成熟的市场经验，在发行上市、保荐承销、市场化定价、交易、退市等方面进行了全方位的制度改革。科创板在创新探索过程中，难免会遇到各种各样的困难和挑战。但通过边试点、边总结、边完善的原则，持续优化各项制度安排，不仅可以保证科创板的成功运行，而且有利于发现和掌握资本市场存在的共同内在规律，对整个中国资本市场产生示范效应。

从市场功能上讲，科创板的设置不仅为科创型企业提供了全新融资通道，也为创投资金引入了新的退出渠道，完善了私募投资和创业投资退出机制，促进了中国证券市场化定价机制的运用。特别是，注册制属于比较成熟的国外市场新股发行方式，其定价更能够体现上市公司本身的投资价值。注册制的实施有利于引导投资者进行价值投资。此外，而从全球视野来看，科创板有可能成为我国资本市场吸引国际资本的一颗闪亮的新星。由于科创板与国际资本市场成熟惯例更加一致，将来更有机会吸引国外优秀企业上市，这对拓展国内资本市场的广度与深度，全面推进改革开放具有十分重要的现实意义。

练习题二

1. 计算题：某股票每股的净值为 13.56 元，发行年度预计股利为 2 元，一年期存款利率为 12.5%，若考虑其他因素，给定的保守估价系数为 0.85。按照拟价法，其发行价格估计为多少呢？（提示：先按股利计算一个价格，再与每股净值求平均值，最后乘以 0.85，可得 12.56 元。）

2. 讨论题：中国股市创业板开市后，"三高"问题十分突出。"三高"即高市盈率、高发行价和高超募金。据相关统计分析，创业板开通 10 个月，公开发行并上市 100 家企业，这百家企业平均发行市盈率 67 倍，平均发行价每股 33 元，平均每家企业超募 4.8 亿元资金，超募比高达 210%。同时，公开发行一完成就造就了 324 名亿万富翁和 39 个十亿级富翁家族。100 家企业连续创造"三高"的纪录实属罕见。

一般来说，企业的高市盈率要依赖于企业的高成长性，但实际上，中国公司的增长是否足以支持创业板企业的高发行市盈率，似有值得怀疑之处。对投资者而言，过高的发行价和市盈率在一定程度上加大了投资风险，压缩了盈利空间，并助长了二级市场的炒作空间。

请讨论：如何让中国创业板市场健康发展？

3. 辩论题：一般认为，科创板主要吸引的不是普通投资者，而是专业投资者，因为在注册制下判断科创板上市公司的投资价值是一项非常复杂的工作，这种判断要求投资者有很强的专业能力和辨别能力。一旦判断不清，投资者就会面临很大的风险。根据上交所对科创板股票交易的相关规定，个人投资者要想参与科创板股票交易，其一是申请权限开通前 20 个交易日内，证券账户及资金账户内的资产日均不低于人民币 50 万元（不包括该投资者通过融资融券融入的资金和证券）；其二是参与证券交易 24 个月以上。此外，个人投资者参与科创板交易前，证券公司要对投资者符合条件情况进行核查，并对个人投资者的资产状况、投资经验、知识水平、风险承受能力和诚信状况等给出综合评估。由此，就形成了两种完全不同的观点：

辩方 A：把相当多的普通投资者限制在科创板门槛之外是不公平的，这使得他们失去了投资科创板的获利机会。

辩方 B：科创板对投资者设置门槛是为了保护投资者利益，特别是风险承受能力不强的投资者。

4. 案例分析题：欧浦智网（002711），自称是中国钢铁智慧供应链创新引擎，提供钢材交易、仓储加工、供应链金融、数据及技术咨询、运输配送、行情资讯等综合服务。该公司于 2014 年 1 月 27 日以 18.29 元的发行价在中小板上市，其估价曾一度达到 125.56 元。其后经过几次大的股票转送分配及股票下跌，到 2019 年 4 月 22 日股票收盘于 5.30 元。结果，似乎出现了什么意外事件，股票连续出现 29 个跌停板，股票最低价时竟然只有 0.89 元，该股票当年业绩为负，被深圳交易所 ST 戴帽处理。事后深圳交易所的调查发现，该企业存在问题，主要有：

（1）违规对外提供担保。2016 年 11 月至 2018 年 10 月期间，*ST 欧浦实际控制人、时任董事长兼总经理的陈礼豪以 *ST 欧浦名义为 *ST 欧浦控股股东佛山市中基投资有限公司、其本人及亲属控制的企业违规提供担保，涉及总笔数 15 笔；截至 2019 年 4 月 30 日，违规对外担保余额 13.41 亿元，占 *ST 欧浦 2017 年度经审计净资产的 81.21%。*ST 欧浦未就上述担保事项履行审议程序和信息披露义务。

（2）2018 年度业绩预告、业绩快报信息披露不准确、不及时。*ST 欧浦披露 2018 年第三季度报告，预计 2018 年度归属于上市公司股东的净利润为 1.37 亿至 1.79 亿元，但 2019 年 1 月 31 日，*ST 欧浦披露业绩预告修正公告预计，2018 年度净利润为 -3.5 亿至 -2.35 亿元。最后，2019 年 4 月 30 日，*ST 欧浦在 2018 年度报告中披露，2018 年度经审计的净利润为 -41.79 亿元。

（3）2018 年度财务报告被出具无法表示意见的审计报告。*ST 欧浦 2018 年度财务报告被瑞华会计师事务所出具无法表示意见的审计报告。形成无法表示意见的基础包括：公司持续经营能力存在重大不确定性、内部控制失效、无法确定对 33.61 亿元未决诉讼事项应计提预计负债的最佳估计数等。

深圳交易所调查结论认为：*ST 欧浦及经理陈礼豪的行为违反了本所《股票上市规则（2014 年修订）》《股票上市规则（2018 年 4 月修订）》《中小企业板上市公司规范运作指引（2015 年修订）》中数十条相关规定。最后，深圳交易所作出了对 *ST 欧浦公开谴责的决定。

问题分析：你是如何认识*ST欧浦及陈礼豪的违规行为的？你认为深圳交易所的处罚是否得当？

投资名人故事

金融天才——乔治·索罗斯

乔治·索罗斯（George Soros），在美国《纽约时报》（2006年）评出的全球十大顶尖基金经理人中排名第五，被称为"金融天才"。

索罗斯于1930年8月12日生于匈牙利布达佩斯。1944年，随着纳粹对布达佩斯的侵略，索罗斯随全家开始了逃亡生涯。1947年，他随家人移民至英国。为了改变自己的命运，索罗斯于1949年考入伦敦经济学院。其间，索罗斯深受自由哲学家卡尔·波普（Karl Popper）的影响，这对于索罗斯建立金融市场运作的新理论打下了坚实的基础。

索罗斯在1973年自立门户，成立了一家对冲基金——索罗斯基金，最终该基金成为著名的量子基金。在将近20年的时间里，索罗斯管理着这个激进、成功的对冲基金，做到了年均收益率超过30%，其中有两年，年收益率超过100%。在20世纪80年代后期，索罗斯放弃了在量子基金的日常管理工作。作为世界上最富有的人之一，他成了一名慈善家，在全世界通过他的开放社会基金捐赠巨额善款。

索罗斯的著作是所有证券投资类著作中最复杂难懂的。人们经常说，读索罗斯的《金融炼金术》是件苦差事。索罗斯投资哲学的核心理念可以用两个词来描述：一个是不完全理解（Imperfect Understanding），一个是反身性（Reflexivity）理论。

索罗斯的相关著作主要如下：

（1）"The Alchemy Of Finance" by George Soros（1988），中译本名为《金融炼金术》。

（2）"Soros On Soros: Staying Ahead Of The Curve" by George Soros（1995），中译本名为《索罗斯：走在股市曲线前面的人》。

（3）"Open Society: Reforming Global Capitalism" by George Soros（2001），中译本名为《开放社会：改革全球资本主义》。

（4）"The Bubble Of American Supremacy: Correcting The Misuse Of American Power" by George Soros（2003），中译本名为《美国的霸权泡沫》。

（5）"George Soros on Globalization" by George Soros（2002），中译本名为《索罗斯论全球化》。

第三章

基本证券商品交易

本章学习要点：

(1) 掌握股票交易的程序，了解股票交易的费用。
(2) 了解基金交易的基本常识，了解债券交易的基本常识。
(3) 知晓股指期货的功能、股指期货合约的要素、股指期货交易制度。
(4) 熟悉股指期货的合约价值、当日盈亏、投资保证金计算方法。
(5) 熟悉股价指数的编制方法，了解国内外典型的股价指数。

3.1 股票交易

股票交易是指股票投资者在证券交易所按照市场交易规则对已发行上市的股票进行买卖的活动。证券在证券交易所的交易程序一般包括以下几个环节：开户、委托、竞价、清算、交割、过户等。

3.1.1 开户

(1) 开立股票账户。

客户欲进入股市必须先开立股票账户，股票账户是投资者进入市场的通行证，只有拥有它，才能进场买卖证券。

在我国证券市场，股票账户分为上海证券公司股票账户和深圳证券公司股票账户两种，其中股票账户在深圳又叫股东代码卡。开立股票账户需要在各地的证券登记公司办理，以个人身份办理的股票账户为个人账户，以法人单位申请的账户为法人账户。

(2) 开立资金账户。

资金账户在投资者准备委托的证券商（公司）处开立，因为投资者只有通过他们才可以从事股票买卖。办理时，投资者须携带资金（银行卡）、身份证（或户口簿）。业务办理过程中需填写包括"证券买卖代理协议""开立委托买卖资金账户开户书"表格。

投资者进行股票交易时，股票账户和资金账户一并使用，缺一不可。在开立资金账户过程中，需要设置交易密码，有些券商的交易系统还要求设置通信密码。上述手续办理完成后，登录券商指定的交易系统，即可进行银证之间的资金转移或完成股票的买卖交易。

3.1.2 委托

投资者开立了股票账户和资金账户后，就可以在证券营业部办理委托买卖。所谓委托买卖是指证券经纪商接受投资者委托，代理投资者买卖证券，从中收取佣金的交易行为。券商是证券交易所的会员，具有直接进行交易的资格，一般投资者进行的股票交易实际上都是委托券商完成的。

委托指令是投资者委托证券经纪商买卖证券的指示和要求。委托指令的基本要素有：证券账号、委托日期和时间、买卖品种、买卖数量、买卖价格、买进或卖出。证券经纪商在收到投资者委托后，应对投资者即委托人的身份、委托内容、委托卖出的实际证券数量及委托买入的实际资金余额进行审查，符合要求后，才能受理委托。受理委托后，证券经纪商根据委托书载明的证券名称、买卖数量、出价方式、价格幅度等，按照交易规则代理买卖证券。在委托未成交之前，委托人有权变更和撤销委托。但证券营业部申报竞价成交后，买卖即告成交，成交部分就不得撤销。

证券交易委托的方式一般有四种：一是柜台填单委托，即委托人亲自或由其代理人到证券营业部柜台以书面填单方式进行交易委托；二是自助委托，是委托人通过证券营业部设置的专用委托电脑终端，自行将委托内容输入电脑交易系统而完成证券交易的一种委托形式；三是电话委托，是指委托人通过电话方式表明委托意向，由证券营业部代理完成证券交易的委托方式；四是网上委托，就是委托人开通网络交易功能后，通过互联网进入证券经纪商的电脑交易系统，自行完成证券委托交易的方式。

3.1.3 竞价

"公平、公正、公开"是证券市场最基本的行为准则。体现在交易市场上，交易所的电脑交易系统按照"价格优先""时间优先"的原则对买卖委托进行撮合，以确保"三公"准则得以具体体现。在撮合过程中，其成交顺序为：较高买进委托优先于较低买进委托；较低卖出委托优先于较高卖出委托；同价位委托，按委托时间优先顺序成交。

目前世界上所有证券或证券衍生产品市场，基本上可依价格形成是否连续分为连续市场与集合市场两种。连续市场，是指当买卖双方投资人连续委托买进或卖出上市证券时，只要彼此符合成交条件，交易均可在交易时段中任何时点发生，成交价格也不断依买卖供需而出现涨跌变化。集合市场，是指买卖双方投资人间隔一段较长时间，市场累积买卖申报后才作一次竞价成交。

目前，上海、深圳证券交易所同时采用集合竞价和连续竞价两种竞价方式，即每个交易日上午9：15至9：25，电脑撮合系统对接受的全部有效委托进行集合竞价处理；9：30至11：30，以及13：00至15：00则为连续竞价时间。

3.1.4 清算、交割、过户

清算是将买卖证券的数量与金额在交易结束后分别相抵，并交割净值或款项的程序。各证券所将自己当日接受买卖委托的成交数量、金额按品种分别报证券登记结算公司，在相互抵销后，就其净额进行交割，这个过程就是清算。

证券由于其品种不同，结算交收期是不一样的。在我国股市，A股、基金、国债现货、企业债券、可转换债券实行"T+1"交易制度，即当日买进的股票，必须要到下一个交易日才能卖出；同时，对资金仍然实行"T+0"，即当日回笼的资金马上可以使用。B股为"T+3"交易制度，即当日买进的股票须等到三个交易日后才能卖出。股指期货交易则实行

"T+0"交易制度,即当日买入后可当日再卖出。

所谓过户,就是股票或债券的所有权转让后,登记变更手续。在我国实行证券无纸交易和集中托管制度,清算、交割、过户等手续都由证券所一并代劳,并需要提交完整的成交清单给投资者。

3.1.5 交易费用的规定

股票交易费用是指投资者在委托买卖证券时应支付的各种税收和费用的总和,通常包括印花税、佣金、过户费、其他费用等。在我国,股票交易费由以下几部分组成:

(1)佣金:在进行股票交易时,证券商收取的费用,其单位为元。沪深交易所规定为:不超过成交金额的0.3%,起点5元。

(2)印花税:国家收取的一种税费,其单位为元。印花税分为单边征收与双边征收。我国目前实行的是单边征收,即只对卖出方(或继承、赠予A股、B股股权的出让方)征收证券(股票)交易印花税,对买入方(受让方)不再征税。

(3)过户费:证券交易所收取的股票过户所需的费用,其单位为元。在我国,过户费仅上海证券交易所收取,深圳证券交易所不收取。上海证券交易所规定为成交面额的0.1%,起点1元。

(4)手续费:证券公司收取的费用,其单位为元。该费用通常按每笔固定收取5元,少于5元的按5元收取。

(5)其他费用:如通信费,上海、深圳本地交易收取1元,其他地区收取5元。

表3-1与表3-2所示是目前我国上海证券交易所和深圳证券交易所的股票交易费用收取的基本规定。

表3-1 沪市股票交易费用规定

业务类别		费用项目	费用标准	最终收费单位
开户	A股	开户费	45元/户	登记结算公司
交易	A股	佣金	不超过成交金额的0.3%,起点5元	证券公司
		过户费	成交面额的0.1%,起点1元	登记结算公司
		印花税	成交金额的0.1%	税务机关(上海证券交易所代收)
	权证	佣金	不超过成交金额的0.3%,起点5元	证券公司
	大宗交易	佣金、过户费、印花税与同品种竞价交易相同		
权证行权		标的股票过户费	股票过户面额的0.05%	登记结算公司

表 3-2 深证股票交易费用规定

收费对象	收费项目	收费标的	收费标准	备注
投资者	佣金	A股	不得高于成交金额的0.3%，也不得低于代收的证券交易监管费和证券交易经手费，起点5元。（要约收购费用参照A股收费标准）	证券公司
		B股	不得高于成交金额的0.3%，也不得低于代收的证券交易监管费和证券交易经手费，且起点5港元	
		权证	不得高于成交金额的0.3%，也不得低于代收的证券交易监管费和证券交易经手费，且起点5元	
	证券交易经手费	A股	按成交额双边收取0.147 5‰	由深圳证券交易所收取（证券交易所风险基金由交易所自行计提，不另外收取）；大宗交易收费：A股大宗交易按标准费率下浮30%收取，B股按标准费率下浮50%收取；此项费用被包含在佣金之中
		B股	按成交额双边收取0.301‰	
		权证	按成交额双边收取0.045‰	
	证券交易印花税	A股	按成交金额单边收取1‰	代国家税务局扣缴

案例分析

一起涉及委托交易关系的法律纠纷案

原告上海东方网股份有限公司，被告光大证券有限责任公司、上海河南南路证券营业部。

原告诉称：2003年6月10日，原告与被告"上海河南南路证券营业部"签订一份证券委托交易协议书，开设资金账户40310032，并办理了指定交易手续，同时原告向两被告出具了关于证券交易业务授权范围的函；该函明确表示原告在买卖深交所挂牌的所有证券时，需由原告的总经理李智平签署委托交易指令，该指令包括资金划拨、购入时间、证券种类、证券数量等一系列交易要素。原告开户后，分别于2003年6月11日、26日存入资金总计人民币1亿元，但之后未下达任何证券交易指令。至2003年12月15日，原告查询资金账户后发现，原告资金账户下挂了许多自然人股东账户，原告的资金被用于购买国债和股票。为此，原告与两被告多次交涉，要求两被告保障原告资金安全，但均无结果。原告认为，其合法财产已经受到了侵害，故请求判令：①被告"上海河南南路证券"偿还原告资金人民币1亿元；②被告"光大证券"与被告"上海河南南路证券"共同承担上述还款责任。

该案件由上海市第二中级人民法院受理。该案件中涉及的市场交易很多，双方提供的证据也较多，案情较为复杂。经过审理上海市第二中级人民法院审判委员会审理和讨论，依照《中华人民共和国合同法》第六十条、第一百零七条，《中华人民共和国证券法》第一百四十三条之规定，判决如下：一、被告光大证券有限责任公司上海河南南路证券营业部应于本判决生效之日起十日内以80%的比例赔偿原告上海东方网股份有限公司的损失。二、被告光大证券有限责任公司上海河南南路证券营业部的财产不足以承担上述赔偿责任的，不足部分由被告光大证券有限责任公司承担。三、对原告上海东方网股份有限公司的其余诉讼请求不予支持。（参考资料来源：政法网络学堂 www.zfwx.com/2007-07-04）

案例点评：在证券委托交易中，委托人和被委托人都要遵循国家有关法律规定，履行严格的手续，双方必须就有关事宜作出详细约定。特别是，证券公司一定要严格按照合同执行委托交易，否则就应承担相应的法律责任。在本案例中，上海河南南路证券营业部存在较大过失，应承担主要法律责任；上海东方网股份有限公司也有一定过失，故一些符合合同规定的交易中出现的损失就要由自己承担。

3.2 基金交易

基金交易是以基金为买卖对象，自我承担风险收益而进行的流通转让活动。不同类型的基金，其交易方式不同，封闭式基金通过在证券交易所上市交易来实现转让，开放式基金是通过银行、券商、基金公司来申购和赎回的。

3.2.1 封闭式基金的上市与交易

封闭式基金成立后，基金管理公司可以向证券交易所提出上市申请，经证券交易所批准挂牌交易，投资者可以像股票一样进行买卖。在我国，封闭式基金上市交易具体包括开户、委托、成交、清算、交割、过户等环节，其过程与股票的交易方式基本相同。

3.2.2 开放式基金的申购与赎回

开放式基金的交易方式以基金单位的申购和赎回来体现。基金的申购程序包括开立账户、确定申购金额、支付款项、申购确认等阶段。基金赎回是基金申购的反向过程，即卖出基金单位收回现金。

（1）认购是指投资者在开放式基金募集期间、基金尚未成立时购买基金份额的过程。通常认购价为基金份额面值（1元/份）加上一定的销售费用。投资者认购基金应在基金销售点填写认购申请书，支付认购款项。

（2）申购是指投资者到基金管理公司或选定的基金代销机构开设基金账户，按照规定的程序申请购买基金份额的行为。

（3）赎回又称买回，它是投资者以自己的名义直接或通过代理机构向基金管理公司要求部分或全部退出基金的投资，并将买回款汇至该投资者的账户内。

（4）定投是指在固定的时间以固定的金额投资到指定的开放式基金中，类似于银行的零存整取方式。

投资开放式基金的对象类型有股票基金、债券基金、货币市场基金、期货基金等。基金买卖的渠道有：直接渠道——基金公司自己的交易渠道；银行、券商等代销渠道；第三方交易渠道——证监会备案的网上第三方交易平台。

交易所交易基金（ETFs）

交易所交易基金（Exchange Traded Funds，ETFs）是一种跟踪指数变化且在证券交易所上市交易的基金。ETF 本质上是一种开放式基金，但它集成了封闭式基金和开放式基金二者的优势：投资者可以在证券交易所直接买卖 ETF 份额，交易比较便利；投资者可以申购赎回 ETF。ETF 最显著的特色是：投资者只能用与指数对应的一揽子股票申购或者赎回 ETF，而不像现有开放式基金那样以现金申购赎回。

投资者申购赎回 ETF 只能使用与指数对应的一揽子股票，而不是现金，被称为实物申购赎回机制。即投资者向基金管理公司申购 ETF，需要拿这只 ETF 指定的一揽子股票来换取；赎回时也是与某种指数相对应的一揽子股票。按照国外的经验和我国实施的一些 ETF 设计方案，其申购赎回的基本单位是 100 万份基金单位，起点较高，故一般只有大的投资者才能参与 ETF 一级市场的实物申购赎回（ETF 基金的实物申购、赎回过程，如图 3-1 所示）。

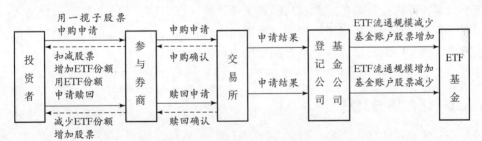

图 3-1 ETF 基金的实物申购、赎回过程

ETF 实行一级市场与二级市场并存的交易制度。因此，在二级市场上，无论是大投资者还是中小投资者均可按市场价格进行 ETF 份额的交易，其主要目的是通过紧紧跟踪某一具有市场代表性的指数获取其所代表股票的平均上涨利益。正常情况下，ETF 二级市场交易价格与基金份额净值总是比较接近。如果二级市场交易价格与基金份额净值偏离较多，就会出现套利机会，而套利交易又最终会使二级市场价格恢复到基金份额净值附近。

3.2.3 基金交易价格

基金的交易价格最基本的决定因素是基金的资产净值。开放式基金交易价格完全取决于基金资产净值；封闭式基金交易价格除由基金资产净值决定外，还受市场供求关系的影响。

封闭式基金在证券交易所上市交易后，基金买卖双方通过公开竞价的方式进行交易，由此形成的价格就是交易价格。一般情况下，基金单位交易价格与基金资产净值是趋于一致的。

开放式基金交易价格是基金申购和赎回价格的总称。由基金管理公司每天根据资产净值计算申购与赎回价格，并对外公开报价。基金投资者依据公布的价格申购或赎回基金单位。

3.2.4 基金交易费用

基金交易费用是指在进行基金交易时发生的费用。我国证券投资基金的交易费用主要包括印花税、交易佣金、过户费、经手费、证管费等。目前，基金交易暂无印花税；交易佣金不得高于成交金额的 0.3%，也不得低于代收的证券交易监管费和证券交易经手费，起点 5元，多数证券公司将交易佣金规定为 2‰；基金交易经手费实际运作中存在基金打折优惠，故申购费用从 0.6% 到 1.5% 不等，赎回费在 0.1% ~ 0.5%（一年以内）。

3.3 债券交易

债券交易市场包括场内交易市场和场外交易市场两部分。场内市场又称交易所市场，可交易的债券品种有国债、公司债、可转债、跨市场企业债等。场内债券交易的数量较小，一般以手（1 000 元面额）为单位。除机构投资者外，个人投资者也可以通过交易所市场进行投资交易，像买卖股票一样在交易所买卖债券。场外市场即通常说的银行间市场，其市场交易成员主要包括银行类机构和保险、基金、券商、信托、财务公司等非银机构。机构成员实施市场准入制，并需要具备一定的交易结算条件才能入市交易，个人投资者很难进入这个市场。相对于场内市场，银行间市场现券品种更加丰富，国债、地方政府债、央行票据、金融债、短期融资券、中期票据、企业债等品种均通过银行间市场进行交易。目前，场外市场是我国债券交易的主市场，2013 年其债券托管量占总体债券存量的 93%。

3.3.1 场内债券交易

场内交易的流程明确而严格，是由证券交易所立法规定的，一般有五个基本步骤：开户、委托、成交、清算和交割、过户。

（1）开户。

债券投资者要进入证券交易所参与债券交易，必须选择一家可靠的证券经纪公司办理开户手续。首先要与证券经纪公司订立开户合同，开户合同应包括如下事项：①委托人的真实姓名、住址、年龄、职业、身份证号码等；②委托人与证券公司之间的权利和义务约定，包括对证券交易所营业细则和相关规定以及经纪商公会规章的认可；③确立开户合同的有效期限，以及延长合同期限的条件和程序。

在我国，投资者需要在上海证券交易所或深圳证券交易所开立现金账户和证券账户才能进入债券市场进行交易。现金账户只能用来买进债券并通过该账户支付买进债券的价款，证券账户只能用来交割债券。投资者开立现金账户时，要首先将资金交存证券商，然后由证券商转存银行；投资者开立的证券账户，则由证券商免费代为保管。

（2）委托。

投资者在证券公司开立账户后，要想真正上市交易，就要与证券公司的办事机构以当面委托或电话委托两种方式发出"委托"。证券公司接到委托后，就会按照投资者的委托指令，填写"委托单"，以明确投资交易债券的种类、数量、价格、开户类型、交割方式等。"委托单"会及时送达证券公司在交易所中的驻场人员，负责执行委托。当然，如果开通了网上债券交易系统，上述委托过程可以通过债券交易系统自动完成。

（3）成交。

债券成交就是要使买卖双方在价格和数量上达成一致，其遵循的是竞争规则，即"三先"：价格优先、时间优先、客户委托优先。其中，客户委托优先是指代理买卖优先于自营买卖。交易时间是周一至周五的上午9:30至11:30，下午1:00至3:00（法定公众假期除外）。

（4）清算和交割。

债券交易成立以后，就必须进行券款的交付，这就是债券的清算和交割。债券的清算是指同一证券公司在同一交割日对同一种债券的买和卖相互抵销，确定出应当交割的债券数量和应当交割的价款数额，然后按照"净额交收"原则办理债券和价款的交割。债券的交割就是将债券由卖方交给买方，将价款由买方交给卖方。交割日期可分为当日交割、普通日交割和约定日交割三种。当日交割即在买卖成交当天办理券款交割手续；普通日交割是买卖成交后的第四个营业日办理券款交割手续；约定日交割是买卖成交后的15日内买卖双方约定某一日进行券款交割。

（5）过户。

过户是指将债券的所有权从一个所有者名下转移到另一个所有者名下。在现代债券网络交易环境下，过户的手续与过程已大大简化，客户看到的是直接在其现金账户上增加或减少与该笔交易价款相等的金额。

3.3.2 场外债券交易

场外债券交易就是在证券交易所以外的证券公司柜台进行的债券交易，场外交易又包括自营买卖和代理买卖两种。自营买卖债券是由投资者个人作为债券买卖的一方，由证券公司作为债券买卖的另一方，其交易价格由证券公司自己挂牌。代理买卖债券是投资者个人委托证券公司代其买卖债券，证券公司仅作为中介而不参与买卖业务，其交易价格由委托买卖双方分别挂牌，达成一致后形成。当然，无论是自营买卖还是代理买卖，都需要履行严格的手续。

何为融资融券

融资融券（Securities Margin Trading）又称证券信用交易或保证金交易，是指投资者向具有融资融券业务资格的证券公司提供担保物，借入资金买入证券（融资交易）或借入证券并卖出（融券交易）的行为。

2011年，我国正式发布《证券公司融资融券业务试点管理办法》。截至2014年年初，我国个人与机构的融资融券账户总数已达280万户，融资余额近3 800亿元。从世界范围来看，融资融券制度是一项基本的信用交易制度。我国融资融券的推出，可以使投资者既能做多，也能做空，不但多了一个投资选择，而且在遭遇熊市时，投资者也可以融券卖出以回避风险。

保证金比例是影响证券融资融券交易信用扩张程度最为重要的参数。根据沪深证券交易所《融资融券试点交易实施细则》，我国融资融券保证金比例不得低于50%。

融资保证金比例是指融资买入时交付的保证金与融资交易金额的比例，其计算公式为：

$$融资保证金比例 = 保证金/(融资买入证券数量 \times 买入价格) \times 100\%$$

融券保证金比例是指融券卖出时交付的保证金与融券交易金额的比例，其计算公式为：

$$融券保证金比例 = 保证金/(融券卖出证券数量 \times 卖出价格) \times 100\%$$

3.3.3 债券交易费用

债券品种包括国债、企业债、可转换公司债、分离交易的可转换公司债、专项资产管理计划等，交易费用通常包括佣金、印花税、过户费、其他费用等。债券交易费的收取标准在不同时期会有所变化。目前，我国债券交易费主要体现为佣金（包括经手费和证券交易监管费），不收取印花税、过户费。债券佣金为成交金额的0.1‰，起点为1元；债券回购业务的佣金标准则按回购天数有具体的规定比例；其他费用由券商根据需要酌情收取，一般没有明确的收费标准，只要其收费得到当地物价部门批准即可。

债券佣金比例看起来不高，但如果交易频繁，其累计交易成本可能很高。不考虑其他因素下债券佣金体现的交易成本比较如表3-3所示。

表3-3 不考虑其他因素下债券佣金体现的交易成本比较

资金量/万元	每年交易次数	佣金/‰	每年交易成本/元	资金成本率/%
10	2	0.1	20	0.02
10	48	0.1	480	0.48
10	240	0.1	2 400	2.4

3.4 股指期货交易

3.4.1 何为股指期货

股票指数期货简称股指期货，是一种以股票价格指数作为标的物的金融期货合约。股市投资者在股票市场上面临的风险可分为两种：一种是股市的整体风险，又称系统风险，即所有或大多数股票的价格一起波动的风险；另一种是个股风险，又称非系统风险，即持有单个股票所面临的市场价格波动风险。虽然通过投资组合（即同时购买多种风险不同的股票），有可能在一定程度上规避非系统风险，却不能有效地规避整个股市下跌所带来的系统风险。

由于股票指数基本上能代表整个市场股票价格变动的趋势和幅度，20世纪70年代后，人们开始尝试将股票指数改造成一种可交易的期货合约，并利用它对所有股票进行套期保值，规避系统风险，股指期货由此应运而生。

1982年2月，美国堪萨斯期货交易所首先推出了价值线综合指数期货合约。同年4月，芝加哥商业交易所上市标准普尔500指数期货合约。股指期货交易在美国的成功运行吸引着其他国家和地区竞相效仿，股指期货工具在世界范围内普遍得到应用。美国期货业协会（FIA）的Annual Volume Survey统计显示：从2001年至2010年，全球期货和期权交易量年均增长19.81%；2013年，全球交易所共交易期货和期权合约216.4亿手；股指期货及期权发展迅速，近10年几乎占据了全球期货期权的半壁江山（相关统计数据比较，如表3-4所示）。

表3-4 全球期货、期权交易量　　　　　　　　　单位：亿手

年　份	2003	2004	2005	2006	2007	2008	2009	2010	2011
期货合约	29.95	34.88	4.035	52.94	72.18	83.18	81.79	120.49	129.45
期权合约	51.42	53.79	59.39	65.79	83.09	93.61	95.21	103.75	120.27
合　计	81.37	88.67	63.425	118.73	155.27	176.79	177	224.24	249.72

3.4.2 股指期货的功能

世界各国的资本市场一般会选择一种对市场有影响力的代表性股票指数作为标的物推出股指期货，其目的是提供一种有益于股市稳定发展的工具，同时丰富投资者，特别是机构投资者的交易策略。股指期货最基本的功能体现为：风险规避功能、价格发现功能、资产配置功能。

（1）风险规避功能。分散化投资可以有效地化解股票市场的非系统性风险，但无法规避股票市场的系统性风险。然而，在资产池配置中配置股指期货，就有可能有效地规避股票市场的系统性风险。股指期货的风险规避是通过套期保值来实现的，即投资者可以通过在股票市场和股指期货市场两个市场进行反向操作达到规避风险的目的。股指期货既可做多，也可做空，从而为市场提供了一种对冲风险的工具。特别是，担心股票市场会下跌的投资者可通过卖出股指期货合约对冲股票市场整体下跌的系统性风险，从而达到使自己资产保值的目的。

（2）价格发现功能。各国的期货交易所一般都有不同期限的股指期货合约，如1个月、2个月、3个月、6个月、9个月、12个月等。显然，操作股指期货需要对股票市场走势有预见性。在公开、高效的期货市场中会有众多投资者参与竞价，其价格形成当中包含来自各方面的对价格预期的信息，有利于形成更能反映股票真实价值的股票价格。因此，股指期货具有发现价格的功能。事实上，股指期货具有交易成本低、杠杆倍数高、指令执行速度快等优点，投资者更倾向于在收到市场新信息后，优先在期市调整持仓，这也使得股指期货价格对信息的反应更快，从而形成了对股票市场走向的引导作用。

（3）资产配置功能。由于股指期货交易采用保证金制度，交易成本很低，因此被机构投资者广泛采用，作为资产配置的手段。在股市与股指期货市场合理配置投资策略，往往可以获得股市上涨的平均收益，提高资金总体的配置效率。特别是，股指期货的做空机制可使

投资者的投资策略从等待股票价格上升的单一模式转变为双向投资模式，使投资者在行情下跌中也能有所作为。

3.4.3 股指期货合约设计

股指期货合约是期货交易所统一制定的标准化协议，是股指期货交易的对象。股指期货合约需要在契约规格、保证金设置等方面合理设计，尽量降低交易成本。股指期货的合约面值不应过小，应保持一定规模数量，以吸引对冲者、套利者和投机者的参与，确保市场的流动性。

一般而言，股指期货合约主要包括下列要素：

（1）合约标的。合约标的即股指期货合约的基础资产，比如我国推出的沪深300股指期货的合约标的即为沪深300股票价格指数。2005年4月8日，沪深两交易所正式向市场发布沪深300指数，以2004年12月31日为基期，基点为1 000点。

（2）合约价值。合约价值等于股指期货合约市场价格的指数点与合约乘数的乘积。目前，我国沪深300指数期货的合约乘数定为300元/点。

（3）报价单位及最小变动价位。股指期货合约的报价单位为指数点，最小变动价位为该指数点的最小变化刻度。最小变动单位的确定原则，主要是在保证市场交易活跃度的同时，减少交易的成本。例如，我国沪深300股指期货的最小变动价位规定为0.2指数点。

（4）合约月份。合约月份是指股指期货合约到期交割的月份。国际上通行的期货合约交割月份为3、6、9、12月，从而在任何时候都有四个月份的合约在交易。我国沪深300指数期货同时挂牌四个月份合约，分别是当月、下月及随后的两个季月份合约。如当月月份为7月，则下月合约为8月，季月合约为9月与12月，表示方式为IF0607、IF0608、IF0609、IF0612。其中IF为合约代码，前两个数字表示年份，后两个数字表示月份。例如，IF0607合约中06表示2006年，07表示7月份合约。

（5）交易时间。交易时间是指股指期货合约在交易所交易的时间。沪深300指数期货于早上9时15分开盘，比股票市场早15分钟。9时10分到9时15分为集合竞价时间。下午收盘时间为15时15分，比股票市场晚15分钟。最后交易日下午收盘时，到期月份合约收盘与股票收盘时间一致，为15时。

（6）价格限制。价格限制是指期货合约在一个交易日或者某一时段中交易价格的波动不得高于或者低于规定的涨跌幅度。沪深300指数期货交易的价格限制是不超过上一结算价+10%或者-10%。

（7）合约交易保证金。保证金是投资者履约的信用保证，其目的是防止期货交易者对于期货经纪商或结算经纪商对于结算公司不履行支付义务，进而维护整个期货交易的安全。世界各国对合约交易保证金占合约总价值的比例都有具体规定，交易所有权根据市场风险情况进行必要的调整。目前，我国设计的沪深300指数期货的保证金水平为合约价值的12%。

（8）交割方式。股指期货采用现金交割方式。

（9）最后交易日和交割日。股指期货合约在交割日进行现金交割结算，最后交易日与交割日的具体安排根据交易所的规定执行。在我国，合约的最后交易日为到期月的第三个星期五。如IF0607合约，该合约最后交易日为2006年7月21日。同时，最后交易日也是最后结算日。这天收盘后，交易所将根据交割结算价进行现金结算。

3.4.4 股指期货交易制度

期货交易制度的制定和实施，是期货市场平稳、健康、高效运行的根本保证，投资者只有熟悉这些基本制度才能运用好期货交易规则，规范交易行为，并有效地防范和控制投资风险。股指期货交易的基本制度主要包括：保证金制度、每日无负债结算制度、价格限制制度、持仓限制制度、强行平仓制度、大户报告制度、结算担保金制度、会员资格审批制度、风险准备金制度，等等。

（1）保证金制度。保证金是股指期货交易参与者履行其合约责任的财力担保，是期货交易结算的核心制度。一个投资者要参与股指期货合约买卖，就必须在资金账户里准备足够的保证金。例如，假设沪深300股指期货的保证金标准为12%，合约乘数为300，那么，当沪深300股指期货指数为2 000点时，投资者交易一张期货合约，需要支付的保证金应该是 2 000×300×0.12＝72 000（元）。

（2）每日无负债结算制度。又称"逐日盯市"制度，是期货交易所要根据每日市场的价格波动对投资者所持有的合约计算盈亏并划转保证金账户中相应的资金。交易所在每日交易结束后，首先对其结算会员进行结算，结算会员再对非结算会员及其客户进行结算。每一个参与股指期货的客户都要按当日结算价格结算所有未平仓合约的盈亏、交易保证金及手续费、税金等费用，对应收应付的款项实行净额一次划转。交易所将结算结果通知结算会员，结算会员再将结算结果及时通知客户。若客户的保证金不足，期货公司会立即向客户发出追加保证金通知，客户则应在规定时间内追加保证金。

（3）价格限制制度。为有效地减缓或抑制一些突发事件和过度投机行为对股指期货价格的巨大冲击，期货交易所一般都设有价格限制制度，包括涨跌停板制度和价格熔断制度。涨跌停板即交易所规定的股指期货合约的每日最大价格波动限幅，超过这一幅度的报价将被视为无效。熔断制度则是启动涨跌停板制度前的一种缓冲手段，起警示和防护栏作用。对设置了熔断制度的期货市场，在每日开盘之后，当某一合约申报价触及熔断价格并且持续一分钟，就会对该合约启动熔断机制。

（4）持仓限制制度。为防范股指期货交易的操纵行为和防止市场风险过度集中于少数投资者，期货交易所对会员和客户手中持有的合约数量都有上限限制，这就是持仓限制制度。限仓即指交易所规定会员或客户可持有的合约头寸的最大数额，一旦会员或客户的持仓总数超过了这个数额，交易所可按规定强行平仓或者提高保证金比例。

沪深300股指期货持仓限额标准由中国金融期货交易所制订，并可以根据市场风险状况适时调整持仓限额标准。根据中金所发布的《关于调整沪深300股指期货持仓限额标准的通知》，自2013年3月12日起，沪深300股指期货持仓限额标准调整为：进行投机交易的客户号某一合约单边持仓限额为600手；某一合约结算后单边总持仓量超过10万手的，结算会员下一交易日该合约单边持仓量不得超过该合约单边总持仓量的25%。对于套期保值交易和套利交易的会员和客户，可按《中国金融期货交易所套期保值管理办法》的规定取得套期保值额度，以交易所审批的套期保值额度为限，不受持仓限额的限制。

（5）强行平仓制度。强行平仓制度属于期货市场的风险管理制度之一，其目的是及时制止风险的扩大和蔓延。当交易所会员、客户会员或客户出现不能按时缴付保证金、结算准备金不足、持仓超出限额、违反交易所有关规定的情况时，金融期货交易所有权对相关的会员或客户实施强制性平仓。

（6）大户报告制度。是指当投资者的持仓量达到交易所规定的持仓限额时，应通过结算会员或交易会员向交易所或监管机构报告其资金和持仓情况。大户持仓报告制度是国内外例行的市场监控制度，可让交易所能在风险尚未积聚时发现其苗头并有足够的时间来关注和控制事态的发展。

（7）结算担保金制度。结算担保金是指由结算会员依交易所的规定缴存的，用于应对结算会员违约风险的共同担保资金。当个别结算会员出现违约时，在动用完该违约结算会员缴纳的结算担保金之后，可要求其他会员的结算担保金按比例共同承担该会员的履约责任。结算担保金制度实际上是在股指期货市场建立了一个结算会员联保机制，可在个别结算会员出现违约时，由其他会员按比例共同承担履约责任，以确保市场在极端行情下正常运作。

（8）会员资格审批制度。申请股指期货交易资格的会员须经过交易所严格的资格审批，符合条件才能成为股指期货交易所会员。在我国，中国金融期货交易所对会员资格审核的内容主要有：注册资本、信誉、经营情况、人员从业资格、场地设施，以及管理规章制度等。

（9）风险准备金制度。是指期货交易所从自己收取的会员交易手续费中提取一定比例的资金，作为确保交易所担保履约的备付金的制度。在我国，中金所不但要从交易手续费中提取风险准备金，而且要针对股指期货的特殊风险，建立由会员缴纳的股指期货特别风险准备金。风险准备金制度具体规定为：①按向会员收取的手续费收入 20% 的比例，从管理费用中提取；②风险准备金必须单独核算，专户存储，除用于弥补风险损失外，不得挪作他用。风险准备金的动用必须经交易所理事会批准，报中国证监会备案后按规定的用途和程序进行。

【例题 1】 某投资者在上一交易日持有某股指期货合约 10 手多头持仓，上一交易日的结算价为 2 000 点。当日该投资者以 2 005 点的成交价买入该合约 8 手多头持仓，又以 2 010 点的成交价卖出平仓 5 手，当日结算价为 2 015 点。

（1）不考虑交易费用，计算该投资者当日盈亏。

（2）若交易费用按万分之零点二五计提，则该投资者当日的交易费用是多少？

解：（1）具体计算公式如下：

当日盈亏 = {∑[（卖出成交价 − 当日结算价）× 卖出量] +
∑[（当日结算价 − 买入成交价）× 买入量] +
（上一交易日结算价 − 当日结算价）×
（上一交易日卖出持仓量 − 上一交易日买入持仓量)} ×
合约乘数

该投资者当日盈亏 = {(2 010 − 2 015) × 5 + (2 015 − 2 005) × 8 +
(2 000 − 2 015) × (0 − 10)} × 300 元/点
= 16 500（元）

（2）具体计算公式如下：

交易费用 = {∑[卖出成交价 × 卖出量] +
∑[买入成交价 × 买入量]} × 合约乘数 × 0.000 025

该投资者当日交易费用 = (2 010 × 5 + 2 005 × 8) × 300 × 0.000 025
= 195.68（元）

【例题 2】 假定 2012 年 6 月 2 日沪深 300 股指期货 12 月份的合约价格开盘 3 200 点，某投资者看跌未来半年的股市，资金账户有 62 万元，在 3 190 点卖空 5 手 12 月股指期货合约，当日该合约收盘价 3 210 点。此后一直持有该 5 手空单，其股指期货合约价格始终小幅波动，但在 7 月 5 日突然大幅上升，当日收盘价 3 290 点。

(1) 该投资者的 6 月 2 日卖空 300 股指期货 12 月份的合约价值是多少？

(2) 忽略交易费用，计算当日该投资者的资金账户余额。

(3) 假定该投资者一直没有再注入账户资金，股指期货保证金标准为 12%，7 月 5 日收盘后，该投资者需要追加保证金吗？

解：（1）合约价值 = 3 190 × 300 × 5 = 4 785 000（元）

（2）资金账户余额 = 620 000 + (3 190 − 3 210) × 300 × 5 = 590 000（元）

（3）资金账户余额 = 620 000 + (3 190 − 3 290) × 300 × 5 = 470 000（元）

需要保证金 = 3 290 × 300 × 5 × 12% = 592 200（元）

需要追加保证金 = 592 200 − 470 000 = 122 200（元）

寓言故事

天堂和地狱

某石油大亨死后，来到了天堂门口。

天堂的门卫圣彼得看见大亨，遗憾地把双手一摊："先生，很抱歉，以你的条件本来是可以进入天堂的，但是目前天堂已经满员，没有你的位置了，要不你到地狱去看看？"

大亨听完后想了想，要求去见上帝。门卫于是把石油大亨带到了上帝面前。

上帝说："我的孩子，你有什么需要吗？"

大亨说："我只有一个小小的要求，希望能向天堂里的人们说一句话。"上帝同意了大亨的请求。

大亨站在天堂门口，冲着里面的人喊了一嗓子："地狱里发现了金矿！"

立刻，奇迹出现了，天堂里的人蜂拥着，冲向地狱。

天堂里一下空了许多，于是，石油大亨被圣彼得热情地请进了天堂。

这个寓言很有意思，典型地展示了人们的一种从众心理——"群羊效应"，即人们很喜欢盲从地、一窝蜂地去相信某事，认为大多数人都在做的事肯定就是正确的。股市里的"群羊效应"早已被无数次验证，遗憾的是许多投资者总是为"群羊效应"所戏弄。股市低潮时很多人不敢问津股票，股市火热时大家蜂拥而入，结果市场机构主力一次又一次通过诱发"群羊效应"把众多散户套牢在高位。看来，只有懂得理智投资的人才有可能避免奔向"地狱"里寻找金子啊！

3.5 股价指数编制方法

股价指数是反映股票市场中股票价格变动总体水平的重要尺度，更是分析、预测发展趋势进而决定投资行为的主要依据。编制股价指数时通常采用以过去某一时刻（基期）部分有代表性的或全部上市公司的股票行情状况为标准参照值,将当期部分有代表性的或全部上市公司的股票行情状况与标准参照值相比的方法。其具体计算方法有算术平均数法、加权平均数法和修正平均法三种方法。

3.5.1 算术平均数法

将采样股票的价格相加后除以采样股票种类数,计算得出股票价格的平均数。其公式如下:

$$\overline{P} = \frac{1}{n}\sum_{i=1}^{n}P_i$$

首先,计算股票价格算术平均数,即:

股票价格算术平均数 = 采样股票每股股票价格总和/采样股票种类数

然后,将计算出来的平均数与同法得出的基期平均数相除后求百分比,得出当期的股票价格指数,即:

股票价格指数 = (当期股价算术平均数)/(基期股价算术平均数) × 100%

3.5.2 加权平均数法

以当期采样股票的每种股票价格乘以当期发行数量的积作为分子,以基期采样股票每股价格乘以基期发行数量的积作为分母,所得百分比即为当期股票价格指数。股票价格加权平均数计算公式:

$$\overline{P} = \frac{\sum_{i=1}^{n}P_iQ_i}{\sum_{i=1}^{n}Q_i}$$

股票价格指数 = [∑(当期每种采样股票价格 * 已发行数量)/
∑(基期每种采样股票价格 * 已发行数量)] × 100%

3.5.3 修正平均法

其基本原理:将变换或分割的股票每股市价加上没有变换或分割的股票每股市价,得到一个新的股票价格合计数;用这个新的股票价格合计数除以变换或分割的股票价格平均数,得到一个常数(新除数);用新的股票价格合计数除以这个新除数,即得到变换或分割前相同的股票价格平均数。计算公式:

$$\overline{P} = \frac{\sum_{h=1}^{m}P_h + \sum_{k=1}^{n}P_k}{\beta} \text{(按次日收盘价计算)}$$

$$\beta = \frac{\sum_{h=1}^{m}P_h + \sum_{k=1}^{n}P_k}{\overline{P}_s} \text{(按当日收盘价计算)}$$

式中,$\overline{P}$ 为修正法股价平均数;$\overline{P}_s$ 为变换或未分割的股票价格平均数;P_h 为未变换或分割的股票市场价格;P_k 为已变换或分割的股票市场价格;β 为除数。

用修正平均法计算平均股价,其目的在于消除股票分割、股票分红、增资发行新股等因素变化的影响，保持股价数列的连续性和股市变动指标的真实性。

【例题 3】 某股市设有 A、B、C 三个样本股，当日收盘价分别为 10 元、20 元、30 元，并公布 A 股购 10 股送 10 股的股本变动方案，次日收盘价为 5.5 元、21 元、32 元。假定该股市基期均价为 8 元，指数 100，求股市当日和次日股价均数及指数。

解：

$$当日均价 = (10 + 20 + 30)/3 = 20$$
$$当日指数 = (20/8) \times 100 = 250$$
$$新除数\ \beta = [(20 + 30) + 5]/20 = 2.75$$

第二天的均价为：

$$\overline{P} = \frac{(21 + 32) + 5.5}{2.75} = 21.27$$

$$第二天的指数 = (21.27/8) \times 100 = 265.875$$

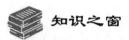 **知识之窗**

MSCI 全球指数

MSCI 全球指数，是摩根士丹利资本国际公司（Morgan Stanley Capital International）所编制的证券指数。MSCI 是 1969 年该公司推出的第一只指数产品，目前已是全球影响力最大的指数之一。MSCI 指数体系下包括市场加权指数系列，因子指数系列，策略指数，主题指数，环境、社会与治理（ESG）指数，客制化指数（即根据客户需求的自定义指数）和房地产指数七大类。统计类型包括产业、国家、地区等，范围涵盖全球。

MSCI 指数分成 price、gross、net 三种数值（price 单纯是股价数值增长，gross 是股利再投入，net 则是股利投入后再扣除税额）。MSCI 指数大都是由股市中大型股票组成的，隐含着业绩与财务稳定。经过 40 多年发展，MSCI 指数已是欧美基金经理人对全球股票市场投资的重要参考指数，也是绝大多数国际投资者的风向标。

此前 A 股三次闯关 MSCI 均无功而返。2018 年 5 月 31 日，A 股最终被正式纳入 MSCI 新兴市场指数。按照 MSCI 最新方案，首批可被纳入的股票标的为 236 只。MSCI 在 2019 年进一步增加 A 股权重（第二次"扩容"），大盘 A 股纳入因子由最初 5% 提升至 15%，大大提高了 MSCI 中的 A 股配置。

A 股被纳入 MSCI 新兴市场指数，说明国际投资者对中国资本市场改革开放成果的认可，不仅展示了第二大经济体的影响力，也说明作为全球第二大股票市场和第三大债券市场的中国资本市场融入全球资本市场是必要的，其未来对国际金融市场的影响力也必然是与日俱增的。

3.6 国内外典型股价指数

股票价格指数是由证券交易所或金融服务机构编制的用以反映整个股票市场上各种股票市场价格的总体水平及其变动情况的指标。各个国家的股票市场都有自己代表性的股价指数，而一些金融发达国家编制的股票价格指数也因其影响力较大而成为世界范围内投资者参考的主要指标。

3.6.1 道·琼斯股票价格平均指数

道·琼斯股票价格平均指数（Dow Jones Indexes），又称道氏指数，是世界上最早使用、最享盛誉的股票价格指数。1884年，道·琼斯公司的创始人查理斯·道根据11种具有代表性的铁路公司的股票，采用算术平均法编制道·琼斯股票价格平均指数，并发表在查理斯·道自己编辑出版的《每日通讯》上。1897年起，道·琼斯股票价格平均指数开始分成工业与运输业两大类，并在道·琼斯公司出版的《华尔街日报》上公布。1929年，道·琼斯股票价格平均指数又增加了公用事业类股票。

目前的道·琼斯股票价格平均指数以1928年10月1日为基期，道氏指数的股票样本由30家工业公司、20家运输公司、15家公用事业公司共65家上市公司构成，一直采用简单算术平均法进行编制，在纽约交易所交易时间每30分钟公布一次。

道氏指数采用的65种股票都是世界上第一流大公司的股票，而为了保持其代表性，道·琼斯公司对其编制股票价格平均指数所选用的股票经常进行调整，用具有活力的、更有代表性的公司股票替代那些失去代表性的公司股票。由于道氏指数历史悠久，长期以来被视为能反映美国政治、经济和社会状况的最灵敏、最具权威性的股价指数。道·琼斯股票价格平均指数由世界金融领域最有影响力的报纸——《华尔街日报》登载，其股票行情为世界股票市场所瞩目，是各国投资者观察市场动态和从事股票投资的主要参考。当然，由于道·琼斯股票价格指数是一种成分股指数，它只选择了极少数美国上市公司，其代表性也一直遭受人们的质疑和批评。

3.6.2 标准普尔指数

标准普尔公司是美国最大的证券研究机构。20世纪20年代，标准普尔公司开始编制用以反映美国股市行情变动的股票价格指数——标准普尔指数。该指数最初由233种股票组成，1957年，经过调整，样本数扩大到500种，故被称为S&P500指数。S&P500指数以1941—1943年这三年的样本股票均价作为基期数据，采用加权算术平均法进行编制，样本股票涵盖10个行业板块（如表3-5所示）。

表3-5 S&P500指数涵盖的10个行业板块

分 类	能 源	材 料	工 业	消费服务	消费品	医疗健康	金 融	信息技术	通 信	公 用
股票数	28	32	57	87	36	55	82	80	10	33
总 数	500									

S&P500指数虽然也属于成分股指数，但包括的股票数量多。相对于道·琼斯指数，其对美国股市的覆盖面与代表性更高，且因采用加权算术平均法计算而能比道·琼斯指数更精确地反映股票市场的变化。因此，从投资角度讲，S&P500指数更具有参考价值。

3.6.3 金融时报指数

金融时报指数（Financial Times Ordinary Shares Index）由英国伦敦《金融时报》编制发表，以 1935 年 7 月 1 日为基期，采用算术加权法计算，主要反映伦敦证券交易所工业和其他行业股票的价格变动。该指数的采样股票分为三组：第一组为在伦敦证券交易所上市的具有代表性的 30 家英国工业大公司股票；第二组和第三组分别由涉及其他范围包括各行各业的 100 种股票和 500 种股票组成。

金融时报指数是英国最具权威性的股价指数，以能及时反映伦敦股票市场动态而闻名于世。金融时报工业股票指数选择了包括烟草、食用油、电子、化学药品、金属机械、原油等行业的 30 种最优良公司股票，其市值在整个股市中所占的比重大，故该指数是反映伦敦证券市场股票行情变化的重要尺度指标。金融时报 100 种股票交易指数，又称"FT-100 指数"（富时 100 指数），挑选了 100 家有代表性的大公司股票，其股票市价每分钟计算一次，因此能比较迅速敏捷地反映股市行情的每一变动，被人们在期货交易和期权交易中普遍参考。金融时报综合精算股票指数，是从伦敦股市上精选 500 多种股票作为样本股加以计算，其特点是统计面宽，范围广，能较全面地反映整个股市状况。

3.6.4 日经指数

日经股票价格指数是反映日本股票市场的股票价格指数，由日本经济新闻社从 1950 年 9 月开始编制，其计算方法采用的是美国道·琼斯指数所用的修正法。日经指数实际上分为两种：一种是日经 225 指数，另一种是日经 500 指数。由于日本经济在世界经济中的特殊地位，日经指数日益为世界金融市场所重视。

日经 225 指数所选样本均为在东京证券交易所第一市场上市的股票，1981 年定位制造业 150 家，建筑业 10 家，水产业 3 家，矿业 3 家，商业 12 家，路运及海运 14 家，金融保险业 15 家，不动产业 3 家，仓库业、电力和煤气 4 家，服务业 5 家。由于日经 225 指数从 1950 年一直延续下来，且样本选定后原则上不再更改，其连续性及可比性较好，成为考察和分析日本股票市场长期演变及动态的最常用和最可靠的指标。

日经 500 指数从 1982 年 1 月 4 日起开始编制，采样包括 500 种股票，其在每年 4 月份要根据上市公司的经营状况、成交量和成交金额、市价总值等因素对样本进行更换，故日经 500 指数的代表性及其反映市场变化的能力比日经 225 指数更好一些。

3.6.5 恒生指数

恒生指数是中国香港股市中历史最久的一种股价指数，由中国香港恒生银行于 1969 年 11 月 24 日公布使用。恒生股票价格指数是以 1964 年 7 月 31 日为基期，采用加权计算法编制而成的。它从中国香港 500 多家上市公司中挑选出 33 家有代表性且经济实力雄厚的大公司股票作为成分股，具体分为四大类：4 种金融业股票，6 种公用事业股票，9 种地产业股票和 14 种其他工商业股票。

恒生指数所选样本虽然只有 33 家公司股票，但这 33 家公司都是最具代表性和实力雄厚的大公司，其股票总值占全部在港上市股票总值的 65% 以上。恒生指数的成分股并不固定，相隔一定时期会对样本作出调整，以便能及时、准确地反映市场变动状况。因此，恒生指数具有基期选择恰当、成分股代表性强、计算频率高、指数连续性好等特点，一直是反映、衡量中国香港股市变动趋势的最具权威性和代表性的股票价格指数。

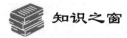

富时罗素指数（FTSE Russell Index）

富时罗素指数是全球第二大指数公司富时罗素发布的指数。富时罗素（FTSE Russell）是英国伦敦交易所旗下的全资公司，其作为领先的指数编制商，拥有超过半个世纪的指数编制经验。其中，富时罗素全球指数是英国富时指数公司旗下专门跟踪全球新兴市场指标的股指，是富时罗素指数公司的核心产品之一，其指数产品在2018年时已经吸引了全球超1.5万亿美元的资金，包含46个国家的7 400多只股票，细分为发达、先进新兴、次级新兴市场三个层面。

2019年6月21日，A股纳入富时罗素指数启动仪式在深圳证券交易所成功举行，富时罗素宣布将A股纳入其全球股票指数体系，并于2019年6月24日开盘时正式生效。A股被归类为"次级新兴市场"，纳入因子为25%，首批入选的1097只股票中，包括292只大盘股、422只中盘股、376只小盘股以及7只微盘股，领域主要集中在金融、医药、食品饮料、电子和地产等板块，设有富时中国A50指数、富时中国A150指数、富时中国A200指数、富时中国A400指数等系列指数。被纳入的这些板块的A股股票在国内被统称为"富时罗素概念股"。

随着中国资本市场的不断开放，国际投资者已成为A股市场上的重要力量。国际知名指数编制公司富时罗素正式将A股纳入其指数体系，是我国资本市场高水平双向开放的又一重大突破，有利于提升中国上市公司影响力和关注度，将会带动更多外资来A股进行投资布局。

3.6.6 中国股市主要指数

3.6.6.1 上证综合指数

上证综合指数是上海证券交易所股票价格综合指数的简称，由上海证券交易所从1991年7月15日起编制并公布。它以1990年12月19日为基期，以全部上市股票为样本，以股票发行量为权数，按加权平均法计算。其计算公式为：

本日股价指数 =（本日股票市价总值/基期股票市价总值）× 100

其中：本日股票市价总值 = $\sum$（本日收盘价 × 发行股数）

基期股票市价总值 = $\sum$（基期收盘价 × 发行股数）

随着上市股票品种逐渐增加，上海证券交易所在这一综合指数的基础上，从1992年2月起分别公布A股指数和B股指数；从1993年5月3日起正式公布工业、商业、地产业、公用事业和综合五大类分类股价指数。其均以相应的全部上市股票为样本，采用加权平均法计算价格指数。

上证综合指数是中国股市最具代表性的指数，是在中国股市投资者参考的主要指数。不过，上证综合指数也存在明显缺陷：①将不断上市的新股逐一计入指数计算范围，影响了指数的前后可比性和内部结构的稳定性；②采用总股本作为权重，一些发行量大的股票实际上左右了股市走向；③把亏损股计入指数计算范围，会把亏损股股价的非理性波动带入指数的波动中去。

3.6.6.2 深证综合指数

深圳证券交易所于1994年4月4日开始编制发布综合指数，其具体指数包括：深证综合指数、深证A股指数和深证B股指数，它们分别以在深圳证券交易所上市的全部股票、全部A股、全部B股为样本股。1991年4月3日为综合指数和A股指数的基期，1992年2月28日为B股指数的基期，价格指数均采用加权平均计算。深证综合指数的基本公式为：

$$本日指数 = (本日指数股总市值/基日指数股总市值) \times 100$$

每当新股上市时，从上市第11个交易日起纳入指数计算，这时上式中的分母按下式调整：

$$基日指数总市值 = 原来的基日指数股总市值 + 新股发行数量 \times 上市第10个交易日收盘价$$

3.6.6.3 上证180指数

上证180指数是结合中国证券市场的发展现状，借鉴国际经验，在原上证30指数编制方案的基础上作进一步完善后形成的，其目的在于通过科学客观的方法挑选出最具代表性的样本股票，建立一个反映上海证券市场的概貌和运行状况、能够作为投资评价尺度及金融衍生产品基础的基准指数。

上海证券交易所于2002年7月1日发布了上证180指数，它以2002年6月28日的上证30指数收盘点位为基点，采用加权平均法编制。其样本选择有严格要求：首先以所有上海A股股票为对象，剔除被认为有问题的股票形成样本空间，然后按照行业内的代表性、规模、流动性的选样标准选择出180只样本股票。

上证180指数依据样本稳定性和动态跟踪相结合的原则，每半年调整一次成分股。每次调整比例一般不超过10%。有特殊情况时也可能对样本进行临时调整。其指数计算公式如下：

$$报告期指数 = (报告期成分股的调整市值/基日成分股的调整市值) \times 1\,000$$

其中，调整市值 = Σ(市价 $\times$ 调整股本数)，基日成分股的调整市值亦称为除数。当样本股名单发生变化或样本股的股本结构发生变化，以及股价出现非交易因素的变动时，采用"除数修正法"修正原固定除数，以维护指数的连续性。

3.6.6.4 深证成分股指数

深证成分股指数是按一定标准选出40家有代表性的上市公司作为成分股，以成分股的可流通股数为权数，采用加权平均法编制而成。深证成分股指数包括深证成分指数、成分A股指数、成分B股指数、工业分类指数、商业分类指数、金融分类指数、地产分类指数、公用事业指数、综合企业指数共9项。

深圳证券交易所从1995年1月3日开始编制深证成分股指数，并于同年2月20日实时对外发布。深证成分股指数及其分类指数的基日定为1994年7月20日。成分股指数的基日指数定为1000点。成分股指数计算公式为：

$$即日指数 = (即日指数股总市值/基日指数股总市值) \times 基日指数$$

为保证成分股样本的客观性和公正性，成分股不搞终身制，深交所定期考察成分股的代表性，及时更换代表性降低的公司，选入更有代表性的公司，考察时间为每年的一、

五、九月。选取样本时考虑的因素有：上市交易日期的长短；上市规模，按每家公司一段时期内的平均总市值和平均可流通股市值计；交易活跃程度，按每家公司一段时期总成交金额计。确定入围公司的标准包括上市时间、市场规模、流动性三方面的要求，然后再依据以下各项因素确定入选的成分股样本：公司的流通市值及成交额；公司的行业代表性及其成长性；公司的财务状况和经营业绩（考察过去三年）；公司两年内的规范运作情况。

3.6.6.5 沪深300指数

沪深300指数是由中证指数有限公司编制，沪深证券交易所于2005年4月8日联合发布，它以2004年12月31日为基期，基点为1 000点，其计算采用加权平均法（具体方法称为派许加权综合价格指数法）。其计算公式为：

$$报告期指数 = 报告期成分股的调整市值 / 基日成分股的调整市值 \times 1\,000$$

其中，调整市值 = $\sum$（市价 × 调整股本数）

沪深300指数依据样本稳定性和动态跟踪相结合的原则，每半年调整一次成分股，每次调整比例一般不超过10%。

沪深300指数样本选择标准为规模大、流动性好的股票，样本覆盖了沪深市场60%左右的市值，具有良好的市场代表性和可投资性。沪深300指数的推出丰富了市场现有的指数体系，增加了一项用于观察市场走势的指标，为指数化投资和指数衍生产品创新提供了基础条件。

3.6.6.6 中小企业板指数

中国的中小板是在2004年5月17日设立的，其企业上市的条件相对没有主板那么严格，从而为许多成长中的富有生命力却苦于资金瓶颈的新兴企业提供了一个公开募集资金的场所。为了提供可交易的指数产品和金融衍生工具的标的物，体现深市多层次资本市场的特征，反映中小企业板股票价格的总体走势，深圳证券交易所2005年6月发布了中小企业板综合指数，指数以2005年6月7日为基日，基日指数为1 000。

中小企业板综合指数的样本对象为在深圳证券交易所中小企业板上市并正常交易的全部股票，运用派氏加权法编制，采用下列公式逐日连锁实时计算：

$$实时指数 = 上一交易日收市指数 \times \frac{\sum（样本股实时成交价 \times 样本股权数）}{\sum（样本股上一日交易收市价 \times 样本股权数）}$$

在上述公式中，子项和母项中同一样本股的权数相同，为该样本股的最新自由流通股数。子项中的乘积是样本股的实时流通市值，母项中的乘积是样本股的上一交易日收市流通市值，$\sum$是指对纳入指数计算的样本股的流通市值进行汇总。

3.6.6.7 创业板指数

深圳证券交易所于2010年6月1日起正式编制和发布创业板指数，创业板指数基日为2010年5月31日，基点为1 000点。该指数的编制参照深证成分指数和深证100指数的编制方法和国际惯例，采用派氏加权法，逐日连锁实时计算：

$$实时指数 = 上一交易日收市指数 \times \frac{\sum（成分股实时成交价 \times 成分股权数）}{\sum（成分股上一日交易收市价 \times 成分股权数）}$$

在上述公式中，"成分股"指纳入指数计算范围的股票，"成分股权数"为成分股的自由流通量，子项和母项的权数相同。子项中的乘积为成分股的实时自由流通市值，母项中的乘积为成分股的上一交易日收市自由流通市值，∑是指对纳入指数计算的成分股的自由流通市值进行汇总。

创业板指数从创业板股票中选取100只组成样本股，以反映创业板市场层次的运行情况。从创业板指数编制方案来看，指数选样入围标准有5个：①在深交所创业板上市交易的A股；②有一定上市交易日期（一般为三个月）；③公司最近一年无重大违规，财务报告无重大问题；④公司最近一年经营无异常，无重大亏损；⑤考察期内股价无异常波动。

在具体样本选择方法上，首先，指数选样以样本股的"流通市值市场占比""成交金额市场占比"两个指标为主要依据，体现深市流通市值比例高、成交活跃等特点；其次，指数计算以样本股"自由流通股本"的"精确值"为权数，消除了因股份结构而产生的杠杆效应，使指数表现更灵敏、准确、真实；最后，指数样本股调整每季度进行一次，以反映创业板市场快速成长的特点。

案例分析

ST猴王关联交易虚构利润案例

猴王1993年11月30日于深交所挂牌上市。公司主营焊接材料、焊接设备、机械等的生产与销售，后因业绩不佳，加帽为ST猴王。1997年，猴王集团成为猴王股份的第一大股东。2000年2月，猴王集团申请破产，于是猴王集团与猴王股份有限公司的内幕交易被逐渐揭露。猴王造假手段很多，最主要的是利用关联交易虚构利润。其方式主要有：（1）以收取租赁费的方式虚构利润。公司1999年年报中称，将11个子公司租给猴王集团经营，租赁期为2年，按拥有其子公司净资产的6%计算，以此方式，猴王公司向猴王集团收取租赁费869万元。事实上，ST猴王没有一块属于自己的资产，其所有权一直属于猴王集团。猴王股份公司先后向猴王集团收购的11个子公司，全是用垃圾资产冲抵应收账款，套取上市公司现金的一种手段，其圈钱行为不言而喻。（2）利用资金占用费收取利润。1997年，根据猴王公司与猴王集团签订的协议，双方以其各自每月平均占用对方资金数的12.5‰互相收取资金占用费。1998年是12‰，1999年是6.67‰。至此，猴王公司以挂账方式收取资金占用费总额近2亿元。（3）利用收取土地使用费、房屋租金虚构利润。猴王股份公司把公司的价值不过3 500万元的两处房屋以高达2 000万元的年租金租给集团公司。1998年，0.13元的每股收益中有0.12元是靠"出租"得来的。（案例素材来源：http://www.docin.com/p-307152046.html）

案例点评：ST猴王以各种造假手段，特别是利用关联交易虚构利润，欺骗市场，实现自己的圈钱目的，严重违反了我国相关法律法规，必然受到法律的严惩。上市公司必须有社会责任感，遵纪守法，要通过自己的经营，以良好的业绩回报广大投资者，做一个有良知的企业。

练习题三

1. 请你画一张图，对我国股市交易程序进行总结。
2. 在股市里，交易费用似乎并不高。假定你每次始终保持10万元的交易额，计算交易1次、5次、20次的交易费用。（假定各种交易中发生的费用综合系数为0.3‰。）

3. 讨论题：中国证券市场里的金融衍生产品品种比较少，其中主要原因之一是衍生金融产品带来的市场风险较大。事实上，中国股指期货推出后还是表现比较平稳的。请你思考：股指期货交易制度的作用是什么？中国股指期货是否起到了它的基本作用？

4. 辩论题：国内很多典型股价指数都是按照加权平均数方法计算的，而在国外，很多著名的股价指数（如道琼斯指数）都是用简单平均数方法计算的。两种编制股价指数的方法其实各有优劣。下面两方观点，你更支持哪一方呢？说出你的理由。

辩方 A：以加权平均数方法编制股价指数更合理。

辩方 B：以简单平均数方法编制股价指数更合理。

5. 2005 年 4 月 8 日，沪深两交易所正式向市场发布沪深 300 指数，以 2004 年 12 月 31 日为基期，基点为 1 000 点。沪深 300 指数期货的合约乘数暂定为 300 元/点，保证金水平为合约价值的 12%，交易手续费为交易额的万分之零点二五。假定某日沪深 300 指数收盘为 2 000 点，沪深股指期货收盘价为 2 200 点，则：（1）以收盘价计算，一张沪深 300 指数期货合约的价值为多少？（2）假如某投资者有 16 万元资金，当日做多买入 2 手股指期货合约，价格是 2 230 点，收盘时其账面权益为多少？（3）投资者第二天开盘前的保证金应是多少？需要追加保证金吗？（提示：需追加保证金 16 433.45 元。）

6. 沪深 300 指数期货的合约乘数定为 300 元/点，保证金水平为合约价值的 12%。假定某投资者 4 月 2 日卖空 3 手股指期货，当日收盘价为 2 450 点，账户余额为 27 万元。（1）若该投资者 4 月 3 日在 2 455 点平仓 2 手，在 2 450 点多开 2 手，当日股指期货收盘价为 2 460 点，计算其账面权益（忽略交易手续费）。（2）4 月 3 日的保证金是多少？需要追加保证金吗？（提示：账户余额未变，保证金为 265 680 元。）

7. 案例分析题：股权质押的风险有多大？据有关研究，虽然中国上市公司进行股权质押的历史并不短暂，但从 2014 年开始出现规模快速扩张势头，当年新增近 1.8 万亿元，到 2018 年 6 月上市公司股权质押的存量规模达到 7.2 万亿元，占比上市公司总市值接近 13%。股权质押融资是一种正常的融资行为，用以获取更多的流动性，但很多上市公司或者大股东常常将其与对外担保、其他融资服务、债务关系等形成了关联，从而造成逾期无力偿还时被质押方强制处理质押股份的风险（甚至质押股票被强制平仓）。比较典型的如 ST 尤夫（002427），存在多次多个股权质押项目。因债务和诉讼缠身，ST 尤夫债务风险彻底引爆，自 2018 年 3 月 23 日复牌开始连续刷出 27 个一字跌停板。又如，截至 2018 年 2 月 28 日，神雾集团持有神雾环保股份 4.31 亿股，持股比例为 42.67%，其中质押比例高达 99.78%，且质押部分已触及平仓线，导致所有股票被申请司法冻结和轮候冻结。

请分析一些上市公司发生不良股权质押的原因。市场投资者又该如何防范这类投资风险呢？

投资名人故事

"股圣" 彼得·林奇

彼得·林奇（Peter Lynch）1944 年 1 月 19 日生于美国波士顿的一个富裕家庭，但在他 10 岁时，父亲因病去世，全家的生活开始陷入困境。因此，彼得·林奇 11 岁时就开始了半工半读的生活，在高尔夫球场找了份球童的工作。1968 年，林奇毕业于宾州大学沃顿商学院，取得 MBA 学位；1969 年进入富达管理及研究公司，成为研究员；1977 年成为麦哲伦基金的基金经理人。

沃顿商学院的经历对于以后林奇的成长是十分关键的，在那里，他对股票投资产生了兴趣，有目的地专门研究了与股票投资有关的学科。他重点选修了诸如历史学、心理学、政治学等社会科学，还学习了玄学、认识论、逻辑、宗教和古希腊哲学。这些学科的研修对他以后投资理念的形成产生了重要作用。还没有真正涉足商海之时，林奇就已经意识到，股票投资是一门艺术，而不是一门科学，历史和哲学在投资决策时显然比统计学和数学更有用。

依靠兼职和奖学金，大二的时候，林奇已经有了一笔不小的收入，他决定用这笔积蓄小试牛刀，进行股票投资。他以 1 250 美元投资于飞虎航空公司的股票，买入价格是每股 10 美元，结果该股票因太平洋沿岸国家空中运输的发展而暴升。林奇淘得股市的第一桶金，靠着这笔资金，他不仅读完了大学，而且念完了研究生。

富达管理及研究公司是当时世界上最大的投资基金管理公司，林奇到这里做了一个暑假实习生，这份工作不仅使林奇打破了对股票分析行业的神秘感，也让他对书本上的理论产生了怀疑，因为教授们的理论在真正的市场中几乎处处碰壁，这种信念促使林奇特别注重实际调研的作用，这为以后他的投资成功奠定了基础。1969 年，林奇进入富达管理及研究公司，成为研究员，1977 年成为麦哲伦基金的基金经理人。在 1977—1990 年彼得·林奇担任麦哲伦基金经理人职务的 13 年间，该基金的管理资产由 2 000 万美元成长至 140 亿美元，成为富达的旗舰基金，13 年间的年平均复利报酬率达 29%。由于其惊人的成就，林奇获得了第一理财家、"首屈一指的基金管理者""投资界的超级巨星"的称号。

林奇是一个以价值为中心的投资大师，他的基本投资理念是：从生活中发掘有潜能的领域；投资具有潜力，且未被市场留意的公司；长线持有，利用复式滚存稳步增长。(1) 兼容并蓄。林奇投资思路开阔，在选股时不受行业的限制，也不在乎市场的循环周期，只要该股票确实具有投资价值。(2) 贫民哲学。他认为投资是一项艺术而不是科学，逻辑是股市投资时最有益的学问，虽然股市的走势经常完全不合逻辑。(3) 充分调查研究。林奇可以说是一个实践家，他紧紧抓住了价值这个中心环节，不厌其烦地走访上市公司，不断地和专业人员交流，从而总能够"先专家一步"买进未来的大牛股。

林奇总共写了三本书：《彼得·林奇的成功投资》《战胜华尔街》《彼得·林奇教你理财》。他讲到的许多话已成为投资领域的经典语录。在此，我们列举若干彼得·林奇投资名言，会给我们的投资者些许启示：

(1) 你可以利用自己的经验，投资于你已经熟悉的行业或企业，你能够战胜专家。

(2) 每只股票背后都是一家公司，去了解这家公司在干什么。

(3) 作为一项确定的规则，股票价格不应高于其增长率，即每年收益增长的比率。

(4) 买进有盈利能力企业的股票，在没有极好的理由时不要抛掉。

(5) 我从来不在我不懂的事情上投入大量的金钱。

(6) 一个钟情于计算、沉迷于资产负债表而不能自拔的投资者，多半不能成功。

(7) 某只股票比以前便宜不能成为买进的理由，同样，仅仅因为它比以前贵就卖掉也不是理性的方式。

第四章

证券投资估价分析

本章学习要点：

（1）熟悉证券收益率的不同表述，了解证券投资收益率估算的逐步测试法（试错法）。
（2）熟悉证券投资风险衡量的基本方法。
（3）熟练掌握资金时间价值的基本计算公式。
（4）熟练掌握几种基本的股票投资估价法。
（5）熟练掌握几种基本的债券投资估价法。

4.1 证券收益率

证券收益率（证券投资收益率）是指购买证券所能带来的收益额与本金之间的比率，一般以年利率表示。其中，证券投资收益是指投资者进行证券投资所获得的净收入，主要包括债券利息、股票的股利，以及证券交易现价与原价的价差等收益。在实际证券投资活动中，证券收益率受多种因素影响，而主要因素有证券的票面利率、期限、面值、持有时间、购买价格和出售价格等。

4.1.1 历史收益率

（1）单期历史收益率。

$$r = \frac{w_1 - w_0}{w_0} \times 100\%$$

其中，w_0 为证券期初值，w_1 为证券期末值。

【例题1】 某投资者以每股6元买进某股票1 000股，一年内分得股息400元，一年后以每股8.5元将股票全部卖出，则该投资者的收益率是多少？

解： 收益率 $= \dfrac{(400 + 8.5 \times 1\ 000) - 6 \times 1\ 000}{6 \times 1\ 000} \times 100\% = 48\%$

（2）历史平均收益率。

在多期证券投资情况下，如果每期的证券收益率不同，则可计算平均收益率：

$$\bar{r} = \Big(\prod_{t=1}^{T}(1 + r_t)\Big)^{1/T} - 1$$

其中，r_t 为 t 期的单期证券收益率，T 为期数。

【例题2】 某公司2010年、2011年、2012年三年的股票投资收益率分别为 -5%、

10%、12%，计算其年平均收益率。

解：年均收益率 $= \sqrt[3]{(1-5\%)(1+10\%)(1+12\%)} - 1 = 5.38\%$

4.1.2 预期收益率

投资者在作某种证券投资决策时，一般无法事先确切地知道期末财富值的大小，因此，证券投资收益率存在一定的不确定性。这时，可能获得的证券投资收益率即为证券预期收益率。

衡量证券预期收益率的指标有：收益率的期望值、中值、众数等，其中，期望值的使用最为广泛。证券的期望收益率是该证券收益率在未来可能取值的加权平均，证券期望收益率计算公式：

$$\mu = E(r) = \sum r_j p_j$$

其中，r_j 为某种事件发生下的证券收益率，p_j 为事件发生的概率。

【例题3】 甲公司计划投资某三年期理财产品，根据不同市场可能性估计的投资收益率，如表4-1所示，计算该投资项目的期望收益率。

表4-1 投资收益率分布状况

市场状况	好	一 般	差
概 率	0.3	0.5	0.2
预计收益率	20%	10%	5%

解：

期望收益率 $= \sum r_j p_j = 20\% \times 0.3 + 10\% \times 0.5 + 5\% \times 0.2 = 12\%$

4.1.3 短期证券投资收益率

$$K = \frac{P_1 - P_0 + S}{P_0} \times 100\%$$

其中：K 为短期证券投资收益率，S 为证券投资报酬（股利或利息），P_1 为证券出售价格，P_0 为证券购买价格。

【例题4】 2014年6月16日，小张以9元价格买入悦达投资股票1 000股。6月30日，悦达投资以10股派现金1.50元进行分红。2014年7月23日，小张以10元价格卖出了悦达投资的股票。计算该次股票买卖中，小张的证券投资收益率。

解： $K = \frac{P_1 - P_0 + S}{P_0} \times 100\% = \frac{(10 - 9 + 0.15)}{9} \times 100\% = 12.8\%$

4.1.4 长期证券投资收益率

长期证券投资一般指投资期在一年以上的证券投资，其投资收益率无法直接计算得出，需要基于现值折算法公式，采用逐步测试法（试错法）及内插法来估算。基本的现值折算法公式为：

$$V = \sum_{t=1}^{n} \frac{D_t}{(1+r)^t} + \frac{F}{(1+r)^n}$$

其中：

V 为证券的折现价值（或购买价格）；

D_t 为证券的投资报酬（如利息、分红等）；

F 为证券的期末剩余价值（或证券出售价格）；

r 为证券投资的收益率；

n 为证券投资期限。

【例题5】 某公司在2010年12月31日投资510万元购买某种股票100万股，在2011年、2012年和2013年的12月31日，每股各分得现金股利0.5元、0.6元和0.8元，并于2013年12月31日以每股6元的价格将股票全部出售，试计算该项投资的投资收益率。

解： 资金折现计算方法可学习4.3节的内容，折现系数可查阅相关表格获得。本例主要想说明的是长期证券投资收益率的一个估算方法。

（1）基于逐步测试法（试错法）的现值测算。

根据公式，试探不同的投资收益率计算折现值，计算的折现值要从大于510万元和小于510万元两个方向逼近510数值。如果得到了比较满意的两个值，就可以进一步用内插法估算证券投资项目的收益率。本例的主要测算过程如表4-2所示。

表4-2 现值测算表

时间	股利现金流量	股票出售价格	测试收益率20%		测试收益率18%		测试收益率16%	
			折现系数	现值	折现系数	现值	折现系数	现值
2011	50万元	—	0.833 3	41.67	0.748 5	42.38	0.862 1	43.11
2012	60万元	—	0.694 4	41.66	0.718 2	43.09	0.743 2	44.59
2013	80万元	600万元	0.578 7	393.52	0.608 6	413.85	0.640 7	435.68
合 计	—	—		476.85		499.32		523.38

通过测算得到，收益率18%和16%是非常接近目标的满意值。

（2）采用内插法计算投资的收益率。

$$r = 16\% + \frac{523.38 - 510}{523.38 - 499.32} \times (18\% - 16\%) = 17.11\%$$

本例中估算出的长期投资收益率即为17.11%。

4.2 证券投资风险衡量

证券投资是一种风险性投资，风险产生的主要原因是各种影响因素的不确定性。证券投资风险就是投资者因各种不确定因素导致的投资收益和本金遭受损失的可能性。

4.2.1 证券投资风险种类

证券投资风险的来源较为复杂，有企业风险、货币市场风险、市场价格风险和购买力风险等。在证券市场里，一般根据风险产生的根源及可控性将证券投资风险归为两大类：系统风险和非系统风险。如表4-3所示给出了一个系统风险与非系统风险的基本比较。

表4-3 系统风险与非系统风险的基本比较

风险分类	系统风险	非系统风险
影响范畴	与整个市场波动相联系	与整个市场波动无关
特征	(1) 由共同因素引起 (2) 影响所有证券的收益 (3) 无法通过分散投资来化解 (4) 与证券投资收益相关	(1) 由特殊因素引起 (2) 影响某种证券的收益 (3) 可以通过分散投资来化解 (4) 与证券投资收益不相关
风险来源	宏观经济风险、购买力风险、利率风险、汇率风险、市场泡沫风险、社会与政治风险等	经营风险、财务风险、流动性风险、操作性风险等

系统风险又称市场风险，也称不可分散风险，是由于某种因素的影响和变化导致整个市场波动的风险。由于市场风险与整个市场的波动相联系，无论投资者如何分散投资资金，都无法消除和避免这一部分风险；非市场风险与整个市场的波动无关，投资者可以通过投资分散化来消除这部分风险。系统风险形成的主要来源有：宏观经济风险，即国家经济增长变化以及国家经济、产业政策的变化给证券市场带来的波动；购买力风险，即通货膨胀造成货币的购买力下降的风险；利率风险，利率变化意味着成本的变化，加息增加了上市公司经营运作的资金成本；汇率风险，本币贬值有利于出口，但会降低对本国资产价值的评估；市场泡沫风险，当整个证券市场连续过度地上涨时，价格已远离合理价值区域，可能会引发证券价格的大幅下跌；社会、政治风险，社会和政局的不稳定性对证券市场会产生重要的副作用。

非系统风险因素是独立于影响整个证券市场因素之外的因素，如某个企业的经营能力、管理水平等。非系统风险即某一企业、某一证券或某一个行业特有的那部分风险，如经营风险、财务风险、流动性风险、操作性风险等。非系统风险是与整个市场波动无关的风险，投资者可以通过审慎地选择投资标的，或采用证券投资组合来减少或避免这类风险。

4.2.2 证券投资风险衡量方法

这里主要介绍单一证券风险衡量方法，即某一证券投资者如何分析其风险程度的基本方法。证券风险衡量一般依据的是概率分析原理，即计算各种可能收益的方差、标准离差或标准离差率。方差、标准离差或标准离差率越大，表明该证券投资收益的不稳定性越强，投资风险就越高；方差、标准离差或标准离差率越小，表明该证券投资收益越稳定，投资风险就越低。

(1) 方差。

用以判断实际可能的收益率与期望收益率的偏离程度，其计算公式为：

$$\sigma^2 = Var(r) = \sum (r_j - \mu)^2 p_j$$

其中：

r_j 为第 j 种可能结果的收益率；

μ 为期望收益率，即 $\mu = \sum (r_j * p_j)$；

p_j 为第 j 种可能结果的概率；

σ^2 为方差。

（2）标准离差。

标准离差与方差在表达风险性质上相同，它是方差的开方值，更有利于表达证券投资风险的实际程度，其计算公式为：

$$\sigma = SD(r) = \sqrt{Var(r)} = \sqrt{\sum (r_j - \mu)^2 p_j}$$

（3）半方差。

半方差就是计算各期收益率与平均收益率差值的绝对值的期望值，它同样能够反映证券投资风险程度，只是在数学推导时不太方便而较少被应用。其计算公式为：

$$\text{MAD}(r) = \sum |r_j - \mu| p_j$$

（4）标准离差率。

标准离差率又称标准差系数，可用来比较不同期望收益率的证券投资风险程度。其计算公式为：

$$q = \sigma / \mu \times 100\%$$

方差、标准离差、半方差只能用来比较期望收益率相同的证券投资的风险程度，而不能用来比较期望收益率不同的证券投资的风险程度。而标准差系数是通过标准差与期望收益率的对比，来消除期望收益率水平高低的影响，可比较不同收益率水平的证券投资风险程度的大小。因此，在比较不同证券风险程度时经常运用标准离差率。一般来说，标准差系数越小，说明该证券投资风险越低。

【例题 6】 以例题 3 的数据，计算其投资项目的方差、标准离差、半方差、标准离差率。

解：

$$\sigma^2 = \sum (r_j - \mu)^2 p_j = (20\% - 12\%)^2 \times 0.3 + (10\% - 12\%)^2 \times 0.5 + (5\% - 12\%)^2 \times 0.2$$
$$= 0.31\%$$

$$\sigma = \sqrt{0.31\%} = 5.57\%$$

$$\text{MAD}(r) = \sum |r_j - \mu| p_j = |20\% - 12\%| \times 0.3 + |10\% - 12\%| \times 0.5 + |5\% - 12\%| \times 0.2$$
$$= 4.8\%$$

$$q = \sigma / \mu \times 100\% = 5.57 / 12 \times 100\% = 46.42\%$$

案例分析

南山基金管理公司违规炒作股票案例

自 1996 年 11 月以来，南山基金集中巨额资金（9 525 万元），以 16 个账户连续大量买入国际大厦股票。南山基金多次利用自己不同的账户对该只股票作价格相近、方向相反的交易,以制造成交活跃的假象。截至1996年12月,南山基金持有国际大厦股票521万股,占该公司流通股的35%。

中国证监会经过调查核实,认为南山基金的上述行为违反了证券法规的规定,并对其作出了处罚决定:(1) 对南山基金给予警告并罚款人民币200万元;(2) 责令南山基金自收到本处罚决定之日起的两个月内在深圳证券交易所的监督下卖出其持有的国际大厦股票,如有盈利,全部没收,上缴国库;(3) 对南山基金此次违规行为的直接责任人邓大凯给予警告并罚款人民币5万元。

[案例点评]

南山基金管理公司的违规行为主要表现在:

(1) 集中资金操纵市场。其违规行为符合《禁止证券欺诈行为暂行办法》第八条第(五) 项所述"以抬高或者压低证券交易价格为目的,连续交易某种证券"和《股票发行与交易管理暂行条例》第七十四条第(三) 项所述"通过合谋或者集中资金操纵股票市场价格"的规定。

(2) 违反证券法规,超比例持股未报告和公告。其行为违反了《股票条例》第四十七条所述"任何法人直接或者间接持有一个上市公司发行在外的普通股达到5%时,应当自该事实发生之日起3个工作日内,向该公司、证券交易所和证监会作出书面报告并公告"的规定。

4.3 资金的时间价值

当前所持有的一定量货币比未来获得的等量货币具有更高的价值,这是因为资金在生产和流通过程中随着时间推移而产生资金增值,这种增值就是资金的时间价值。从经济学角度看,由于社会资源具有稀缺性特征,现存社会财富能够带来更多社会产品,所以现在物品的效用要高于未来物品的效用。因此,无论从实际经济价值还是从心理认知价值看,现在货币的价值自然高于未来货币的价值。由于市场利息率是对平均经济增长和社会资源稀缺性的反映,它自然就成为衡量货币时间价值的基本标准。

资金经合理运用后在一定时间内具有增值的潜在能力,利率越高、时间越长,所赢得的利润及增值也越多。因此,同一币值的资金在不同时点的价值是不等值的。为了比较资金价值大小及各种方案的经济效率,需要将不同年份的资金按其时间价值折算为同一时间的资金值,故在计算上形成了不同的资金价值表达方法。

4.3.1 单利的终值与现值

(1) 单利终值的计算。

单利是指不用把利息再计入本金计算,在此情况下,现值折算为终值的计算公式如下:

$$F = P(1 + i \times n)$$

其中,P 为现值,i 为年利率,n 为资金使用的年数,F 为终值。

(2) 单利现值的计算。

即在单利下由终值折算为现值,其计算公式如下:

$$P = F/(1 + i \times n)$$

【例题7】 将现金100元存入银行，其期限为5年，年利率为10%，到期的本利和是多少？如果5年后希望存款余额达到750元，现在应存入银行多少现金？

解： ①到期的本利和(终值) = 100(1 + 10% × 5) = 150（元）
②应存现金(现值) = 750/(1 + 10% × 5) = 500（元）

4.3.2 复利的终值与现值

（1）复利终值的计算。

复利是指前一期产生利息后，要将该利息计入本金计算后期的利息，即俗称的利滚利。在此情况下，现值折算为终值的计算公式如下：

$$F = P(1 + i)^n = P(F/P, i, n)$$

其中，$(F/P, i, n)$ 被称为复利终值系数，实际运用中可查阅已计算出的复利因子表。
上例中，按照复利计算的终值 = $100(1 + 10\%)^5$ = 100 × 1.611 = 161.1（元）。

（2）复利现值的计算。

$$P = F/(1 + i)^n = F(P/F, i, n)$$

其中，$(P/F, i, n)$ 为复利现值系数，同样可查阅相关复利因子表。
上例中的复利现值 = $750/(1 + 10\%)^5$ = 750 × 0.621 = 465.8（元）。

4.3.3 普通年金的终值与现值

普通年金是每隔相等时间收到或支付相同金额的款项，如每年年末收到养老金5 000元，即为普通年金。

（1）普通年金终值。

就是将每一期的金额，按复利换算到最后一期期末的终值，然后加总，就是该年金终值。由于每年的金额是固定的，故经过推导后的普通年金终值计算公式为：

$$F = A[(1 + i)^n - 1]/i = A(F/A, i, n)$$

其中，$(F/A, i, n)$ 为年金终值系数，可查阅已计算出的年金终值系数表。

（2）普通年金现值。

即将每期的等额年金折算为现值，其计算公式为：

$$P = A[1 - (1 + i)^{-n}]/i = A(P/A, i, n)$$

其中，$(P/A, i, n)$ 为年金现值系数，可查阅已计算出的年金现值系数表。

【例题8】 甲公司在5年中，每年的12月31日收到证券投资固定收益100万元。以5%为利率，计算这5年的收益终值与现值。

解：（1）根据普通年金终值与现值的计算公式，有：

收益终值 = $100[(1 + 5\%)^5 - 1]/5\%$ = 100 × 4.329 5 = 432.95（万元）
收益现值 = $100[1 - (1 + 5\%)^{-5}]/5\%$ = 100 × 5.525 6 = 552.56（万元）

（2）根据复利终值与现值基本公式可逐年折算，这也是每年年金不同且缺乏规律性前提下的一般算法，可画出资金流图（如图4-1所示）进行计算，有：

收益终值

$F = 100(1 + 5\%)^4 + 100(1 + 5\%)^3 + 100(1 + 5\%)^2 + 100(1 + 5\%)^1 + 100 = 432.95$（万元）

收益现值

$$P = \frac{100}{1+5\%} + \frac{100}{(1+5\%)^2} + \frac{100}{(1+5\%)^3} + \frac{100}{(1+5\%)^4} + \frac{100}{(1+5\%)^5} = 552.56（万元）$$

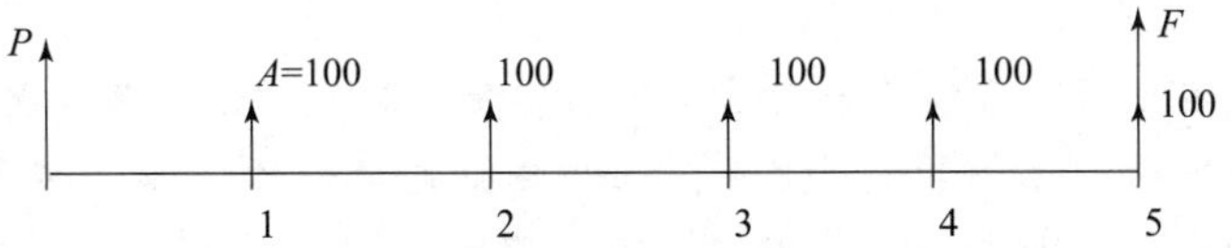

图 4-1 资金流图

 小常识

独角兽公司

独角兽是西方神话传说中一种虚构的生物，据说其形如白马，额前有一个螺旋角，长有一双翅膀，代表着高贵、高傲和纯洁。

美国著名 Cowboy Venture 投资人 Aileen Lee 在 2013 年将私募和公开市场的估值超过 10 亿美元的创业公司做出分类，并将这些公司称为"独角兽"（纽约时报：2015 年亚洲诞生 11 家独角兽公司．人民网．2015-11-27）。随后，这个词就迅速流行于硅谷，并且出现在《财富》封面上。此后，投资界一般把有 10 亿美元以上估值，并且创办时间较短（一般为 10 年内）、还未上市的公司称为独角兽公司。据统计，美国在 2003 到 2013 年间就有 39 家公司估值在 10 亿美元以上。全球独角兽公司 2020 年排名如表 4-4 所示。

表 4-4　全球独角兽公司 2020 年排名

排行	名 称	估值/亿美元	国 家	行 业
1	蚂蚁金服	1 500	中 国	金融服务
2	字节跳动	750	中 国	消费互联网
3	Infor	600	美 国	软件
4	滴滴出行	530	中 国	消费互联网
5	陆金所	394	中 国	金融服务
6	JUUL	380	美 国	电子产品
7	Airbnb	380	美 国	消费互联网
8	Stripe	350	美 国	金融服务
9	Space-X	305	美 国	航空与国防
10	阿里本地生活服务	300	中 国	餐饮

（资料来源：全球独角兽公司实时排名．独角兽排行．2020-02-12）

事实上，估值超过 10 亿美元的创业公司作为独角兽在互联网时代已不再是稀缺物种，创业公司估值已是水涨船高，估值超过 100 亿美元的创业公司—超级独角兽，才算是真正的稀缺物种。其中，尤以中国"互联网+"企业的迅速崛起最有代表性，如蚂蚁金服、滴滴出行、小米、阿里云、美团点评、宁德时代、今日头条、菜鸟网络、陆金所和借贷等都是名列前茅的中国超级独角兽。据 CB Insight 统计数据显示，从 2013 年至 2018 年 3 月，全球共有 237 家独角兽企业。其中，来自美国的共 118 家，占 49.78%；中国紧随其后，共 62 家，占 26.16%。

在估值和市盈率方面，市场都会对这些独角兽企业高度信任。其一度成为全球股市争夺的宠儿。因此，一旦独角兽公司获得上市，往往会得到市场的追捧，甚至股价被大大高估。宁德时代（宁德时代新能源科技股份有限公司，股票号码 300750），这家成立于 2011 年的企业，目前是国内率先具备国际竞争力的动力电池制造商之一。2018 年 6 月 11 作为首家创业板独角兽上市公司，发行价为 25.14 元，上市初即获得连续涨停板。此后，股价经过一段时间调整，于 2020 年 2 月 6 日达到 169.89 元，再次创下新高。

4.4 股票投资估价法

股票投资作为一般证券投资，可获取股利收入及股票买卖差价，一些机构甚至可以利用购买某一企业的大量股票，达到控制该企业的目的。当然，股票投资虽然期望收益高，但投资风险也较大。因此，为了做好股票投资决策，必须掌握一些最基本的股票投资估价法。

4.4.1 股票估价基本模型

（1）股票投资价值估价基本模型。

$$V_0 = \frac{A_1}{1+R_S} + \frac{A_2}{(1+R_S)^2} + \cdots + \frac{A_n}{(1+R_S)^n} = \sum_{t=1}^{n} \frac{A_t}{(1+R_S)^t}$$

其中，V_0 为股票投资价值，A_t 为第 t 期得到的股利，R_S 为股票的期望收益率（或必要收益率）。

（2）股票预期价值估价模型。

$$V_0 = \frac{V_n}{(1+R_S)^n} + \sum_{t=1}^{n} \frac{A_t}{(1+R_S)^t}$$

其中，V_0 为股票投资价值，V_n 为转让时预计市价或到期价值，R_S 为股票的期望收益率，A_t 为第 t 期得到的年股利，n 为期限。

【例题9】 某企业有甲、乙两只股票可投资，期限两年，预计股利分别为 2 元/股、3 元/股，两年后市价可分别涨至 28 元、32 元，现市价为 26 元、30 元。企业期望报酬率 12%。问，应选择哪只股票？

解：甲股票价值 $= \dfrac{28}{(1+12\%)^2} + \sum_{t=1}^{2} \dfrac{2}{(1+12\%)^t} = 25.7 < 26$

乙股票价值 $= \dfrac{32}{(1+12\%)^2} + \sum_{t=1}^{2} \dfrac{3}{(1+12\%)^t} = 30.6 > 30$

应选择投资乙股票。

4.4.2 零增长股票的估价模型

如果公司每年给股东的股利均为 A，则有：

$$V_0 = \sum_{t=1}^{\infty} \frac{A_t}{(1+R_S)^t} = \frac{A}{R_S}$$

【例题 10】 某公司每年分配股利 1.5 元，最低收益率 10%，求股票的投资价值。

解：$V_0 = \sum_{t=1}^{\infty} \frac{A_t}{(1+R_S)^t} = \frac{A}{R_S} = \frac{1.5}{10\%} = 15$（元）

4.4.3 固定增长股票的估价模型

对于持续增长的股票，假定其最近支付的股利为 A_0，预期未来股利固定增长率为 g，则有 $A_t = A_0(1+g)^t$。

$$V_0 = \frac{A_1}{1+R_S} + \frac{A_2}{(1+R_S)^2} + \cdots + \frac{A_n}{(1+R_S)^n} = \frac{A_0(1+g)}{1+R_S} + \frac{A_0(1+g)^2}{(1+R_S)^2} + \cdots + \frac{A_0(1+g)^n}{(1+R_S)^n}$$

当 $n \to \infty$ 时，上述公式可简化为：

$$V_0 = \sum_{t=1}^{\infty} \frac{A_0(1+g)^t}{(1+R_S)^t} = \frac{A_0(1+g)}{R_S - g} = \frac{A_1}{R_S - g}$$

【例题 11】 某公司的普通股当年每股股利 0.3 元，预计以后年度股利增长率为 5%，公司期望的投资收益率为 15%，计算该普通股的内在价值。

解：$V_0 = \frac{A_0(1+g)}{R_S - g} = \frac{0.3(1+5\%)}{15\% - 5\%} = 3.15$（元）

4.4.4 P/E 比率估价方法

P/E 是指每股市价与每股收益的比率，即市盈率。基于市盈率有如下计算公式：

股票价格 = 该股票市盈率 × 该股票每股收益

或者：

股票价值 = 行业平均市盈率 × 该股票每股收益

【例题 12】 预计某公司明年的税后利润 1 000 万，发行在外的普通股 500 万股，（1）假设市盈率为 12，求其股票的价值；（2）假设成长率为 6%，必要报酬率为 10%，预计盈余的 60% 用于发放股利，计算其股票价值。

解：（1）股票价值 = 该股票市盈率 × 该股票每股收益
       = 12 × (1 000/500) = 24（元）

（2）股票价值 $= V_0 = \frac{A_1}{R_S - g} = \frac{1\,000/500 \times 60\%}{10\% - 6\%} = 30$（元）

4.4.5 股票投资收益率的衡量

假定使用名义收益率（不考虑时间价值与通货膨胀），则有：

$$\text{持有期间收益率} = \frac{\text{持有期间收益}}{\text{购买价格总额}} = \frac{\sum(\text{股息或红利} + \text{价差收益})}{\text{购买价格总额}}$$

【例题 13】 某企业 2010 年年初以 45 元购入 10 000 股某 A 股票，到年末分红 2 元/股，该股年末市价涨至 48 元/股。2012 年年末在获得 2.5 元/股红利后，以 52 元每股的价格卖掉该 A 股票，求其投资收益率。

解：持有期间收益率 = $\dfrac{\sum(\text{股息或红利} + \text{价差收益})}{\text{购买价格总额}}$

$= \dfrac{2 \times 10\,000 + 2.5 \times 10\,000 + (52 - 45) \times 1\,000}{45 \times 10\,000} = 25.56\%$

 **寓言故事**

拾到的玉米

野猪和猴子在一片收割过的田地里发现了一袋农夫们丢下的玉米，于是它们兴高采烈地平分了这袋玉米。转眼第二年的秋天又已来到了，野猪和猴子在田间又一次碰到了，于是就聊了起来。猴子对野猪说："还记得去年这个时候，咱们捡到的那一大袋玉米吗？今年如果再拣到玉米，就可以像去年一样舒舒服服过冬了！"野猪听完猴子的话，疑惑地问："猴子老弟，难不成你把去年分得的玉米全都吃光了？"猴子点点头："没错呀！不吃光，难道还留着吗？"野猪听罢，摇了摇头："看来今年你不得不出去寻找过冬的粮食了！我把去年分得的粮食留下一部分，找了块肥沃的土地种下去，今年的收成还不错。如果以后我每年的收成都很不错，我就不需要天天为找食物而奔波，年老时也不必为找不到食物而犯愁了！"猴子听后却不以为然，说道："自己种地太辛苦，我还是到其他地方找找，就不信再找不到农夫们丢弃的玉米！"话音未落，猴子就一溜烟跑没影了。然而，在一个寒风凌厉的冬日里，小猪在一个小河边终于看到了它不愿看到的情景：瘦骨嶙峋的猴子在河边已变成了一具僵尸！

这个寓言故事说明了一个道理：野猪很有理财观念！依靠自己的辛勤劳动，年复一年种玉米，结果玉米一年比一年多，自然就不缺吃的了。这个效果相当于资金的利用复利效应：低位买上有潜在价值的股票，长期持有，你的资产经过一段长时间会实现惊人的增值！猴子寄希望于投机，便不可能获得财富（玉米）的持久集聚。

4.5 债券投资估价法

债券收益率是债券收益与其投入本金的比率，通常用年率表示。债券收益稳定，投资风险较小，是证券市场投资的重要品种。债券收益不仅包括利息，也包括在债券市场进行买卖的盈亏差价。一般而言，决定债券收益率的主要因素有债券的票面利率、期限、面值和购买价格等。

4.5.1 永久债券估价

永久债券是指没有到期日的债券，其内在价值估算公式为：

$$V = \dfrac{I}{1+R} + \dfrac{I}{(1+R)^2} + \cdots + \dfrac{I}{(1+R)^\infty} = \dfrac{I}{R}$$

其中：

V 为债券的内在价值；

I 为每期支付的债券利息；

R 为市场利率或投资者必要报酬率。

4.5.2 零息债券估价

零息债券又称纯贴现债券，是一种只付终值的债券，其估价公式为：

$$V = \frac{M}{(1+R)^n}$$

其中：

M 为债券票面值；

n 为债券到期年限。

【例题14】 某公司发行面值100元的5年期零息债券。投资者要求收益率10%，如果现在该债券的发行价为60元/张，是否应该购买该债券？

解：$V = \frac{M}{(1+R)^n} = \frac{100}{(1+5\%)^5} = 62.1 > 60$

投资者应该购买该债券。

4.5.3 非零息债券估价

非零息债券是指每期期末支付利息的债券，其估价公式为：

$$V = \sum_{t=1}^{n} \frac{I}{(1+R)^t} + \frac{M}{(1+R)^n}$$

【例题15】 某企业2010年1月1日购买面额1 000元的10年期债券，其票面利率9%，每年计息一次，当时的市场利率8%，债券市价1 050元/张，问是否值得投资？

解：$V = \sum_{t=1}^{n} \frac{I}{(1+R)^t} + \frac{M}{(1+R)^n} = I \times \frac{1-(1-R)^{-n}}{R} + \frac{M}{(1+R)^n}$

$= 1\ 000 \times 9\% \times \frac{1-(1+8\%)^{-10}}{8\%} + \frac{1\ 000}{(1+8\%)^{10}} = 1\ 067.1 > 1\ 050$

该债券有投资价值。

4.5.4 债券投资收益率的衡量

债券投资收益率有名义收益率和真实收益率之分，所谓名义收益率是指不考虑时间价值和通货膨胀影响的收益水平，真实收益率则是指考虑了时间价值和通货膨胀影响的收益水平。

（1）债券投资名义收益率（一年付息一次）。

①到期年收益率。

$$\text{到期年收益率} = \left(\text{面值} \times \text{票面利率} + \frac{\text{面值} - \text{购买价}}{\text{偿还年限或剩余年限}}\right) \div \text{购买价格}$$

②持有期间年收益率。

$$\text{持有期间年收益率} = \left(\text{面值} \times \text{票面利率} + \frac{\text{出售价格} - \text{购买价}}{\text{持有年限}}\right) \div \text{购买价格}$$

(2) 债券投资名义收益率（一次还本付息）。

①到期年收益率。

$$到期年收益率 = \left[\frac{面值 \times 票面利率 \times 偿还年限 + (面值 - 购买价)}{偿还年限或剩余年限}\right] \div 购买价格$$

②持有期间年收益率。

$$持有期间年收益率 = \left[\frac{出售价格 - 购买价}{持有年限}\right] \div 购买价格$$

【例题16】 某一投资者1995年1月1日购入票面价值为100元的5年期债券100张，购买价格为120元/张，票面利率为10%，到期一次还本付息。（1）若该投资者1998年7月1日将债券以160元/张卖出，求持有期间收益率；（2）若该投资者一直持有到1999年1月1日的债券到期日，到期收益率为多少？

解：

$$持有期间年收益率 = \left[\frac{出售价格 - 购买价}{持有年限}\right] \div 购买价格 = \frac{160-120}{3.5} \div 120 = 9.52\%$$

$$到期年收益率 = \left[\frac{100 \times 10\% \times 5 + (100-120)}{4}\right] \div 120 = 9\%$$

(3) 短期债券的真实收益率。

短期债券投资，不考虑时间价值，这时短期债券的真实收益率计算公式为：

$$I_S = \frac{1+I_m}{p_t \div p_0} - 1$$

其中：

p_0 为期初平均物价指数；

p_t 为期末平均物价指数；

I_m 为投资期间债券的名义利率；

I_S 为投资期间债券的真实利率。

若 n 为持有年数，则有

$$年均收益率 = \sqrt[n]{1+I_S} - 1$$

【例题17】 某半年到期一次还本付息的债券，票面利率为7%，其间物价指数由110上升至121，求真实收益率。

解：$I_S = \frac{1+I_m}{p_t \div p_0} - 1 = \frac{1+7\%}{115 \div 110} - 1 = 2.35\%$

$$年均真实收益率 = \sqrt[n]{1+I_S} - 1 = \sqrt[0.5]{1+2.35\%} - 1 = 4.76\%$$

(4) 长期债券的真实收益率。

既需考虑通货膨胀因素，又需考虑时间价值。这时，衡量其收益率：①将各年的名义收益率调整为真实收益率；②按一定的贴现率将各年的真实收益率换算为投资期初的净现值率总和；③利用资本回收系数，换算成年真实收益率。

$$各年真实收益率 \ R_t = \frac{R'_t + 1}{p_1 \div p_0} - 1 \ (考虑通货膨胀率)$$

$$持有期间真实收益折现率 \ R = \sum_{t=1}^{n} \frac{R_t}{(1+r)^t} \ (考虑时间价值)$$

$$真实年均收益率 = R \times \frac{r}{1-(1+r)^{-n}}$$

其中，R_t^l 为第 t 年的名义收益率，r 为市场利率，n 为持有年限。

(5) 债券赎回收益率。

可赎回债券是指允许发行人在债券到期以前，按某一约定的价格赎回。债券赎回收益率即针对可赎回债券，债券发行人在债券规定到期日之前赎回债券时，投资人所取得的收益率，它是预期现金流量的现值等于债券价格时的利率。

债券赎回收益率（R）可通过下面的公式用试错法获得：

$$P = \sum_{t=1}^{n} \frac{C}{(1+R)^t} + \frac{M}{(1+R)^n}$$

式中：

P 为发行价格；

n 为直到第一个赎回日的年数；

M 为赎回价格；

C 为每年利息收益。

【例题 18】 某债券的票面价值为 1 000 元，息票利率为 5%，期限为 5 年，现以 950 元的发行价向全社会公开发行，2 年后债券发行人以 1 050 元的价格赎回。第一赎回日为付息日后的第一个交易日，计算该债券赎回收益率。

解： 按照计算公式有：

$$950 = \sum_{t=1}^{2} \frac{1\,000 \times 5\%}{(1+R)^t} + \frac{1\,050}{(1+R)^2}$$

用试错法计算，该债券的赎回收益率 $R = 10.25\%$。

寓言故事

钓竿

有个老人在河边钓鱼，一个小孩走过去看他钓鱼。老人技巧纯熟，所以没多久就钓了满篓的鱼。老人见小孩很可爱，要把整篓的鱼送给他，小孩摇摇头，老人惊异地问道："你为何不要？"小孩回答："我想要你手中的钓竿。"老人问："你要钓竿做什么？"小孩说："这篓鱼没多久就吃完了，要是我有钓竿，我就可以自己钓，一辈子也吃不完。"好聪明的小孩啊！你一定以为老人会把鱼竿送给这个可爱的小孩。然而奇怪的是，老人拒绝了小孩的要求！他对小孩说："你拜我为师吧，那样你才可能捕到吃不完的鱼。"于是，小孩拜老人为师，几年后成为远近闻名的钓鱼高手（素材来源：影响投资投机决策的五个寓言故事. http://blog.eastmoney.com/xcyk, 2010-03-03）。

这个故事告诉人们，钓鱼的关键不是鱼竿，而是钓鱼的道理、方法和技巧。在股市里，有很多不地道的网站忽悠你说，它有发现"涨停板"黑马的"神器"！你相信吗？果真如此，它自己每天能买到涨停板的股票，为什么自己不发财而要好心地让你发财呢？因此，要成为一个股市投资的成功者，其实没有什么秘诀！就是要潜心钻研、积累经验，不断提升自己的分析能力、判断能力、领悟能力、决策能力。

练习题四

1. 新华公司 2008 年 6 月 1 日以 1 105 元购买面值为 1 000 元的债券，其票面利率为 8%，每年 6 月 1 日计算并支付一次利息，并于 5 年后的 5 月 31 日到期，按面值收回本金，试计算该债券的收益率。（提示：测算值 5.55%）

2. 某公司按面值（100 元）平价发行 5 年期公司债券，年息 10%，每年付息一次，到期还本。对于购买该债券的投资者而言：(1) 画出其现金流时间轴图；(2) 如果每年贴现率为 5%，则未来现金流入现值为多少？（提示：121.65 元）

3. 某企业 2008 年 1 月 1 日以每张 1 020 元的价格购买 A 债券，到期还本付息，该债券面值 1 000 元，期限 5 年，票面利率 5%，单利计息，购买时市场利率 4%，不考虑所得税，问：此投资是否合算？如果将该债券于 2010 年 1 月 1 日以 1 100 元的市价出售，求其名义报酬率。（提示：债券价值 1 027.41 元，名义报酬率 3.9%）

4. 某剩余期限为 5 年的国债，票面利率 8%，面值 100 元，每年付息 2 次，每次付息 4 元，当前市场价格为 102 元，到期收益率为多少？（提示：7.51%）

5. 企业进行投资，有甲、乙两只股票可选择，已知甲公司股票现行市价每股 10 元，上年每股股利为 0.3 元，预计以后每年以 3% 增长。乙股票市价 4 元，上年股利 0.4 元，并采用固定股利形式。企业进行投资的必要报酬率为 8%，要求：计算甲、乙股票的价值，并作出投资决策。

6. 某公司在 1998 年 1 月 1 日平价发行债券，每张面值 1 000 元，票面利率 10%，5 年到期，年末付息。要求：(1) 计算 2003 年到期后的名义收益率；(2) 假设 2002 年 1 月 1 日市场利率下降到 8%，求此时的债券价值；(3) 假设 2000 年 1 月 1 日的市场利率 12%，债券市价 950 元，是否值得购买？(4) 假设 2002 年 1 月 1 日的市价为 900 元，求此时购买债券的到期名义收益率。

7. 有一张 5 年期、票面利率 10%、市场价格 950 元、面值 1 000 元的债券。若债券发行人在发行一年后将债券赎回，赎回价格为 1 100 元，且投资者在赎回时获得当年的利息收入，那么，提前赎回收益率为多少？（提示：26.3%）

8. 甲、乙两债券均为 10 年期的可赎回债券（第一赎回时间为 5 年后），赎回价格均为 1 100元，目前两债券的到期收益率均为 7%。其中债券甲的息票率为 5%，乙为 8%。假设当债券未来现金流的现值超过赎回价格时就立即执行赎回条款。若 5 年后市场利率下降到 5%，问：哪种债券会被赎回？赎回收益率为多少？（提示：债券乙将会被赎回，第一赎回收益率为 $R = 3.96\%$）

9. 讨论题：有人说在中国股市也可以做价值投资，只要你觉得一个公司有价值，有成长潜力，而股票还很便宜，有很大的升值潜力，投资买入股票、长期持有，将来一定升值。也有人说，中国股市做价值投资太难，一方面市场投机成分太强，且好公司的股票在 A 股市场上价格并不便宜；另一方面上市公司的会计报表普遍弄虚作假。即使公司财务数据真实，分红方面却极为吝啬，市场圈钱很积极，根本不可能进行价值投资。你支持哪方观点？

10. 辩论题：A 股市场的华丽起名或更名，"热闹"的背后究竟有何玄机？一般而言，一个优秀的公司名称多能在一定程度上反映公司的历史、经营理念、业务、使命（或宗旨），但近些年来 A 股市场出现的一些公司名称往往让人感觉"匪夷所思"！

让人感觉非常过分的更名行为举例：

(1) 多伦股份（600696）改名为"匹凸匹"，有网友戏称已被雷翻（互联网服务公司）。

(2) 二三四五（原名海隆软件）：二三四五，朗朗上口，容易让人想起做广播体操……

(3) 神州铁：原是一家做经营酒店的"宝利来"公司，因其业务从餐饮跨至轨道交通综合数据服务，遂改名为"神州铁（000008）"，瞬间变身高铁新贵！

(4) "天神娱乐"，原名"科冕木业"，从地板制造业务转型为网游公司，着实很娱乐大众了［英文名"ZEUS"（宙斯）］。

其他还凑合的更名行为，如表 4-5 所示。

表 4-5 A 股市场中一些上市公司的更名特点

路线一：高大上路线		
公司原来名称	公司现在名称	备注
正和公司	国际油气	主营业务从房地产变成石油勘探及石化项目投资开发
远东公司	视觉中国	—
南通车床	纵横国际	—
远东电缆	智慧能源	—
路线二：文艺路线		
天龙集团	山水文化	更名后公司股价暴涨。这次小清新的更名，被投资者调侃为"两市更名炒作教科书"
湘鄂情	中科云网	更名后公司股价也是翻番，但老板出逃，留下一堆烂账
绿大地	云投生态	—
路线三：无厘头路线		
中国玻纤	中国巨石	—
天立环保	神雾环保	—
路线四：马甲路线		
星河生物	菇木真	还以为是"铁木真"……但是市场并不买铁木真的账，于是公司又改回"星河生物"，结果居然连拉 4 个涨停板

对于 A 股更名热现象，不同的人似乎有不同的看法。下面两种观点，你更倾向于哪种呢？说出你的理由。

辩方 A：起名字是自己的权利，上市公司不管怎样更名都无可厚非！

辩方 B：更换不切实际、花里胡哨的名称，有不合理诱导投资者的嫌疑！

 投资名人故事

约翰·坦伯顿——环球投资之父

约翰·坦伯顿（John Marks Templeton，1912—2008）出生在美国田纳西州温契斯特小镇，1934 年以优异的成绩毕业于美国耶鲁大学，并获得罗德奖学金，前往英国留学。1936 年从英国牛津大学巴里欧学院（Balliol College）取得法律硕士学位，随即回美国进入华尔街工作，开始了他的证券市场投资生涯。

坦伯顿在 1954 年提出了全球化投资的理念，并成立第一档全球股票基金——坦伯顿成长基金。他力求从全球寻求更多投资机会，以此分散风险、增加收益能力，这使他成为最早一个冲出美国、教会美国人在海外投资的投资大师，从而被人们尊称为"环球投资之父"。

约翰·坦伯顿是一位可以与美国股神巴菲特比肩的世界顶级投资大师，从他 1947 年投身基金理财界算起，在随后 45 年的基金投资生涯中，获得了每年平均回报率 15.2% 的骄人业绩。约翰·坦伯顿视本杰明·格雷厄姆（Benjamin Graham）为师，遵循价值投资法，在市场上寻找价廉物美的股票，是价值投资的元老级人物。他将投资股票比喻成购物，认为："投资价值被低估的股票，其挑战是如何判断它真是具潜力的超值股，还是它的价值就只是如此而已。"在长期投资生涯中，约翰·坦伯顿坚守长期投资与价值投资的理念，形成了其特有的投资思想和投资风格。

坦伯顿认为投资要成功，就要保持冷静，避免焦虑，遵守投资纪律。这样，财富自然滚滚而来。坦伯顿信奉复利的威力，他购买的股票一般要长线持有五年。他经常告诫投资者们：价值投资的精髓在于，质好价低的个股内在价值在足够长的时间内总会体现在股价上，利用这种特性，可使本金稳定地复利增长。坦伯顿还将"逆市操作理论"发挥得淋漓尽致，形成了其以价值投资为根基的逆市投资策略。因此，在投资方式上，坦伯顿指出：永远在市场最悲观的时候进场，在市场中寻找价廉物美的股票，买低于账面值的股票，长线持有。

约翰·坦伯顿曾将自己的投资经验总结成 16 条投资成功法则，这些法则对从事证券投资的人士来说是具有启示价值的：(1) 投资，不要投机；(2) 实践价值投资法；(3) 购买品质；(4) 低吸；(5) 没有白吃的晚餐；(6) 做好功课；(7) 分散投资；(8) 注意实际回报；(9) 从错误中学习；(10) 监控自己的投资；(11) 保持弹性；(12) 谦虚；(13) 不要惊慌；(14) 对投资持正面态度；(15) 祷告有益投资；(16) 跑赢专业机构投资者。

第五章
股票基本面分析

本章学习要点：
(1) 熟悉影响股票市场变化的基本宏观因素。
(2) 熟悉影响企业发展及股价走势的行业因素。
(3) 熟悉上市公司财务分析的常用指标及运用方法。
(4) 掌握利润表分析方法。
(5) 学会编制股票投资分析报告的基本方法。

按照分析对象及思路的不同，股市里形成了两种最基本的分析方法：一是基本面分析，二是技术分析。基本面分析是对影响上市公司股票价格及其变动趋势的外围宏观因素进行研究分析，包括所有影响供求关系的背景因素，像国家的宏观经济指标、产品市场、经济环境、通货膨胀、行业发展前景，还有企业本身的经营状况及财务状况等。技术分析则是对上市公司股票价格及其变动趋势的内部微观因素进行研究，其核心问题是股市供求关系的表现和变化，主要通过价格变化和成交量变化来表征"市场属性"。

5.1 宏观因素分析

影响股票市场变化的宏观因素比较多，主要有政治、经济、科技、政策等。分析和把握宏观因素变化，是作出股市及整个证券市场正确投资决策的重要依据。

5.1.1 经济因素

股票市场服务于国民经济的发展，股市变化是国民经济的晴雨表，股市的运行与宏观的经济运行基本是一致的。影响股市波动的经济因素很多，如经济周期、经济增长率、国家财政状况、金融环境、国际收支状况、国家汇率的调整等，他们的变化都会不同程度地影响到股价的短期、中长期走势。

一般而言，股市对经济变化有一定的预先反映，但经济的周期本质上决定了股市的周期。经济周期是由经济运行内在矛盾引发的经济波动，是一种不完全由人们意志控制的客观经济现象。处于繁荣、衰退、萧条、复苏不同经济周期阶段的股市必然相应地产生一种周期性的波动。在经济复苏繁荣阶段，股价指数会呈现坚挺的上涨走势；在经济衰退时期，股价指数会逐渐下跌；在经济萧条时，股价指数将进入低谷时期；当经济开始复苏时，股价指数又会逐步上升。

经济增长率高低说明了一个国家或地区经济发展速度的快慢，股市运行会对此作出同方向的变化反映。国内生产总值（GDP）是指所有由本国或外国公司生产的产品及服务的总和，它代表了一个国家的整体经济能力，而国内生产总值增长率被认为是一个国家经济增长力最重要的指标，其增长或下降及其变化快慢都会对股市走势产生直接影响。例如，20世纪70—90年代，新加坡、韩国、中国台湾、中国香港亚洲四小龙崛起，同时也造就了这些国家的牛市行情。

国家财政是维护国家机器正常运行的基本保障，它可以有效地调节资源配置，平衡各阶层的收益，促进科教文化与卫生事业的发展，引导国民经济健康平稳发展。一个国家的财政状况对其股市运行有重要影响，一般而言，财政状况良好、财政支出增加时，股价会上扬；反之，股价会呈现下跌走势。

 小常识

反映经济状况变化的一些常用监测指标

股市和经济有着紧密的联系，在对国家宏观经济形势的把握上，人们经常运用一些指标来帮助分析。

（1）国内生产总值（GDP）。它是所有由本国或外国公司生产的产品及服务的总和，是反映一个国家经济产量及增长力最重要的指标。国内生产总值的基本核算方法有三种：①支出法，就是从产品的使用出发，把一年内购买的各项最终产品的支出加总而计算出的该年内生产的最终产品的市场价值。在现实生活中，用支出法核算GDP也就是核算一个国家或地区在一定时期内居民消费、企业投资、政府购买和出口这几方面支出的总和。②收入法，就是从收入的角度，把生产要素在生产中所得到的各种收入相加来计算GDP，其公式为GDP=工资+利息+利润+租金+间接税和企业转移支付+折旧。③生产法（又叫部门法），是指按提供物质产品与劳务的各个部门的产值来计算国内生产总值，即只计算各生产部门所增加的价值。从理论上说，三种方法计算出的GDP在量上是相等的，实际统计中一般以支出法所计算出的国内生产总值为标准。

（2）国民生产总值（GNP）。它是指一个国家或地区的国民经济在一定时期（一般是1年）内以货币表现的全部最终产品（含货物和服务）价值的总和。GDP是国土原则，是生产概念，包含了外国公司在本国创造的收入；而GNP是收入概念，是衡量一个国家（或地区）常住居民收入的高低和小康实现程度的重要指标。两者关系为：国民生产总值（GNP）=国内生产总值（GDP）+来自国外或地区外的净要素收入。

（3）工业生产率。它是对某国工厂、矿业、公共事业的生产量变化的连续加权式的测量，是指工业生产中产品的产出量与生产产品所使用投入量之间的比例。工业生产率是评判生产过程效益与工厂经济效益的一个依据。工业生产率的水平从本质上讲取决于工业生产力素质的水平，即劳动者、劳动手段、劳动对象三个生产力要素的素质。

（4）采购经理人指数（PMI）。采购经理人指数（Purchasing Manager's Index）是一个综合指数，按照国际上通用的做法，由五个扩散指数即新订单指数（简称订单）、生产指数（简称生产）、从业人员指数（简称雇员）、供应商配送时间指数（简称配送）、主要原材料库存指数（简称存货）加权而成。PMI指数计算公式为：PMI=订单×30%+生产×25%+雇员×20%+配送×15%+存货×10%。在实际运用中，采购经理人指数常以50%作为经济强弱的分界点：即当指数高于 50% 时，被解释为经济扩张的讯号；当指数低于 50%，尤其是非常接近 40% 时，则有经济萧条的忧虑。

（5）产品价格指数（PPI）。产品价格指数对制造业价格变化的量度，是反映某一时期生产领域价格变动情况的重要经济指标，也是制定有关经济政策和国民经济核算指标的重要依据。目前，我国 PPI 的调查产品有 4 000 多种，覆盖全部 39 个工业行业大类，涉及调查种类 186 个。PPI 通常被看作观察通货膨胀水平的重要指标。

（6）消费物价指数（CPI）。消费物价指数是一个由城市消费者（80% 的人口）支付篮子食品及服务的平均价格水平。CPI 通常作为观察通货膨胀水平的重要指标。如果消费者物价指数升幅过大，表明通胀已经成为经济不稳定因素，央行会有紧缩货币政策和财政政策的风险；如果 CPI 连续为负说明经济面临通货紧缩，表明经济形势恶化，对市场不利。

通货膨胀一般是指因货币贬值或购买力下降而引起的一段时间内物价持续而普遍地上涨的现象，其本质是在社会总需求大于社会总供给下货币的过度发行。物价上涨，居民实际收入下降，就会造成经济和政治的不安定。因此，在出现通货膨胀情况下，政府一般会采取诸如控制和减少财政支出、实行紧缩货币政策的治理方式，这时就会提高市场利率水平，从而使股票价格下降。当然，通货膨胀率很低（如 5% 以内）时，其对经济产生的危害并不大，且由于货币供应量增多，还对股票价格有推动作用。

金融环境变化对股市有最直接的影响。例如，金融环境放松，利率下降，存款准备金率下调，很多社会资金就会从银行转向股市，推动股价出现升势。国家抽紧银根，利率上调，市场资金紧缺，则股价通常会下跌。特别是，一般可把利率的升降作为股市冷暖的风向标，这是因为利率好比一个杠杆，用它可以来调节经济增长的快慢。利率提高，不仅大量闲置资金会涌入银行储蓄，企业的融资成本也会相应提高，这时股市的资金就会减少。而降息可直接降低企业融资成本，能促进公司经营状况的改善，且社会资金会重新流入股市。因此，在成熟股市中，降息一般是特大利好。

外汇行情与股票价格有着密切的联系。一般来说，如果一个国家的货币是实行升值的基本方针，股价就会上涨，一旦其货币贬值，股价随之下跌。此外，国际收支发生顺差，刺激本国经济增长，会促使股价上升；而出现巨额逆差时，会导致本国货币贬值，股票价格一般将下跌。

5.1.2　科技因素

人类社会的发展从来都是与技术的创新、发明与应用紧密联系在一起的。特别是发生在近代的西方工业革命，实质上是科学技术发展引发的一场人类社会生产方式的巨变。而在当今时代，技术已成为衡量一个国家生产力水平高低的重要标志，成为推动社会经济发展的基础与关键要素。技术是生产力，而且是第一生产力，哪个国家轻视了技术的发展与创新，就必然在激烈的国际竞争中处于落后地位。

在实际证券市场投资中，由于经济环境和企业盈利能力往往是人们判断股市走向和公司投资价值的直接依据，故而科技因素通常被当作是一个潜在的、间接的影响因素。实际上，科技因素对证券市场、特别是股市的影响可以说是基础性、持久性的，任何忽视科技因素的思考方式都可能造成对市场长远运行趋势的错误判断。20 世纪末，互联网公司风起云涌，很多人把它看作是科技泡沫。现在看来，以互联网为核心的信息技术革命引发了一场前所未有的产业革命，对人类社会的生产和生活方式产生了巨大影响。如今，在互联网和信息产业快速发展背景下，以互联网信息公司为代表的科技股已成为股市投资的热点领域。

就一个上市公司而言，轻视研发、技术落后，不可能有良好的发展前景，投资者也决不会认为它有投资价值。而重视技术创新、研发投入的公司，特别是涉及高、新、精、先进技术的企业，除其他特殊因素影响外，其发展前景一般会被看好，公司股价由此就会出现攀升趋势，投资者在正确判断下的投资行为也往往能获得良好回报。

5.1.3 政策因素

影响股市的政策是指政府为调控股市而直接采取的一些行政措施或颁布的一些法规与制度，它在股市里是一只"看得见的手"。政府出台的每一个与市场相关的政策都有可能直接或间接地影响到股市的运行，有些政策甚至在特定的时期内会主导股市走势。因此，诸如政府的社会经济发展规划、经济政策、财政政策、货币政策、产业政策、贸易政策、股市管理措施等方面的新政发布或调整变化，都会引起股市不同程度的反响。

政府出台的有关社会经济发展规划对一个国家或地区的发展具有战略导向作用，证券市场必然发生预期响应，这不仅会引发一些关联性强的相关领域公司的股价变化，而且对股市指数产生趋势性的影响。比如，国家强调民生问题，一些涉及医疗、养老、基建类的公司股价一般会产生一轮较好的上升周期。

货币供应量与股票价格一般是呈正相关关系，如果国家调整货币政策，就会直接影响货币投放的数量，从而引发股市波动。比如，国家收缩信贷规模，增加中央银行票据及国债发行，提高存款准备金率和利率，都会对股市产生负面影响；反之，则对股市产生正向刺激作用。

供求关系是决定市场商品价格的基本因素，股市也同样遵循这样的法则。股票供应过量，资金供应不足，则股价指数下跌；反之，则股价指数上升。对于股票的供应，通常需要关注 IPO 及再融资、配股、企业债券（含可转换公司债券）和权证的发行。同时对个股而言，对于限售股上市及一些上市公司股东对公司股份的减持也要进行关注。对于资金的供应，则需要关注信贷规模控制，新基金、QFII 的发行和批准，社保及保险资金的准入，以及热钱的流向等要素变化。

总体上讲，税率高低对企业成本和利润有重要影响，对社会消费能力也会产生影响。税率降低会刺激股市指数上升，税率提高则会对股市指数形成压力。股票交易印花税的调整对于股市的影响较为直接，常常成为国家直接干预股市的基本工具。营业税、增值税的调整会引起股市的大幅波动；而调高个人所得税，则会导致社会消费水平下降，引起商品的滞销，对消费类产品生产和经营的上市公司营业额造成影响，引发其股价下跌。但是，能够享受国家或地方政府减税、免税或返还等税收优惠的上市公司，股票价格往往会呈现上升势头。

就产业政策影响而言，国家如果采取积极的财政政策，使财政规模扩大，往往会推动股票价格上涨；受到国家或地方财政支持的相关上市公司，股价一般会有上涨行情；受国家或地方财政支出减少影响的相关上市公司，股价有可能出现波动情况。此外，产业政策对股市也有重要影响，国家重点扶持、发展的产业，其相关领域板块在市场中会成为投资热点，相关上市公司股票价格就会被推高；反之，受国家限制发展的产业，其相关上市公司的股票价格会受到负面影响。

5.1.4 政治因素

政治与经济有着十分密切的关系，因此，政治因素变化对股市的影响往往是很大的。从政权因素讲，政权的转移、执政党的主张、领袖的更替、政府的能力及社会的安定性等，均会对股价产生影响。从国际、国内政治因素看，国际局势、外交形势、区域政治结构的变化，都会引起股市的一定反应。战争是一种重大事件，战争促使军需工业兴起，凡与军需工业相关的公司股票自然要上涨；战争使商品涨价，受到购买力影响的公司业绩萎缩，与此相关的上市公司股票必然会跌价。在法律制度方面，如果一个国家（特别是金融方面的）法律制度健全，使投资行为得到管理与规范，并使投资者的正当权益得到保护，就会提高投资者的信心，从而促进股票市场的健康发展；如果法律法规不完善，投资者权益受法律保护的程度低，则不利于股票市场的健康发展与繁荣。

5.2 行业因素分析

行业环境是企业发展最基本的外部因素，行业性质、发展的潜力、竞争程度、景气状况等要素将直接影响到该领域企业的成长性和经营业绩，从而在一定程度上左右相关上市公司股价的基本走势。

5.2.1 行业性质

行业的功能不同、发展条件不同、产品特性不同、生产方式不同，决定了每个行业都具有自己不同的特性，其行业板块和相关上市公司在股市里也就会表现出自己相应的特质。

第一，从商品形态上，要分析公司产品是生产资料还是消费资料。一般情况下，生产资料受经济变动的影响较大，当经济好转时，生产资料的生产增长比消费资料快，从事生产资料生产的相关上市公司股票往往会率先启动上涨行情；反之，当经济恶化时，生产资料萎缩也快，相关上市公司股票也就会出现领跌现象。同时，在消费资料中，奢侈品与必需品对经济的敏感又有所不同，前者更敏感；生活必需品与经济景气变动的关联较小，社会需求相对稳定，因而这类行业上市公司的赢利水平相对稳定，在市场里常被选作防守型投资对象。

第二，从需求形态上，则要分析产品的销售对象和销售范围。不同对象对产品的性能、质量、档次有不同要求；不同的销售范围，如面向国内、国际、城市、乡村不同类型市场，其受不同范围内的经济形势的影响有所不同。特别是内销产品受国内政治经济因素影响，而外销产品则受国际政治经济形势、贸易气候、国家间贸易关系和国家贸易政策（如关税、汇率等）等多种复杂因素影响。

第三，从生产形态上，要分析行业在国民经济中的位置及行业分工关系。第一产业、第二产业、第三产业在不同时期和环境条件下得到政府政策支持的力度有所不同，产业发展力也有所差异，相关上市公司在股市的表现就不一样。从行业分工看，行业内存在着纵横的分工关系，客观界定了每个企业在本行业中的经营范围，决定了每个企业与其他企业的分工关系，其在产业链上的重要性就有所差异。属于支柱产业、重点产业、关键产业的相关上市公司，除自身因素外，一般都具有良好的潜在投资价值。

第四，从行业所使用的资源和技术分析，可分为劳动密集型行业、资金密集型行业和技术密集型行业。劳动密集型行业受劳动力供应及人力成本影响较大，资本密集型行业受金融环境影响较大，知识技术密集型行业受行业技术发展趋势及前景、技术进步状况影响较大。因此，属于不同类型行业的公司，劳动生产率和竞争力不同，企业产品的销售和盈利水平也不同，相关上市公司的投资收益就会存在明显差异。

5.2.2 行业结构

透彻地分析一个行业结构，可以认清该行业的现状及存在的问题，判断其发展能力、发展前景，为证券市场选择投资目标提供基本依据。

（1）行业规模结构分析。首先要基于产值分析行业在国民经济及三大产业中的比重，行业规模大，在国家经济中的地位就高，对股市的总体影响力就大。比如，能源、制造业、金融业在许多国家都属于基础性产业，其龙头上市公司在股市指数里的影响权重系数往往都比较大。其次，可从综合性和专业化上分析一个行业的结构。行业里综合性企业多，平均规模低，说明行业技术水平不高、分工协作不合理、行业发展能力一般。最后，可进行行业集中度分析。企业数量多，大企业少，行业内集中程度低，行业内竞争就激烈；反之，企业数量少，大企业多，行业集中程度高，行业内竞争就不甚激烈。

（2）行业市场供需关系分析。从行业市场供求关系来看，一般可分为供不应求、供需平衡和供大于求三种情况。若供大于需，则企业间会产生激烈竞争，由此导致产品或服务价格下跌和销售费用支出增大，相关上市公司的业绩就可能出现下滑甚至发生亏损；若供小于需，则各企业产品或服务都有市场，产品或服务因紧俏而引发价格上涨，相关上市公司的业绩就可能出现较好增长；若供需平衡，各企业产品或服务均可以找到合适的销路，市场价格就会相对稳定，这时，拥有品牌和质量优势的上市公司市场竞争力就强。

（3）行业市场竞争结构分析。按照竞争状况分析，行业的市场竞争结构可分为完全竞争、垄断竞争、寡头垄断和完全垄断。完全竞争型市场是指竞争不受任何阻碍和干扰的市场结构，生产企业众多，产品或服务无明显差异，任何企业都没有市场价格决定权，其盈利水平是由市场对产品或服务的需求来决定的。垄断竞争型市场是指既有垄断又有竞争的市场结构，行业里出现了一些具有一定生产规模的企业，其产品之间存在着一定差异。虽然这些企业有一定的价格控制力，但他们之间又存在激烈的竞争。寡头垄断型市场是指少数企业在某种产品或服务中占据很大市场份额，从而能够对市场供给形成一定控制，这些企业对市场有领导作用。完全垄断是指整个行业的市场完全处于一家企业所控制的市场结构，其他企业不可以或不可能进入该行业，垄断者能够根据市场的供需情况制定理想的价格和产量。

5.2.3 行业经营状况

我们通过对一个行业经营情况的分析，可以全面了解该行业的发展能力、发展水平及景气状况，使投资者能合理判断股市有投资价值的板块，正确选择可投资股票标的。

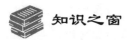

行业竞争五力模型分析法

行业竞争五力分析模型是迈克尔·波特（Michael Porter）于20世纪80年代初提出的，主要用于企业竞争战略的分析，可以有效地分析客户的竞争环境。模型中五力分别是：供应商的议价能力、购买者的议价能力、潜在进入者的威胁、替代品的威胁、行业内现有竞争者的竞争能力（如图5-1所示）。

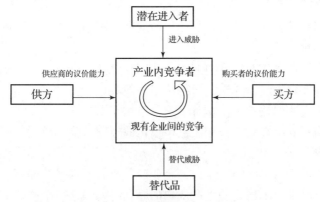

图5-1 行业竞争五力分析模型

五种力量模型确定了竞争的五种主要来源：

（1）供应商的议价能力。当供方所提供的投入要素，其价值构成了买主产品总成本的较大比例，或买主很难找到可与供方企业产品相竞争的替代品时，供方对于买主的潜在讨价还价力量就大大增强。

（2）购买者的议价能力。当购买者购买量较大而占了卖方销售量的很大比例，或卖方行业由大量相对来说规模较小的企业所组成，或购买者所购买的基本上是可以向多个卖主购买的一种标准化产品时，购买者可能具有较强的讨价还价力量。

（3）潜在进入者的威胁。新进入者在给行业带来新生产能力、新资源的同时，还会与现有企业发生原材料与市场份额的竞争。竞争性进入威胁的严重程度取决于两方面的因素，这就是进入新领域的障碍大小与预期现有企业对于进入者的反应情况。

（4）替代品的威胁。两个处于不同行业中的企业，可能会由于所生产的产品是互为替代品，从而在它们之间产生相互竞争行为。替代品价格越低、质量越好、用户转换成本越低，其对现有企业所能产生的竞争压力就越强。

（5）行业内现有竞争者的竞争能力。当一个行业进入障碍较低、势均力敌的竞争对手较多、竞争参与者范围广泛，或市场趋于成熟、产品需求增长缓慢，抑或竞争者企图采用降价等手段促销、竞争者提供几乎相同的产品或服务、用户转换成本很低时，行业竞争就会变得相对激烈。

对于行业状况，可从五个方面展开分析：第一，在行业经营效益上，可从全员劳动生产率、资产收益率、产值增长率等方面进行综合分析，效益好的行业，其相关上市公司就会有较好的投资价值；第二，在行业盈利能力上，可从股权收益率、销售利润率、成本利润率等方面进行分析，在盈利能力强的行业里，当然不乏可投资的优异上市公司；第三，在行业运营能力上，可从行业的管理水平、技术和产品的成熟度、融资能力等方面进行分析，运营能力水平高的行业里往往存在大型的优秀企业；第四，在行业偿债能力上，偿债能力强，说明行业资金周转状况良好，盈利有保障，行业投资风险就较低；第五，在行业发展能力上，可从行业的技术进步、产品研发、市场增长率、资金能力等方面进行分析，发展能力强意味着行业市场看好，有发展潜力，相关上市公司存在投资机会。

5.2.4 行业生命周期

任何一个行业都有其生命周期，在行业生命周期的不同阶段，行业内各公司的股票价格也受到不同程度的影响。

在行业开创期，行业属于投资创业阶段，技术不稳定，产品不是很成熟，市场有待开发，相关上市公司存在较大经营风险，股票价格一般较低。

在行业成长期，行业的技术进步非常迅速，市场需求旺盛，产品或服务定价较高，利润极为可观。但市场的不确定性较大，相关上市公司的经营风险也最大，因此，其股价往往也出现大起大落的现象。

在行业扩张期，市场需求的稳定增长，企业产品或服务水平的提高，有利于行业经营规模的扩大。由于行业属于技术稳定和生产成熟的厚利时期，这一阶段的上市公司股票价格基本上是稳定上升的。

在行业停滞期，该行业的股票市场表现平淡或出现下跌；有些行业甚至因为产品过时而遭淘汰，从而对股价造成更加严重的影响。

5.2.5 关联行业因素

如果相关行业的产品是该行业生产的上游产品，那么相关行业产品价格上升，会造成该行业的生产成本提高，利润下降，从而使相关上市股价出现下降趋势。相反，则相关上市公司的股价出现上升趋势。

如果相关行业的产品是该产品的替代产品，那么相关行业产品价格上涨，就会提高对本行业产品的市场需求，从而使市场销售量增加，市场盈利也因此提高，相关上市公司的股价会出现上升趋势。反之，股价就会下跌

如果相关行业的产品与该行业生产的产品是互补关系，那么相关行业产品价格上升，将对该行业内部的公司股票价格产生利淡反应。

5.3 财务指标分析

这里介绍的财务指标分析，是从投资者角度出发考察上市公司的财务表现，从中评估上市公司的收益与风险情况，以帮助投资者作出正确的投资决策。

5.3.1 常用的财务指标

通常，我们可以通过一个上市公司的资产负债表、损益表中提供的数据，计算并分析能反映出该公司各方面能力的一些指标，并对其投资价值作出判断。可用来进行分析的财务指

标很多，实际投资活动中最常用的有以下 4 类 12 个指标：

（1）反映短期偿债能力的指标：

$$流动比率 = 流动资产 \div 流动负债$$

$$速动比率 = (流动资产 - 存货) \div 流动负债$$

（2）反映长期偿债能力的指标：

$$负债比率 = 负债总额 \div 资产总额$$

$$长期负债比率 = 长期负债 \div 资产总额$$

（3）反映资产变现能力的指标：

$$应收账款周转次数 = 赊销收入 \div 平均应收账款余额$$

$$存货周转次数 = 销售成本 \div 平均存货余额$$

（4）反映盈利能力的指标：

$$销售报酬率 = 销售利润 \div 销售收入$$

$$净利润率 = 税后利润 \div 销售收入$$

$$投资报酬率 = 税后净利 \div 平均资产总额$$

$$净值产权报酬率 = 税后净利 \div 股本$$

$$净资产收益率 = 税后利润 \div 净资产$$

$$市盈率 = 股票市价 \div 每股收益$$

（5）其他指标：

$$留存盈利比例 = (税后净利 - 全部股息) \div 税后净利$$

$$每股收益 = (税后净利 - 优先股股息) \div 发行在外的普通股总股数$$

$$股息盈利率 = 每股年股息 \div 每股市价$$

$$每股净资产 = 净资产总额 \div 股本$$

$$股利支付率 = 每股股利 \div 每股收益$$

5.3.2 财务指标的运用方法

（1）流动比率——高低皆不宜。

流动比率是流动资产与流动负债的比率，表示公司每 1 元流动负债有多少流动资产可用来作为保证。流动比率太低，意味着企业偿还短期债务的能力较弱；而太高的流动比率，又意味着企业中部分流动资金未能充分利用。因此，一般认为，生产企业合理的最低流动比率是 2。

当然，较高的流动比率，仅仅说明企业有足够的可变现资产，而不能证明有足够的现金用来还债，因为较高的流动比率很可能是存货积压造成的。

（2）应收账款周转率——资金回笼还是快些好。

应收账款周转率是企业赊销收入净额与应收账款平均额的比率，它反映了企业应收账款的流动程度。用周转次数表示的应收账款周转率可以通过下列公式计算：

$$应收账款周转率 = 赊销收入净额 \div 应收账款平均额$$

其中：

$$应收账款平均额 = (期初应收账款 + 期末应收账款) \div 2$$

这一比率越高，说明企业催收账款的速度越快，可以减少坏账损失，而且资产的流动性强，短期偿债能力也强，在一定程度上或可以弥补流动比率低的不利影响。但是，如果应收账款周转率过高，也可能是企业奉行严格的信用政策、付款条件过于苛刻的结果，这样会限制企业销售的扩大，从而影响企业的盈利水平。这种情况往往同时表现为存货周转率偏低。反之，如果企业的应收账款周转率过低，则说明企业的催收账款的效率太低，或者信用政策太松，这样会影响企业资金利用率和资金的正常周转。

（3）每股收益——支撑股价的基石。

每股收益（Earning Per Share，EPS），又称每股税后利润、每股盈余，是税后利润（净收益）与股本总数的比率。每股收益是测定股票投资价值的重要指标之一，是分析每股价值的一个基础性指标，它综合反映了一个公司获利能力和赚取利润的能力。正因如此，上市公司每年的中报与年报公布期间，其每股收益就成为市场中最令人关心的问题。

在运用每股收益指标分析时，我们可以进行公司间的比较，以评价该公司相对的盈利能力；也可以进行不同时期的比较，了解该公司盈利能力的变化趋势；将每股收益增长率和销售收入增长率进行比较，可以衡量公司未来的成长潜力；还可以进行经营实绩和盈利预测的比较，以掌握该公司的管理能力。

（4）股权报酬率——股东的资本应有回报。

股权报酬率（权益回报率，净资产收益率）是指一定时期，企业的净利润与平均股东权益（所有者权益）之比。该指标越高，说明投资带来的收益越高；所有者权益报酬率越低，说明企业所有者权益的获利能力越弱。该指标体现了自有资本获得净收益的能力。

股东权益是指公司总资产中扣除负债所余下的部分，是公司股本、公积金、留存收益等的总和。资本公积金主要来源于股票溢价、接受捐赠及法定资产重估增值。资本公积金可转为资本。股份有限公司经股东大会决议将公积金转为资本时，按股东原有股份比例派送新股或者增加每股面值。在我国，目前一般采用派送新股的形式。法定公积金按股份制企业当年税后净利的5%~10%提取，用于本公司职工的集体福利。

股权报酬率指标反映了股东权益的收益水平，表明普通股投资者委托公司管理人员应用其资金所获得的投资报酬，指标值越高，说明投资者的收益越高。由于这个指标把公司产生的利润、股东的投入以及留存在公司内的收益联系在了一起，所以，股权报酬率是一个被广泛用于衡量公司盈利能力和管理绩效的指标。

（5）股利支付率——你从公司得到了多少。

股利支付率又称股利发放率、派息率，它是反映普通股每股股利与每股净收益之间比例关系的指标，表明净收益中股利发放的程度，反映了公司分红与收益之间的比例关系。

我们绝不能简单地认为，股利支付率越高越好。这是因为，它是反映公司股利政策的指标，不同的公司股利收益率会有所不同，具有成长潜力的企业会将利润的较大部分留存下来，而股利收益率却较低。相反，处于成熟期的企业则将利润的较大部分派发给股东，因而股利收益率较高。通常认为，最理想的公司是每股股息额很高，而股利支付率却很低。

（6）市盈率——多少倍适宜你投资。

市盈率又称权益比（Earnings Multiple，即 P/E），它等于股票市价除以每股收益。市盈率的财务意义，就在于投资者获得一个单位的收益需要投入多少个单位的本金。反之，也可以这样来理解它：如果上市公司的每股收益不变，并且不考虑收益的时间价值，那么市盈率等于股票的投资回收期。

市盈率是最常用来评估股价水平是否合理的指标之一，如果一家公司股票的市盈率过高，说明该股票的价格具有泡沫，价值被高估。一般认为，市盈率水平为 $P/E<0$，则该公司盈利为负；$P/E=0\sim13$，即价值被低估；$P/E=14\sim20$，即处于正常水平；$P/E=21\sim28$，即价值被高估；$P/E>28$，反映股市出现投机性泡沫。

实际操作中，用市盈率衡量一家公司股票的质地时，也并非总是准确的。这是因为，影响市盈率内在价值的因素很多，且在不同的市场、不同的行业、不同的行情背景下，人们对市盈率的评判标准也不一样。

ST 银广夏上市造假案

银广夏公司全称为广夏（银川）实业股份有限公司，现证券简称为 ST 广夏（000557），于 1994 年 6 月 17 日上市。在公开披露的信息中，该公司 1999、2000 年业绩连续翻番，提升迅速，因其骄人的业绩和诱人的前景而被称为"中国第一蓝筹股"。然而，许多投资了银广夏的股民却损失惨重。2001 年 8 月，《财经》杂志发表"银广夏陷阱"一文，银广夏虚构财务报表事件被曝光。

事后的 2002 年 5 月，中国证监会对银广夏的行政处罚决定书认定，公司自 1998 年至 2001 年期间，累计虚增利润 77 156.70 万元。通过会计报表附注有人发现，其主要的利润来自天津子公司。天津广夏的主要造假手段为：伪造购销合同、伪造出口报关单、虚开增值税发票等。仅 1999 年一年，天津广夏就虚构经营利润 7.45 亿元。（案例素材来源：http://www.docin.com/p-307152046.html）

案例点评：任何上市公司都要树立正确的经营理念，做一个对得起社会、对得起股民的负责任企业。法网恢恢，疏而不漏，像 ST 广夏这类试图以欺骗手段混迹股市的企业最终必然会劣行暴露，受到法律应有的严惩。在该案例中，通过银广夏的财务报表就可以从常识性上分析判断出其收入造假的可能性。这也提醒投资者们，要重视阅读上市公司的财务报表，学会从中发现可能的投资机会及存在的投资风险。

5.4 利润分析

利润代表企业一定时期内的经营成果，是反映其盈利能力的直接指标。基于对企业利润表（即损益表）的分析，我们可以对企业获利能力的高低及原因作出基本判定：第一，能了解企业利润的构成及主要来源；第二，能了解成本支出数额及成本支出的构成；第三，能了解企业的收益水平。

5.4.1 利润的四大来源

公司利润总额主要由主营业务利润、其他业务利润、投资收益、营业外收支净额四个部分组成。我们也称利润总额为税前利润，利润总额在扣除所得税之后为净利润。

主营业务利润反映公司销售商品、提供劳务等主营业务所得到的利润，是主营业务收入减去营业成本和营业费用（包括销售费用、管理费用、财务费用，商业企业还包括进货费用），再减去主营业务收入应负担的税金后的数额。

其他业务利润反映公司除销售商品、提供劳务等主营业务外的其他业务收入扣除其他业务成本、费用、税金后的利润。投资收益反映公司对外投资取得的收入或发生的损失。营业外收支净额反映公司发生的与公司生产经营无直接关系的各项收入减去各项支出后的数额。

主营业务利润占利润总额比重大，说明该公司的利润主要是依靠自身的生产经营取得的，来源比较稳定。如果营业外收支净额占利润总额比重大，则说明该公司利润的主要来源是与公司生产经营无直接关系的各项所得，该利润以后能否保证是一个未知数。

5.4.2 经常性业务与非经常性业务

经常性业务是指企业在一定时期内，预计将重复发生的事项、交易和业务，包括经常性经营活动和经常性非经营活动。非经常性业务是指企业在一定时期内，预计不会重复发生的事项、交易和业务，如出售下属企业或与被投资单位股权的交易、与非金融企业买卖证券的交易、自然灾害的影响、会计政策变动的影响等。

经常性业务的损益和非经常性业务的损益，对于报表使用者预测企业未来收益具有重要意义。在区分经常性业务和非经常性业务时，要根据利润表的附注逐项判断，而不能仅以利润表中的项目作判断。还应注意"抓大放小"，对金额大的项目一定要分清楚，对金额小的项目则可忽略。一般而言，企业收入主要来源于经常性业务，则企业经营业绩会相对稳定；而企业收入主要来源于非经常性业务，则其经营业绩会起伏较大。对投资者来说，我们应看重企业经常性业务的表现。

5.4.3 关联方交易——警惕利润的操纵

关联方交易是指："在关联方发生转移资源或义务的事项，而不论是否收取价款。"关联方是指："在企业财务和经营决策中，如果一方有能力直接或间接控制另一方或对另一方施加重大影响，视为关联方。如果两方或多方同受一方控制，也视为关联方。"

关联方交易的存在既有其客观的积极意义，也常常隐含一些问题。中国证监会作出规定：存在关联方交易的上市公司须按财政部《关联方关系及其交易的披露》执行。其中的三个要素至关重要：

（1）交易的金额或相应比例。
（2）未结算金额或相应比例。
（3）定价政策（包括没有金额或只有象征性金额的交易）。

投资人在分析公司的关联方交易情况时，要重点核对上述三个要素的披露是不是翔实，因为一些公司往往通过这几个环节的关联方交易来转移资产与利润。

5.4.4 利润表分析方法

我们通过对利润表主表的分析，可对各项利润的增减变动、结构增减变动及影响利润的收入与成本进行解析；通过对利润分配表的分析，可掌握企业利润分配的数量与结构变动；通过对分部报表的分析，可掌握企业在不同行业、不同地区的经营状况和经营成果；通过对利润表附注的分析，可掌握企业利润表及附表中重要项目的变动情况，并深入了解利润形成及分配变动的主观原因与客观原因。

5.4.4.1 企业盈利结构分析

分析构成利润组合关系的各项收支因素的结构变动对利润的影响；分析构成公司利润总额的各专业、各地区业务发展和盈利能力对公司经营成果的影响。

（1）收支结构分析。

我们通常进行收支系数、成本项目结构比例等收支结构分析，以发现对利润影响较大的积极或消极因素以及这些因素的影响程度。

①收支系数。收支系数表明，每支出1元成本费用可以获得多少收入。成本费用占收入的比例越低，获利能力越大。其计算公式为：

$$收支系数 = 主营业务收入/成本费用$$

【例题1】 某公司2009—2011年营业收入及营业成本变动情况，如表5-1所示，分析其收支系数。

表5-1 某公司2009—2011年营业收入及营业成本变动情况

项 目	2011年		2010年		2009年	
	金额/万元	增长率/%	金额/万元	增长率/%	金额/万元	增长率/%
营业收入	821 188.00	49.68	548 632.00	48.29	369 961.00	—
销售费用	13 376.50	60.23	8 348.51	30.75	6 385.16	—
管理费用	56 062.60	9.41	51 241.90	85.92	27 561.60	—
财务费用	2 138.37	-79.82	10 447.80	15.46	9 075.00	—
期间费用	71 577.47	2.20	70 038.21	62.80	43 021.76	—
营业成本	496 308.00	25.70	394 833.00	23.76	319 026.00	—

解：该公司收支系数为：

2009年收支系数 = 369 961.00/319 026.00 = 1.160

2010年收支系数 = 548 632.00/394 833.00 = 1.389

2011年收支系数 = 821 188.00/496 308.00 = 1.655

可以看出，该公司收支系数呈稳步增大趋势，说明公司盈利能力逐年增强。

②成本项目结构比例。我们通过分析各成本项目（工资、职工福利费、折旧费、修理费、低值易耗品摊销、业务费、租赁费、网间结算成本）所占比重，可以发现比重较大的成本项目支出；同时，通过与历史比较、与同行业进行成本项目结构比例比较，可发现企业目前存在的差距。其计算公式为：

$$成本项目结构比例 = 构成项目支出额/成本总额$$

【例题2】 某连锁店月收入及成本开支情况如表5-2所示，分析其成本项目结构比例。

表 5-2 某连锁店月收入及成本开支情况

项　目		金额/元	比重/%
月毛收入		75 600	—
成本开支	工人工资	300 000	69.93
	场地、水电、管理	39 000	9.09
	员工生活、食宿等	60 000	13.99
	辅助工具	30 000	6.99
总成本支出		429 000	100

解：成本项目结构比例计算结果如表 5-2 所示，从其中比重一栏，可以看出工人工资占了总成本支出的比重接近 70%，是影响总成本的主要因素。

（2）利润结构分析。

①构成利润总额的要素分析。利润总额由主营业务利润、其他业务利润、期间费用（营业费用、管理费用、财务费用之和）、投资收益和营业外收支净额构成。其构成关系式为：

利润总额 = 主营业务利润 + 其他业务利润 - 期间费用 + 投资收益 + 营业外收支净额

分析主营业务实际利润、其他业务利润、投资收益、营业外收支净额各构成项目分别占利润总额的比重，可以揭示企业利润的主要来源及分布。其中，主营业务利润水平和比重代表着企业的创利能力，是投资分析关注的重要指标。

【**例题 3**】 某公司 2009—2011 年利润构成情况，如表 5-3 所示，分析其利润结构。

表 5-3 某公司 2009—2011 年利润构成情况

项　目	2011 年		2010 年		2009 年	
	金额/万元	占比/%	金额/万元	占比/%	金额/万元	占比/%
营业利润	223 623.00	100.47	67 170.20	100.11	3 312.26	84.29
投资收益	2 618.99	1.18	2 214.15	3.30	-1 805.12	-45.94
营业外收支净额	-1 046.65	-0.47	-75.75	-0.11	617.43	15.71
利润总额	222 576.00	—	67 094.40	—	3 929.68	—
净利润	178 374.00	—	61 180.90	—	9 245.88	—

解：从利润总额构成来看，2011 年、2010 年及 2009 年，营业利润占利润总额的比重分别为 100.47%、100.11% 和 84.29%，说明营业利润是公司利润的主要来源，且呈逐年递增态势。营业外收支金额及占利润总额的比重较小，且由正变负；投资收益也不大，且由负变正。

②对创造效益的业务分部、地区分部进行结构分析。通过分析各专业或各地区实现的利

润在公司利润总额中的构成，可以比较不同专业或不同地区的地位重要性。其计算公式为：

各专业利润比重＝某专业利润/利润总额

各地区利润比重＝某地区利润/利润总额

③构成项目的贡献分析。从业务项目角度分析各构成项目的增长变动对总体指标增长的贡献，其计算公式为：

某项业务增长对总体指标的增长贡献(百分点)＝基期结构比重×某项业务增长率

【例题4】 某公司某年的分专业利润指标结构及各专业利润增长对公司利润总额增长的贡献情况，如表5-4所示，分析各业务项目对利润总额的贡献。

表5-4 某公司某年的分专业利润数据

专业	上年同期/万元	结构比重/%	本年实际/万元	增长率/%	专业对总体的贡献/倍
移动通信GSM	4 896	66.16	6 854	40	26.46
移动通信CDMA	100	1.35	200	100	1.35
长途电信	1 280	17.30	185	45	7.78
数据通信	620	8.38	96	55	4.61
互联网	280	3.78	476	70	2.65
本地电话	150	2.03	195	30	0.61
无线寻呼	74	1.00	37	-50	-0.50
合计	7 400	100	10 579	42.96	42.96

解：某项业务增长对总体指标的增长贡献(百分点)＝基期结构比重×某项业务增长率。依据上述公式计算的该公司各项业务增长对总体指标的增长贡献，如表5-4所示（最右侧）。显然，表中各专业利润增长变动对利润总额都会产生影响，但结构比重和个别构成项目的增长率不同，对总体指标的影响程度（贡献）也是不同的。本例中，移动通信GSM业务对公司利润总额增长的贡献最大。

寓言故事

大树和芦苇的故事

在一个美丽的湖畔居住着一个大树，下面是一片绿色的芦苇丛。大树器宇轩昂，似乎坚不可摧。然而有一天，一阵狂风袭来，大树立刻被折断了几个粗壮的树枝。大树瞧了瞧下面的芦苇丛，发现那些看似弱小的芦苇竟然没受一点损伤，这让它感到十分困惑。它便问芦苇："为什么我这么粗壮的枝干都被风刮断了，而纤细、软弱的你们却安然无恙？"芦苇回答说："我们知道自己的弱小，大风来了便低下头给它让路，于是就避免了被狂风折断的危险；你却仗着自己的粗壮有力，拼命抵抗，结果树枝就被狂风刮断了。"

这则寓言故事的寓意是：遇到风险时，退让也许比硬顶更安全。在股市投资中，许多投资者不知见好就收，长期恋战，不能做到顺势而为。有时，下跌趋势已形成，却不愿卖出手中股票去等待新的时机，往往因被深套而造成较大损失。因此，大树和芦苇的故事或许能给股市投资者带来一定的启示，让他们学会如何有效避免风险。

5.4.4.2 企业盈利能力分析

盈利能力是指企业通过经营活动获取利润的能力。企业的盈利能力强，则偿债能力强，发展能力强，给予股东的回报就可能高，企业投资价值就大。分析和评价企业盈利的常用指标有：收入毛利率、收入利润率、总资产报酬率、净资产收益率、资产保值增值率。

（1）收入毛利率。

收入毛利率是收入毛利与营业收入净额之比，其计算公式为：

$$收入毛利率 = (主营业务收入 - 主营业务成本)/主营业务收入$$

毛利水平反映了企业初始获利能力。通过对收入毛利率的分析，可以掌握毛利水平和期间费用（营业费用、管理费用、财务费用等）两个因素对获得利润的影响。

（2）收入利润率。

收入利润率是实现的利润总额与主营业收入之比。其计算公式为：

$$收入利润率 = 利润总额/主营业务收入$$

我们通过对收入利润率的分析，可以了解企业每实现 1 元收入所获得的利润水平。

（3）总资产报酬率。

总资产报酬率是指实现的净利润（税后利润）与总资产平均占用额之比，其计算公式为：

$$总资产报酬率 = 净利润/总资产平均余额 = 收入净利率 \times 总资产周转率$$

总资产报酬率取决于净利润水平和总资产周转速度，该指标反映了企业利用全部资源的获利能力。

（4）净资产收益率。

净资产收益率是获得的净利润占所有者权益平均余额的百分比。我们通过对该指标的分析可以揭示出：所有者投资的获利能力；投资者获得投资回报情况；企业经营者对受托资产的经营成果。

（5）资本保值增值率。

资本保值增值率是指期末所有者权益余额与期初所有者权益余额的比率。它反映了所有者权益保值或增值情况。其计算公式为：

$$资本保值增值率 = 期末所有者权益余额/期初所有者权益余额$$

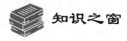

因素替代法

因素替代法（也称连环替代法）是指以某项指标为因变量对象，通过顺次逐个替代影响因素，计算各相关自变量因素变动引起的因变量变化程度的一种分析方法。

假定某项财务指标 P 受 a、b、c 三个因素的影响，存在的计算关系为 $P = a \times b \times c$。设

基期指标 $P_0 = a_0 \times b_0 \times c_0$，报告期指标 $P_1 = a_1 \times b_1 \times c_1$，则 $P_1 - P_0 =$ 指标差异。

报告期与基期数的差异 $P_1 - P_0$ 即为分析指标对象。应用连环替代法顺次逐个地计算，即可得出 a、b、c 三个因素的变动分别对指标 P 变动的影响。在计算过程中，如果分析某一个自变量因素对因变量对象的影响程度，则需将其余自变量因素暂时当作不变的因素。

已知，基数指标：$P_0 = a_0 \times b_0 \times c_0$ ①

第一次替代：假设 a 因素变动，用 a_1 替代 a_0，则 b、c 因素保持基数不变。

$P_2 = a_1 \times b_0 \times c_0$ ②

② - ① $= P_2 - P_0$，其差额表示 a 因素变动的影响程度。

第二次替代：假定 b 因素变动，用 b_1 替代 b_0 后，只有 c 因素保持基期不变。

$P_3 = a_1 \times b_1 \times c_0$ ③

③ - ② $= P_3 - P_2$ 的差额，则表示 b 因素变动的影响程度。

第三次替代：假定 c 因素变动，用 c_1 替代 c_0 后已经成为报告期指标。

$P_1 = a_1 \times b_1 \times c_1$ ④

④ - ③ $= P_1 - P_3$ 的差额，则表示 c 因素变动的影响程度。

将 a、b、c 三个因素变动的影响程度相加，应当恰好等于报告期与基期数的差异。

$$(P_2 - P_0) + (P_3 - P_2) + (P_1 - P_3) = P_1 - P_0$$

像利润、成本、销售收入等综合财务指标往往受多个因素影响，其因素可以是两个、三个、四个或更多，我们要根据相关性作具体应用分析，可以应用连环替代法去解析各因素变动对总指标变动的影响程度。

【**习题 5**】 某公司连续三年的相关财务数据如表 5–5 所示，分析企业的盈利能力变化。

表 5–5 某公司 2009—2011 年的相关财务数据

项 目	2011 年		2010 年		2009 年	
	金额/万元	增长率/%	金额/万元	增长率/%	金额/万元	增长率/%
营业收入	821 188.00	49.68	548 632.00	48.29	369 961.00	—
营业成本	496 308.00	25.70	394 833.00	23.76	319 026.00	—
利润总额	222 576.00	231.74	67 094.40	1 607.37	3 929.68	
净利润	178 374.00	191.56	61 180.90	561.71	9 245.88	
总资产平均余额	684 211.70	44.49	473 536.30	33.16	355 610.7	

解：企业的盈利能力指标计算结果如表 5–6 所示，可以发现该公司的盈利能力逐年大幅提高。

表 5-6　公司的盈利能力指标

项　目	2011 年	2010 年	2009 年
收入毛利率/%	39.56	28.03	13.77
收入利润率/%	27.10	12.23	1.06
总资产报酬率/%	26.07	12.92	2.26
净资产收益率/%	—	—	—

5.5　股票投资分析报告

5.5.1　股票投资分析报告的意义及编写要求

股票投资分析报告是在深入调查、全面分析、系统评价拟定投资对象的基础上编写出的投资可行性分析报告。股票投资分析报告的核心功能是评判一个上市公司的股票是否具有以及有多大未来投资价值，它是投资者特别是机构投资者是否作出投资该股票决策的基本依据。因此，在证券市场里，券商、基金机构、投资公司、咨询公司等都会设置专门的市场调研部门，履行调查研究和编写证券投资分析报告的基本职能。

一份股票投资报告的质量高低会直接影响到一项股票投资决策的正确性，进而影响到其股市投资的成功性和益损大小。因此，战略层面的高度重视、有计划的组织安排、高水准分析师队伍的建设是做好股票投资分析的先决条件。在此基础上，要深入调查、精细分析、科学评价、理性抉择，这样才有可能编写出高水准的股票专业投资分析报告。

对于什么是好的股票投资分析报告，并未有公认的评判标准，也许人们可以通过投资实践的成果对其作出优劣结论，但那毕竟是事后检验。因此，要撰写一份高质量的投资分析报告，最好还是把重点放在事先的深入调查和事中的严谨分析上。要做到调查充分、资料翔实、数据可靠、方法正确、内容全面、重点突出、分析透彻、结论明确。

5.5.2　股票投资分析报告的基本撰写范式

在一个证券市场里，相关参与机构每年都会出台大量的股票投资分析报告，但就撰写范式而言，大家似乎并未形成共识。在此，主要以股票投资应分析的内容为主线，结合一些具体分析方法，给出一个参考性的股票投资分析报告撰写范式框架。

5.5.2.1　上市公司基本情况

主要对上市公司的名称、性质、行业、主营业务领域、经营状况作出概要介绍；对股票特征、发行情况及股东构成等基本情况给出描述。

5.5.2.2　宏观环境分析

宏观环境因素主要包括经济因素、国家政策、政治因素、科技因素、战争因素等，其中前两项因素一般是分析重点。

（1）经济因素：①GDP/GNP 增长率；②经济周期；③国家的财政状况；④金融环境；⑤国际收支状况；⑥投资增长率；⑦物价波动及趋势。

(2) 国家政策：①财政政策；②货币政策；③汇率政策；④产业政策。
(3) 政治因素。
(4) 科技因素。
(5) 战争因素。

5.5.2.3 行业分析

(1) 行业性质与地位分析。
(2) 行业规模及盈利能力分析。
(3) 行业产业结构及产品差异性分析。
(4) 行业市场结构分析。
(5) 行业生命周期分析。
(6) 行业内相似上市公司比较。可列表对选定各公司（包括本公司）的主营业务收入、净利润、每股收益、净资产收益率等进行比较。

5.5.2.4 公司经营基本面分析

(1) 公司行业地位分析。
(2) 公司经济区位的优劣势分析。
(3) 公司产品及竞争力分析。
(4) 公司的赢利模式分析。
(5) 公司利润水平及构成分析。
(6) 公司成长性分析。

5.5.2.5 公司财务分析

收集公司的益损表、资产负债表、财务状况表等，以财务数据为基础分析公司的经营能力。具体方法上可采用公司财务横向分析法与公司财务纵向分析法。

(1) 变现能力分析：可列出公司的流动比率和速动比率数据，分析最近三年的变化。
(2) 运营能力分析：可列出公司的存货周转率、应收账款周转率、流动资产周转率、总资产周转率数据，做出最近三年公司运营能力的变化分析。
(3) 偿债能力分析：可列出公司最近三年的资产负债率、杠杆比例数据，分析公司长期偿债能力的变化。
(4) 赢利能力分析：可列出公司最近三年的销售利润率、成本利润率、净资产收益率、每股收益数据，分析公司最近三年赢利能力的变化。

5.5.2.6 公司管理水平分析

可从公司的高层领导团队素质及稳定性、公司战略、基本管理制度、商业模式、管理信息化、管理质量、管理创新、技术创新措施及成果、公司所获荣誉等各方面系统分析公司的管理水平。

5.5.2.7 公司股价运行的技术分析

可运用股票技术分析方法对公司股票价格的短期、中期、长期趋势给出简明分析。

5.5.2.8 结论及投资建议

综合以上分析，对该公司的经营能力及发展潜力等作出基本评价结论，讨论其股票是否具备投资价值及投资可行性，并给出该股票是否值得投资的结论及短、中、长期投资建议。

案例分析

獐子岛扇贝迷踪

中国股市始终存在着一些让股民谈之色变、恨得咬牙切齿的上市公司——稳如泰山般的神股公司！例如，獐子岛，一家位于大连长海县的公司，2006 年在深交所中小板上市，就属于这样的神股公司！其主营业务为水产养殖业、水产加工业、水产贸易业、冷链物流业等，其主要产品包括虾夷扇贝、海参等。獐子岛曾以养殖扇贝闻名业界，然而，"成也扇贝，败也扇贝。"从 2014 年开始，这家公司的扇贝就开始上演多轮跑路的剧情，并且每次都给出了公司业绩变脸看似正当的理由。请看近几年来连续上演的"扇贝去哪儿了"的系列神剧：2014 年是"扇贝跑了"，2018 年是"扇贝饿死了"，2019 年是"扇贝死了"。

2014 年 10 月，獐子岛集团第一次宣称扇贝家族被冻跑了——扇贝生长的北黄海出现一团水温异常寒冷的水域，公司所养的 2011 年与 2012 年间的价值十多亿人民币的虾夷扇贝因冷水团异动全部跑了。此消息一出，獐子岛股价开始大跳水，得知噩耗的投资者们只能哀叹自己可怜的投资运气了！2018 年 1 月，獐子岛公告又称，因海洋灾害导致扇贝"饿死"，公司在年报中披露亏损 7.23 亿元。仅在一年多之后，2019 年 11 月 11 日，獐子岛再出故招，发布公告称："底播扇贝在近期出现大比例死亡，部分海域死亡扇贝的比例达 80% 以上，公司亏了 4 514 万元。"结果，因獐子岛 3 亿扇贝离奇死亡，导致 4 万多股民再次踩雷！11 月 12 日开盘，獐子岛股价一字跌停，股价报收 2.7 元。迷茫的股民们不停地问道：扇贝你跑什么？一些无处发泄的股民喃喃自语："骗我可以，请注意次数啊！"

事实上，自 2014 年出现跑路事件后，獐子岛的财报呈现出了规律性的一年亏损、再一年盈利的特征。除去 2014 年净利润亏损 11.9 亿，2015 年到 2018 年归属净利润分别是 -2.43 亿、7 959 万、-7.23 亿、3 211 万元。大家都知道，按照深交所规定，中小板企业连续两年净利润为负将被警示，继续亏损会被暂停上市，若连续四年亏损将被终止上市。然而，獐子岛在上演系列神剧的过程中却从未出现连续亏损超过两年的情况，只是在危险的边缘反复试探——戴上了 ST 的帽子，再摘掉！公司就是够不着退市条件，甚至依然能够拿到当地政府的补贴和投资（主要资料来源：大连獐子岛"冷水团事件"被举报造假？证监会核查. 军盟网. 2016 - 01 - 16）。

点评：

（1）上市公司应该做有良心和社会责任的公司。曾几何时，獐子岛以 25 元的发行价上市，估价最高值曾达到 151.23 元，创造当时两市第一高价股的神话，被业界誉为"海底银行"。然而，如今这家神奇的集团却不断让人质疑："你的经营到底是养扇贝，还是弄死扇贝？"

獐子岛上市前曾经是一家有着盛誉的农业产业化国家重点龙头企业、国家高新技术企业，是首家获得中国 MSC 虾夷扇贝渔场认证的企业。我们从该家企业的宣传资料来看：企业集团始终坚持"可持续发展、有质量增长""低碳、生态、绿色"的经营理念；围绕"全球资源、全球市场、全球流通"的国际化运营，努力打造世界海洋食品服务商，为消费者奉献"幸福家宴"。企业宣称要建设社会主义新渔村，拥有国家级产学研一体化创新平台、国际领先的水产精深加工基地、亚洲最大的现代海洋牧场、遍布全球的销售网络。然而，这究竟是獐子岛的真实经营之道，还是一种伪装行为呢？为什么一个企业变质会如此快、如此大？上市公司为何不走人间大道，非要做一个丧失良心、人人唾骂的劣质公司呢？

（2）政府应该对上市公司监管到位。2014年12月7日，证监会公布了獐子岛8亿元扇贝消失是否涉造假的核查结果：未发现獐子岛2011年底播虾夷扇贝苗种采购、底播过程中存在虚假行为；未发现大股东长海县獐子岛投资发展中心存在占用上市公司资金行为；獐子岛存在决策程序、信息披露以及财务核算不规范等问题。在公众大量质疑声中，獐子岛审查却涉险过关了。獐子岛难道真的不存在造假行为吗？2016年1月初，一则《2 000人实名举报称獐子岛"冷水团事件"系"弥天大谎"》的新闻引发了社会广泛关注。辽宁省大连市獐子岛居民提供了一份2 000多人签字的实名举报信，称所谓"冷水团造成收获期的虾夷扇贝绝收事件"并不属实，涉嫌造假。然而，其后政府对此举报的调查也不了了之。

2018年2月，獐子岛因涉嫌信息披露违法违规被证监会立案调查。2018年2月27日早晨，由30余人组成的调查组进入獐子岛集团。经过长达17个月的调查，证监会认定：獐子岛公司在2016年、2017年公告中有虚假信息和信息披露不及时的地方。对其所作出的处罚为：对獐子岛给予警告并处以60万元罚款，獐子岛公司的董事长吴厚刚被处以终身市场禁入。

那么，证监会对獐子岛的监管到位吗？处罚合理吗？总感觉公司违法的成本有点偏低。反正，2019年獐子岛又亏损了，理由是"扇贝又死了"！而股民又踩雷了！

（3）投资者们，擦亮你的双眼吧！人是会成长的，跌倒了一次，不应再跌倒第二次。欺骗不会永远进行下去，如今，獐子岛扇贝已然成为业界有名的妖股，相信绝大多数股民不会再去触碰它。据说，自2014年10月獐子岛扇贝第一次遭遇绝收事件后，公募基金便大幅减持该股。2018年以后，不少券商也停止了对獐子岛的研究和跟踪，甚至多家买方机构将獐子岛列入禁投对象。散户股民呢？扇贝死去活来的表象看起来是在侮辱投资人的智商，股民们，钱握在你手中，多学习，多努力，提高自身投资能力才是根本。

练习题五

1. 以某一时期国内特定外环境或某一行业变化背景为基础，针对相关的某一个上市公司情况，分析当时宏观因素和行业因素对该公司经营业绩及股价的影响。

2. 讨论题：某投资分析师基于自己多年的证券市场经历，总结出了一个股票基本面分析的建议模式，如图5-2所示。你认为这一模式有道理吗？你对其有何修改及补充建议？

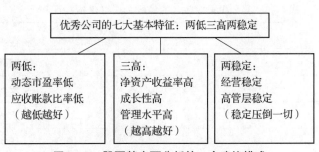

图5-2 股票基本面分析的一个建议模式

3. 某公司旗下三类店面的相关财务数据，如表5-7所示。分析：(1) 三类店面的收支系数；(2) 三类店面的成本利润率；(3) 三类店面的成本项目结构比例。

表5-7　某公司旗下三类店面的相关财务数据

店　型	创业店	标准店	旗舰店
营业面积/平方米	15～30	31～50	51～80
营业人员/人	2	4	6
月营业收入/万元	3.6	9.36	12.72
店铺租金/万元	0.2	0.6	1.0
人员工资/万元	0.2	0.4	0.6
综合水电费/万元	0.15	0.25	0.30
杂费/万元	0.08	0.15	0.20
原料费/万元	1.08	2.81	3.82

4. 某公司营业收入的产品构成及地区构成数据如表5-8和表5-9所示。要求：(1) 分析该公司的产品收入构成；(2) 分析该公司的地区收入构成。

表5-8　某公司营业收入的产品构成（单位：百万元）

产品类别	绝对数	
	2012年	2011年
空　调	7 667.47	7 662.75
冰　箱	5 540.72	4 533.42
冰　柜	1 280.20	1 093.70
小家电	741.60	674.41
其　他	1 393.44	1 485.20
合　计	16 623.43	15 449.48

表5-9　某公司营业收入的地区构成（单位：百万元）

地　区	绝对数	
	2012年	2011年
境　内	12 707.58	12 857.37
境　外	3 915.85	2 592.11
合　计	16 623.43	15 449.48

5. 假定某分公司上半年共实现卡类IP电话收入3 300万元,比上年同期2 424万元增加收入876万元。资料显示,本期实现通话时长20 000万分钟,上年同期为14 962.96万分钟;本期资费为每分钟0.3元,上年同期为每分钟0.27万元;本期售卡折扣为55%,上年同期的售卡折扣为60%。

根据举例数据,逐个分析通话时长、资费、折扣因素较上年同期变动对收入总额差异的影响程度 [参考答案:816 + 360 + (-300) =876(万元)]。

6. 某公司2013年调整资产负债表和利润表资料如表5-10和表5-11所示。

表5-10 调整资产负债表,2013年12月31日(单位:万元)

净经营资产	上年末	本年末	净负债及股东权益	上年末	本年末
经营资产	2 800	3 500	金融负债	1 150	1 500
经营负债	600	800	金融资产	250	300
			净负债	900	1 200
			股东权益	1 300	1 500
净经营资产合计	2 200	2 700	净负债及股东权益合计	2 200	2 700

表5-11 调整利润表表,2013年12月31日(单位:万元)

项 目	上年金额	本年金额
经营活动:		
一、销售收入	3 000	4 000
减:销售成本	2 600	3 500
二、毛利	400	500
减:营业税费	30	30
销售费用	20	20
管理费	40	50
三、主要经营利润	310	400
加:其他营业利润	40	50
四、税前营业利润	350	450
加:营业外收支净额	50	150
五、税前经营利润	400	600
减:经营利润所得税费用	124	180
六、税后经营利润	276	420

续表

项　目	上年金额	本年金额
金融活动：		
一、税前利息费用	100	100
利息费用减少所得税	－31	－30
二、税后利息费用	69	70
税后净利润合计	207	350
备注：平均所得税率	31.00%	30.00%

要求：

（1）计算2006年和2005年的权益净利率差额，并用差额分析法分别分析销售净利率、资产周转率和权益乘数各因素的变动对权益净利率变动的影响程度。（时点指标用期末数，下同。）

（2）分别计算2005年和2006年的税后经营利润率、净经营资产周转次数、净经营资产利润率、税后利息率、经营差异率、净财务杠杆和杠杆贡献率。

（3）用差额分析法依次分析经营差异率、净财务杠杆的变动对杠杆贡献率变动的影响程度。

7. 选定一个你感兴趣的上市公司，利用各种渠道广泛收集相关资料，有条件的话，最好进行一次公司实地调查，进而按照股票投资分析报告的撰写方法编写一份该上市公司的股票投资分析报告。

8. 案例分析题：康美药业（600518）错算300亿现金之谜。

康美药业2017年财务报告出现14处错误，造成货币资金多记299亿元。具体如下：

（1）采购付款、工程款支付以及确认业务款项、货币资金账户的会计处理存在4处错误。应收账款少计641 073 222.34元；存货少计19 546 349 940.99元；在建工程少计631 600 108.35元。由于公司核算账户资金时存在错误，造成货币资金多计29 944 309 821.45元。

（2）多记营收89亿元，少记销售费用和财务费用，共4处错误。公司营业收入多计8 898 352 337.51元；营业成本多计7 662 129 445.53元；销售费用少计497 164 407.18元；财务费用少计228 239 962.83元。

（3）现金流会计错误6处。由于公司在采购付款、工程款支付以及确认业务款项上的会计处理存在错误，造成公司合并现金流量表中销售商品、提供劳务收到的现金项目多计10 299 860 158.51元；收到其他与经营活动有关的现金项目少计137 667 804.27元；购买商品、接受劳务支付的现金项目多计7 301 340 657.76元；支付其他与经营活动有关的现金项目少计3 821 995 147.82元；购建固定资产、无形资产和其他长期资产支付的现金项目少计352 392 491.73元；收到其他与筹资活动有关的现金项目多计360 457 000.00元。

后来，康美药业用一则"会计差错"更正公告，一笔核销了上述错误中产生的近300亿现金。但市场对此完全不认可。据有关专业机构分析，康美药业会计差错调整后的数据其实更显异常了，其出现"会计差错"在专业人士看来是"不可想象"的。据说，证监会就此多次向康美药业发出《问询函》,但虽遭连环拷问,康美药业几年内仍解释不清其数据难题。

(主要资料来源:李万钧. 要 ST 了?康美药业年报 14 处会计差错是谁的责任?http://net. blogchina. com/blog/article/997948568. 2019-04-30)

请结合康美药业"会计差错"事件作出分析评论:中国股市如何才能保证上市公司不在财务上造假呢?

 投资名人故事

"股神"沃伦·巴菲特

沃伦·巴菲特(Warren Buffett,1930 年 8 月 30 日—),犹太人,生于美国内布拉斯加州的奥马哈市。巴菲特是全球著名的投资商人,从事股票、电子现货、基金、电子现货行业工作,他以杰出投资业绩被誉为当代"股神"。

巴菲特从小就极具投资意识。1941 年,年仅 11 岁的巴菲特就购买了平生第一张股票。1947 年,沃伦·巴菲特进入宾夕法尼亚大学攻读财务和商业管理。两年后,他又转学到内布拉斯加大学林肯分校学习,并获得了经济学学士学位。1950 年,巴菲特再次考入哥伦比亚大学商学院攻读经济学硕士学位,拜师于著名投资学理论家本杰明·格雷厄姆,成为格雷厄姆的得意门生。格雷厄姆反对投机,是价值投资理论的创始人,他传授给巴菲特丰富的股票知识和诀窍,这对巴菲特投资理念的形成产生了重要作用。

1956 年,他回到家乡创办"巴菲特有限公司"。1957 年,巴菲特成立非约束性的巴菲特投资俱乐部,掌管的资金达到 30 万美元,年末资金即升至 50 万美元。其后,他将几个合伙人企业合并成一个"巴菲特合伙人有限公司"。到 1964 年,巴菲特的个人财富达已到 400 万美元,此时他掌管的资金已高达 2 200 万美元。1966 年春,美国股市开启了一波牛市行情,到 1968 年年初,巴菲特掌管的资金已上升至 1 亿零 400 万美元。

1968 年 5 月,当股市一路凯歌的时候,巴菲特却选择了隐退,随后逐渐清算了巴菲特合伙人公司的几乎所有股票。1969 年 6 月,美国股市直线下跌,并渐渐演变成了一场股灾。1970—1974 年,持续的通货膨胀和低增长使美国经济进入了"滞胀"时期,美国股市也像个泄了气的皮球一样萎靡不振。然而,此时的巴菲特却开始暗自欣喜,因为他看到了财源即将滚滚而来——他发现了太多的便宜股票。

1973 年开始,他偷偷地在股市上蚕食《波士顿环球》《华盛顿邮报》股票,10 年之后,巴菲特投入的 1 000 万美元升值为两个亿。1980 年,他用 1.2 亿美元、以每股 10.96 美元的单价,买进可口可乐 7% 的股份并一路持有。到 1985 年,可口可乐的股票单价已涨至 51.5 美元,比最初的购买价翻了 5 倍。此后,巴菲特不断作出精准投资决策,逐渐成为美国乃至全球股市的风云人物。在 1965—2006 年的 42 年间,其麾下的投资旗舰公司——伯克希尔·哈撒维公司净资产的年均增长率达 21.46%,累计增长 361 156%。巴菲特的个人财富多年来也一直位列全球前茅。根据福布斯杂志公布的年度财富排行榜,2008 年,巴菲特以资产

620亿美元坐上世界首富宝座；2011年，其财富位居世界第三，净资产500亿美元；2013年，全球富豪排行榜第四，净资产535亿美元；2014年，以670亿美元资产位列财富排名第二。

沃伦·巴菲特的成功并非偶然，其独特的投资理念和操作策略造就了其在40多年股市风云中总能成功地把握住机会。作为格雷厄姆的嫡传弟子，巴菲特秉承老师的教导，始终以企业的实质价值作为投资的首要标准。当股价偏高时，巴菲特所做的就是耐心地等待，并继续进行跟踪，直到股价进入他认为合理的范围才开始介入。可以说，巴菲特投资理念的精髓是正确认识企业的内在价值，投资策略的精髓则是以价值投资为根基的增长投资策略。

第六章
技术分析基本理论

本章学习要点：
（1）理解技术分析的四个基本要素及三大假设。
（2）理解道氏理论的基本思想，熟悉道氏理论的三种基本运动趋势。
（3）理解波浪理论的四个基本特点，知晓"八浪循环"的波浪特性及波浪之间的比例计算方法。
（4）了解股市发展阶段与成长周期理论的基本观点。
（5）了解信心理论和股票价值理论的基本观点。
（6）掌握亚当理论的基本观点，理解亚当理论的十大戒条。
（7）知晓黄金分割率，了解黄金分割率在证券市场中的运用方法。
（8）了解证券市场分析论、随机漫步理论、相反理论等其他技术分析理论。

6.1 技术分析的理论基础

基本面分析的目的是判断股票现行的价位是否合理并描绘出它长远的发展空间，而技术分析主要是预测短期内股价涨跌的趋势。我们通过基本面分析可以知道应购买何种股票，而技术分析则让我们把握购买股票的具体时机。

6.1.1 技术分析的定义

技术分析是透过图表或技术指标的记录，研究市场过去及现在的行为反应，运用数学的逻辑方法推测未来价格的变动趋势。

技术分析的基本观点是：所有股票的实际供需量及其背后起主导作用的种种因素，包括股票市场上每个人对未来的希望、担心、恐惧等，都集中反映在股票的价格和交易量上。

6.1.2 技术分析的四个基本要素

证券市场中的价格、成交量、时间和空间是技术分析的四个基本要素，基于这些要素的变化及其相互关系，我们便可以描述证券市场背后的交易行为规律，推测市场的未来走势。

（1）价格和成交量是证券市场行为最基本的表现形式。

在某一时点上的价和量反映了买卖双方在该时刻所达成的暂时均衡状态，随着时间的变化，均衡点会发生变化，也就是价和量的关系发生了变化。在具体的证券市场投资分析中，买卖双方对价格的认同程度可以通过成交量的大小来确认,即成交量大的价格变化比成交量小的价格变化为投资者提供的"信息量"要多得多。

国内外市场运行的经验反复验证的一个事实是,买卖双方的市场行为反映在价、量上往往会呈现出这样一种规律:价升量增、价跌量减。如果价格上升,而成交量不再增加,意味着价格得不到更多的买方确认,价格在今后的继续上升将是"不正常"的。价格和成交量的这种相互配合和相互认同的规律,是采用技术分析研究市场的合理性所在,故相当多的技术分析方法都要研究价格和成交量之间的关系。

(2) 时间和空间是证券市场行为的周期性表现形式。

时间因素体现的是事物发展的周而复始的特性。在技术分析中,"时间"是指完成某个过程所经历的时间长短,通常是指一个波段或一个升降周期所经历过的时间;"空间"是指某个周期内价格升降所能达到的程度。

以股票为例,上市公司的发展必然受到经济发展周期和行业发展周期的影响,进而影响到二级市场上价格的波动,而每个上市公司的特质不同,也使得其股票在市场上表现出来的波动周期不一样。此外,投资者的情绪变化也是影响股票周期性变化的重要因素。可见,周期反映了市场起伏的内在规律和事物发展周而复始的特征,体现了市场潜在的能量由小变大再变小的过程。空间反映的是每次市场发生变动程度幅度的大小,也体现市场潜在的能量上升或下降幅度的大小。总之,通过对时间和空间的研究,投资者可以更好地把握价格变动趋势的深度和广度。

6.1.3 技术分析理论的三大假设

经济学理论的提出都是建立在一定假设基础上的,证券市场的技术分析理论也有自己的假设条件。事实上,技术分析对市场的认识具有独到的一面,其假设条件集中体现在对市场价格波动规律的认知上,从而奠基了其赖以生存的理论基础。

(1) 假设1:市场行为涵盖一切信息。

根据有效市场假说,如果信息是高度对称和透明的,那么影响证券价格变动的所有内外因素都会立即反映在市场行为中,并在证券价格上得到体现。因此,"技术分析家"没有必要对影响价格因素的具体内容给予过多关心。

不过,依据该假设认识市场行为,反映的信息只体现在价格的变动之中,而这与原始信息会出现差异进而造成信息损失。因此,在进行技术分析时,我们还应该适当地进行基本面分析,以弥补技术分析之不足。

(2) 假设2:价格沿着趋势移动,并保持趋势。

假设2认为,股票价格的运动是按一定的规律进行的,即有保持原来运动方向的惯性。"任何物体都要保持匀速直线运动或静止状态,直到外力迫使它改变运动状态为止。"这是人们非常熟知的牛顿第一运动定律。在证券市场中,"不出意外"就是牛顿第一定律所要求的"平衡力"。因此,证券市场中有一句名言为"顺势而为",即如果没有产生掉头的内部因素和外部因素,投资者没有必要逆大势而为。

对于第二个假设来说,它具有"强制性"的成分。在正常情况下,遵循价格趋势移动原理的"顺势而为"操作策略基本上是正确的,但切记不能"完全理想化"地操作。现实证券市场中的"外力"是随时存在的(如环境因素),有些是根本想不到的(如突发事件），这些因素会经常产生价格波动无规律的现象，故"保持趋势"很不容易。

（3）假设3：历史会重演。

假设3是从统计学和人的心理因素方面考虑而提出的。在市场中进行具体交易的是人，买卖决策最终是由投资者作出的。既然是人，其行为就必然要受到某些心理因素的制约。比如，在某个特殊的情况下，如果某个交易者按照某种方式进行交易并取得成功，那么以后遇到相同或相似的情况，他就会按同一方式进行交易；如果这一次失败了，此后他就会采取不同于这一次的交易方式。

从统计学的观点看，第三个假设是认为市场中存在某种"重复出现的规律"。任何有用的东西都是经验的结晶，是经过多次实践检验而总结出来的。从心理学角度看，在投资者进行分析时，一旦遇到与过去相同或相似的情况，他最迅速和最容易想到的方法就是与过去的结果作比较。人们对那些重复出现的现象的结果进行统计，可以得到某种交易战略或方法的成功和失败的数量及概率，这些概率对具体的投资行为就形成了重要的指导作用。

对于第三个假设而言，它具有很"浓厚"的"自然科学"的味道。在自然科学中，这个假设基本上是可以被认同的，因为在做实验的时候，可以认为每次实验的客观环境是相同的。而在证券市场中，由于其变化和影响因素复杂，根本不可能满足"每次实验的客观环境都相同"的条件。在现实中，证券市场中的行为是千变万化的，不可能有完全相同的情况重复出现，差异总是或多或少存在，有时这样的差异会很大。因此，在进行具体的统计分析时，由于要考虑的因素太多，"重复性"是常常要经受考验的。

6.1.4 技术分析法的种类

对反映市场行为或市场表现的资料数据进行加工处理的方法都属于技术分析方法。如果能在证券投资中清楚地知道自己所使用的技术分析方法，将有助于投资者提高证券价格走势分析结果的准确性。

目前流行的技术分析方法可以大致为六类：①K线分析法；②切线法；③形态分析法；④技术指标法；⑤波浪理论法；⑥循环周期法。

（1）K线分析法。

人们曾尝试过用各种方式记录市场中证券价格每个时间段的位置，但今天使用最多和最方便的就是K线。所谓K线是用市场某一时段证券的开盘价、收盘价、最高价、最低价所画出的表征这一时段证券价格变化的图形，而K线的研究方法是根据若干连续的K线组合形态推测证券市场中多空双方力量对比的方法。

基于K线图，人们总结出了多种对证券买卖具有指导意义的组合形态。进入证券市场的投资者，首先需要学习的就是K线图，而K线分析法已成为一种最简明而具有代表性的证券市场投资分析方法。

（2）切线法。

切线法也称支撑压力法，是按照一定时段内两个最低价或两个最高价画出一条直线（支撑线或压力线），以反映证券价格波动趋势的方法。画切线的方法是人们在长期研究中逐步摸索出来的，著名的切线形式有趋势线、通道线、黄金分割线、速度线等。根据切线可以推测价格的未来趋势，而支撑线和压力线的延伸位置也可能对价格今后的波动起到一定的制约作用。

(3) 形态分析法。

形态分析法是根据价格在波动过程中留下的轨迹形状来判断多空双方力量的对比，进而预测价格未来趋势的方法。技术分析的假设之一是市场的行为包括了一切信息，价格走过的形态是市场行为的重要部分，是证券市场对各种信息感受之后的具体表现，这种表现比任何一个"聪明的大脑"所研究出来的东西都可能更准确有效。在实际运用中，可以基于价格走出的轨迹形态推测出证券市场中多空双方力量的对比和优势的转化，以明确当前的市场处在一个什么样的大环境之中。形态可分为调整、反转和持续三种类型，已知著名的形态有 M 头、W 底、头肩形、三角形等十几种。

(4) 技术指标法。

技术指标法是通过建立数学模型，依据证券市场量价数据计算得出反映其某个方面内在特征的指标值的方法。技术指标所反映的情况大多数是无法从行情报表的原始数据中直接获得的，指标值的具体数值和数值之间的相互关系将确认市场处于何种状态，并为投资者的交易行为提供指导建议。

全世界已经存在的技术指标的数量数不胜数。相对强弱指标（RSI）、随机指标（KD）、趋向指标（DMI）、平滑异同移动平均线（MACD）、心理线（PSY）、乖离率（bias）等都是著名的技术指标。

(5) 波浪理论法。

波浪理论的奠基人是拉尔夫·纳尔逊·艾略特（R. N. Elliott, 1871—1948），他在20世纪30年代前后就形成了波浪理论最初的想法。波浪理论把价格的上下变动和不同时期的持续上涨、下降看成是波浪的上下起伏，价格的波动过程遵循8浪结构的周期规律。如果数清楚了浪，就能知道当前所处的位置，进而明确应该采用何种策略。波浪理论法的最大优点就是能帮助人们预判证券走势的波峰和波谷，但波浪理论法也是公认最难掌握的技术分析方法。

(6) 循环周期法。

循环周期法关心价格的起伏在时间上的规律，它通过对时间的分析，告诉人们应该在哪一个正确的时间进行投资。循环周期法的出发点是根据价格的历史波动过程，发现价格波动有可能已经存在的周期性。循环周期理论是周期法的重要代表，此外还有利用日历法、螺旋历法、节气法等周期分析的方法。

以上是六类技术分析的方法，它们从不同的方面理解和分析证券市场，各有其特点和适用范围。从严格的意义上讲，这六类方法不是彼此孤立的，相互之间有交叉和联系，投资者在使用时应该注意各种方法之间的可借鉴性。

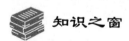 **知识之窗**

技术分析的发展历史

最早用于技术分析的图表应该出现在约200年前的日本，当时出现的蜡烛图分析方法是现在K线分析技术的前身。

K线分析技术尽管出现得很早，但一直没有从理论上得到提升。1890年前后道氏理论出现，成为技术分析的开山鼻祖，由此，技术分析的理念和思维方式开始得到传播和推广。

在道氏理论之后，相继出现了多位对技术分析的历史产生重大影响的分析大师，他们天才的构思和对市场独特的观察方式，至今仍然主导着技术分析方法。1932年，美国人江恩（W. D. Gann）在自己出版的书中总结了技术分析中时间、循环的分析方法，首次对周期的问题进行了比较系统的说明。江恩正方形、时间隧道等都是其代表"作品"。1938年，拉尔夫·纳尔逊·艾略特（R. N. Elliott）在其出版的书中首次提出了波浪理论的完整构思，勾画了价格波动所应该遵循的8浪结构。1948年，爱德华和马吉（R. D. Edward and J. Magee）在其所著的《股市趋势技术分析》一书中，对形态理论和支撑压力理论进行了系统的总结，该书被称为华尔街投资的"宝典圣经"。

20世纪70年代后，计算机技术的发展为技术指标的发展提供了基础。这个时期群星灿烂，众多的分析人士相继发明了对市场有较大影响的技术指标。其中，J. W. 威尔德（J. W. Wilder）是比较突出的一位。他在1978年出版的《技术交易系统的新概念》一书中，对多种技术指标的应用进行了更高层次的提炼。

6.2　道氏股价波动理论

查尔斯·亨利·道（Charles Henry Dow，1851—1902）是道氏理论（Dow Theory）的创始人。作为《华尔街日报》（Wall Street Journal）的一名记者和道琼斯公司（Dow Jones & Company）的共同创立者，他在《华尔街日报》上发表了许多有关证券市场的文章，并与琼斯（Jones）一起创立了著名的道琼斯工业平均指数（DJIA）。在其去世后，威廉·P. 汉密尔顿（William Peter Hamilton）、罗伯特·雷亚（Robert Rhea）和E. 乔治·希弗（E. George Schaefer）对其理论观点进行了总结并将其命名为道氏理论。

6.2.1　道氏理论的基本思想

道氏理论的基本思想主要体现为三点：三重运动原理、相互验证原则和投机原理。

（1）三重运动原理。道氏理论将市场的走势分为三种运动，即基本运动、次级运动以及日常波动。大级别的基本运动是最重要的，其规律可为人们所把握；次级运动可以被认识，但是难以准确把握；而日常波动这样小级别的运动具有很强的随机性，根本不可能为人们所把握。三重运动原理发源于自然法则，体现了一种辩证思维。

（2）相互验证原则。相互验证原则，即通过相关性来验证结论的正确性。道氏理论认为，通过一种方式得出的结果，必须用另一种方式得出的结果来验证，这是一种科学的态度。对于两个有较强相关性的品种或指数，如果其中一个品种或指数的走势可以得到另一品种或指数的验证，就意味着趋势还将继续；如果它们的走势相背离，其中一个品种或指数的走势不能得到另一个品种或指数的验证，就意味着趋势难以继续。需要说明的一点是，道氏理论所指的相互验证并非是现象间简单的验证。它既可以是不同相关制约要素间的相互验证关系，也可以是不同要素、不同指标间的相互验证。

（3）投机原理。道氏理论认为，人们的预期是市场中不可分割的组成部分，因此投机也是市场的成分之一。市场之所以可以被人们预测，正是因为市场中存在投机性。人们常常把投机行为视为非市场属性，但它实际上是市场中最鲜活的因素，是市场可以被预测的重要元素。投机的本质特征是主体愿望能在客体中得到反映。如果市场所反映的是广大投资者的愿望，则是真正意义上的市场投机行为；如果投机行为反映的仅仅是政府或政策的愿望，则可能造成市场过度投机；而如果投机行为反映的是类似战争发动者的愿望，则一定引发非正常的极端投机。

6.2.2 道氏理论的三种运动趋势

根据道氏理论，股票价格运动有三种趋势，其中最主要的是股票的基本趋势，即股价广泛或全面性上升或下降的变动情形。这种变动持续的时间通常为一年或一年以上，股价总升（降）的幅度超过20%。对投资者来说，基本趋势持续上升就形成了多头市场，持续下降就形成了空头市场。

股价运动的第二种趋势称为股价的次级趋势。次级趋势经常与基本趋势的运动方向相反，并对其产生一定的牵制作用，因而也称为股价的修正趋势。这种趋势持续的时间从3周至数月不等，其股价上升或下降的幅度一般为股价基本趋势的1/3或2/3。

股价运动的第三种趋势称为短期趋势，反映了股价在几天之内的变动情况。修正趋势通常由3个或3个以上的短期趋势所组成。

6.2.2.1 基本趋势

基本趋势即从大的角度来看的上涨和下跌的变动（如图6-1所示）。其中，只要每一个上涨的水准都超过前一个高点，而每一个次级的下跌，其波底都较前一个下跌的波底高，主要趋势就是上升的，被称为多头市场；相反地，当每一个中级下跌将价位带至更低的水准，而接着的弹升不能将价位带至前面弹升的高点，主要趋势就是下跌的，被称为空头市场。

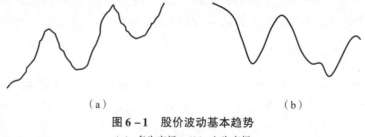

（a） （b）

图6-1 股价波动基本趋势
（a）多头市场；（b）空头市场

（1）多头市场。又称为主要上升趋势，它可以分为三个阶段（如图6-2所示）。

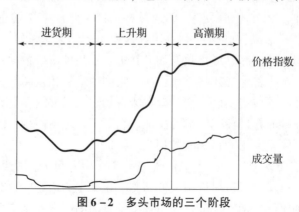

图6-2 多头市场的三个阶段

（2）空头市场。又称为主要下跌趋势，也分为三个阶段（如图6-3所示）。第一阶段是出货期，它真正的形成是在前一个多头市场的最后一个阶段。在这个阶段，有远见的投资人觉察到企业的盈余到达了不正常的高点，便开始加快出货的步伐，此时成交量仍然很高。第二个阶段是恐慌时期，想要买进的人开始退缩，而想要卖出的人则急着要脱手，结果价格下跌的趋势突然加速，几乎是垂直的，此时成交量的比例差距达到最大。在第三阶段，那些缺乏信心者继续卖出股票，下跌往往是集中于一些业绩优良的股票，但该阶段下跌趋势并没有加速。

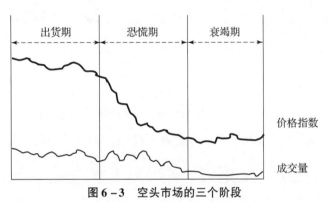

图6-3　空头市场的三个阶段

图6-4展示了一个道琼斯工业指数百年走势，从中我们可以分析多头市场和空头市场的反复交错出现的过程。

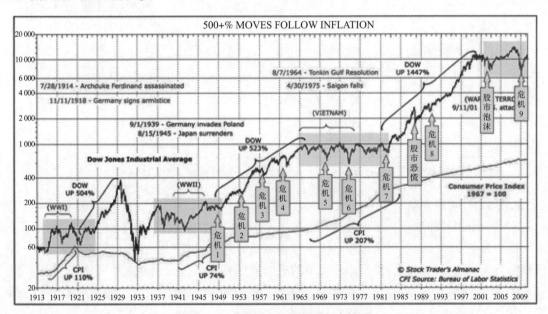

图6-4　道琼斯工业指数百年走势图

资料来源：http://www.groundbreaking.cn/shehui/guoji/2011.html. 2015-07-11

6.2.2.2　次级趋势

次级趋势是与主要趋势运动方向相反的一种逆动行情，往往对主要趋势形成干扰（如图6-5所示）。在多头市场里，它表现为中级的下跌或"调整"行情；在空头市场里，它表现为中级的上升或反弹行情。通常，有两项判断一个次级趋势的标准：任何和主要趋势相反方向的行情，一般情况下至少持续三个星期左右；回落到主要趋势涨升幅度或反弹到下跌幅度的 1/3 或 1/2。

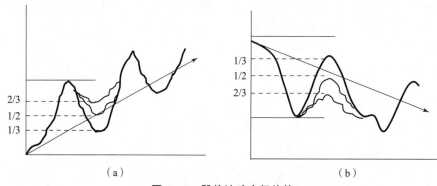

图 6-5　股价波动次级趋势
(a) 多头市场次级趋势；(b) 空头市场次级趋势

图 6-6 给出了一个 5 年间道琼斯工业指数下跌趋势和上升趋势中出现的多个次级趋势图例。

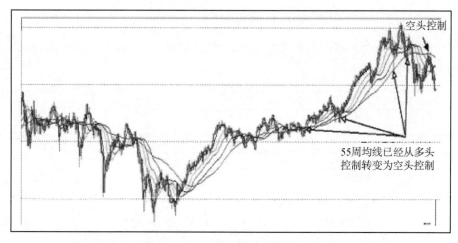

图 6-6　2007 年 7 月前 5 年道琼斯工业指数走势中的次级趋势

6.2.2.3　短期变动

它是一个短暂的波动，很少超过三个星期，通常少于六天。短暂波动本身的市场意义不大，但是为主要趋势的发展全过程赋予了神秘多变的色彩。通常，不管是次级趋势或两个次级趋势所夹的主要趋势部分都是由一连串的三个或更多可区分的短期变动所组成。事实上，在一个无论成熟与否的股市中，短期变动都是唯一可以被"操纵"的，而主要趋势和次要趋势却是无法被操纵的。

6.2.3　道氏理论运用方法

（1）用两种指数来确定整体走势。著名的道琼斯混合指数是由 20 种铁路、30 种工业和 15 种公共事业三部分组成的。历史的经验表明，其中的工业和铁路两种分类指数数据更有代表性。因此，在判断走势时，道氏理论更注重于同时分析铁路和工业两种指数的变动，认为其中任何一种指数所显示的变动都不能作为断定趋势上有效反转的信号。

（2）据成交量判断趋势的变化。成交量会随着主要的趋势而变化。因此，根据成交量也可以对主要趋势作出一个判断。通常，在多头市场，价位上升，成交量增加；价位下跌，成交量减少。在空头市场，当价格滑落时，成交量增加；在反弹时，成交量减少。

（3）盘局可以代替中级趋势。一个盘局出现于一种或两种指数中，持续了两个或三个星期，有时达数月之久，价位仅在约5%的距离中波动，这种形状显示买进和卖出两者的力量是平衡的。因此，价位往上突破盘局的上限是多头市场的征兆，相反，价位往下跌破盘局的下限是空头市场的征兆，但盘局实际上更常出现在主要趋势下的休息和整理阶段。

（4）把收盘价放在首位。道氏理论并不注意一个交易日当中的最高价、最低价，而只注意收盘价，这是又一个经过时间考验的道氏理论规则。

（5）在反转趋势出现之前，主要趋势仍将发挥影响作用。一个旧趋势的反转可能发生在新趋势被确认后的任何时间，但在被确认之前，原来的趋势被认为仍将持续，故作为投资人必须随时注意市场的变化。

（6）股市波动反映了一切市场行为。不论什么因素，股市指数的升跌变化都反映了群众心态，代表市场行为的总体表现，故投资人士应该注意分析股市指数变化，从而通过观察来判断，指数变化是反映了市场乐观情绪方面还是悲观情绪方面，以此调控自己的投资策略。

6.2.4 道氏理论存在的缺陷

（1）道氏理论只能推断股市的大趋势，却推测不出大趋势的升幅或者跌幅会有多大。

（2）道氏理论每次都需要两种指数互相确认，这样做已经慢了半拍，可能会失去最好的入货和出货机会。

（3）道氏理论对个股选股没有帮助。

（4）道氏理论注重长期趋势，在中期趋势下（特别是在不知是牛市还是熊市的情况下）不能带给投资者明确启示。

6.3 波浪理论

波浪理论是技术分析大师拉尔夫·纳尔逊·艾略特（R. E. Elliot）所发明的一种价格趋势分析工具，它是一套完全靠观察总结出来的市场运行规律，可用于分析股市指数、价格的走势。它也是世界上股市分析中运用最多，而又最难于精通的一个分析工具。

艾略特认为，不管是股票价格的波动，还是商品价格的波动，都与大自然的潮汐、波浪一样，一浪跟着一浪，周而复始，且任何波动均有迹可循，展现出周期循环的特点。因此，投资者可以根据这些波动的规律预测价格的走势，合理制定自己的买卖策略。图6-7展示了波浪理论中的标准浪型。

6.3.1 波浪理论的四个基本特点

艾略特通过长期研究道琼斯工业指数，发现不断变化的股价结构性形态反映了自然和谐之美，以此提炼出市场的13种形态（Pattern）或微波（Waves），指出股市呈一定的基本韵

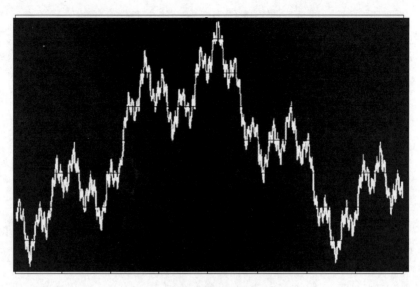

图6-7　波浪理论中的标准浪型

律和形态，即五个上升波和三个下降波构成了八个波的完整循环。波浪理论具有以下四个基本特点：

（1）股价指数的上升和下跌将会交替进行。

（2）推动浪和调整浪是价格波动的两个最基本形态，而推动浪（即与大市走向一致的波浪）可以再分割成五个小浪，一般用第1浪、第2浪、第3浪、第4浪、第5浪来表示；调整浪也可以划分成三个小浪，通常用A浪、B浪、C浪表示（如图6-8所示）。

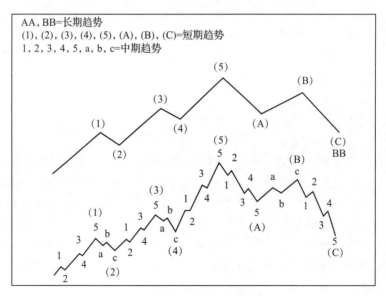

图6-8　艾略特波浪理论的概念图

（3）在上述八个波浪（五上三落）完毕之后，一个循环即告完成，走势将进入下一个八波浪循环。

（4）时间的长短不会改变波浪的形态，因为市场仍会依照其基本形态发展。波浪可以拉长，也可以缩细，但其基本形态永恒不变。

6.3.2 "八浪循环"的波浪特性

利用波浪理论分析走势，最重要的工作是正确地辨认市势，知道现在属于什么波浪阶段，据此进一步数清楚波浪与波浪之间的关系，对现时价位作出正确的判断。实践经验表明，八个浪各有不同的表现和特性，只有了解各个波浪的特性，才能对波浪作出正确的分析。

第一浪：该浪往往是市势转变的一个标志。大约半数的第一浪属于营造底部形态的一部分。由于这段行情出现在空头市场跌势后，买方力量并不强大，跟随这类第一浪出现的第二浪的调整幅度通常较大。其余一半的第一浪则在大型调整形态之后出现，这类第一浪升幅较为可观。但不论何种情境，从经验看来，第一浪的涨幅通常是五浪中最短的。

第二浪：这一浪是下跌浪，源于市场投资者误以为熊市尚未结束，在反弹时采用了抛售策略。有时，这种回调深度比较大，但只要调整幅度不低于第一浪的起点，此浪就不是一个失败浪。随着市场出现惜售心理，成交量逐渐缩小，抛售压力逐渐衰竭，形成了一些如头肩底、双底的转向形态，则第二浪调整宣告结束。

第三浪：该浪是最有爆发力的上升浪，其行情持续的时间与幅度经常是最长的。由于市场投资者信心恢复，成交量逐渐放大，常出现传统图表中的突破讯号（如突破性跳空缺口），股价由此出现大幅攀升现象。成交量大幅度增加是第三浪成立的一种可靠的证据，投资者如果确认了第三浪已开始运行，则应顺势而行，择机买入。

第四浪：第四浪属于行情大幅劲升后的调整浪，通常以较复杂的形态出现，如以三角形形态运行。第四浪往往有些变幻莫测，但真正能够成立的第四浪的底点是不会低于第一浪顶点的。

第五浪：该浪力度较弱，涨幅经常远逊于第三浪，成交量亦然。在第五浪中，市场情绪表现往往相当乐观，二、三类股票成为市场内的主导力量，经常出现如投资人士常说的"鸡犬升天"状况。需要注意的是，第五浪有时会出现失败形态，即顶点不能升越第三浪的浪顶，这时离场实际上是最明智的选择。图6-9给出了一个上升五浪演进过程的基本描述。

A浪：在A浪中，市场大多数投资者认为上升行情尚未结束，此时仅为一个暂时的回档现象。实际上，A浪的下跌，在第五浪中通常已有警告讯号，如成交量与价格走势背离或存在技术指标上的背离现象。但由于此时市场仍较为乐观，许多投资者不愿离场。

B浪：B浪是市场的一个反弹现象，很容易让投资者误以为是另一波段的涨势。事实上，它往往是一个"多头陷阱"，很多误判市势者在此期会惨遭套牢。

C浪：是一段破坏力较强的下跌浪，跌势较为强劲，跌幅大，持续的时间较长久，而且出现全面性下跌。

艾略特波浪理论的上升五浪主要描述了市场上升过程的五浪波动情景。实际上，在市场下降过程中，也经常形成类似退潮现象的五浪下跌情景（如图6-10所示）。

6.3.3 波浪之间的比例

以波浪理论推测股市的升幅和跌幅，采取的是黄金分割率法，用神秘数字去计算。一个上升浪可以是上一次高点的1.618，另一个高点则再乘以1.618，以此类推。

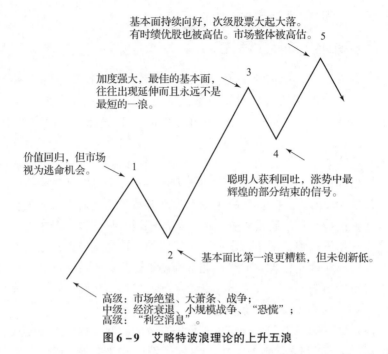

图 6-9 艾略特波浪理论的上升五浪

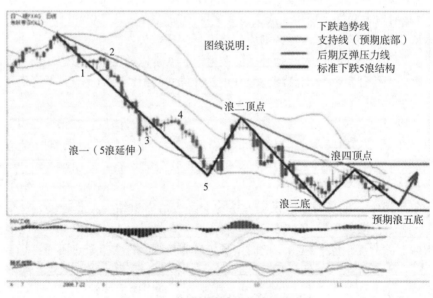

图 6-10 艾略特波浪理论的下跌五浪

另外，下跌浪也是这样，一般常见的回吐幅度比率有 0.236（0.382×0.618）、0.382、0.5、0.618 等。图 6-11 给出了一个应用黄金分割率计算波浪之间比例的图例。

6.3.4 波浪理论应用要略

（1）波浪理论有两个出发点：人类社会永远进步向前；人类群体的行为是可以预测的。

（2）艾略特的波浪理论有三个关键部分：第一，波浪的形态模式（如图 6-12 所示）；第二，浪与浪之间的比例关系；第三，浪与浪的时间间距。而这三者之间，浪的形态最为重

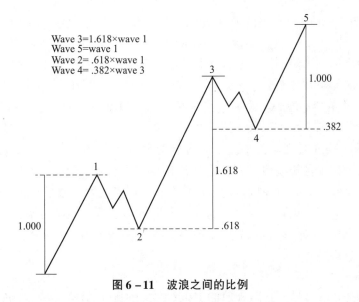

图 6-11 波浪之间的比例

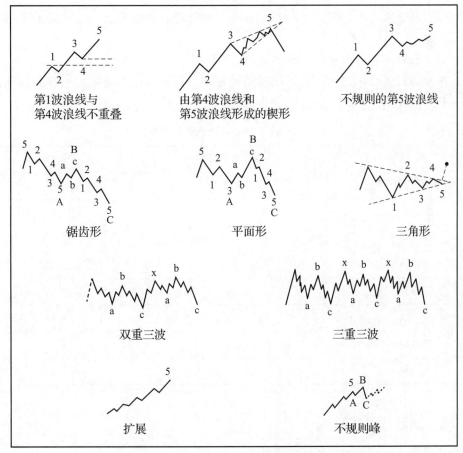

图 6-12 波浪的形态模式

要，是艾略特波浪理论的基础。所以，数浪的正确与否，对成功运用波浪理论进行投资时机的掌握至关重要。

(3) 波浪结构：①一个完整的循环包括八个波浪，五上三落；②波浪可以合并为高一级的浪，也可以分割为低一级的小浪；③跟随主流行走的波浪可以分割为低一级的五个小浪；④调整浪通常以三个浪的形态运行；⑤假如三个推动浪中的任何一个成为延伸浪，其余两个波浪的运行时间及幅度会趋于一致。

(4) 数浪的两条基本规则：第一、三、五三个推动浪中，第三浪不可以是最短的一个波浪；第四个浪的底部，不可以低于第一个浪的顶部。

(5) 数浪的三条补充规则：①波浪幅度相等原则。在第一、三、五浪三个推动浪中，最多只有一个浪会出现延长波浪，而其他两个推动浪则略相等，仍会以0.618的黄金比率出现对等的关系。②修正波纵深原则。用来衡量修正波回撤幅度，通常修正波会达到小一级别第四浪低点附近。③交替规则。即简单与复杂、上升与下跌、推动与调整、规则与不规则。修正波呈现交替现象，如果在整个浪形循环中，第二浪以简单的形态出现，则第四浪多数会以较为复杂的形态出现。

(6) 波浪理论的时间：①八个波浪（五上三落）完毕后，一个循环即告完成，将进入另一个八波浪循环。②各浪的运行在时间上也与菲波纳奇异数字有关，市场出现转折的日期可能为上一个重要顶（底）部的8、13、21周。③时间的长短不会改变波浪的形态，波浪可拉长、可缩细，但基本形态永恒不变。

(7) 黄金分割率奇异数字组合是波浪理论的数据基础。

(8) 波动原理的标记方法。为了掌握波动原理，需要给出波浪的标记符号及标记方法（如表6-1所示）。

表6-1 波浪的标记符号及标记方法

波的等级	五个方向波	三个调整波
特大超级循环级	[Ⅰ] [Ⅱ] [Ⅲ] [Ⅳ] [Ⅴ]	[A] [B] [C]
超级循环级	(Ⅰ) (Ⅱ) (Ⅲ) (Ⅳ) (Ⅴ)	(A) (B) (C)
循环级	Ⅰ Ⅱ Ⅲ Ⅳ Ⅴ	A B C
基本级	Ⅰ Ⅱ Ⅲ Ⅳ Ⅴ	A B C
中型级	[1] [2] [3] [4] [5]	[a] [b] [c]
小型级	(1) (2) (3) (4) (5)	(a) (b) (c)
细级	1 2 3 4 5	a b c
微级	1 2 3 4 5	a b c

6.3.5 波浪理论的缺陷

(1) 波浪理论家对波浪现象的看法并不统一。

(2) 对于怎样才算是一个完整的浪，并无明确定义，股票市场的升跌次数绝大多数不会按照"五升三跌"这样机械的模式出现，数浪的结果受个人主观因素影响很大。

(3) 波浪理论有所谓伸展浪（Extension Waves），有时五个浪可以伸展成九个浪。但在什么时候或者在什么准则之下波浪可以伸展呢？艾略特却没有明言。实际上，无论升浪或跌浪都经常出现各种变异形态，从而使得浪的划分相当繁杂，令难以把握。

（4）能否推测浪顶、浪底的运行时间，实属可疑。以神奇数字作为测度方法并不是一种令人信服的科学方法。

（5）艾略特的波浪理论是一套主观分析工具，毫无客观准则，市场运行却是受情绪影响的，并非机械运行。

（6）波浪理论往往用于对大势的判断，一般不能运用于个股的选择。

巴菲特十二项投资定律

（1）利用市场的愚蠢，进行有规律的投资。
（2）买价决定报酬率的高低，即使是长线投资也是如此。
（3）利润的复合增长与交易费用和税负的避免使投资人受益无穷。
（4）不在意一家公司来年可赚多少，仅留意未来5至10年能赚多少。
（5）只投资未来收益确定性高的企业。
（6）通货膨胀是投资者的最大敌人。
（7）价值型与成长型的投资理念是相通的：价值是一项投资未来现金流量的折现值，而成长只是用来决定价值的预测过程。
（8）投资人财务上的成功与他对投资企业的了解程度成正比。
（9）"安全边际"从两方面协助投资：首先是缓冲可能的价格风险，其次是可获得相对高的权益报酬率。
（10）拥有一只股票，期待它下个星期就上涨，是十分愚蠢的。
（11）就算联储主席偷偷告诉我未来两年的货币政策，我也不会改变我的任何一个作为。
（12）不理会股市的涨跌，不担心经济情势的变化，不相信任何预测，不接受任何内幕消息，只注意两点：A. 买什么股票；B. 买入价格。

6.4　股市发展阶段与成长周期理论

6.4.1　股市成长阶段论

世界各国证券市场的建立时间不同，其发展的道路也不完全一样；但历史的经验表明，证券市场从产生到相对成熟一般都要经历五个阶段。

（1）休眠阶段：一个证券市场创建初期，了解证券市场的人并不多，股票公开上市的公司也少，只有少数投资者参与市场活动。

（2）操纵阶段：证券市场经过一段时间发展后，股票数量仍非常有限，其流动性也较差，一些证券经纪商和交易商发现，只要有一定数量的资金就能控制一只股票。于是，他们开始操纵市场，任意哄抬或打压市价，以此获取暴利。

（3）投机阶段：暴利的示范作用会吸引更多的人加入市场投机行列，于是投机阶段就开始了。此时，新发行的股票往往被超额急购，吸引了许多公司都来发行股票。该阶段里，许多股票价格都大大超过实际的价值，但交易量仍扶摇直上。

（4）崩溃阶段：过度的投机行为将股价抬升到高处不胜寒的地步，这时能用来投机的资金逐渐枯竭，新股认购能力也开始大幅下降。此时，越来越多的投资者感觉到了风险的存在，外界任何一个风吹草动事件都可能诱发市场信心动摇，造成股价大幅下降。

（5）成熟阶段：在股市经历了巨大下跌之后，经过较长时间甚至几年的时间消沉，在制度法规不断完善的基础上，公众对股票市场的信心逐渐开始恢复。成熟阶段，股票供应增加，流动性也在增大，市场投资者变得更有经验，交易量趋于稳定。此阶段，虽然股票价格还是会波动的，但不会像以前那样包含了太多的投机成分，而是在价值导向下随着经济和企业的发展上下波动。

6.4.2 股市周期循环论

循环周期理论认为，价格在波动过程中所形成的局部高点和低点之间，在时间上存在规律性。把握循环周期的关键是找出那些"被假定存在"的周期的时间长度，也就是一个周期的时间跨度。循环性周期一般可分为九个阶段。

（1）低迷期：行情持续屡创低价，不论主力或中散户都是亏损累累。此时市场投资意愿甚低，大多数人对市场持悲观看法，此期的成交量往往最低。然而，低迷期往往是有远见卓识的人士和真正具有实力的大户默默进货的时候。这期间盘旋整理的时间越久，其后的市场爆发力就越大。

（2）青年涨升期：低迷期的长期盘跌使股价大多已经跌至不合理的低价，人们开始惜售股票。此时，市场景气度仍较差，但许多内行人士开始采取较积极的短线买进操作，故平均的成交量比低迷时期会多出一半以上。事实上，该期是真正长期投资者可以买进的时候。

（3）反动期：也称多头市场的回档期。股价经过一段初步上升后，经过长期空头市场亏损的投资者多数会持有"少亏""落袋为安"的观念，卖出股票以观望后市走向。此时空头再呈活跃态势，但股价下跌有限，让人有跌不动的感觉。此时却是大户真正进货的时期。

（4）壮年涨升期：即一般所称的"主升段"。此时市场情绪全面高涨，股价节节上涨，新发行股票成为抢购对象。此时期，不管内行外行投资者，只要买进股票，往往都能获利，股票市场出现人头攒动现象。然而，真正的大户已开始逐渐获利了结，他们所卖的点位虽非最高价，但结算获利已不少。

（5）老年涨升期：即一般所称的上涨末升段。该阶段市场人气一片沸腾，新股大量发行，连冷门股也出现大幅上涨现象。不过，此时原热门股票反而会出现步履沉重的感觉，有经验的投资者能嗅到这实际上是一种风险信号。

（6）下跌幼年期：也称初跌期。由于多数股价都已偏高，结果出现欲涨乏力的现象。

（7）中间反弹期：也称新多头进场或多头逃命期。经过前面的下跌，多数股价的跌幅已较深，成交量锐减。此时，高价卖出者和企图摊平高档套牢的多头们相继进场，企图挽回市场的颓势，加上短期投机因素，使得股价出现止跌回升态势。然而，由于真正的大户已经持仓量很低而不会参与抢反弹，短线者也会获利回吐，使得股价欲涨乏力。此时，空头趁机介入卖出，精明的投资人也会趁此机会将手上的股票卖出以求"逃命"。

（8）下跌的壮年期：一般称为主跌段行情。此时利空的消息满天飞，股价下跌的速度很快甚至连续跌停。一般投资人大多在此阶段惨遭亏损，甚至落得倾家荡产。

（9）下跌的老年期：即称末跌段。此时股价跌幅已深，空方几乎已无筹码可抛，而许多套牢者也不愿再割肉抛售。成交量极低是该阶段的重要特征之一，此时真有眼光的投资人及大户们往往开始大量买进。

能够辨识大波段的周期循环并能正确制定操作策略的人，才是有经验的投资者。如能明确区分此时市场属于周期循环的哪一时期，再确立做多、做空策略，进行长线或短线操作，那么，一个投资者的获利机会就会增多。

6.5 信心理论

信心理论也称信心股价理论，是基于市场心态的观点去分析股价波动的理论。信心理论认为：一些传统股价理论过于僵化地看重公司盈余因素，而并不能解释在多变的股市中股价涨跌的全盘因素，特别是不能合理解析一些突发性因素导致股价异常起伏的现象。信心股价理论则强调股票市场由心理或信心因素影响股价，即由于市场未来的股票价格、公司盈利与股票投放比率等条件所产生的信心强弱变化影响了市场股价变动。

在信心理论看来，正是因为投资人信心的强弱变化带来了市场的各种不同情况，有时市场甚至与上市公司营运状况，以及获利能力等基本因素完全脱节而产生股价狂升或暴跌现象。如果投资人对股票市场持乐观态度，就必然以买入股票为主而引发股价上升；如果投资人对股票市场基本情况持悲观态度，就必然以抛出手中股票为主而引发股价下跌。特别是，倘若投资人本身过于乐观，可能出现大量盲目买入的状况而使股票价格上涨至不合情理的价位水平；而倘若投资人心理过度悲观，则可能出现不顾公司盈余与股息水平因素而大量抛售股票的现象。

信心理论以市场心理为基础来解释市场股价的变动，可以对股市中的反常现象作出较为合理的解释。不过信心理论亦有其缺点：一是股票市场的群众信心很难衡量，市场情绪动态并不容易把握；二是它过于重视影响股价的各种短期外来因素，而忽略了公司本质的优劣。

2008年的全球股市跌幅榜分析

2008年美国经历了百年一遇的金融危机，金融风暴席卷全球，全球股市普遍遭遇有史以来最大的打击，全年全球股市蒸发约17万亿美元市值。在全球主要股市跌幅排名中，俄罗斯股市排名第一，中国排名全球第三。美、英、法、德四大股市当年的跌幅都在四成左右，均创下1931年"大萧条"以来最大跌幅。

2008年的金融危机源于美国，纽约股市遭遇历史性打击在情理之中。由于美国和欧洲金融市场联系紧密，欧洲股市成为全球金融危机的重灾区亦可理解。然而，在全球金融市场剧烈震荡下，新兴市场也未能幸免，其中俄罗斯、拉美各股市受到强烈冲击，甚至连过去表现抢眼的非洲股市也难独善其身。全球股市暴跌固然与全球金融危机、经济恶化密切相关，但是否也存在市场恐慌情绪下的股票抛售助跌因素呢？特别是，属于新兴市场的中国、俄罗斯，其经济并未恶化到很严重的情境，但股市跌幅却位居全球前列，如表6-2所示。这种异常现象是否可用信心理论作出解释呢？

表6-2 2008年全球主要股指跌幅

股 指	2007年最后交易日点位	2008年最后交易日点位	跌幅/%
冰岛OMX15指数	6 322.4	352.16（到12月30日）	94.43
俄罗斯RTS指数	2 290.51	625.42（到12月30日）	72.67
越南指数	927.02	315.62	65.95
中国上证综指	5 261.56	1 820.81	65.39
中国深证成指	17 700.62	6 485.51	63.36
印度孟买股市30种股票综合股价指数	20 286.99	9 716.16（到12月30日）	52.1
新加坡海峡时报指数	3 482.3	1 770.65（到12月30日）	49.15
香港恒生指数	27 812.65	14 387.48	48.27
台湾加权指数	8 506.28	4 591.22	46.03
标普澳洲200指数	6 421	3 591.4（到12月30日）	44.07
法国DAX指数	5 614.08	3 217.13（到12月30日）	42.7
日经225指数	15 307.78	8 859.56	42.12
美国纳斯达克指数	2 652.28	1 550.7（到12月30日）	41.53
巴西博维斯帕指数	63 886.1	37 550.31（到12月30日）	41.22
韩国首尔综合股价指数	1 897.13	1 124.47	40.73
德国CAC40指数	8 067.32	4 810.2（到12月30日）	40.37
加拿大S&P/TSX指数	13 833.06	8 830.72（到12月30日）	36.16
美国道琼斯指数	13 264.82	8 668.39（到12月30日）	34.65
英国富时100指数	6 456.9	4 392	31.97

6.6 股票价值理论

股票的价值是指内在的投资价值，它取决于该股票未来现金流量的现值。理论上讲，价格围绕价值上下波动，股票价格是其价值的表现。但在大多数情况下，股票价格会偏离价值，因为股票的价格往往受到股票供求关系的影响。

投资价值的提出是在20世纪初。美国的帕拉特（S. S. Pratt）在其1903年出版的《华尔街的动态》（The Mork of Wall Street，1903）一书中，提出股票价值的经济本质在于股息请示权的影响因素中（诸如股息企业收益、经营者素质以及企业收益能力等）。由此，他成为将股票的价格与价值进行分离的第一个研究者。其后，哈布纳（S. S. Hebner）在《证券市场》（The Stock Market，1934）一书中补充了帕拉特的论点，认为"股票价格倾向与其本质的价值一致"，并强调，考虑股票价格与市场因素的金融关系时，应以股票价值和价格的关系作为投资的指针。贺斯物在《股票交易》（The Stock Exchange）一书中进一步确认了股票的本质价值在于股息，强调股票价格与一般商品价格的根本区别在于股票价值与市场操作存在歧异。

与帕拉特同时代的莫迪（J. Moody）在《华尔街投资的艺术》（The Art Of Wall Street Investing，1906）一书中认为，普通股的权利重点不仅仅是领取股利权利而已，还要看发行公司负担的支出，因此对公司资产价值的评价还需要加上"投机性"因素。探讨股票价值本质的，还有戴斯（D. A. Dace）和埃特曼（W. J. Eiteman）。他俩在合著的《股票市场》（Stock Market，1952）一书中认为："投资人购买股票之际，实际上是买进企业现在和将来收益的请求权。"

多纳（O. Donner）在其1934年出版的《证券市场与景气波动原理》一书中认为：股票价格是由市场供求关系决定的，而股票价值取决于企业的收益。尽管短期的股价波动趋势与企业收益趋势存在差异，但长期的股价波动是依存于企业收益和利率的。

格雷厄姆和多德（Benjamin Graham and David Dodd）在《证券分析》（Security Analysis，1934）一书中对内在价值理论进行了全面阐述。他们认为，股票的内在价值决定于公司未来盈利能力，而且分析企业未来的获利能力，并不仅限于对企业财务进行分析，还需要以观察经济方面未来的趋势作为推测的基础，并考虑进行适当的资本还原。

总之，在支持股票价值理论的人看来，股票市场中股票的价格是由股票的内在价值所决定的。市场资金充裕时，股票的价格一般高于其内在价值，但股市中股票价格总是围绕股票的内在价值上下波动的。

对于股票的内在价值一般可以采用三种方法进行评估：市盈率法、资产评估值法与销售收入法。当然，如何评估股票价值是个系统综合性的问题，实际操作中还需要与许多方面情况结合，包括公司的收益、未来发展、过去经营状况、财务情况、公司特点、利率水平等。

6.7 亚当理论

亚当理论是由美国人威尔德（J. W. Wilder）创立的投资理论，他本人先后发明了强弱指标RSI、动力指标MOM、摇摆指数等多种著名的分析工具。但奇怪的是，在后来发表的一系列文章中，他否定了这些分析工具的好处而推出了另一套崭新的理论——亚当理论。

6.7.1　亚当理论的基本观点

（1）放弃所有主观的分析工具。亚当理论认为，没有任何分析工具可以绝对准确地推测市势的走向，因为市场走势根本不可以推测。

（2）适应市势是生存之道。证券市场之中最重要的是趋势，能适应市场变化的人才能生存，做哪只股票并不是最重要的事情。

（3）顺势而为进行操作。顺势而为是亚当理论的精髓，投资者必须等待趋势明确后再进场，顺势操作才能在市场中获得赚钱机会。同理，只要是跌势确立，哪怕亏损割肉也要坚决离场。

（4）使用止蚀位。在未买卖之前一定要订立停损点，并坚决执行之，以确保不要因希望挽回小亏损而酿成无法挽回的大亏损。要懂得变通，看错大势就要认错。

（5）资金留有余地。不要把资金全部投入，保持合理余额才能有周转的空间。

6.7.2　亚当理论的行情对称思想

亚当理论认为行情演化往往是对称的，有两种对称方式：逆势对称与顺势对称。逆势对称就像在镜子里看行情，涨跌是对称的（如图6-13所示）。通俗地讲，就是怎么涨上去的，就怎么跌回去；怎么跌回去的，就怎么涨上来。顺势对称是指左右图形的倒置对称（如图6-14所示），在亚当理论看来，顺势对称比逆势对称更重要。

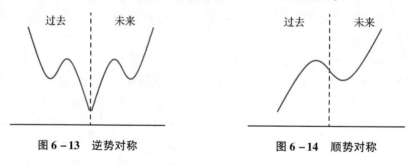

图6-13　逆势对称　　　　图6-14　顺势对称

6.7.3　应用亚当理论选择的交易时机

在亚当理论看来，转向—持续—转向是市场运行的三部曲。投资操作中要注意控制假突破或假转向造成的亏损，然而一旦趋势明晰，就可顺势而为。上升趋势中坚定做多，下降趋势中坚决做空。

（1）突破。当价格涨到过去多个高点之上或者创出历史新高时，则为做多的时机；反之，价格跌破前期多个低点或创出历史新低时，则应做空。

（2）趋势转向。市场突破长期下跌趋势，且新的上升趋势又站上前几个高点，是向上升转向；反之，跌破前几个低点，并出现高低点下移的特征，则为向下跌转向。

（3）缺口或当日高低价差大。在市场并不活跃的情况下，突然出现跳空缺口，或本日（或本周、本月）振幅明显增大，说明市场有可能出现变盘。

6.7.4　亚当理论中的十大戒条

（1）一定要懂得市场运作，认识市势，否则绝对不买卖。

（2）入市买卖时，应在落盘时立即订下止蚀价位。

（3）止蚀价位一到立即执行，不可以随便更改，调低止蚀位。

（4）入市看错，不宜一错再错，手风不顺者要离，再冷静分析检讨。

（5）入市看错，只可止蚀，不可一路加注平均价位，否则可能越蚀越多。

（6）切勿看错市而不肯认输，越错越深。

（7）每一种分析工具都并非完善，一样会有出错机会。

（8）市升买升，市跌买跌，顺势而行。

（9）切勿妄自推测升到哪个价位或跌到哪个价位才升到尽头、跌到尽头，浪顶、浪底最难测，不如顺势而行。

（10）看错市，一旦蚀10%就一定要立刻斩断，重新来过；不要蚀本超过10%，否则再追回损失就很困难。

 寓言故事

渔夫和金鱼的故事

《渔夫和金鱼的故事》是俄国诗人普希金在1833年创作的童话诗，流传很广。其内容改自《格林童话》中的《渔夫和他的妻子》，讲述的是关于贪婪、善良、仁慈的故事。

【故事梗概】一个老头儿和他的老婆住在大海边"一所破旧的小木棚里"。老头儿天天撒网打鱼，老太婆天天纺纱结线。这些事实表明老头儿家里很穷，而老太婆当时还是爱劳动的。

一天，老头儿打到一条金鱼，不要任何报酬，将她放回了大海。老太婆知道这件事以后却破口大骂，逼着老头儿去向金鱼要一只新木盆，金鱼满足了老太婆的要求。但是老太婆又破口大骂，让老头儿再去要一座木房子，金鱼给了她一座木房子。

过了一段时间，老太婆觉得自己"不高兴再做平凡的农妇"了，她要做"世袭的贵妇人"。要求似乎有点过分，但金鱼满足了她的要求。谁知老太婆当上贵妇人以后，却把老头儿派到马房里干活儿。然而，老太婆的欲望并没由此得到满足，她声称"不想再做世袭的贵妇人""要当个自由自在的女皇"。要求简直太过分了，但金鱼又一次满足了她的要求。当老头儿回来时，"老太婆看都没看他一眼，就吩咐左右把他从眼前赶开。"又过了一段时间，老太婆声称她已经"不高兴再当自由自在的女皇了"，而"要当海上的女霸王"，并且要金鱼亲自侍奉她，听她使唤。这一次，金鱼不但没有答应她的要求，还收回了以前送给她的一切。当老头儿从海边回来时，他看到的"仍旧是那所小木房"，老太婆面前摆的"还是那只破木盆"。

启示：从上面所说的这些故事可以看出，老太婆是一个贪得无厌的人。她由穷变富、又由富变穷的遭遇，说明一些人贪婪之心是永远不会得到满足的。在股市里，贪婪和恐惧是人们必须克服的两大心理魔咒。该哲理故事对在股市投资的人来说，是很有启迪意义的。很多人赚不到钱，有时不是市场环境不好，也不是自己知识、技术和经验不足，而是受其心理因素影响，不能作出最理性的投资决策。因此，要想在股市成为成功的投资者，必须磨练心智，战胜贪婪和恐惧，做到"顺势而为，知足常乐"。

6.8 黄金分割率理论

人们在长期的社会生产实践中发现，大自然中很多美丽的动植物的形体构造上都有一个固定的比值——0.618。这种比例结构给人很协调的感觉，按此比例设计出的造型往往也十分美丽。这个比值就是人们常说的黄金分割率（Golden Section）。人们不仅把这个数值用在诸如绘画、雕塑、音乐、建筑等艺术表现中，还将其引入了经济、管理和工程设计等各个领域。在证券市场里，许多分析技术和投资实务中也把黄金分割率作为分析市场趋势升降幅度的估算工具。

6.8.1 黄金分割率的由来

公元前6世纪，古希腊的毕达哥拉斯学派研究过正五边形和正十边形的作图方法，数学界以此推断他们当时已经触及甚至掌握了黄金分割原理。公元前4世纪的古希腊数学家欧多克索斯第一个系统地研究了黄金分割问题，并以此建立起了比例理论。公元前300年前后，欧几里得在其撰写的《几何原本》中进一步系统地论述了黄金分割原理。

在13世纪，数学家法布兰斯写了一本关于一些奇异数字的书。这些奇异数字的组合是1，1，2，3，5，8，13，21，34，55，89，144，233，……被称为斐波那契（Fibonacci）数列。

这些数字中存在着这样一种规律：任何一个数字都是前面两个数字的和，即：
$2 = 1 + 1$，$3 = 2 + 1$，$5 = 3 + 2$，$8 = 5 + 3$，……以此类推。

没有人知道法布兰斯是怎样发现了这些奇异数字的，有人猜测他是从研究金字塔中得出这些数字关系规律的。虽然这种猜测不一定是事实，但很多学者在研究金字塔时发现，金字塔的结构关系数据中确有许多是与上列奇异数字息息相关的。比如，金字塔的几何形状有五个面、八个边，总数为十三个层面；由任何一边看过去，都可以看到三个层面；金字塔的长度为5 813寸（5 – 8 – 13），而高度和底边的比率是0.618；一个金字塔五角塔的任何一边长度都等于这个五角形对角线的0.618倍。

法布兰斯的奇异数字还有一个十分有趣的数值关系，即0.618的倒数是1.618。譬如144/89 = 1.618、233/144 = 1.618，而0.618 × 1.618 = 1。

6.8.2 黄金分割率的特点

黄金分割率的最基本公式，是将1分割为0.618和0.382，它们有如下一些特点：
(1) 数列中任一数字都是由前两个数字之和构成。
(2) 前一数字与后一数字之比，趋近于一个固定常数，即0.618。
(3) 后一数字与前一数字之比，趋近于1.618。
(4) 1.618与0.618互为倒数，其乘积则约等于1。
(5) 任一数字如与前两数字相比，其值趋近于2.618；如与后两数字相比，其值则趋近于0.382。

表6–3给出了一个法布兰斯奇异数字及其相互关系的系统表述。

表6-3 法布兰斯序

项目	分子											
		1	2	3	5	8	13	21	34	55	89	144	233…
分母	1	1.00	2.00	3.00	5.00	8.00	13.00	21.00	34.00	55.00	89.00	144.00	233.000
	2	0.500	1.00	1.500	2.500	4.00	6.500	10.500	17.00	27.500	44.500	72.00	116.00
	3	0.333	0.667	1.000	1.667	2.667	4.333	7.000	11.333	18.333	29.667	48.000	77.667
	5	0.200	4.00	0.600	1.000	1.600	2.600	4.200	6.800	11.000	17.800	28.800	46.600
	8	0.1250	0.250	0.375	0.625	1.000	1.625	2.625	4.250	6.875	11.12	18.000	29.125
	13	0.076 9	0.153 8	0.231	0.385	0.615	1.000	1.615	2.615	4.231	6.846	11.077	17.923
	21	0.047 6	0.095 2	0.142 9	0.238	0.381	0.619	1.000	1.619	2.619	4.238	6.857	11.095
	34	0.029 4	0.058 8	0.088 2	0.147 1	0.235	0.382	0.618	1.000	1.618	2.618	4.235	6.853
	55	0.018 18	0.036 4	0.054 5	0.090 9	0.145 5	0.236	0.382	0.618	1.000	1.618	2.618	4.236
	89	0.011 236	0.022 47	0.033 7	0.056 2	0.089 9	0.146 1	0.236	0.382	0.618	1.000	1.618	2.618
	144	0.006 944	0.013 889	0.020 83	0.034 7	0.055 6	0.090 3	0.145 8	0.236	0.382	0.618	1.000	1.618
	233	0.004 292	0.008 584	0.012 876	0.021 46	0.034 3	0.055 8	0.090 1	0.145 9	0.236	0.382	0.618	1.000
	…	…	…	…	…	…	…	…	…	…	…	…	…

在实际运用中，人们除了使用反映黄金分割的两个基本比值 0.618 和 0.382 以外，还增加了其他数字，形成了下列两组新的神秘比值：

(1) 0.191，0.382，0.5，0.618，0.809；

(2) 1，1.382，1.5，1.618，2，2.382，2.618。

 小常识

股权质押（Pledge of Stock Rights）

股权质押是指质权人以其所拥有的股权作为质押标的物而设立的质押。质押以其标的物为标准，可分为不动产质押和权利质押，股权质押就属于权利质押。对在股权上设立担保物权，许多国家的法律都有明确规定。如法国《商事公司法》、德国《有限责任公司法》、日本《有限公司法》均涉及对股权抵押的规定。我国的《担保法》中包括了关于股权质押的内容，如《担保法》第 75 条第 2 项规定："依法可以转让的股份、股票"可以质押。

股权质押与一般权利质押的相同之处有：(1) 权利的从属性。债权人所享有的股权质权对于主债权而言是一种从权利，主合同债务消失，则股权质押也随之消失。(2) 转移占有。这里的转移占有，是指转移权利的凭证，由出质人交给质权人占有。(3) 优先受偿。当债务人无法按期偿还主债务时，质权人有权实现股权，优先受偿。股权质押与一般权利质押的不同之处在于股权价值的不稳定性，质权人对于股权价值的实现只是一个预期，需要背负债权得不到充足担保的风险。

6.8.3 黄金分割率在证券市场投资中的运用

在股价预测中，根据该两组黄金比率形成了两种黄金分割分析方法，用于分析股价走势中的阻力位、支撑位等。

第一种方法：以股价近期走势中重要的峰位或底位作为计算测量未来走势的基础。即直接从波段的低点加上 0.382 倍、0.618 倍、1.382 倍、1.618 倍……作为其涨升压力，或者直接从波段的高点减去 0.382 倍及 0.618 倍，作为其下跌支撑。

【例题1】 在下跌行情结束前，某股的最低价为 10 元。那么，股价反转上升时，投资人可以预先计算出各种不同的反压价位：

$10 \times (1 + 19.1\%) = 11.9$（元）；$10 \times (1 + 38.2\%) = 13.8$（元）；$10 \times (1 + 61.8\%) = 16.2$（元）；$10 \times (1 + 80.9\%) = 18.1$（元）；$10 \times (1 + 100\%) = 20$（元）；$10 \times (1 + 119.1\%) = 21.9$（元）。

然后，再依照实际股价变动情形做斟酌调整。

【例题2】 上升行情结束前，某股最高价为 30 元。那么，股价反转下跌时，投资人也可以计算出各种不同的持价位：

$30 \times (1 - 19.1\%) = 24.3$ 元；$30 \times (1 - 38.2\%) = 18.5$ 元；$30 \times (1 - 61.8\%) = 11.5$ 元；$30 \times (1 - 80.9\%) = 5.7$ 元。

第二种方法：行情发生转势后，以近期走势中重要的峰位和底位之间的涨幅额作为计量的基数，将原涨跌幅度按 0.191、0.382、0.5、0.618、0.809 分割为五个黄金点，以反映股价在反转后的走势将有可能在这些黄金点上所遇到暂时的阻力或支撑。具体计算公式可表述为：

(1) 某段行情回档支撑位 = 某段行情终点 − (某段行情终点 − 某段行情最低点) × 黄金分割率；

(2) 上涨行情压力位(目标位) = 本段行情起涨点 + (前段行情最高点 − 本段行情起涨点) × 1.382（或 1.5、1.618）。

【例题 3】 某股票在三个月内从 14 元被拉升到了 34 元，按 0.618 计算其回档支撑位；如果其后三个月回调到了 24 元，按 1.618 计算其上涨压力位。

解：

(1) 34 − (34 − 14) × 0.618 = 21.74（元）

(2) 24 + (34 − 24) × 1.618 = 40.18（元）

6.9 其他技术分析理论

6.9.1 证券市场分析论

19 世纪，重视投机性的证券市场分析。进入 20 世纪后，逐渐构建起了证券分析的理论体系。柯丁雷（W. G. Cordinly）在《证券交易入门》（Guide To The Stock Exchang，1907）一书中最早提出了"股票价格由供需规律来决定"的观点。哥罗丁斯基（J. Grodinsky）在《投资学》（Investment，1953）一书中提出从研究供需来预测股价的两种途径：一种途径是从股价与其他经济现象关系变化来预测股价波动（即基本面分析法），另一种途径是从股票市场内部的技术性因素来预测股价（即技术分析法）。

孟德尔（Mindell, J.）在《股票市场》（The Stock Market，1948）一书中提出股价的变动是由众多复杂的影响因素决定的，其主要影响因素有：利率；企业收益；景气活动；股票市场动态；货币政策情况；价格总水平的变动情况；大众投资者的市场心理；政治的影响；天灾人祸的发生；经济情况状态；人口变动。

多纳（O. Donner）认为，股票价格是由市场供求关系决定的，也就是由具体的买卖价格来决定的。企业收益是股价形成的"收益"因素，投资人的投资是股价形成的"信用"因素，其他因素只是间接影响股价的次要因素。

雷福勒（G. L. Leffler）在他的《证券市场》（The Stock Market，1951）一书中提出"股价波动是以预期企业为根本因素"的观点，认为证券投资机构或一般投资者主要是以预期企业收益为基础来决定买卖股票。在后来的研究中，雷福勒基于美国纽约证券交易所 30 种道·琼斯工业股价的实证研究，进一步提出了股价变动是以市场心理动向为基础的观点，形成了所谓的"市场心理说"。

6.9.2 随机漫步理论

"随机游走"（Random Walk）是指基于过去的表现，无法预测将来的发展步骤和方向。无规则行走是自然界的一个普遍现象，这一术语应用到股市上，则意味着股票价格的短期走势不可预知，即股价遵循的是随机游走规律。

随机漫步理论认为，证券价格的波动是随机的，没有一定规律可循。原因之一是，市场受到多方面因素的影响，一件不起眼的小事也可能对市场产生巨大的影响。比如，一些经济、政治、军事、科技等事件新闻可能会随时流入市场，它们会影响投资者的买卖决策进而引起证券价格的波动。原因之二，相关消息往往无迹可寻。对于突然而来的事件，投资者事前根本不可能预先估计，基于技术图表股票走势推测的做法就不可以成立。原因之三，股票市场内有成千上万的精明人士，每一个人都懂得如何分析流入市场的公开资料，买卖双方都认为价格公平合理时交易才会完成。既然如此，市价就会围绕着内在价值而上下波动，但这些波动只能是其他原因引起的，是随意而没有任何轨迹可寻的。原因之四，股价完全没有方向，随机漫步，乱升乱跌，是没有记忆系统的，人们根本无法预知股市去向，也就不可能用股价波动找出一个原理去企图战胜市场。

一些学者使用统计方法分析股票、债券、期货和期权的价格变化，发现证券价格的时间序列呈现随机状态，不会表现出某种可观测或统计的确定趋势。一些研究给出了以下两种随机游走模型：

$$Y_t = Y_{t-1} + e_t \qquad ①$$
$$Y_t = \alpha + Y_{t-1} + e_t \qquad ②$$

式中：

Y_t 是时间序列（用股票价格或股票价格的自然对数表示）；

e_t 是随机项，$E(e_t)=0$；$Var(e_t)=\sigma^2$；

α 是常数项。

模型①称为"零漂移的随机游走模型"，即当天的股票价格是在前一天价格的基础上进行随机变动的，股票价格差全部包含在了随机项 e_t 中。

模型②称为"α 漂移的随机游走模型"，即当天的股票价格是在前一天价格的基础上先进行一个固定的 α 漂移，再进行随机变动。股票价格差包括两部分，一部分是固定变动 α，另一部分是随机项 e_t。

为了证实随机漫步理论的观点，一些学者还进行了实证分析和一些有趣的实验，其中有三个研究案例似乎特别支持随机漫步的论调：

（1）曾经有一个研究，用美国标准普尔指数（Standard & Poor）的股票做长期研究，发现股票大涨或大跌的现象只是极少数，大部分的股票都是升跌10%至30%不等，基本上服从统计学上的正态分布现象。

（2）有一个美国参议员曾用飞镖去投掷一份财经报纸，拣出20只股票作为投资组合，结果这个乱来的投资组合竟然和股市整体表现相似，一点也不逊色于专家们建议的投资组合。

（3）还有人研究过单位基金的成绩，发现每只基金每年的表现都不一样，今年成绩好的，明年可能很差，所以买基金也要看运气。

6.9.3　相反理论

相反理论的基本观点是：无论证券市场、期货市场、外汇市场，当所有人都看好时，就是牛市见顶的时候；当人人看淡时，就是熊市见底的时候。如能按照与大众意见相反的方向进行操作，就会有赚钱的机会。

相反理论蕴含着如下一些基本原理：

（1）"羊群效应"。这是指个人的观念或行为由于受到群体的影响或压力，而采取与多数人方向一致的行动的现象。羊群效应中有明显的非理性因素：一方面，投资者在交易过程中存在学习与模仿现象而产生从众行为；另一方面，由于对信息了解不充分，投资者往往通过观察周围人群的行为而提取信息，这种信息在不断传递中被共同认可与强化，从而引发盲目的从众行为。

（2）"二八原理"。这是指在任何特定的群体中，重要的因子通常只占少数，而不重要的因子常占多数。应用在证券市场中，就是能真正赚钱的只占少数。其基本的状况是：赚大钱的人只占5%，95%都是输家。因此，赢家往往是与大众的看法相左，而不是同流。

（3）"逆向思维"。当每个人的想法都趋于一致时，就是最可能犯错误的时候。不同常人的正确思考是：当市场一片沸腾时，应该"人取我弃"；当市场极度低迷时，应该是"人弃我取"。

事实上，相反理论并不是说大众一定是错的，而是说当所有人的情绪趋于一致时，市场状况会发生质的变化——供求的失衡。这是因为，大家一致看好市场就会人人尽量买入，结果升势中购买力被大量消耗，牛市必然会在所有人的欢呼声中完结；相反，熊市末端市场情绪极度悲观，所有的人都想沽货，结果空方力量逐渐枯竭，市场就会在很多人沽清持仓时掉到了谷底。

运用相反理论时，我们可以参考两个重要的数据：一个是好友指数（Bullish Consensus）；另一个是市场情绪指标（Market Sentiment Index）。这两个指标是一些市场大机构在收集、整理市场报道资料基础上给出的。表6-4所示是好友指数对市场情绪的一个划分表述。

表6-4 相反理论运用时的好友指数参考

好友指数比例	指示
0~5%	一个主要的上升趋势就在目前，为期不远。人人看淡时，就是转势的时机。把握时机入货，博取无穷利润，就是在这个时候
5%~20%	这是一个不明的区域，大部分人看淡，只有少部分人看好
20%~40%	看淡的人在比例上仍然盖过乐观情绪。创新高点机会大于一切
40%~55%	市价可以向上向下，绝对不明朗。不做买卖反而最安全
55%~75%	看好的人占多数，但又并非绝大多数。市势发展有很大上升余地。通常大家看好时下跌，多数会出现近期的低点
75%~95%	未十分明朗。很多时候市场都会在这个区域转势向下，但仍然有机会在看好情绪一路高涨之下攀升一段时间，直到百分之百的人都看好为止。所以利用图表分析作为辅助工具就安全得多
95%~100%	大市已经出现全人类看好的局面。速速沽货为上，离开市场

王女士的股市投资

王女士手里有 10 万元存款。她没有听从邻居的建议去买基金,而是执意在 2009 年 8 月初进入股市。入市第一天,她就全额追买了中视传媒,结果第二天中视传媒低开 5%,一下亏损约 5 000 元。她卖掉中视传媒又买进了菲达环保,同样当天被套。如此,王女士频繁操作,很快一个月就亏损了 3 万元。

请对该股民的股市投资教训给出评论。

案例分析要点:
(1) "股市有风险,入市需谨慎。"
(2) 入市前一定要认真学习股市的基本理论和技术。
(3) 要虚心向他人学习,不能自大。
(4) 要把握股市的大趋势和景气周期。
(5) 要注重宏观经济环境和政策变化,注重公司基本面。
(6) 靠"追涨杀跌"和炒消息买卖股票是非常错误的股票投资行为。

练习题六

1. 思考题:请你对道氏理论、波浪理论、信心理论、随机漫步理论、股市发展阶段与成长周期理论、相反理论、亚当理论、黄金分割率理论的核心观点进行总结,并对其各自的优缺点进行评析。

2. 讨论题:在股市比较平稳运行时,上市公司大股东的增持与减持(股票)行为引起的市场反应一般为:增持,公司股价上涨;减持,公司股价下跌。如果是股市向好或走差,对应的上述情况还会产生放大效应。请你分析讨论:上市公司大股东的增持与减持的原因一般会有哪些?市场投资者的反应说明了什么?

3. 辩论题:在中国股市里,企业分红率比较低,机构投资者往往投机性也很大,造成中国股市波动比较频繁,很难走出持久的牛市行情。不过,也有像巴菲特这样的大师以价值投资成为世界最成功的市场投资者。而中国市场也有像贵州茅台、长春高新这样长期走出上涨趋势的股票,投资者如果能长期持有这样的股票,肯定会挣得盆满钵满。因此,证券市场里就长期存在两种对立的观点,你更倾向于哪一方呢?说出你的理由。

辩方 A:中国股市的投资者应该坚持采用价值投资方法!
辩方 B:中国股市的投资者应采取技术分析法进行投机性投资!

4. 案例分析题:数学系美女巧用斐波那契数列炒股,躲过两次大跌。

【案例背景】重庆"85 后"美女股民谢女士 2015 年成功躲过两次大跌,让自己的账户资金翻了两倍。

(1) 大学时期就很有理财头脑。

谢女士就读于重庆理工大学数学系,大一开始就不向父母要钱了,在校园里做生意。卖过化妆品，开过洗衣房，当过二房东，生意都不错，到毕业的时候已经赚了20多万元。

（2）第一次炒股从20万亏成3万。

大学毕业后，谢女士第一次接触到股市，"我当时觉得很有意思，第一次跟着乱买了4万元，就遇到了涨停。"

第二天，她就把自己所有的积蓄20万元投入了股市，并辞了工作打算专职炒股。"选股基本靠消息，后来发现也没有几个靠谱的，买卖全凭感觉，一年下来账户里的钱直接从20万变成了3万元。"

虽然亏了不少钱，谢女士却觉得给自己上了人生最宝贵的一课。"从那以后，我开始喜欢股市，买了很多炒股的书，还会主动跟朋友分析行情指数。"谢女士说，这也为她今年炒股赚钱并学会成功地逃顶打下了基础。

（3）斐波那契数列是她的炒股秘方。

斐波那契数列是一个非常美丽、和谐的数列，即1、1、2、3、5、8、13、21⋯直至无穷大。这些数字前一个数字和后一个数字的比值就是黄金分割率0.618。

而将斐波那契数列应用于投资则称为"周期"。从重要的市场顶部或底部起计算未来，得出的时间目标。其中的垂直线分别标志着未来第3、第8、第13、第21、第34、第55及第89个交易日的位置。这些日子可能意味着市场的重要转折点。

谢女士的心得是："当遇到大跌的时候，基本上第3天我会以20%的仓位进入。如果之后还没涨，跌到第5天我会追加三成进去，这时候的反弹概率有50%。若到第8天还在跌，我就会全仓进去。基本上反弹的时候，3天时间可以赚15%～20%。"

（4）每天都要做操作计划。

谢女士每天收市后都会根据判断，做自己第二天的操作计划。"告诉自己低开如何操作、涨了如何操作，等等。"

"我觉得做股票不是赌博，50%概率涨我不会进，50%概率跌我会出，空仓不会亏钱，我只做大概率事件。"

谢女士一直在强调，再有自信都要给自己留好后路，有100万资产拿50万炒股就行了，更不要去配资。同时要了解自己最大的承受能力在哪里，才能做好方案。

（5）主要看深证综指。

谢女士认为：做股票就是要分清楚现在是牛市还是熊市（其判断依据是市场平均市盈率的60倍）。"我是纯粹的技术派选手，我不听任何消息。在选择判断标准上，我主要看深证综指，因为上证指数的大盘子股票太多，指数是失真的。"

"牛市太简单了，随便买，买了不动，翻倍就出。至于逃顶，市场平均市盈率大概60倍左右就要逃了，不要妄想去找最高点。"

问题：（1）你认为谢女士股市成功靠的主要是"斐波那契数列炒股秘方"吗？

（2）一个想在股市活动的人如何才能成为一个合格的股市投资者？

投资名人故事

波浪理论创始人——拉尔夫·纳尔逊·艾略特

拉尔夫·纳尔逊·艾略特（R. N. Elliott，1871—1948），1871年7月28日出生在美国堪萨斯州的玛丽斯维利镇，早年从事过多种职业，后成为一名杰出的会计师。晚年，艾略特以其著名的波浪理论而闻名于世。

1927年艾略特因病退休，在休养期间，他开始将所有的注意力转向了研究股票市场的行为上，揣摩出了股市的波浪行为。1934年，艾略特与正在投资顾问公司任股市通讯编辑的查尔斯·J. 柯林斯（Charles J. Collins）建立了联系，告诉了他自己的发现。1938年，柯林斯为他出版了《波浪理论》（The Ware Principle），并举荐艾略特担任了《金融世界》（Financial World）杂志的编辑。1939年，艾略特在这份杂志上发表了12篇精心撰写的文章宣传自己的理论。1946年，艾略特完成了关于波浪理论的集大成之作《自然法则——宇宙的奥秘》（Nature's Law——The Secret Of the Universe）。

艾略特利用道琼斯工业指数平均值作为研究工具，发现不断变化的股价结构性形态反映了自然和谐之美，提炼出市场的13种形态（Pattern），给出了类似自然界波动规律的"数学表达模型"。艾略特认为，市场走势不断重复一种模式，无论趋势的规模如何，每一周期皆由5个上升浪和3个下跌浪组成。由此，可运用演绎法则来解释市场的行为，并依据波动原理进行市场走势预测，这就是久负盛名的艾略特波段理论（Elliott Wave Theory）。

波段理论可以用一句话来概括：即"八浪循环"。波浪的形态是艾略特波浪理论的立论基础，浪与浪之间的比例关系及浪间的时间间距则是艾略特波浪理论另两个关键要素。同时，波浪理论并不是独立存在的，它与道氏理论、技术分析、经济基本面分析以及新闻价值型都有一些神奇的关联。

波浪理论是较为复杂的一种证券分析技术，但它是证券市场里最常用的趋势分析工具之一。作为描述股市的一种语言，它帮助了无数股民洞悉股市。因此，波浪理论是艾略特为人类知识做出的一个重大贡献。

第七章
K线形态分析技术

本章学习要点：
(1) 熟悉 K 线图的绘制方法。
(2) 理解各种阴阳线的市场意义。
(3) 熟悉典型的 K 线反转形态特征，理解其市场意义。
(4) 熟悉典型的 K 线整理形态特征，理解其市场意义。
(5) 掌握趋势线的画法，理解其市场意义。
(6) 熟悉缺口形态特征，理解其市场意义。

K线图起源于日本18世纪的德川幕府时代（1603—1867年），当时日本米市商人用颇似一根蜡烛的图形来记录每日的米市行情，因此这种图也常常被叫作蜡烛图。后来，这种细腻独到的标画方式被引入股市及期货市场，用以记录价格的变化及一个周期里的价格波动情况，也就形成了今天普遍被应用的K线图。这些图的颜色有黑白或红黑之分，因而也称作阴阳线或红黑线。

通过K线图，人们可以把每日或某一周期的市况表现完全记录下来，用以分析当日或一段时间内的股价变化情况。在实际市场中，股市经过一段时间的运行后，利用K线图记录的股价运行图形往往会显示出一定的趋势形态，人们发现这些不同的形态能体现不同的市场意义。通过人们长期的摸索与总结，目前已获得了几十种典型的K线形态图，基本的类型有反转形态、整理形态及缺口和趋向线等。

7.1 K线图绘制方法

K线图的画法包含四个数据，即开盘价、最高价、最低价、收盘价。首先找到该日或某一周期的最高价和最低价，垂直地连成一条直线；然后再找出当日或某一周期的开市和收市价，把这两个价位连接成一条狭长的长方柱体。假如当日或某一周期的收盘价较开盘价为高（即低开高收），便以红色来表示，或是在柱体上留白，这种柱体就称之为"阳线"；如果当日或某一周期的收盘价较开盘价为低（即高开低收），则以蓝色表示，或是在柱上涂黑色，这个柱体就是"阴线"了。

【例题1】 某市场某只股票在某段时间内的价格数据如表7-1所示，依据这些数据画出的K线图如图7-1所示。

表7-1 某股票的部分数据

时间段	开盘价	最高价	最低价	收盘价
1	20	30	15	25
2	25	25	10	15
3	30	35	15	20
4	45	50	35	40
5	25	40	25	36

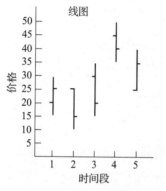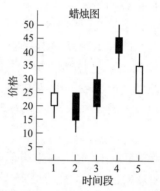

图7-1 一个股票的K线图

K线图绘制方法较为烦琐,且阴线与阳线的变化繁多,对初学者来说需要一定时间才能熟练掌握。不过,我们通过K线图能够全面透彻地观察到市场的真正变化,既可以看到股价(或大市)的趋势,也可以了解到每日市况的波动情形。

7.2 阴阳线分析

依据股价一天中的开盘价、最高价、最低价、收盘价四个数据画出的K线图千变万化,分别揭示着不同的市场意义。14种实体大的基本日线类型如表7-2所示;10种实体小的基本日线类型如表7-3所示。

表7-2 14种实体大的基本日线

序号	线的形状	阳线与阴线	线的性质
(1)		大阳线	强势,出现大阳线时会发生转向
(2)		大阳线	强势,连续下跌后出现表明转强
(3)		大阳线	强势,在高位出现时需慎重对待
(4)		大阴线	弱势,高价位拉锯时出现特别危险
(5)		大阴线	弱势,助长跌势

续表

序 号	线的形状	阳线与阴线	线的性质
(6)		大阴线	弱势，暗示低值
(7)		大阴线	弱势线
(8)		大阳线	强势线
(9)		小阴线	维持弱势
(10)		小阳线	维持强势
(11)		上影阴线	弱势线
(12)		上影阳线	弱势线
(13)		下影阴线	强势线
(14)		下影阳线	强势线

表 7-3　10 种实体小的基本日线

序 号	线的形状	阴线与阳线	线的性质
(1)		开收同值线	暗示攻防转折
(2)		小阴线	不确定
(3)		小阳线	不确定
(4)		开收同值线	转换期
(5)		开收同值线	转换期
(6)		开收同值线	高位出现示意转换，其他为休整
(7)		开收同值线	攻防转折线
(8)		下影阴线	高位出现暗示卖出，低位出现暗示买入
(9)		下影阳线	
(10)		开收同值线	转换线

7.2.1　长红线或大阳线

此种图中的最高价与收盘价相同，最低价与开盘价一样，故图中上下没有影线（如图 7-2 所示）。其基本市场意义是：表示强烈的涨势，买方始终占优势，使价格一路上扬，直至收盘。

7.2.2　长黑线或大阴线

此种图中的最高价与开盘价相同，最低价与收盘价一样，故图中上下没有影线（如

图 7-3 所示）。其基本市场意义是：表示强烈的跌势，从一开始，卖方就占优势，市场呈一边倒，直到收盘，价格始终下跌。

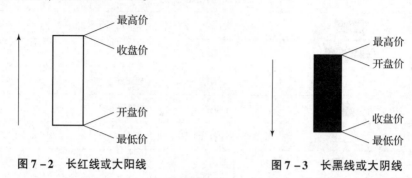

图 7-2　长红线或大阳线　　　　　图 7-3　长黑线或大阴线

7.2.3　先跌后涨型

这是一种带下影线的红实体图形，当日最高价与收盘价相同（如图 7-4 所示）。开盘后，卖气较足，价格下跌，但在低价位上得到买方的支撑，最后价格一路上扬，直至收盘在最高价上。其基本市场意义是：市场总体来讲，出现先跌后涨，但买方力量较大。具体如下：

（1）实体部分比下影线长，表示价位下跌不多即受到买方支撑，买方实力很大。

（2）实体部分与下影线相等，表示买卖双方交战激烈，但大体上买方占主导地位。

（3）实体部分比下影线短，表示买卖双方在低价位上发生激战，但买方所占据的优势不太大。

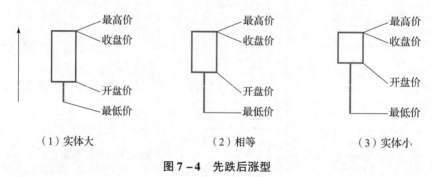

图 7-4　先跌后涨型

7.2.4　下跌抵抗型

这是一种带下影线的黑实体，开盘价即是最高价（如图 7-5 所示）。其基本市场意义是：卖方力量比较大，造成价位持续下跌，不过买方有一定支撑。具体如下：

（1）实体部分比影线长，说明抛售力较大，买方的抵挡力量较弱，从总体上说，卖方占有比较大的优势。

（2）实体部分与影线同长：在较低价位上买方的抵抗增加，但卖方仍占一定优势。

（3）实体部分比影线短：卖方把价位一路压低，但最后遇到买方顽强反击，说明卖方只占极小的优势。

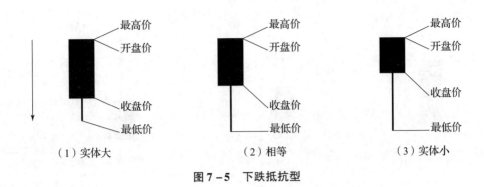

（1）实体大　　　　　　　（2）相等　　　　　　　（3）实体小

图 7-5　下跌抵抗型

7.2.5　上升阻力型

这是一种带上影线的红实体，开盘价处于最低价（如图 7-6 所示）。其基本市场意义是：开盘买方强盛，但在较高价位遭遇卖方压力，使股价上升受阻。总体上买方略胜一筹，具体如下：

（1）红实体比影线长，在高价位遇到阻力，说明有部分获利回吐，但买方仍是市场的主导力量，后市一般看涨。

（2）实体与影线同长，随着买方价位上推，卖方压力也在增加。说明买方优势不是很大。

（3）实体比影线短，说明在高价位卖方全面反击，最后收回大部分失地。这种 K 线如出现在高价区，则后市往往看跌。

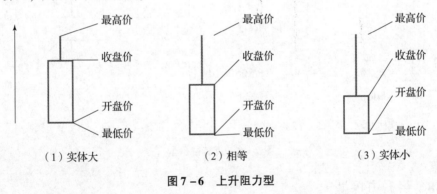

（1）实体大　　　　　　　（2）相等　　　　　　　（3）实体小

图 7-6　上升阻力型

7.2.6　先涨后跌型

这是一种带上影线的黑实体，收盘价即是最低价（如图 7-7 所示）。其基本市场意义是：一开盘买卖双方就陷入交战状态。一开始买方稍占上风，但在高价位遇阻；在卖方反攻下买方节节败退，最后在最低价收盘，说明最终是卖方占了优势。具体如下：

（1）黑实体比影线长，表示买方遇到卖方强有力的反击，说明卖方力量特别强大。

（2）黑实体与影线相等，说明卖方占据主导地位，具有一定优势。

（3）黑实体比影线短，说明卖方虽最终将价格打压下去，但优势较小，第二天很可能遭到买方再次反攻。

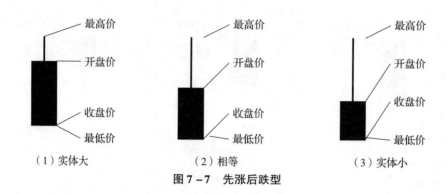

图 7-7 先涨后跌型

7.2.7 反转试探型

这是一种上下都带影线的红实体（如图 7-8 所示）。其基本市场意义是：开盘后价格受到打压，但其后遇买方支撑并将价格一路上推，但临收盘前出现部分买者获利回吐。这往往是在市场反转前夕表现出来的一种震荡现象，具体如下：

（1）上影线长于下影线之红实体。其中，影线部分长于红实体表示买方力量受挫折；红实体长于影线部分表示买方虽受挫折，但仍占优势。

（2）下影线长于上影线之红实体。其中，红实体长于影线部分表示买方虽受挫折，但仍居于主导地位；影线部分长于红实体表示买方尚需接受考验。

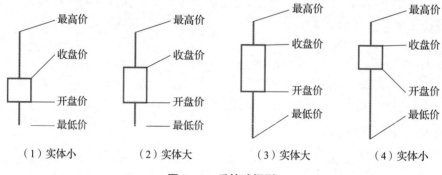

图 7-8 反转试探型

7.2.8 弹升试探型

这是一种上下都带影线的黑实体，但实体和影线都不大（如图 7-9 所示）。其基本市场意义是：开盘后，买方购买意愿不太大，使得卖方渐居主动，形成股价逆转；当然，在低价位有买方支撑，最终不会以最低价收盘。这基本上是一种买卖双方的胶着状态。

7.2.9 十字线型

这是一种只有上下影线，没有实体的特殊图形（如图 7-10 所示）。其基本市场意义是：开盘价即收盘价，虽然在运行期间出现过上下起伏，但最终回到原位，说明买方与卖方几乎势均力敌。

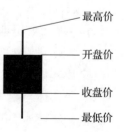

图 7-9 弹升试探型

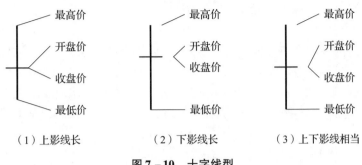

(1) 上影线长　　　(2) 下影线长　　　(3) 上下影线相当

图 7-10　十字线型

具体来讲：上影线长，表示卖压稍重；下影线长，表示买方力量稍强；上下影线看似等长的十字线，可称为转机线。这种情景经常出现在趋势可能反转的时候。

7.2.10 "⊥" 图形

"⊥"又称空胜线，开盘价与收盘价相同（如 7-11 所示）。其基本市场意义是：当日交易都在开盘价以上之价位成交，但以最低价收盘，说明卖方最终稍占优势。

(1) 空胜线　　　　　　　　(2) 多胜线

图 7-11　⊥字图形

"T"图形又称多胜线，开盘价与收盘价相同。其基本市场意义是：当日交易都在开盘价以下之价位成交，但又以当日最高价（即开盘价）收盘，说明买方最终稍占优势。

7.2.11 "一" 图形

此图形在正常情况下不多见，但在连续涨停或连续跌停中则经常见到。其基本市场意义是：开盘价、收盘价、最高价、最低价在同一价位。一般出现在两种情景下：一种是说明交易非常冷清，另一种属于有特殊状况而发生下一字形涨停或跌停。

7.3　K 线反转形态分析

反转形态指股价趋势逆转过程中所形成的图形，可作为股价由涨势转为跌势或由跌势转为涨势的信号加以运用。本节主要介绍一些典型的 K 线反转形态。

7.3.1　头肩顶形态

头肩顶形态是证券市场中最为常见的反转形态图之一，主要在一段较大的上涨行情接近尾声时形成,因此一般可以认为是一种看跌信号。

7.3.1.1 形态特征

股价在一段时间的运行中出现了三个峰顶,分别被称为左肩、头部和右肩,因此基本形态图由左肩、头部、右肩及颈线构成(如图7-12所示)。从图形上看,左肩、右肩的最高点基本相同,而头部最高点比左肩、右肩最高点要高。从成交量变化看,在头肩顶形成过程中,左肩的成交量最大,头部的成交量略小些,右肩的成交量最小,成交量呈递减现象。

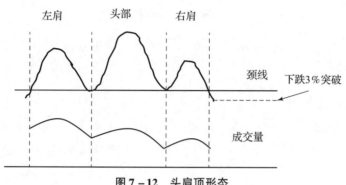

图7-12 头肩顶形态

7.3.1.2 形态分析

(1)左肩部分——一开始股价惯性持续上涨,成交量很大;由于以前任何时间买进的人这时都可能获利,故有人开始获利回吐,结果股价达到一个高点后开始出现短期的回落,回落过程中的成交量比峰值前有显著减少。

(2)头部——股价经过短暂的回落后,又产生一次较强的上升过程,其高点超越左肩峰但成交量却较之于左肩部分明显减退,然后股价出现冲高回落现象。

(3)右肩部分——股价下跌到接近左肩回落低点时获得支撑又再获回升,不过成交量较左肩和头部明显减少,其股价未能抵达头部高点便告回落,于是形成右肩部分。

(4)突破——由左肩底和头部底两个低点连接所形成的线为底部颈线,当右肩下跌穿破该颈线价位的3%以上时,可认为股价下跌态势形成。

7.3.1.3 市场意义

头肩顶是一个长期性趋势的转向形态,通常会出现在牛市的尽头。这种形态的形成过程反映了经过一段较大上涨后市场投资者间出现了较大分歧,股价三起三落,表明市场情绪波动很大、多空双方争夺激烈。这种形态一旦确立,说明买方力量不足,卖方完全控制了市场,股价将会出现较大幅下跌现象。

7.3.1.4 技术运用提示

头肩顶一般是一种典型的见顶信号,一旦基本形态形成,且多方赖以生存的颈线被击破,投资者止损离场就是最明智的选择。当然,市场运行永远是复杂的,会出现许多不确定因素,投资者实战中的操作还需要结合其他技术指标分析及市场变化情况合理运用头肩顶形态分析技术。

(1)股价经过大幅上涨后开始出现头肩顶雏形时就要引起高度警惕,可以逐步减轻持仓或在股价跌破颈线时全部卖出后进行观望。

（2）成交量观察很重要，当最近的一个高点的成交量较前一个高点为低时，就暗示了头肩顶出现的可能性。当然，成交量递减现象也不是绝对的。有些统计分析表明：大约有三分之一的头肩顶左肩成交量较头部为多，三分之一的成交量大致相等，其余的三分之一是头部的成交大于左肩的。

（3）头肩顶颈线被有效击破时，必须果断沽出。在颈线位置尽管股价看上去已回落了相当的幅度，但实际上真正的跌势才刚刚开始。一般而言，头肩顶形态的最少跌幅量是一个头部的高度。

（4）上涨时要放量，但下跌时则未必。如果击破颈线后出现放量下跌，则显示市场的抛售力量很大，股价则会出现加速下跌现象。

（5）假如股价最后在颈线水平回升且高于头部，或是股价于跌破颈线后回升高于颈线，这可能是一个失败的头肩顶。

（6）如果右肩的高点较头部还要高，头肩顶形态便不能成立。

【例题2】 2005年6月，上证综合指数经过长达数年的熊市后见到了最低的997点，然后通过调整构造了一个双底形态，此后出现一轮较大的上涨行情。在1 200点左右出现了回调。这虽然不算是走出了一个特别典型的头肩顶形态（后市看这是上涨过程的一个调整形态），但我们仍可用头肩顶形态原理对此作出一个基本分析（如图7-13所示）。

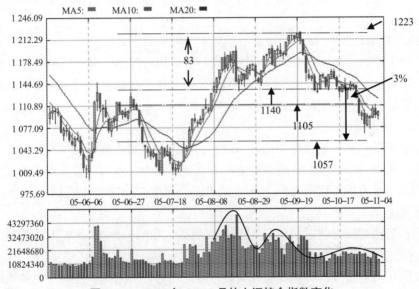

图7-13 2005年6—11月的上证综合指数变化

7.3.2 头肩底形态

头肩底也是一种典型的趋势反转形态，但它往往是在行情下跌尾声中出现的看涨形态。

7.3.2.1 形态特征

头肩底和头肩顶的形状一样，只是整个形态倒转过来而已，所以图形由左肩、底、右肩及颈线四个部分构成（如图7-14所示）。头肩底形态的形成时间较长且形态较为平缓，且由于底部供货不足其总成交量比头肩顶形态的总成交量要少。

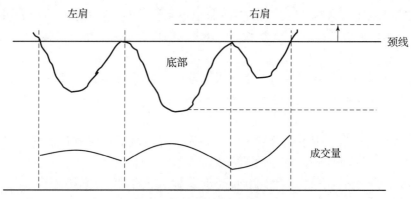

图7-14 头肩底形态

7.3.2.2 形态分析

股票价格从左肩处开始下跌至一定深度后弹回原位,股价下跌中成交量相对增加,反弹中成交量较小;然后股价重新下跌且超过左肩的深度,形成头部后再度反弹回原位,这个阶段的成交量较左肩为多;第三次的回落时的成交量很明显少于左肩和头部,当跌至左肩位置时跌势便稳定下来形成了右肩。其后开始第三次反弹,伴随着成交量增加冲破颈线阻力,此后便出现一路上扬的态势。

7.3.2.3 市场意义

头肩底发出的信号是,过去的长期性下跌趋势已扭转过来。股价三落三起,在第三次下跌时不再创新低,且成交量出现萎缩,说明看多的力量正在积蓄。当两次反弹的高点阻力线(颈线)被带量冲破后,则显示多头已开始控制整个市场。

7.3.2.4 技术运用提示

(1) 头肩底是一个长期性趋势的转向形态,通常会出现在熊市的尽头。

(2) 当最近的一个低点的成交量较前一个低点为高时,就暗示了头肩底出现的可能性。

(3) 当第三次股价下跌未降到上次的低点,且成交开始继续上升时,有经验的投资者就可开始尝试建仓。

(4) 当头肩底颈线击破时,就是一个真正的买入信号。此时升势只是刚刚开始,价格上涨的最小幅度就是从头部的最低点到颈线的距离。

(5) 颈线阻力突破时,必须要有成交量激增的配合,否则这可能是一个错误的突破。

(6) 在升破颈线后可能会出现暂时性的回跌,但回跌不应低于颈线,特别是如果低点低于头部一定是一个失败的头肩底形态。

【例题3】 创业板上市的股票华测检测(300012)在2010年的1、2两个月构造了一个基本的头肩底形态,此后产生了一段较好的涨幅(如图7-15所示)。

7.3.3 复合头肩顶(底)形态

复合头肩顶(底)是头肩顶(底)的变形走势形态,其形态和头肩顶(底)十分相似,只是肩部、头部可能同时出现多次,故其市场意义也基本与普通的头肩顶(底)一样。

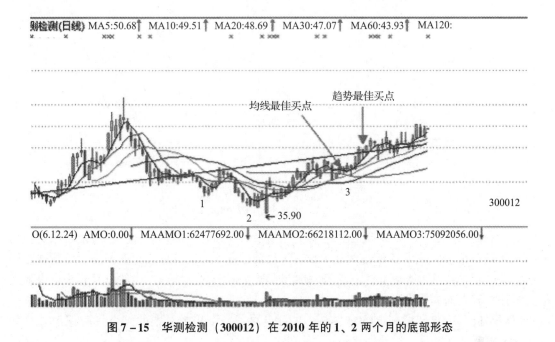

图 7-15　华测检测（300012）在 2010 年的 1、2 两个月的底部形态

7.3.3.1　复合头肩顶

复合头肩顶可以是一头多肩式形态、多头多肩式形态，其在顶部出现时显示市场将转趋下跌。如图 7-16 所示给出了一个双头双肩的复合头肩顶示意图例。

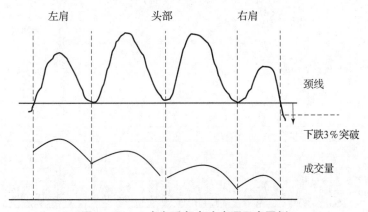

图 7-16　一个多重复合头肩顶示意图例

"万变不离其宗"，复合头肩顶形态的形成说明在经过一定时间上涨后多空双方出现了较为复杂的争夺，图形形态一旦确立，就形成转市下跌态势。一般而言，胶着时间长则意味着空方最后确立的优势是有限的，因此复合头肩顶形态的力量往往较普通的头肩形态弱。

7.3.3.2　复合头肩底

复合头肩底的具体形态有很多种，比如一头多左肩、一头多右肩、一头多肩、双头双肩、双头多肩等。如图 7-17 所示给出了两个复合头肩底示意图例。

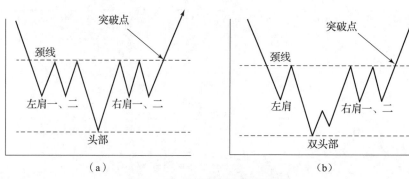

图 7-17 复合头肩底示意图例

(a) 一头双左右肩；(b) 双头两右肩

复合头肩底形态在底部出现时，即表示一次较长期的升市即将来临。不过复合头肩底构成形态比较复杂，反映了多空双方复杂的博弈较量过程。因此，形态辨认不易，颈线很难画出来。不过，一旦其形态确立，其走势一般与普通头肩底完全一致。当然，复合头肩底形态的力量往往较普通的头肩形态弱。

【例题 4】 2005 年的国电电力在 5—10 月走出了一个较为复杂的复合头肩顶形态（如图 7-18 所示）。

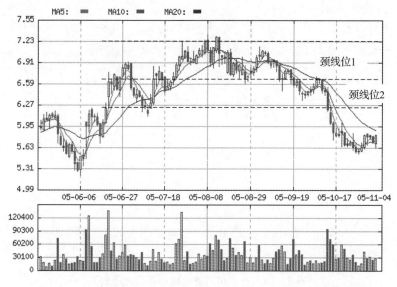

图 7-18 国电电力（600795）股价在 2005 年中走出的一个形态

7.3.4 圆形顶形态

圆形顶及圆形底形态都是典型的市场反转形态，但在博弈过程中表现出市场多空双方势均力敌，在使股价维持一段较长时间的盘局。当然，最终有一方取得优势，从而出现股价向上或向下的反转行情。

7.3.4.1 形态特征

圆形顶亦可称为圆弧顶，即指股价呈现出圆弧形走势（如图 7-19 所示）。这种形态初期表现是缓慢的逐步上升，当股价到达一个高点之后又开始逐渐下滑，故 K 线组合构成一个圆弧形图形。在圆弧末端，如果股价向下突破颈线时，则将出现快速下跌趋势。

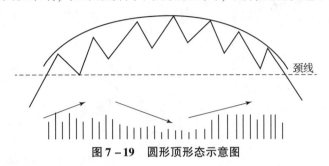

图 7-19 圆形顶形态示意图

7.3.4.2 形态分析

股价一开始不断升高，但涨不了多少就回落，新高点较前高点只是略高而已，表现为进二退一式的微波动式上升。其后，高点走平，出现盘局，进而呈现逐渐降低的态势。把这期间 K 线的高点连接起来，就形成了一个圆弧顶。一般地，在上升阶段成交量方面是逐级减少的。当突破颈线时，成交量会稍有放大，颈线突破确立就会出现下跌加速现象。

7.3.4.3 市场意义

股价走出圆形顶形态，说明多方在维持了一段股价涨升之后，购买力逐步趋弱使得涨势趋于缓和。而随着空方力量的逐渐加强，双方力量进入均衡状态使得股价出现相持状态。其后，空方力量逐渐超过多方，股价开始回落。当空方完全控制了市场，则会呈现急转跌势。因此，先知先觉者往往在形成圆弧顶前就开始了抛售。当然，在向下突破圆弧顶颈线时（3%），出局则是一种更理性的选择。

7.3.4.4 技术运用提示

（1）有时当圆形头部形成后，股价并不马上下跌，只反复向横发展形成一个被称作碗柄的徘徊区域。当这个碗柄被突破，股价就会向跌势发展，这期间实际上为投资者提供了一个大跌前逃跑的机会。

（2）圆弧顶的理论下跌目标位很难确定，一般以圆弧顶突破颈线位后从圆弧颈线到圆弧顶最高点之间的垂直距离作为最小跌幅。

（3）在构筑圆形顶形态的过程中，成交量没有固定的特征。

（4）圆弧顶多出现于绩优股中，这主要是由于投资者对其持股的心态较稳定所致。

（5）在圆弧顶末期，有时会出现跳空缺口或大阴线，这是一个强烈的出货信号。

【例题 5】 图 7-20 所示是深赤湾（000022）股价曾经走出过的一个典型圆弧顶形态，在圆弧顶末端一根大阴线突破了颈线位，其他指标也显示了走坏的迹象，说明后市将进入空头市场。

7.3.5 圆形底形态

7.3.5.1 形态特征

圆形底也称圆弧底，是经过前期较大下跌后空方与多方力量此消彼长，由缓慢跌势逐渐转为缓慢上涨过程所形成的呈圆弧状底部反转上攻形态（如图 7-21 所示）。其形成多在股价低位区域，形态一旦成立往往会产生较强的上涨过程。

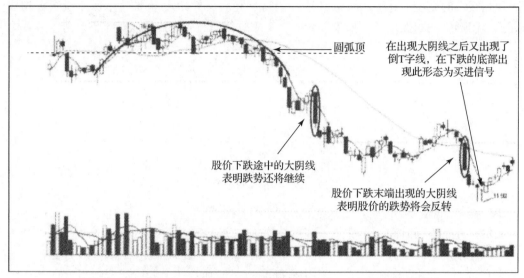

图7-20 深赤湾（000022）股价曾经走出过的一个典型圆弧顶形态

（资料来源：http://www.moneyah.cn/a/Kxiantu/jgxt/2013/0416/6113.html. 2013-04-16）

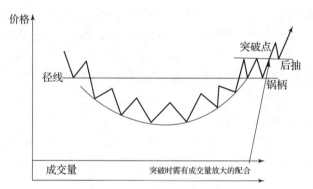

图7-21 圆形底形态示意图

7.3.5.2 形态分析

初期阶段股价缓缓下行，虽不断创出新低，但每次跌幅都不大，且形成下跌和弹升交错进行的态势。随着回落逐渐形成一个弧底，多空达到平衡而出现盘局。其后买方力量逐渐增强，股价波动小幅上升。将这个过程K线的最低点连接起来就形成了圆弧状底部形态。同时，成交量变化与股价同步，先是逐渐减少，随后伴随股价回升，成交量渐次增加，也呈圆弧状。

7.3.5.3 市场意义

由于价格经过长期下跌之后很多投资者高位深度套牢只能被动等待解套，空方能量逐渐枯竭，但短时间内买方力量也难以集聚起来，多空双方陷入胶着，市场在慢慢恢复元气过程中其股价走势形成了圆弧底形态。

圆弧底清晰显示了多空双方力量转化过程以及主力的吸货过程。当主力机构或先知先觉者悄悄收集到足够多的低廉筹码时，买方势力就完全控制住了市场，其后就可能出现配合成交量放大的股价快速拉升。

7.3.5.4 技术运用提示

（1）圆弧底形态过程往往较长，最好的介入时机可选择在突破颈线时。

（2）圆弧底形态通常是主力机构吸货区域，其炒作周期长，多空换手充分，故在完成圆弧底形态后的涨幅度也往往是很大的，但一般投资者要注意在启动前的震仓洗盘。

（3）如果圆弧底构筑时间较长，当带量有效突破颈线位时，股价会迅速上扬，很少回档整理。

（4）有时当圆弧底部形成后，股价并不随即上涨，而是先走出一个来回窄幅拉锯的平台——锅柄，此处往往是较好的买点。

（5）如果圆弧底距离前期的成交密集区太近，后市上涨高度往往有限；但调整时间足够长时期，最终上涨高度往往是弧底最低点到颈线距离的 3 至 4 倍。

【例题 6】　创业板上市的华谊兄弟股票（300027），2010 年 2 月前后出现了一个圆形底（如图 7-22 所示）。

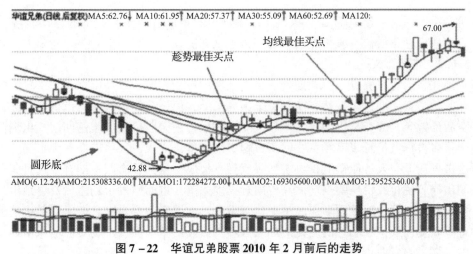

图 7-22　华谊兄弟股票 2010 年 2 月前后的走势

7.3.6　双重顶形态

双重顶由两个较为相近的高点构成，其形状类似于英文字母的 M，因而又称"M"头。双重顶是 K 线形态图中较为常见的反转形态之一，对分析主力资金的激烈争夺过程及市势转化有重要参考意义。

7.3.6.1　形态特征

双重顶的基本形状是两个顶峰，分别称为左峰和右峰（如图 7-23 所示）。两个峰顶可以一般高，也可以是左峰比右峰稍低一些。在左峰回落的低点位置画出一条水平线就是该形态的颈线，当右峰形成中的回落阶段股价跌破颈线支撑，双重顶形态即告成立。在双重顶的形成过程中，成交量呈现递减现象，左峰较右峰成交量大。

7.3.6.2　形态分析

双重顶形态是在股价上涨至一定阶段之后形成的，当股价上升到某一水平出现了大的成交量时，说明市场分歧加大，股价随之回落，形成第一个峰顶。其后，在市场热情仍高涨或主力诱导下股价被推升至与前一个峰顶几乎相等的高度，但却不能达到上一个高峰的成交量

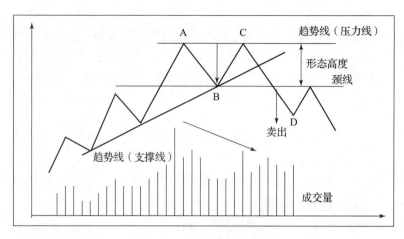

图 7-23 双重顶形态示意图

时,股价会再次回落,形成第二个峰顶。在双重顶的形成过程中,股价的移动轨迹就像 M 字。一旦有效击穿颈线位,股价即会转为完全下跌态势。

7.3.6.3 市场意义

双重顶往往出现在股价一直长期处于单边上涨的过程末期。长期上涨累积了较大的获利筹码,在股价继续上冲过程必然有获利资金出局了结,但许多投资者对后市仍然看涨,结果出现多空激烈博弈,成交量也随之大幅放大。抛售压力使得股价开始震荡回落,出现调整走势。由于很多投资者仍看多市场,在回落过程中继续逐步买入,一些前期获利出局的资金也可能再度进场逢低介入,使得股价再次掉头反弹,但成交量并没有跟进配合。这时获利资金再度获利出局,使得股价反弹至前面高位附近再度回落,进而引发市场恐慌资金跟出,跌破第一次回落低点,形成双重顶形态。可见,双重顶形成因素主要是在长期保持单边上涨后获利者的筹码松动以及市场心理的变化。如果有经济或股价基本面、市场负面消息出现,则会加重利空预期,引发股价的转市下跌。

7.3.6.4 技术运用提示

(1) 双重顶是一种常见的顶部反转信号,一旦形态确立股价下跌就几乎成为定局,此时投资者应及时离场。

(2) 颈线位是重要的参考依据,股价正式跌破颈线支撑(收盘价在颈线 3% 以下),持股者应及时清仓。未能及时止损的投资者也可等待股价再度反抽至颈线位置再逢高出局。

(3) 形成第一个头部时,其回落的低点约是最高点的 10%~20%。

(4) 双头最少跌幅的量度方法,是由颈线开始计起,至少会再下跌从双头最高点至颈线之间的差价距离。

(5) 双重顶不一定都是绝对的反转信号,有时也会是一种整理形态。

【例题 7】 2007 年中国股市出现了历史性的大涨盛况,但在 2008 年却又产生了非常惨烈的下跌。许多投资者空喜一场,众多普通投资者损失惨重。事实上,这次股市大跌之前,上证指数、深圳指数都有一个做头部的过程。如图 7-24 所示展示了深圳成分指数做头的一个过程。

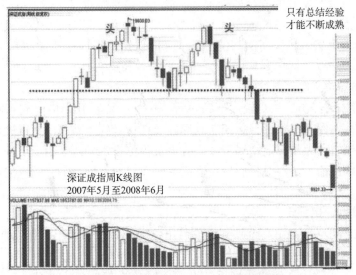

图 7-24 深圳成分指数的一个双重顶形态

7.3.7 双重底形态

双重底由两个较为相近的底点构成,其形状类似于英文字母的W,因而又称"W"底,这种技术形态一般是底部形成的一个重要标志之一。

7.3.7.1 形态特征

双重底形态一般出现在某一下跌行情的末期,股价经过连续下跌之后在某一位置企稳,形成第一个低点。抄底买盘推动反弹上涨,但达到一定高度时因获利盘打压再度回落至前期低点附近,此时空方力量衰竭,无力再创新低,形成第二个低点。在买方力量逐渐占优的情况下,股价再次回升,如能突破上次反弹高点和颈线位,双重底(W底)形态形成(如图7-25所示)。

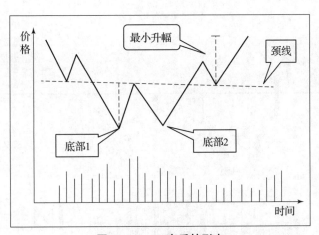

图 7-25 W 底反转形态

7.3.7.2 形态分析

(1) 双重底形态的两个低点不一定相对称,但第二个低点不能低于第一个低点。

（2）第一个点及其回升的成交量较大，但第二个低点的成交量非常沉闷。

（3）两个低点间的间隔不能太短，一般在一个月以上，间隔太短也可能是个诱多陷阱。

（4）必须有效突破颈线位（从高位下跌下来的低点与筑底中第一次反弹高点的连线），形态才算完成。

7.3.7.3 市场意义

由于W底形成前经历了一个较大下跌过程，一些投资者开始惜售或有新的低价购买尝试者，股价出现探底回升现象，但短期获利回吐及持货者的逢高沽出使得股价反弹到一定高度后出现回落。当空方力量日渐枯竭，主力资金及很多投资者认为股价已跌无可跌时，买方力量就会在没有跌倒前一低点时将股价拉升起来。在成交量配合下，股价突破颈线位，则形成新的上升趋势。

7.3.7.4 技术运用提示

（1）双重底形态必须是由高位跌到低位后出现的，其他情景出现的W形态就不能按照常理来认定。

（2）W底形态一般为强烈的看涨反转形态，但必须在成交量的配合有效突破颈线阻力位才能确认形态成立。

（3）双底构筑时间越长，后市效果越好。

（4）突破颈线位后的上涨幅度等于（或超过）低点到颈线位的幅度。

（5）突破颈线位后可能出现回抽确认，一旦得到颈线位的有效支撑，就是又一个较好的买入点。

【例题8】 中国股市在2007年出现了一波牛市行情，其实这一行情的出现是有一定先兆的。从深圳成分指数的周K图线看，在经历了漫漫熊市后的2005年4月至2006年的6月作出了一个长达一年多的历史大底，这个底部形态是一个典型的W底（如图7-26所示）。

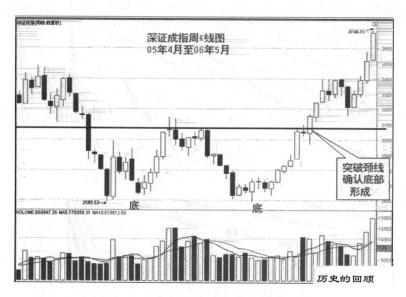

图7-26 深圳成分指数的一个双重底形态

7.3.8 三重顶（底）形态

7.3.8.1 三重顶形态

三重顶是由三个大约相同的峰顶构成的转势形态（如图 7-27 所示），通常出现在上升市况中。三重顶形态实际上与双重顶十分相似，只是多一个顶。因此，三重顶市场意义与双重顶相近，只是说明其市场争夺更激烈一些，多空双方相持时间可能更长一些。

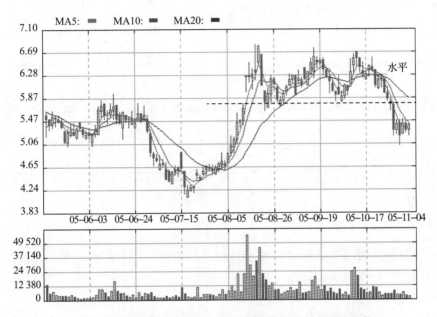

图 7-27 科大创新（600551）曾走出过的一个三重顶形态

三重顶的顶峰与顶峰之间隔距离与时间不必相等，同时三重顶之底部不一定要在相同的价格形成，大至相差 3% 以内就可以了。在三重顶形成的过程中，成交量在上升期间一次比一次少，在第三个顶时成交量非常小，这时即显示出下跌的征兆。从理论上讲，三重顶顶部愈宽，将来下跌的力量就愈强。

7.3.8.2 三重底形态

三重底形态一般出现在一段下跌行情的尾端，股价连续三次下跌都获得支撑，期间两次反弹几乎都在相同的价位遇到阻力后回调，最后形成了由两个顶部、三个谷底构成的底部反转形态（如图 7-28 所示）。其中两个顶部连接起来的水平线即成为颈线，在形成最后一个底部后股价上涨突破颈线，三重底形态完成。

三重底可以说是头肩底的变异形态，也可以说是 W 底的复合形态，其市场意义与 W 底、圆弧底形态类似，一般都是预示股价见底，后期行情极有可能转好。当然，三重底形态反映了多空双方在底部争夺较为激烈，随着空方力量不断衰竭，多方力量逐渐聚集并在最后占据了优势。

与三重顶同理，三重底的谷底与谷底间隔距离与时间不一定相等，三个谷底的股价也不必完全相同（差距可达 3%），底部形成构筑时间越长拉升时间也就越长。需要强调的是在第三个底部完成而股价上升突破颈线时，成交量需大量增加。

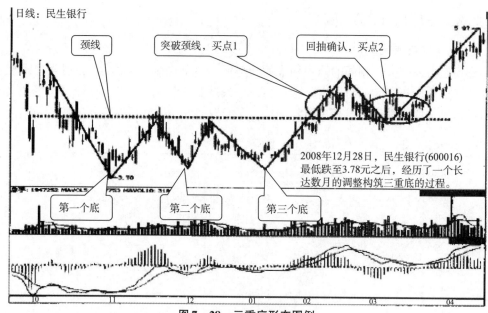

图 7-28 三重底形态图例

7.3.9 潜伏底形态

所谓"潜伏底"就是股价经过前期一段跌势后,在一个狭窄的区间内长期波动,股价的 K 线图形成了一条带状。潜伏底一旦向上突破后,往往会出现巨大的上升幅度。

7.3.9.1 形态特征

股价在一个极狭窄的范围内横向移动,每日股价的高低波幅极少,且成交量亦十分稀疏,在图表上看几乎就像一条横线(如图 7-29 所示)。潜伏底的筑底时间较长(数月有的甚至几年),期间成交量几乎处于停滞状态。但一经突破上档压力线,股价则大幅向上抬升。

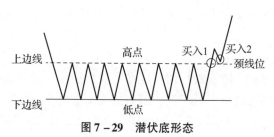

图 7-29 潜伏底形态

7.3.9.2 市场意义

潜伏底大多出现在市场淡静之时以及一些冷门股中,股性不活跃、股票流通量少,使得这类股票买卖稀少,故股价往往会横盘很长时间。当受到某些突如其来的消息,例如公司盈利大增、分红前景好等的刺激,该股会突然出现不寻常的大量成交,股价随机脱离潜伏底,出现大幅向上扬升的现象。

7.3.9.3 技术运用提示

(1)潜伏底通常出现在交投不活跃的股票中。

（2）当处于潜伏底的股票伴随成交量的出现明显向上突破时，跟进这些股票利润十分可观，且风险很低。

（3）突破时的特征是成交量激增，价格每日的高低波幅增大。

（4）在突破后的上升途中，必须继续维持高成交量。

（5）潜伏底一旦爆发，上攻势头十分猛烈，常常会造成连续逼空的行情。这是因为股价横盘时间已经很长，换手相当彻底的缘故。

【例题9】 上证上市公司西水股份（600291）在2005年5月至2006年6月进行了长达一年的底部调整，其后出现了一轮大幅上涨行情（如图7-30所示）。

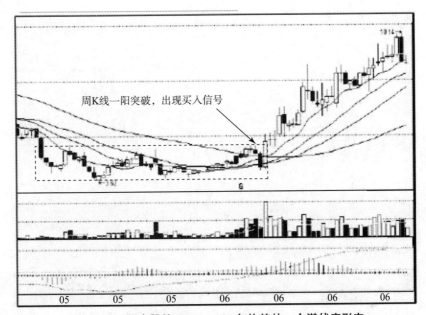

图7-30 西水股份2005—2006年构筑的一个潜伏底形态

7.3.10 V形和伸延V形形态

V形是股价出现快速下跌后又快速回升所形成的一个类似英文字母"V"的K线组合形态。V形走势是个转向形态，显示过去的趋势已逆转过来。"伸延V形"走势是"V形走势"的变形，它是成V形走势形成期间在上升（或是下跌）阶段呈现的变异，股价有一部分出现向横发展的成交区域，其后打破该徘徊区，继续完成整个形态。

倒转V形和倒转伸延V形的形态特征，与V形走势刚相反，市场意义亦相反。

7.3.10.1 形态特征

V形走势，可分为三个部分。①下跌阶段：通常V形的左方跌势十分陡峭，而且会持续一段时间。②转势点：V形的底部十分尖锐，一般来说形成这个转势点的时间仅三、两个交易日，而且成交量在这个低点明显增多。③回升阶段：接着股价从低点回升，成交量亦随之而增加。

7.3.10.2 市场意义

V形形态展示的市场意义是：一开始市场中卖方的力量很大，令股价持续地下降。当这股卖出力量消失之后，买方的力量完全控制整个市场，使得股价出现戏剧性的回升，几乎以下跌时同样的速度收复所有失地。因此，在 K 线组合形态上呈现出一个像 V 字形的移动轨迹。

7.3.10.3 技术运用提示

（1）行情判断较难，无法从先前的股价或指数走势来预推其发生的可能性。
（2）反转发生后，并不一定表示后续走势会持续。
（3）V 形走势在转势点必须有明显成交量配合，在图形上形成倒 V 形。

【例题 10】 2008 年 10 月、11 月中，中恒集团（600252）股价运行在底部区域构筑了一个明显的 V 形形态（如图 7-31 所示），其后股价出现了大幅上涨。

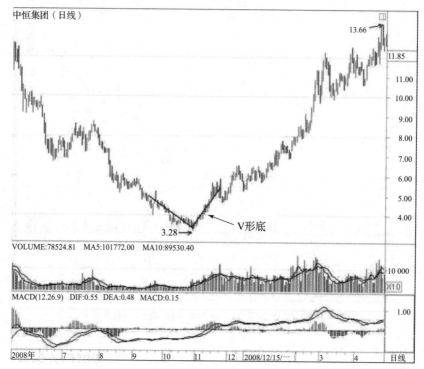

图 7-31 2008 年中恒集团股价运行的 V 形形态

7.3.11 喇叭形形态

喇叭形是在股价的波动幅度不断增大下，一段时间里形成的 K 线组合形态，因其酷似一只喇叭形状，故而得其名。

7.3.11.1 形态特征

股价先上升后下跌，然后再上升再下跌，这个过程至少持续三次。每次上下波动幅度都在扩大。如果把震荡的高点和低点分别连接起来，就可以画出三角状的喇叭形态。

在成交量方面，整个形态形成的过程保持着高而且不规则的成交。喇叭形分为上升型和下降型（如图 7-32 所示），其含义基本一样。

7.3.11.2 市场意义

股价波动的幅度越来越大，说明市场情绪很冲动。如果在股价长期性上升的最后阶段出现，且出现不规则巨额成交量，则说明市场具有炽烈的投机气氛，这可能就是一个缺乏理性

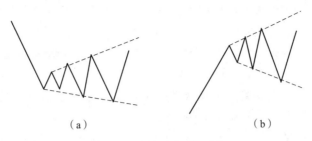

图 7-32 喇叭形反转形态

和失去控制的市场,是大跌市来临前的先兆。

7.3.11.3 技术运用提示

(1) 三个高点和两个低点是喇叭形已经完成的标志。

(2) 当下限被跌破时(3%),下跌形态便可确定。

(3) 该形态并没有最少跌幅的量度公式估计未来跌势,但一般来说幅度都是很大。

(4) 喇叭形是由投资者冲动和不理性的情绪所造成的,因此它绝少在跌市的底部出现。

(5) 这种形态也有可能会向上突破,如果股价以高成交量向上突破界线,前面上升的趋势则仍会持续。

【例题 11】 如图 7-33 所示展示了一个 2008 年 8 月中旬后万东医疗(600055)股价走出的一个喇叭形反转形态。

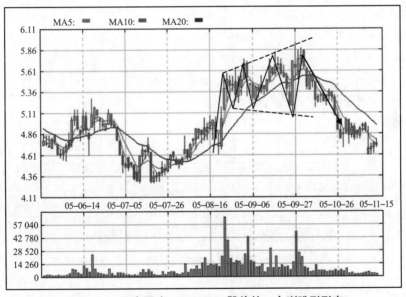

图 7-33 万东医疗(600055)股价的一个喇叭形形态

7.3.12 单日(双日)反转形态

单日(或双日)反转之所以作为一种典型形态来理解,是它反映了市场走势的急剧变化,是一种快速转市的重要信号。

7.3.12.1 形态特征

当一只股票(或市场指数)经过一段持续上升时间,在某个交易日股价突然不寻常地被推高,但马上又受到了强大的抛售压力,把当日所有的升幅都完全跌去,并以全日最低价(或接近全日最低价)收市,这个交易日就叫作顶部单日反转。如果在上升的过程中,某交易日该股股价大幅攀升并以全日的最高价收市,可是翌日股价将昨日的升幅完全跌去且以最低价收市,这种走势就称之为顶部两日反转。

同样在下跌时,某个交易日里股价突告大幅滑落,但接着的一个交易日便完全收复失地,并以当日最高价收市,这就是底部两日反转。

7.3.12.2 市场意义

顶部单日(双日)反转通常在消耗性上升的后期出现;底部单日(双日)反转则是在恐慌性抛售的末段出现。

7.3.12.3 技术运用提示

(1)单日反转当天,需要成交量的突然大增,否则形态就不能确认。

(2)当日波幅较大,股价高开或低开,然后价格迅速以反方向移动,是单日反转的重要特征信息。

(3)经常在临收市前15分钟,交投突然大增,价格迅速朝相反方向移动。

(4)有时并非是长期性趋势逆转的讯号,在整理形态的顶部中也可出现。

【例题12】 莱茵置业(000558,现名莱茵体育)在股价运行的2005年9月21日出现了一个双日反转形态(如图7-34所示)。

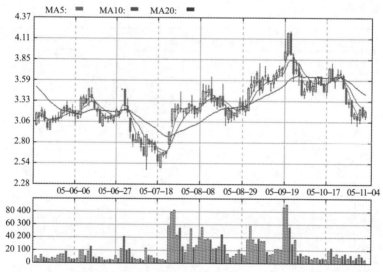

图 7-34 2005 年莱茵置业(000558)的一个双日反转形态

7.4 K线整理形态分析

当价格推进过快的时候,就会在推动力量相对衰竭的地方停下来,在一定的支撑位置出现向右平移或小幅下移的整理过程,整理过程中常常会在K线组合上表现出特定的整理形态图。整理形态完成后大部分的时候会继续原有的趋势,也有少数时候情况会形成反转趋势。本节重点介绍几种典型的整理形态。

7.4.1 对称三角形

对称三角形是一种较为典型的整理形态,其变形还有上升三角形、下降三角形以及扩张三角形等。

7.4.1.1 形态特征

价格在特定范围内出现了徘徊争持的波动局面,每一次短期回升的高点都较上次为低,而新的短期回落的低点都较上次为高。三角形是指将图形上高点和低点连接起来,就可以画出一个两条直线最终会相交于一点的上下相对称的三角形状,即为对称三角形形态(如图7-35所示)。对称三角形形态构形成期间,成交量呈现下降的倾向。

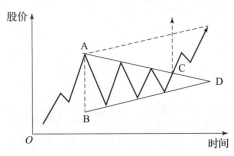

图7-35 对称三角形形态

7.4.1.2 形态分析

股价属于调整幅度逐渐缩小的收敛整理,呈现为对称三角形的压缩图形,整理过程中成交量渐少。连接各高点形成此次整理的上升阻力线(AD线),连接各低点形成下降支撑线(BD线)。若股价放量有效突破上升阻力线(AD线),或出现可能的回抽但能站稳在阻力线之上,则向上突破成功。

7.4.1.3 市场意义

对称三角形一般只是原有趋势运动途中的休整状态,它说明买卖双方的力量在该段价格区域内势均力敌,暂时达到了平衡状态,所以持续的时间一般不会太长。当然,对称三角形是属于一种未明朗的形态,股价今后走向最大的可能是沿原有的趋势方向运动,但持续时间太长则保持原有趋势的能力就会下降。

7.4.1.4 技术运用提示

(1)一般而言,对称三角形一般应有六个转折点(三个高点、三个低点)。

(2)越接近三角形的尖端,未来突破的冲击力也就越小。在整个形态的二分之一至四分之三左右突破,所呈现的指示信号最为准确。

(3)向上突破需要大成交量伴随,向下突破则不必。

(4)根据统计分析经验,"对称三角形"中大约四分之三属"整理形态",而余下的四分之一则属于"转势形态"。

(5)对称三角形突破后,可能会出现短暂的反方向移动(反抽),上升的反抽止于高点相连而成的形态线;下跌的反抽应受阻于低点相连的形态线之下,倘若股价的反抽大于上述所说的位置,形态的突破就可能有误。

【例题13】 诚志股份(000990)从2014年9月30日见到一个上升高点21.7元后,进入了一个长达一年半的调整期，期间至少出现了两个对称三角形整理形态（如图 7-36 所示），2015 年 2 月 28 日因重大事项停牌，2015 年 10 月 15 日开盘后出现了一轮大涨。

图 7-36　诚志股份（000990）的一个股价运行

7.4.2　上升三角形和下降三角形

上升三角形与下降三角形形态是对称三角形形态的变形，故其表达的市场意义与三角形形态相近。

7.4.2.1　上升三角形

上升三角形的下方支撑线是向上方倾斜的，上方阻力线则是一条水平直线（如图 7-37 所示）。上升三角形的压力是水平的，而支撑都是越撑越高，比起对称三角形来，说明其有更强烈的上升意识，多方比空方更为积极。当然，出现上升三角形还是以看涨为主，但上升三角形在突破顶部的阻力线时，必须有大成交量的配合，否则可能为假突破。

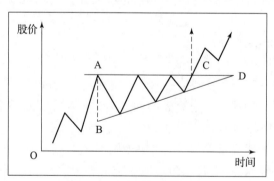

图 7-37　上升三角形形态

7.4.2.2　下降三角形

下降三角形同上升三角形正好反向，上方阻力线是向下倾斜的，下方支撑线则是一条水平线（如图 7-38 所示）。比起对称三角形来，其上升意愿不强，说明空方比多方更为积极。因此，下降三角形看跌的趋势更大。下降三角形的成交量一直十分低沉，下跌突破时不必有大成交量配合。

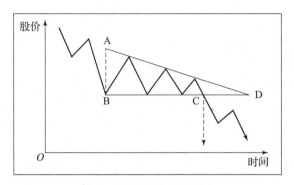

图 7-38 下降三角形形态

7.4.3 楔形

股价在两条同时上倾或下斜的直线中收敛变动即形成楔形，其成交量变化和三角形一样向末端递减。楔形又分为上升楔形和下降楔形。

7.4.3.1 上升楔形

股价在两条同时上倾的直线中收敛变动，股价波动会呈现一浪高于一浪之势，但波幅是逐渐缩小的。连接所有高点就是上界线（最少有两个高点），连接所有底点就是下界线（最少有两个低点），一般下界线较为陡峭些（如图 7-39 所示）。

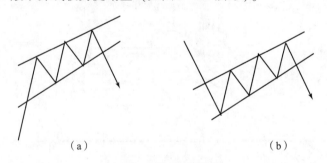

图 7-39 上升楔形

(a) 上升趋势；(b) 下降趋势

在上升楔形形态中每一个新的上升都比前一个高，但成交量不断减少，整体上呈现价升量减的反弹特征。因此，上升楔形整理到最后，往上突破的可能性较小，以向下突破居多。对投资者而言，当其下限跌破后，就是沽出讯号。当然，如果楔形形态内成交量出现逐步放大迹象，向上突破时放出巨量，也可以形成上升态势。

7.4.3.2 下降楔形

在下降楔形形态中，股价波动的高点一个比一个低，低点亦一个比一个低，形成两条同时下倾的斜线，其成交量则越接近末端越少（如图 7-40 所示）。

在下降楔形形态中，向下倾斜的底线说明了市场的承接力似乎不强，但新的回落浪较上一个回落浪波幅更小，说明沽售力量正在减弱中。下降楔形通常拖延至三至六个月时间，一旦调整充分价格就可能反转回涨。一般来说，下降楔形多数情况会向上突破，少数情况下也会

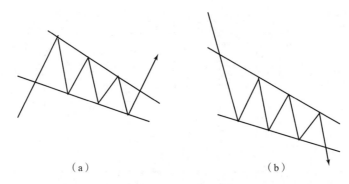

图 7-40 下降楔形

(a) 上升趋势；(b) 下降趋势

突破失败。在实际操作中，当成交量明显放大，其上限阻力被突破时，就是一个买入信号。

【例题 14】 如图 7-41 所示是 2008 年澳元/美元的汇率的周线走势图，在长达近一年的运行中形成了一个明显的楔形形态。汇价一旦跌破楔形形态的底线的话，后市将产生大幅下跌。该现象在这一年的汇市市场中得到了验证。

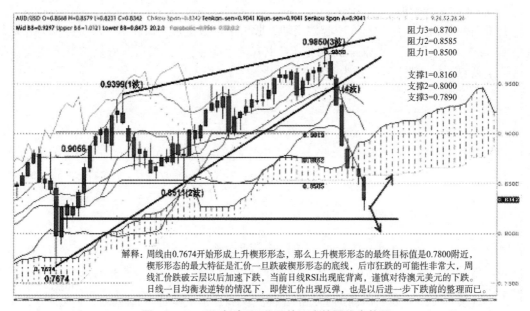

图 7-41 2008 年澳元/美元的汇率的周线走势图

(资料来源：http://forex.hexun.com/2008-09-04/108586532.html?from=rss)

7.4.4 矩形

矩形是股票价格在两条水平直线之间上下波动，作横向延伸的运动形成的一个典型整理形态，也称箱形。

7.4.4.1 形态特征

股价在一定范围之内出现波动，价格上升到某水平位置时遇到阻力，掉头回落，但很快地便获得支持而升回升到上次同一高点，如此不断反复。如果把这些短期高点和低点分别以直线连接起来，便可以绘出一条平行通道，是为矩形形态（如图 7-42 所示）。

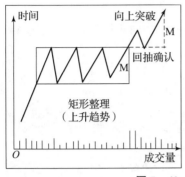 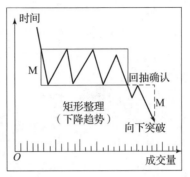

图 7-42 矩形形态

7.4.4.2 市场意义

矩形形态形成初期属于多空双方一种实力相当的博弈，由于多空双方全力投入，各不相让，股价就来回地在一段矩形区域内波动。随着时间的推移，双方的战斗热情会逐步减弱，市场趋于平淡，股价处于相对稳定状态。在维持了一段时间均衡状态后，随着多空双方力量的变化将最终打破这种平衡，股价运行的方向选择将取决于哪方的力量取得了优势。一般而言，经过矩形整理，大多数情况下股价会保持原来的运行趋势。

7.4.4.3 技术运用提示

（1）一般来说，矩形形态在牛皮市、涨市和跌市中都可能出现，长而窄且成交量小的矩形在原始底部出现比较常见。

（2）在矩形形成的过程中，除非有突发性的消息扰乱，其成交量应该是不断减少的。如出现交易量放大时，形态构建可能失败。

（3）当股价突破矩形上限的水平时，必须有成交量激增的配合；但若跌破下限水平时，就不须高成交量的增加。

（4）矩形呈现突破后，股价经常会在其后的三天至三星期内出现反抽。

（5）一个高、低波幅较大的矩形，较一个狭窄而长的矩形形态更具威力。

【例题 15】 从大港股份（002077）股价的月 K 线图上看，在长达两年多调整中形成了一个矩形形态图（如图 7-43 所示），2014 年 8 月该股成交量配合下突破矩形上界线，其后出现了一波凌厉的上涨行情。

7.4.5 旗形

旗形形态通常在急速而又大幅波动的市场中出现，股价经过一连串紧密的短期波动后，K 线组合构成一个与原来趋势呈相反方向倾斜的长方形，就像一面挂在旗杆顶上的旗帜。具体的，旗形走势又可分作上升旗形和下降旗形（如图 7-44 所示）。

7.4.5.1 形态特征

股价经过陡峭的飙升后，接着形成一个紧密、狭窄和稍微向下倾斜的价格密集区域，将其高点和低点分别连接起来就会形成两条平行而又下倾的直线，就像是一条下降通道，谓之上升旗形。

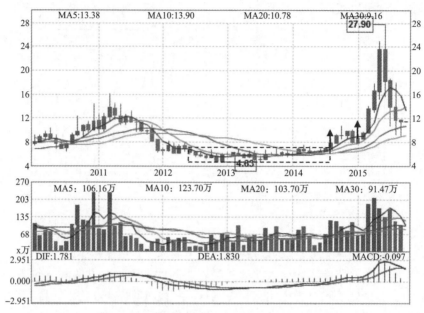

图 7-43 大港股份（002077）股价月 K 线图

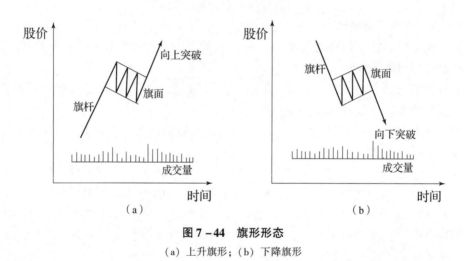

图 7-44 旗形形态

(a) 上升旗形；(b) 下降旗形

下降旗形则刚刚相反，当股价出现急速地下跌后，接着形成一个波动狭窄而又紧密、稍微上倾的价格密集区域，将其高点和低点分别连接起来就会形成两条平行而又上倾的直线，就像是一条上升通道，谓之下降旗形。

在旗形形成过程中，成交量是显著地渐次递减的。

7.4.5.2 市场意义

旗形往往出现于急速上升或下降的行情中途。在股价经过一个急速的直线上升后会因获利盘回吐而使得上升趋势受阻，股价开始小幅下跌；但由于大部分投资者对后市依然充满信心，股价会形成起伏不太大的上下震荡，所以回落的速度不快，故走出了一个升旗形整理态势。经过一段时间的整理，沽售力量减弱，到了旗形末端随着成交量放大，股价突破上界线又形成了像原趋势一样的急速上升。

下降旗形则是在急速的直线下降过程中，因有支撑而反弹，形成股价小幅波动上升；但在成交量呈现递减态势下，股价并不能突破上升压力线。故经过一段时间的整理后，到达旗形末端时股价突然下跌，成交量亦大增，股价就会出现续跌态势。

7.4.5.3 技术运用提示

（1）旗形一般都是整理形态，形态完成后股价将继续原来的趋势方向移动。一般而言，上升旗形大部分在牛市第三期中出现，下降旗形则大多在熊市第一期出现。

（2）这形态必须在急速上升或下跌之后出现，成交量则必须在形成形态期间显著递减。

（3）当上升旗形往上突破时，必须要有成交量激增的配合；当下降旗形向下跌破时，成交也是大量增加的。

（4）如在旗形形态形成过程中，出现了成交量不是渐次减少现象，也可能会出现反转情况。

（5）旗形形态的最少升/跌幅相等于整个旗杆的长度（即形成旗杆的突破点到旗形顶点的垂直距离）。

【例题 16】 瑞丰光电（300241）在 2000 年 8—12 月期间，股价运行形成了一个旗形整理形态（如图 7-45 所示）。

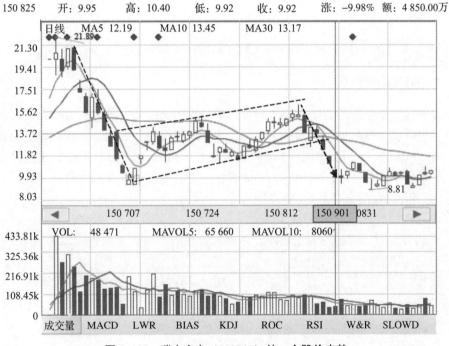

图 7-45 瑞丰光电（300241）的一个股价走势

7.5 趋势线

趋势是指股价运行的方向，它既是股价波动有序性特征的体现，也是股价随机波动中偏向性特征的主要表现。在市场投资操作中，我们应遵守的最重要原则之一就是"顺势而为"，故只有能够认清市场趋势才可作出正确的买卖方向选择。

7.5.1 形态特征

在一个价格运动中,如果其包含的波峰和波谷都相应地高于前一个波峰和波谷,即为上升趋势,连接股价波动低点的直线为上升趋势线;如果其包含的波峰和波谷都低于前一个波峰和波谷,就是下跌趋势,连接股价波高点的直线为下降趋势线;如果后面的波峰、波谷都基本与前面的波峰、波谷持平,那么就成为震荡趋势(或横向整理)。如图7-46所示给出了一个股价运动三种趋势的表述。

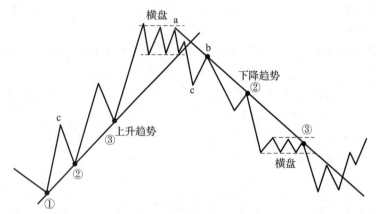

图7-46 股价运动的三种趋势

7.5.2 趋势线画法

趋势线实际上是对股价波动的轨迹和方向进行化繁为简的一种分析方法,它可以帮助人们将细小的股价波动过滤掉,从而便于简单、清晰地把握股价的波动方向和趋势的脉络。

(1)在一个股价上涨趋势中,连接两个最低点即可画出一条上升趋势线,但此线必须由第三个低点确认才能有效;同理,在一个股价下跌趋势中,连接两个最高点即可画出一条下降趋势线,但此线必须由第三个高点确认才能有效。

(2)画趋势线时,一般以K线实体为准,而不参考下影线或上影线。

(3)画趋势线时,斜率不要太陡峭,否则股价横向调整会使趋势线无效。

(4)价位不能穿越所画的趋势线。

(5)选择的两点之间,要有一定的时间跨度。当然趋势本身是由不同级别的大小趋势组成的,我们在实际分析中可以根据时间的长短把趋势线划分为长期趋势线、中期趋势线和短期趋势线,其中高级的趋势方向决定最终价格运动的方向。

(6)趋势线尽量选择与上升或下降趋势的中轴线平行。

7.5.3 市场意义

趋势线可以揭示多空双方的行为,它表明当股价向其固定方向移动时非常有可能沿着这条线继续移动。上升趋势线是多方力量的底线,只有上升到一个顶部区域才代表多方能量耗尽;下行趋势线是空方力量的底线,只有达到一个底部区域才代表空方力量已耗竭。

趋势线往往对投资者有心理暗示作用,因而对股价今后的波动起到一定的约束作用。在上升趋势中,当股价跌至某条主要趋势线时,投资者会基于趋势线的支撑力度怎样再作出买卖决定；在下跌趋势中，投资者会基于趋势线的压力轻重再作出买卖决定。如果趋势线被突破，就说明股价波动的下一步趋势将要出现逆向运动，越重要、越有效的趋势线被突破，其转势的信号越强烈。

7.5.4 技术运用提示

（1）当上升趋势线被跌破时，就是一个出货信号。当然，在没有跌破之前，上升趋向线就是每一次回落的支撑线。

（2）当下降趋势线被突破时，就是一个入货信号。当然，在没有突破之前，下降趋势线就是每一次回升的阻力线。

（3）假如在一天的交易时间里突破了趋势线，但其收市价并没有超出趋势线的外面，这并不算是真的突破。如果收市价突破了趋势线，必须要超越3%才可信赖。

（4）一种股票随着固定的趋势移动时间愈久，趋势就愈是可靠。

（5）支撑线与压力线相互转化。当股价从上向下突破一条支撑线后，原有的支撑线将可能转变为压力线；反之，原有的压力线将可能转变成支撑线。

（6）趋势线经常需要与成交量配合使用，股价从下向上突破压力线时，往往需要大的成交量支持。

（7）在趋势结束末尾，大多都有极高的成交量出现，顶点比底部出现的情况更多。

（8）在各种趋势之末期，股价皆有加速上升与加速下跌之现象。

（9）倾斜角度为45°的趋势线最有意义，说明其趋势稳定且持久；过于平缓的上升趋势线则显示出力度不够；过于陡峭的上升趋势线或下跌趋势线则因股价变化太快而不能持久，往往会出现调整而使趋势线的倾斜角度发生改变。

【例题17】 如图7-47所示是深科健（000090）在2005年下半年的股价运行情况，从画出的趋势线上可以体会其股价从上升趋势到调整，再到下降趋势的变化过程。

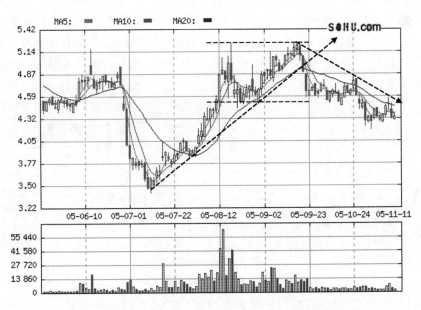

图7-47 深科健（000090）在2005年下半年的股价运行情况

7.6 缺口

缺口是指股价在连续的波动中有一段价格没有任何成交，在股价的K线走势图中留下一个空白区域，又称为跳空。当股价出现缺口，经过几天甚至更长时间的变动，然后反转过来回到原来缺口的价位时，则称缺口回补（缺口的封闭）。缺口理论在市场分析中占有重要地位，是研究市场涨跌互换规律、多空力量对比规律的一种有力工具。

7.6.1 形态特征

缺口分普通缺口、突破缺口、持续性缺口与消耗性缺口四种。从缺口发生的部位及其大小，可以预测走势的强弱，确定是突破还是已经到了趋势的尽头。

（1）普通缺口。普通缺口是指一般在三到五个交易日内便会被完全回补掉的缺口（如图7－48所示）。普通缺口一般是在横盘整理中偶然出现的跳空，对趋势的研判作用不大。

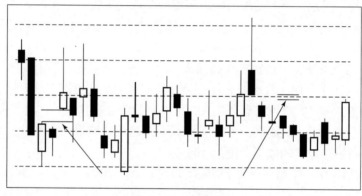

图7－48 普通缺口

（2）突破性缺口。突破性缺口是当一个密集的反转或整理形态完成后在突破盘局时产生的缺口（如图7－49所示）。当股价以一个很大的缺口跳空远离当前形态时，就表示真正的突破已经形成了。突破性缺口在新的趋势进行中是不会被回补的，而且突破性缺口愈大表示未来的变动愈强烈。

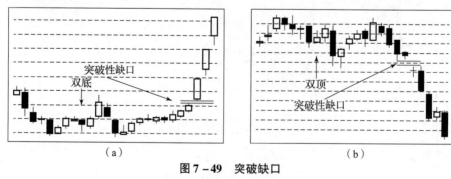

图7－49 突破缺口
(a) 上升；(b) 下跌

（3）持续性缺口。持续性缺口是在股价突破后远离当前形态至下一个反转或整理形态的中途中出现的缺口。由于持续缺口是股价大幅变动过程的中途产生的，因而一般不会在短时期内被回补掉。这种缺口可帮助我们估计未来后市波动的幅度，因此亦称之为量度性缺口。

（4）消耗性缺口。在急速的上升或下跌中，股价的波动并非是渐渐出现阻力，而是愈来愈急，这时价格的跳空上升或下跌可能发生，此种缺口就是消耗性缺口。消耗性缺口通常大多在恐慌性抛售或消耗性上升的末段出现（如图7-50所示）。

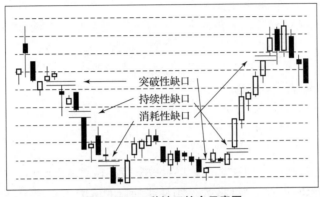

图7-50 三种缺口综合示意图

7.6.2 市场意义

不同类型的缺口所体现出的市场意义不同，如表7-4所示为一个基本总结。

表7-4 不同类型缺口的市场意义

类　型	出现位置	市场意义
普通缺口	在股价变化不大的成交密集区域内出现	并无特别的分析意义，一般可以帮助投资者判断出当前处于一种盘整状态
突破性缺口	在大底部向上突破或大顶部向下突破时出现	预示着股指和股价将走出大的反转行情。它表明突破的方向和力度：向上跳空，说明涨势；向下跳空，表示跌势。缺口的大小，决定涨、跌力度的大小。通常，在向上突破性缺口出现前有一个扎实的底部做前提，突破时还要有大成交量的支持
持续性缺口	继续走大幅上涨或大幅下跌行情的中途	预示着股指或股价将继续走大幅上涨或大幅下跌的行情。根据缺口的位置可以大约预测出未来股价可能上涨或下跌的距离，所以又被称为"度量缺口"
消耗性缺口	长期上涨和下跌行情的末端	预示着多头和空头已进入强弩之末。股价在上涨过程中，多头做最后的冲刺；股价下跌过程中，空头力量最后释放。无论向上还是向下都是全力一跳，能量消耗极大，已无后力

7.6.3 技术运用提示

（1）普通缺口都会被填补，这是因为缺口是一段没有成交的真空区域，反映出投资者当时的冲动行为；但突破缺口、持续性缺口未必会被填补，至少在短期内不会马上填补。一般而言，假如缺口形成之后成交大量增加，股价在继续移动远离形态时仍保持十分大量的成交，那么缺口短期填补的可能便会很低了。

（2）一个向上的跳空缺口在股价回调时，缺口位置常是一个明显的支撑位；一个向下的跳空缺口在股价反弹时，缺口位置常是一个明显的阻力位。

（3）突破缺口、持续性缺口的形成都伴随着较大的成交量。缺口处伴随的成交量越大，在此间形成的支撑和阻力也就越强。

（4）消耗性缺口通常是形成缺口的当天成交量最高（但最高成交量也可能在翌日出现），接着成交量减少，显示出市场购买力（或沽售力）已经消耗殆尽，于是股价很快便告回落（或回升）。

（5）在一次上升或下跌的过程里，缺口出现愈多，显示其趋势愈快接近终结。

（6）从对市场趋势的影响程度来看，月 K 线缺口的威力大于周 K 线缺口，周 K 线缺口的威力大于日 K 线缺口。

【例题 18】 如图 7-51 所示是上证综合指数在 2009 年中走出的一个运行行情，期间出现过多种缺口，从中可以领略缺口在市场中的指示意义。

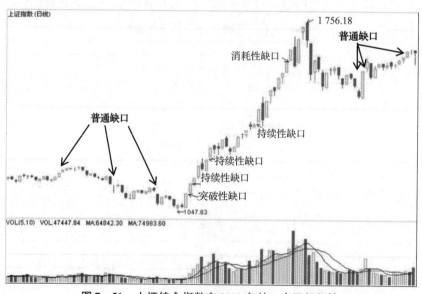

图 7-51 上证综合指数在 2009 年的一个运行行情

练习题七

1. 就如图 7-52 所示的 K 线类型进行分析。
2. 下列股票的运行过程中出现了什么样的反转形态或调整形态？尝试画出该股票的上升趋势线，如图 7-53 所示。

第七章 K线形态分析技术

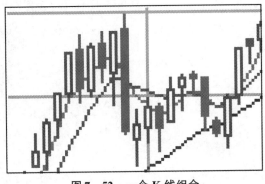

图 7-52 一个 K 线组合

图 7-53 某股票的一个运行情况

3. 下列股票的运行过程中出现了什么样的反转形态或调整形态？如图 7-54 所示。

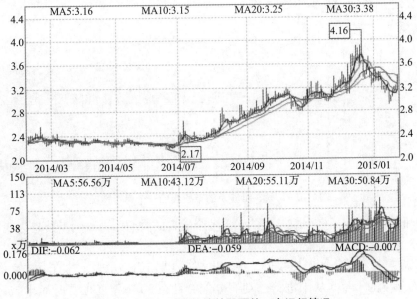

图 7-54 题 3 所涉及的某股票的一个运行情况

4. 下列股票的运行过程中出现了什么样的调整形态或反转形态？如图 7 – 55 所示。

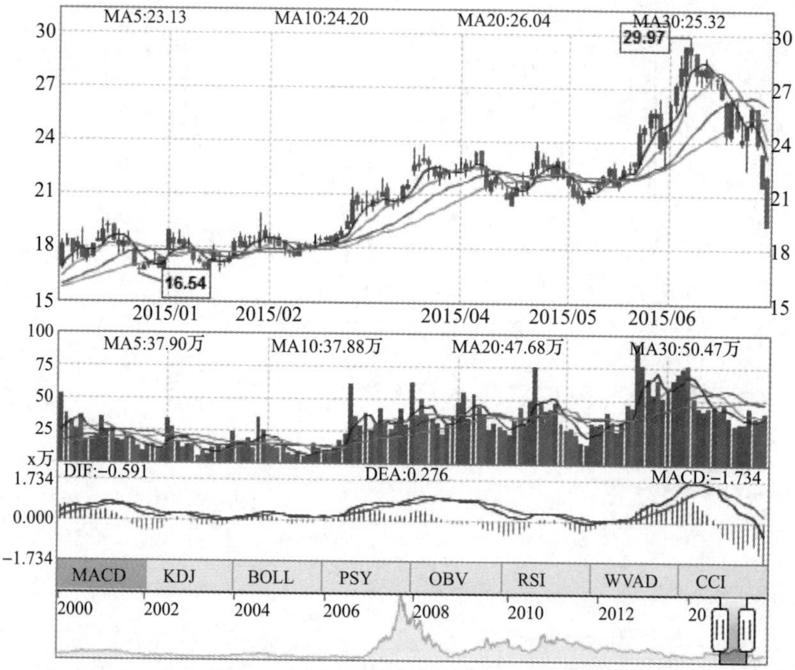

图 7 – 55　题 4 所涉及的某股票的一个运行情况

5. 下列股票的运行过程中出现了什么样的反转形态或调整形态？尝试画出该股票的下降趋势线，如图 7 – 56 所示。

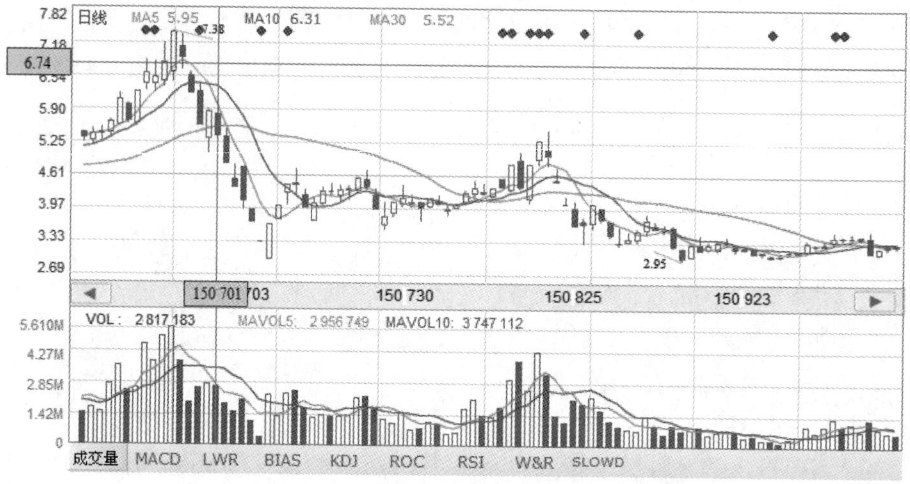

图 7 – 56　题 5 所涉及的某股票的一个运行情况

6. 下列股票中出现了多个缺口，请标出各个缺口的类型，尝试画出其趋势线，如图 7 – 57 所示。

7. 讨论题：据相关新闻媒体报道，在上市超过 10 年的公司中，约有 169 家公司在 2007 年度至 2016 年度的十年间从未进行过利润分配，且在 2017 年度也暂时尚未披露利润分配预案。

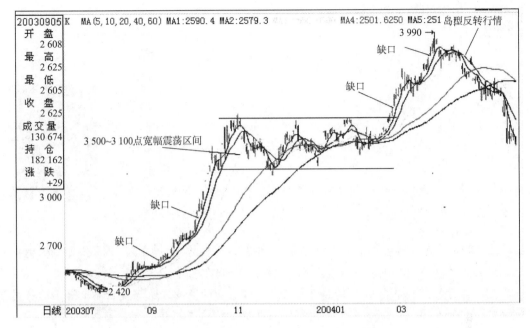

图7-57 题6所涉及的某股票的一个运行情况

上述169只常年不分红的"铁公鸡"中，有34家上市公司在2016年年末，合并未分配利润为正值；还有10家上市公司，在2012年至2016年的5年间，每年年末的合并未分配利润都为正值，这10家公司分别是沙钢股份、鲁商置业、赤峰黄金、海虹控股、英特集团、烽火电子、曲江文旅、亚通股份、闻泰科技、三木集团。这些上市公司并非"无利可分"，而是账上有钱却常年未见分红。

【企业经常性的不分红理由说辞一】为重组遗留负担"输血"；

【企业经常性的不分红理由说辞二】经营资金需求量较大。

讨论：你认为这种现象存在的深层原因是什么？

8. 辩论题：市场情绪指数是反映市场上乐观或悲观程度的指标，可以用于观察市场冷热状态。传统的资产定价主要重视于基本面、公司面和宏观经济范畴等因素，非理性投资者的交易行为可使得市场价格趋于内在价值。

但是实际上资产的未来价格往往难以达到经典金融理论所预期的价格。例如，噪声交易者理论认为，如果存在一些交易者根据市场上的噪声信息而不是基本面信息来交易的话，资产价格就将会偏离依据基本面计算出的内在价值；行为金融学家则认为投资者是受市场情绪的影响的，而且套利的作用是有限的，理性交易者和套利交易者并不一定有能力使得股价趋于基本面。在实践中，互联网泡沫以及纳斯达克崩盘都很好地印证了高涨投资者情绪对估值影响程度。可见市场情绪具有定价功能，市场情绪的变化在短期内，比起基本面因素可能更好地解释市场价格的变化行为。

下面出现了两种不同观点，你更赞同哪一方观点？

A辩方：股市的市场情绪代表了投资者对各种因素的综合心理反应，以市场情绪确定的预期股票价格更符合实际情况！

B辩方：以基本面为核心的股票资产价格预期更合理有效！

投资名人故事

证券技术分析泰斗——威尔斯·威尔德

威尔斯·威尔德（Welles Wilder）是当代投资界的一位神奇人物。高中、大学期间，他曾做过汽车修理工，后来参加海军并成为一名飞机机械师，此后就读于北卡罗来纳州立大学并获得机械工程学士学位。毕业后，做了七年工程后又转行从事房地产和土地开发。38岁时，他将公寓项目出售给两个合伙人，拿着赚来的大笔资金将投资转向了商品期货，并在白银上挣了很多钱。这些似乎还不算什么，他现在还在趋势研究有限公司（Trend Research, Ltd.）从事出版和宣传工作，在阿麦科姆公司（Americom Corporation）从事经纪人介绍工作，在变化率科学研究公司（Delta Science, Inc.）任支持变化率协会主席，还是韦利科斯有限公司（Wellex, Ltd.，一个广告机构）和威尔德经典著作协会（Wilder Classics）的创立者兼总裁。

更令人惊奇的是，威尔斯·威尔德不仅是一位成功的实战家，还是世界最著名的技术派分析家之一。早在20世纪70年代，威尔斯·威尔德就著书立传，先后出版了《亚当理论》《三角洲理论》《技术交易体系中的新观念》《艾德姆市场理论》《年龄的智慧在获取财富中的作用》《变化率现象》等多部专著。在这些著作中，他提出了很多种独特的系统交易方法，也发布了多种指标作为看图辅助工具。比如，现在公认的许多技术指标都是威尔斯·威尔德发明的，包括相对强弱指标RSI、动向指标DMI、平均趋向指标ADX、平均真实波动幅度ATR、抛物线指标SAR等。这些大名鼎鼎的指标现在早已成为交易员们使用最多的看盘软件的标准配置。

威尔斯·维尔德对技术交易系统的创新性和原创性观念让他声名远扬。有关威尔斯的报道文章频频出现于《福布斯》《拜伦斯》《期货》《股票和商品》等杂志上。《巴伦周刊》将他评价为"技术分析界的泰坦"。在希腊神话中，泰坦在天神之前统治宇宙，其意思是说威尔斯·威尔德是技术分析界早期的神。《福布斯杂志》把他单独称为"出版过著述的最杰出的交易者"。《股票和商品》杂志则将他称为"技术分析领域的英雄"。

第八章
技术指标分析法

本章学习要点：

(1) 理解 MA、MACD 指标的含义、指标性质及运用方法，掌握其指标计算方法。
(2) 理解 RSI 指标的含义及运用方法，掌握其指标计算方法。
(3) 理解 BOLL 指标的含义、构成、原理及运用方法，掌握其指标计算方法。
(4) 理解 KDJ 指标的含义、原理及运用方法，掌握其指标计算方法。
(5) 理解 OBV、ADR、PSY、W&R、BIAS 等指标的含义，掌握其指标计算方法。

技术指标分析法是基于证券市场的原始数据（如价格、成交量等），应用数学计算公式或统计方法进行处理，得出某种指标值或图形曲线，进而对市场走势或行情作出基本研判的分析方法。

每一个技术指标都是从一个特定的方面对证券市场行情或个股走势的观察，反映着他们某一方面的深层次内涵，这些内涵仅仅通过原始数据是很难看出来的。因此，借助技术指标的定量分析，可使具体的投资操作精确度大大提高。

证券市场中已存在的各种技术指标可谓数不胜数，有人认为可达上千种。具体的技术指标分类方法也很多，其中最常见的一种分类如下：

(1) 趋势指标，又叫趋势跟踪类指标，主要用于跟踪并预测股价的发展趋势。这类指标主要有移动平均线（MA）、平滑移动平均线（EXPMA）、方向标准离差指数（DMI）、平均离差（DMA）、指数平滑异同平均线（MACD）、动力指标（MTM）、抛物转向（SAR）等。

(2) 震荡指标，用于捕捉趋势的转折。其主要指标有乖离率（BIAS）、顺势指标（CCI）、随机指标（KDJ）、变动速率（ROC）、相对强弱指标（RSI）、威廉指标（W&R）、区间震荡线（DPO）等。

(3) 压力支撑指标，用于分析股价目前受到的压力和支撑。其主要指标有布林线（BOLL）、麦克指标（MIKE）、多空布林线（BBIBOLL）、逆势操作（CDP）、薛氏通道（XS）、轨道线（ENE）、通道线（CHANNELS）、波幅通道（VB）等。

(4) 量价指标，通过成交量与股价变动关系分析未来趋势。其主要指标有能量潮（OBV）、阻力指标（QHLSR）、资金流量指标（MFI）、简易波动指标（EMV）、威廉变异离散量（WVAD）、当日成交密度（II）、量价趋势（VPT）等。

(5) 能量指标，通过成交量的大小变化研判市场趋势变化。其主要指标有人气意愿指标（BRAR）、能量指标（CR）、心理线（PSY）、容量比率（VR）、心电图（XDT）、脑电波（NDB）等。

(6) 大势指标：通过涨跌家数研究大盘指数的走势。其主要指标绝对广量指标（ABI）、腾落指标（ADL）、涨跌指标（ADR）、阿姆氏指标（ARMS）、广量冲力指标（BTI）、麦克连指标（MCL）、麦氏综合指标（MSI）等。

本章主要介绍几种最基本的常见指标，有移动平均指标（MA）、相对强弱指标（RSI）、随机指标（KDJ）、平滑异同移动平均线（MACD）、能量潮指标（OBV）、布林线（BOLL）、涨跌比率（ADR）、心理线（PSY）、威廉指标（W&R）、乖离率（BIAS）等。

8.1 移动平均线

将某一段时间的收盘价之和除以该周期即得一个移动平均数，由若干连续的移动平均数连接成一条线即为移动平均线（Moving Average，MA）。移动平均线是20世纪中期由美国投资家葛兰维提出来的，其理论基础是道·琼斯的"平均成本"概念。均线是当今应用最普遍的技术指标之一，其在现货、期货、股票、基金、其他衍生金融产品价格趋势分析中被广泛应用。

移动平均线常用的有5日、10日、20日、30日、60日、120日和240日的平均指标，也有使用3日、6日、10日、12日、24日、30日、72日、200日、288日的平均指标。5天和10天的为短期移动平均线，被称作日均线指标；30天和60天的是中期均线指标，被称作季均线指标；120天、240天的是长期均线指标，被称作年均线指标。当然，移动平均数也可按周、月为单位进行计算，以表达更长周期内的价格变动趋势。

8.1.1 指标计算方法

移动平均线的计算比较简单，其计算公式为：

$$MA = (P_1 + \cdots + P_i \cdots + P_n) \div n$$

其中，P_i 为第 i 天价格，n 为日数。

每日的价格可以使用日平均价，也可直接采用当日收盘价代替日平均价。

$$日平均价 = 当日成交金额 \div 当日成交股数$$

【例题1】 以5日周期为例，假定股票甲某连续6日的收盘价分别为5.20、5.25、5.10、5.50、5.20、5.60，那么：

第一个5日 MA = (5.20 + 5.25 + 5.10 + 5.50 + 5.20)/5 = 5.25

第二个5日 MA = (5.25 + 5.10 + 5.50 + 5.20 + 5.60)/5 = 5.33

除了以上这种简单移动平均线外，还有加权移动平均和指数平均数指标（EMA，Exponential Moving Average），其制作方式较为复杂，效果也并不比简单移动平均数好。这里只介绍一下EMA，其构造原理是仍然对收盘价求算术平均，它是以指数式递减加权的移动平均。其公式为：

$$EMA_t = \alpha * P_t + (1-\alpha) * EMA_{t-1}$$

其中，N 为周期数；P_t 为 t 日的价格；α 为平滑指数，一般取作 $2/(N+1)$。比如 $N = 12$，则 α 相应为 $2/13$。

当然公式可不断地递归下去，一直推导至没有定义的 EMA_1 出现。EMA_1 的取值有几种不同的方法，通常情况下取 EMA_1 为 P_1，另外有的技术是将 EMA_1 取值为开头4到5个 P 的均值。

在计算机递推计算中，计算公式也可以写为：
$$EMA_t = \alpha * (P_t - EMA_{t-1}) + EMA_{t-1}$$
将 EMA_t 按照类似方法递推展开，可以得到：
$$EMA_t = \alpha * [P_t + (1-\alpha)P_{t-1} + (1-\alpha)^2 P_{t-2} + \cdots]$$
其中，P_t 表示今天价格，则 P_{t-1} 表示昨天价格，以此类推。

从 EMA 计算公式中可以更清楚地看出 EMA 加权平均的特性，时间越靠近当今时刻，它的权重越大，这样更能及时反映近期价格波动情况。所以，理论上讲 EMA 比 MA 更具参考价值。因此，就 MA、EMA 的用途看，当要比较数值与均价的关系时，用 MA 就可以了；而要比较均价的趋势快慢时，用 EMA 更稳定。

8.1.2 指标特性分析

移动平均线系统表示投资者的平均持仓成本，它和股价之间的关系表明各个时期投资者的盈利和亏损的程度。移动平均线的一些特性对于分析市场有重要的指导意义。这里就最基本的特性概述如下：

（1）趋势特性。移动平均线能够表示价格趋势的基本方向，所以具有表征趋势的性质。

（2）平滑特性。移动平均线是某一周期内价格的平均值，它不会像日 K 线那样起起落落地震荡，而是一种平滑的运动，无论向上还是向下移动通常都是缓慢的。

（3）稳定特性。移动平均线不会随价格快速上升或下降，其向上延伸与向下回落的时间总是滞后于股价变化。通常愈长期的移动平均线，愈能表现稳定的特性。在市场运行中，如果短期平均线由下向上穿过长期平均线形成"黄金交叉"，则预示多头市场的开始。特别是当短期、中期、长期移动三条平均线在价格下方呈自上而下的排列顺序时，称"多头排列"，后市看好。

（4）助涨特性。当价格从平均线下方向上方突破而平均线也开始向右上方移动时，平均线可以看作是多头支撑线，价格回跌至平均线附近自然会产生支撑力量。投资者在价格回跌至平均线附近，便认为是买进时机，从而产生平均线的助涨功效。

（5）助跌特性。当价格从平均线上方向下方突破而平均线也开始向右下方移动时，平均线成为空头阻力线。因此，价格回升至平均线附近时投资者认为是卖出时机，从而产生平均线的助跌作用。在市场运行中，如果短期平均线由上向下穿过长期平均线形成"死亡交叉"，则预示空头市场的开始。特别是当三条平均线在价格上方呈自下而上的排列顺序时，称"空头排列"，后市看跌。

8.1.3 葛兰维移动平均线八大法则

（1）移动平均线从下降逐渐走平且略向上方抬头，而股价从移动平均线下方向上方突破，为买进信号。

（2）股价位于移动平均线之上运行，回档时未跌破移动平均线后又再度上升时为买进时机。

（3）股价位于移动平均线之上运行，回档时跌破移动平均线，但短期移动平均线继续呈上升趋势，此时为买进时机。

（4）股价位于移动平均线以下运行，突然暴跌，距离移动平均线太远，极有可能向移动平均线靠近（物极必反，下跌反弹），此时为买进时机。

（5）股价位于移动平均线之上运行，连续数日大涨，离移动平均线愈来愈远，说明近期内购买股票者获利丰厚，随时都会产生获利回吐的卖压，应暂时卖出持股。

（6）移动平均线从上升逐渐走平，而股价从移动平均线上方向下跌破移动平均线时说明卖压渐重，应卖出所持股票。

（7）股价位于移动平均线下方运行，反弹时未突破移动平均线，且移动平均线跌势减缓，趋于水平后又出现下跌趋势，此时为卖出时机。

（8）股价反弹后在移动平均线上方徘徊，而移动平均线却继续下跌，宜卖出所持股票。

葛兰维认为，第三条和第七条单独使用时风险较大，若不是非常熟悉移动平均线，投资者宁可不用。第一条和第二条、第五条和第六条组合使用，效果最好。第四条和第八条虽然可以使用，但由于法则中没有明示股价究竟离移动平均线多远才可买进和卖出，故不宜使用，其问题可由乖离率解决。如图 8-1 所示是对葛兰维八大买卖法则的一个具体图形表述。

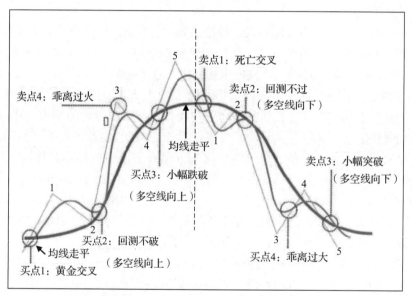

图 8-1　葛兰维八大买卖法则与波位

8.1.4　移动平均线评价

8.1.4.1　指标优点

（1）利用移动平均线可观察股价总的走势，不考虑股价的偶然变动，这样可自动选择出入市的时机。

（2）平均线能显示"出入货"的讯号，将风险水平降低。无论平均线变化怎样，但反映买或卖信号的途径是一样的：若股价（一定要用收市价）向下穿破移动平均线，便是沽货讯号；反之，若股价向上冲破移动平均线，便是入货讯号。利用移动平均线的变化点，可作为入货或沽货讯号。

（3）平均线分析比较简单，投资者凭此能清楚了解当前价格动向。

8.1.4.2 指标缺点

（1）移动平均线变动缓慢，不易把握股价趋势的高峰与低谷。

（2）在价格波幅不大的牛市期间，平均线折中于价格之中，出现上下交错型的出入货讯号，使分析者无法定论。

（3）平均线的日数没有一定标准和规定，常根据股市的特性及不同发展阶段，以及分析者思维个性而各有不同。投资者在拟定计算移动平均线的日子前，必须先清楚了解自己的投资目标。若是短线投资者，一般应选用 10 天移动平均线，中线投资者应选用 90 天移动平均线，长期投资者则应选用 250 天移动平均线。

为了避免平均线的局限性，更有效掌握买卖的时机，充分发挥移动平均线的功能，我们一般将不同期间的平均线予以组合运用，目前市场上常用的平均线组合有"6，12，24，72，220 日平均线"组合；"5，10，20，60，144，288 日平均线"组合等，组内移动平均线的相交与同时上升排列或下跌排列均为趋势确认的讯号。

案例分析

中国股市 2007—2008 年的牛熊转化

中国股市在 2007 年走出了一波前所未有的牛市，2008 年又走出了一个快跌熊市。如图 8-2 所示，从周 K 线的 5 日、10 日、20 日、30 日移动平均线看，在①处形成了一个多头排列，其后股市进入上升阶段；在②处均线系统走平，成为牛熊分解线；在③形成完全的多头排列，其后股市进入下跌阶段。

可见，均线系统对股市趋势的研判是很有帮助的，尽管移动平均线有滞后的缺点，但正确理解其变化态势，对把握股市的趋势变化是有指导价值的。

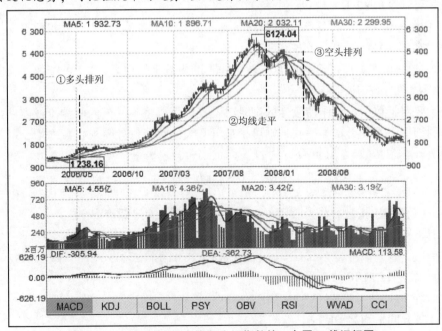

图 8-2　2006—2008 年期间上证指数的一个周 K 线运行图

8.2 平滑异同移动平均线

MACD（Moving Average Convergence Divergence）是根据移动平均线较易掌握趋势变动的方向的优点所发展出来的，它是利用两条不同速度的指数移动平均线，由快的指数移动平均线（EMA）减去慢的指数移动平均线计算出二者之间的差离值（DIF），然后再求取其 DIF 之 9 日平滑移动平均线（即 MACD 线）来，以研判市场行情的。MACD 表征了快速与慢速移动平均线聚合与分离的征兆，可以用来分析买进与卖出的时机和信号。

8.2.1 指标计算方法

在 MACD 的具体应用中，一般是以 12 日为快速移动平均线（12 日 EMA），而以 26 日为慢速移动平均线（26 日 EMA），先计算出二者之间的差离值 DIF，再进一步计算 MACD。具体的计算步骤如下：

（1）计算平滑系数。

平滑系数的公式为：

$$平滑系数 = 2/(周期单位数 + 1)$$

如 12 日 EMA 的平滑系数为：$2/(1+12) = 0.1538$；

26 日 EMA 平滑系数为：$2/(1+26) = 0.0741$。

（2）计算指数平均值（EMA）。

一旦求得平滑系数后，即可用于 EMA 之运算，其计算公式如下：

今天的指数平均值 = 平滑系数 × （今天收盘指数 − 昨天的指数平均值） + 昨天的指数平均值

依公式可计算出 12 日 EMA 为：

12 日 EMA = 0.1538 × （今天收盘指数 − 昨天的指数平均值） + 昨天的指数平均值

同理，26 日 EMA 亦可计算出：

26 日 EMA = 0.0741 × （今天收盘指数 − 昨天的指数平均值） + 昨天的指数平均值

（3）指数平均的初值确定。

当开始要对指数平均值作持续性的记录时，我们可以将第一天的收盘价或需求指数当作指数平均的初值。若要更精确一些，则可把最近几天的收盘价或需求指数平均，以其平均价位作为初值（需求指数），其计算方法如下：

$$DI = \frac{C \times 2 + H + L}{4}$$

其中，DI 为需求指数，C 为收盘价，H 为最高价，L 为最低价。

（4）计算差离值 DIF。

$$DIF = 12 日 EMA - 26 日 EMA$$

（5）计算 9 日的 DIF 移动平均值。

$$MACD_i = (DIF_{i-8} + DIF_{i-7} + \cdots + DIF_i)/9$$

也可计算异同平均数 DEA：

今日 DEA = 前一日 DEA × 8/(9+1) + 今日 DIF × 2/(9+1)

(6) 计算 BAR。

MACD 指标在股市软件上还有一个辅助指标——BAR 柱状线，人们可以利用 BAR 柱状线的收缩来决定买卖时机。BAR 计算公式为：

$$BAR = 2 \times (DIF - DEA)$$

【例题 2】 蒙草生态（300355）2017 年 4 月 5 日的 12 日指数平均值（EMA）是 15.76，26 日指数平均值（EMA）是 16.02。2017 年 4 月 6—19 日 10 天的股票收盘价如表 8-1 所示（注：其间有两个周末是不开市的）。下面以每日收盘价作为收盘指数：（1）计算其 12 日、26 日的指数平均值（EMA）；（2）计算差离值（DIF）；（3）计算 9 天的 DIF 移动平均值（MACD）。

表 8-1 蒙草生态（300355）10 天的收盘股价数据（元）

日　数	6 日	7 日	10 日	11 日	12 日	13 日	14 日	17 日	18 日	19 日
收盘价	15.85	16.17	16.28	16.14	15.61	16.35	16.87	16.90	17.35	17.03

解：(1) 依公式可计算出 12 日 EMA：

第 1 天的 12 日 EMA = 0.153 8 × (15.85 - 15.76) + 15.76 = 15.77
第 2 天的 12 日 EMA = 0.153 8 × (16.17 - 15.77) + 15.77 = 15.83
第 3 天的 12 日 EMA = 0.153 8 × (16.28 - 15.83) + 15.83 = 15.90
第 4 天的 12 日 EMA = 0.153 8 × (16.14 - 15.90) + 15.90 = 15.94
第 5 天的 12 日 EMA = 0.153 8 × (15.61 - 15.94) + 15.94 = 15.89
第 6 天的 12 日 EMA = 0.153 8 × (16.35 - 15.89) + 15.89 = 15.96
第 7 天的 12 日 EMA = 0.153 8 × (16.87 - 15.96) + 15.96 = 16.10
第 8 天的 12 日 EMA = 0.153 8 × (16.90 - 16.10) + 16.10 = 16.22
第 9 天的 12 日 EMA = 0.153 8 × (17.35 - 16.22) + 16.22 = 16.39
第 10 天的 12 日 EMA = 0.153 8 × (17.03 - 16.39) + 16.39 = 16.49

同理，可计算出 26 日 EMA：

第 1 天的 24 日 EMA = 0.074 1 × (15.85 - 16.02) + 16.02 = 16.01
第 2 天的 24 日 EMA = 0.074 1 × (16.17 - 16.01) + 16.01 = 16.02
第 3 天的 24 日 EMA = 0.074 1 × (16.28 - 16.02) + 16.02 = 16.21
第 4 天的 24 日 EMA = 0.074 1 × (16.14 - 16.21) + 16.21 = 16.20
第 5 天的 24 日 EMA = 0.074 1 × (15.61 - 16.20) + 16.20 = 16.16
第 6 天的 24 日 EMA = 0.074 1 × (16.35 - 16.16) + 16.16 = 16.17
第 7 天的 24 日 EMA = 0.074 1 × (16.87 - 16.17) + 16.17 = 16.22
第 8 天的 24 日 EMA = 0.074 1 × (16.90 - 16.22) + 16.22 = 16.27
第 9 天的 24 日 EMA = 0.074 1 × (17.35 - 16.27) + 16.27 = 16.35
第 10 天的 24 日 EMA = 0.074 1 × (17.03 - 16.35) + 16.35 = 16.40

(2) 计算差离值 DIF：

DIF = 12 日 EMA - 26 日 EMA
第 1 天的 DIF = 15.77 - 16.01 = -0.24

第 2 天的 DIF = 15.83 − 16.02 = − 0.19

第 3 天的 DIF = 15.90 − 16.21 = − 0.31

第 4 天的 DIF = 15.94 − 16.20 = − 0.26

第 5 天的 DIF = 15.89 − 16.16 = − 0.27

第 6 天的 DIF = 15.96 − 16.17 = − 0.21

第 7 天的 DIF = 16.10 − 16.22 = − 0.12

第 8 天的 DIF = 16.22 − 16.27 = − 0.05

第 9 天的 DIF = 16.39 − 16.35 = 0.04

第 10 天的 DIF = 16.49 − 16.40 = 0.09

(3) 计算 9 日的 DIF 移动平均值（MACD）：

第 9 天的 MACD = (− 0.24 − 0.19 − 0.31 − 0.26 − 0.27 − 0.21 − 0.12 − 0.05 + 0.04) ÷ 9
= − 0.18

第 10 天的 MACD = (− 0.19 − 0.31 − 0.26 − 0.27 − 0.21 − 0.12 − 0.05 + 0.04 + 0.09) ÷ 9
= − 0.14

8.2.2 指标特性分析

MACD 指标利用短周期的快线与长周期的慢线的位置、交叉、形态、背离等来判断和预测行情，是众多指标中意义最丰富、最实用、适用性最强的指标之一，具有稳定性、趋势性、震荡性等特点。

(1) 稳定性。MACD 对股票价格的收盘价进行平滑处理，求出算术平均值以后再进行计算，它是对均线的优化，具有均线的稳定特性。

(2) 趋势性。MACD 是根据均线的构造原理形成的，是市场平均成本的离差值，一般反映中线的整体趋势。它是一种趋向类指标，具有指标趋势的提前性。

(3) 震荡性。MACD 是以测量快速平均线与慢速平均线两者间的"差离值"为依据的，用长均线减去短均线后，这些滞后指标就成为一个动力震荡指标。其结果是，它构成了一根在零点线上下摆动的震荡线，并且没有上下幅度限制。

8.2.3 MACD 的基本运用方法

(1) 一般而言，DIF 线向上突破 MACD（或 DEA）平滑线即为涨势确认之点，DIF 由下向上突破 MACD 也称为 MACD 金叉，为买入信号；反之，当 DIF 线向下跌破 MACD（或 DEA）平滑线时，即 MACD 死叉，为跌势确认之点，也就是卖出信号。

(2) 直线柱状体的直线棒由大开始变小，即为卖出信号；直线棒由最小（负数的最大）开始变大，即为买进信号。

(3) 0 轴在 MACD 中很重要，是多空分界线，这个原则在 MACD 系统中显得很重要。一般可以粗略地认为：双线在 0 轴上是多头行情；反之，则是空头；同时，0 轴也是很重要的一个变盘点位，大的行情的爆发基本是从 0 轴附近开始的。

(4) 在涨势中，正差离值（+ DIF）会越来越大；反之，在跌势中，差离值可能变负（− DIF），负差离值也越来越大。所以，当行情开始反转时，正或负差离值将会缩小。

(5) 背离表明趋势的反转。股价出现二或三个近期低点，而 MACD 并不配合出现新低点，为底部背离，可作买入操作；股价出现二或三个近期高点而 MACD 并不配合新高点，为顶部背离，可作卖出操作。

（6）一般的市场经验是，高档二次向下交叉（死叉）大跌，低档二次向上交叉（金叉）要大涨。在多头市场时金叉买入，在空头市场时死叉卖出，就是"顺势操作"。

（7）MACD 可配合 RSI（相对强弱指标）与 KDJ（随机指标），可互相弥补各自的缺点。

【例题 3】 如图 8-3 所示为美国长期国债 2009 年的价格指数运行情况。价格指数几乎长期横盘整理，其间出现两次大的"阴包阳"现象。而 MACD 形成向下走势形态，出现两次"死叉"，且出现 MACD 与价格指数的背离现象，表明将出现大的下跌行情。

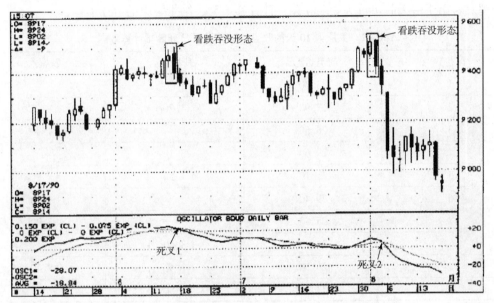

图 8-3 美国长期国债 2009 年的 MACD 与日 K 线图

8.2.4 MACD 指标评价

MACD 技术分析，运用 DIF 线与 MACD 线之相交形态及直线棒高低点与背离现象，作为买卖信号，尤其当市场股价走势呈现出一个较为明确的波段趋势时，MACD 可发挥其应有的功能；但当市场呈牛皮盘整格局，股价不上不下时，MACD 买卖信号作用则不太明显。

8.3 相对强弱指标

相对强弱指标（Relative Strength Index，RSI）是通过比较一段时期内的平均收盘上涨数和平均收盘下跌数来分析市场买卖的意向和实力。相对强弱指标是一种动能指标，可衡量股票或期货价格在特定时期内的相对变动量，人们可以此作出其未来市场走势的判断。

8.3.1 指标计算方法

就股市而言，RSI 是一种通过特定时期内股价的变动情况计算市场买卖力量对比情况，并据此来判断股票价格内部本质强弱的指标。其计算公式为：

$$RSI = [上升平均数 \div (上升平均数 + 下跌平均数)] \times 100$$

其中，上升平均数是在某一时段里升幅数的平均值；下跌平均数则是在同一时段里跌幅数的平均值。

至于用多少日的 RSI 才合适，我们可根据具体的需要选择。最初提出 RSI 指标时采用的日数是 14 天，14 天作为参数便成为默认值。但在实际操作中，分析者常觉得 14 天太长了，因此才有了 5 天和 9 天为周期日数的方法。

【例题 4】 我们要计算九日 RSI，首先就要找出前九日内的上升平均数及下跌平均数，然后进一步计算出 RSI 值。表 8-2 给出了某股票 10 天的收盘价数据，并对表中的数据进行了处理。若第十一天收市价为 25.30 元，计算第十天、第十一天的 RSI 值。

表 8-2 某股票 10 天的收盘价数据及逐日升降幅计算数据

日 数	收盘价/元	升幅/元	跌幅/元
1	23.70		
2	27.90	4.20	
3	26.50		1.40
4	29.60	3.10	
5	31.10	1.50	
6	29.40		1.70
7	25.50		3.90
8	28.90	3.40	
9	20.50		8.40
10	23.20	2.80	

解：

第十天上升平均数 = (4.20 + 3.10 + 1.50 + 3.40 + 2.80)/9 = 1.67

第十天下降平均数 = (1.40 + 1.70 + 3.90 + 8.40)/9 = 1.71

第十天 RSI = [1.67 ÷ (1.67 + 1.71)] × 100 = 49.41

如果第十一天收市价为 25.30，则

第十一天上升平均数 = (1.67 × 8 + 2.10) ÷ 9 = 1.72

第十一天下跌平均数 = 1.71 × 8 ÷ 9 = 1.52

第十一天 RSI = [1.72 ÷ (1.72 + 1.52)] × 100 = 53.09

据此亦可计算以后几天的 RSI。同样，按此方法可计算其他任何日数的 RSI。

8.3.2 运用原则

(1) 相对强弱指标的变动范围在 0～100 之间。指标保持高于 50 表示为强势市场，而低于 50 表示为弱势市场。

(2) 相对强弱指标多在 30～70 范围内波动。当指标达到 80 时，表示股市已超买；如果超过 90，则表示已严重超买，股价极可能在短期内反转。反之，当强弱指标下降至 20 时，表示股市超卖；如果下降至 10 以下，则表示已严重超卖，股价极可能有止跌回升。

（3）每种类型股票的超卖、超买值是不同的。蓝筹股强弱指标正常范围可考虑在 30～80 范围内；二三线股票强弱指标正常范围可考虑在 20～85 范围内。

（4）超买及超卖范围的确定还取决于两个因素：市场的特性和 RSI 所取的时间参数。较稳定的市场一般可以规定正常范围为 30～70，变化较剧烈的市场可以规定范围为 20～80。对于 9 日 RSI 可以规定合理范围在 20～80，对于 24 日 RSI 可以规定合理范围在 30～70。

（5）有时，强弱指标上升而股价反而下跌，或是强弱指标下降而股价上涨。这种情况称为"背驰"现象。特别是当 RSI 在 80 以上时出现"顶背驰"，在 20 以下时出现"底背驰"，通常被认为是市场即将发生重大反转的信号。

8.3.3 指标评价

人们通过 RSI 指标能较清楚地看出超买、超卖状态，从而较好地掌握买入、卖出时机。同时，RSI 的计算把上升幅度作为买方力量的总和，将下跌的幅度作为卖方力量的总和，根据两种力量对比的结果在一定程度上判断股价的未来动向。

不过，任何分析工具都既有其优点也有其缺点。当发生单边行情时，RSI 指标在高档或低档时都会有钝化的现象，也就是说，此时 RSI 超过 95 或低于 15 也并不奇怪。相对强弱指标能通过显示市场超卖和超买预期价格将见顶回软或见底回升等，但这只能作为一个信号，并不意味着市势必然朝着这个方向发展。作为一种比率指标，RSI 在趋势分析能力上会较弱，且 RSI 并不能明确给出走势幅度，只能作为交易的指导辅助工具。RSI 指标与股价的"背离"走势常常会发生滞后现象；在牛市行情时 RSI 徘徊于 40～60 范围内，此时指标的指示性较差。特别是当 RSI 值在 50 附近波动时，该指标往往失去参考价值。

【例题 5】 图 8-4 所示是美国期货市场 1990 年 1—3 月铜的价格日 K 线图和 RSI 指标。可以看出，铜价格在 1 月底见底、3 月初见顶，且 RSI 指标与价格走势在底部和顶部都发生了"背驰"现象。如能在这两个时点分别作出买入与卖出的操作，就把握住了投资机会。

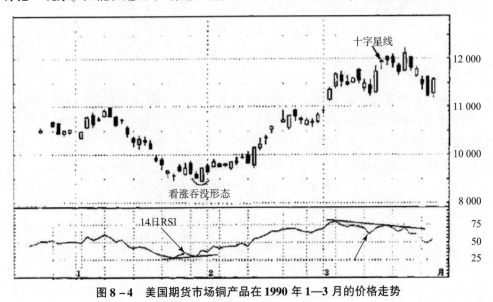

图 8-4 美国期货市场铜产品在 1990 年 1—3 月的价格走势

8.4 布林线指标

布林线（Bollinger Bands，BOLL），又称包络线，是 20 世纪 70 年代美国著名证券分析师约翰·布林格（John Bollinger）根据统计学中的标准差原理设计出的一种比较实用的技术指标。布林线利用统计原理计算出股价的标准差及其信赖区间，从而确定股价的波动范围及未来走势，利用波动带来显示股价的安全高低、价位，因而也被称为布林带。它可以反映价格的波动状况，是对股价运行规律的一种量化分析指标。

8.4.1 布林线的构成

布林线由 K 线组合图及三条线构成（如图 8-5 所示）。上面的线被称为上轨，亦即压力；下面的线被称为下轨，亦即支撑线；两条线之间还有一条股价平均线，被称为中轨。上轨和下轨围成了一个股价通道，由此可以看出股价的变动区间。

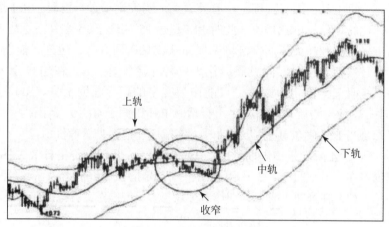

图 8-5 BOLL 线示意图

8.4.2 布林线原理

布林线的理论依据是：股价的运动总是围绕某一价值中枢（如均线、成本线等）在一定的范围内变动。具体的指标设计是基于统计学的标准差原理构建"股价通道"，以股价通道的宽窄反映股价波动的幅度大小。

根据布林线三轨的方向表现，我们可归结出布林线的四种基本状态（如表 8-3 所示）。

表 8-3 布林线的四种基本状态

状 态	上下轨表现	形成原因
开 口	上轨向上，下轨向下	价格快速大幅运行，突破上轨
收 口	上、下轨向中轨聚拢	价格陷入行情后整理阶段
三轨同向	上、中、下三轨指向同一方向	价格经过上一波上涨或下降后，小幅回调，在中轨得到支撑或阻力，再次向上或向下运行
走 平	三轨同时横向运行	行情陷入窄幅区间运行

布林线使用起来非常有效、方便、灵活，指标给出的信号明确。布林线指标具备四大功能：（1）可以指示支撑和压力位置；（2）可以显示超买、超卖；（3）可以指示趋势；（4）具备通道作用。

8.4.3 指标计算方法

BOLL指标的计算方法较为复杂，其中引进了统计学中的标准差概念，涉及中轨线（MB）、上轨线（UP）和下轨线（DN）的计算。

（1）计算 MA：

$$MA = N\text{日内的收盘价之和} \div N$$

（2）计算标准差 MD：

$$MD = \sigma = \sqrt{\frac{\sum (x_i - \mu)^2}{N}}$$

其中，σ是标准差，x是当前价格，μ是均线的当前价格，N是计算周期。

（3）计算 MB、UP、DN 线：

$$MB = (N-1)\text{日的}MA$$
$$UP = MB + k \times MD$$
$$DN = MB - k \times MD$$

其中，k为参数，可根据股票的特性来做相应的调整，一般默认为2。

（4）布林线带宽指标：

$$\text{布林线带宽} = (\text{上轨线} - \text{下轨线})/\text{中轨线}$$

8.4.4 布林线的运用方法

8.4.4.1 基本运用原则

（1）布林线利用波带可以显示其安全的高、低价位。
（2）当变易性变小，而波带变窄时，激烈的价格波动有可能随时产生。
（3）高、低点穿越波带边线时，立刻又回到波带内，会有回档产生。
（4）波带开始移动后，以前面的方式进入另一波带，可帮助找出目标值。

8.4.4.2 在常态范围内，布林线使用的技术和方法

常态范围通常是股价运行在一定宽度的带状范围内。它的特征是股价没有极度大涨、大跌，处在一种相对平衡的状态之中，此时使用布林线的方法非常简单。

（1）当股价穿越上限压力线时，为卖点信号。
（2）当股价穿越下限支撑线时，为买点信号。
（3）当股价由下向上穿越中界限时，为加码信号。
（4）当股价由上向下穿越中界线时，为卖出信号。

8.4.4.3 在单边上升行情中布林线的使用方法

在一个强势市场中，股价连续上升，通常股价会运行在中轨和上轨之间。当股价连续上升较长时间，股价上穿上轨，次日又下穿上轨且进一步打破中轨时，带动上轨曲线出现由上升转平的明显拐点，此时为卖出信号。

8.4.4.4 布林线缩口的使用方法

(1) 股价经过数波下跌后,随后常会转为较长时间的窄幅整理,这时我们发现布林线的上限和下限空间极小,愈来愈窄,短线没有获利空间。在很窄的缩口处一旦成交量增大,股价上升,布林线开口扩大,上升行情即宣告开始。

(2) 如布林线在高位开口极度缩小,一旦股价向下破位,布林线开口放大,则一轮跌势将不可避免。

8.4.4.5 布林线开口的使用方法

(1) 当股价由低位向高位经过数浪上升后,布林线最上压力线和最下支撑线开口达到了极大程度,且开口不能继续放大转为收缩时,此时是卖出信号,通常股价紧跟着是一轮大幅下跌或调整行情。

(2) 当股价经过数浪大幅下跌,布林线上限和下限的开口不能继续放大,布林线上限压力线提前由上向下缩口,等到布林线下限支撑线随后由下向上缩口时,一轮跌势将告结束。

【例题6】 图8-6所示为兖州煤业(600188)在2003年年初的一个主升浪行情。其间虽然出现过多次调整,但都没有有效击穿下轨线。股价长时间运行于中轨线与上轨线之间,提示投资者可以坚定长线持股。这种情况下,每次重新上穿中轨线时都产生了很好的买点。

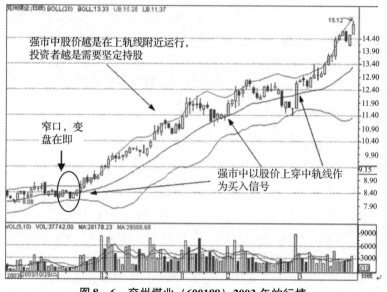

图8-6 兖州煤业(600188) 2003年的行情

8.5 涨跌比率

涨跌比率(Advance Decline Ratio,ADR)又称回归式的腾落指数,是一定期间内某市场指数中全部股票的上涨股票家数与下跌股票家数的比率。人们通过该指标,可以分析市场上多空力量的变化,揭示股市大盘的强弱程度,进而判断市场的未来趋势。

涨跌比率提出的理论基础是"钟摆原理",即当一方力量过大时,就会产生物极必反的效果,向相反的方向摆动的拉力增强。比如,当股市人气极度低迷时,就可能正在酝酿新一轮的上涨行情。

8.5.1 指标计算方法

ADR 的计算公式为：

$$\text{ADR} = M_1 \div M_2$$

式中：

$M_1 = \sum \text{NA}$，为 N 日内股票上涨家数之和；

$M_2 = \sum \text{ND}$，为 N 日内股票下跌家数之和。

N 为选择的周期天数，它是 ADR 的参数。市场较为常用的参数为 14 日，也有用 10、6 日的，甚至更长的 6 周、13 周、26 周等。

8.5.2 指标运用方法

（1）ADR 数值的取值范围一般为 0.3～4。具体为：ADR 数值在 0.3～0.5 范围内，属于空头行情；在 0.5～1.5 范围内，属于持续（震荡）行情；在 1.5 以上，属于多头行情。

（2）就市场变化而言，ADR 有先行示警作用，尤其是在短期反弹或回档方面，能比股市领先出现征兆。

（3）如果 ADR 上升，而指数却下滑，则股市将会反弹；若 ADR 下降，而指数却上升，则股市将会回落。若 K 线图形与涨跌比率成背驰现象，则大势即将反转。

（4）当涨跌比率出现 2 以上时，表示股市处于大的多头市场，有严重超买现象；当涨跌比率出现 0.3 以下时，表示股市处于大的空头市场的末期，有严重超卖现象。

【例题 7】 2007 年 11 月上证指数见顶，K 线构筑了一个小双头形态。2008 年 1 月有一个反弹，实际上是多头逃命机会，此后股市一路大跌。其实，很多指标都给出了警示信号。如 ADR 指标，在 2007 年 9—10 月已与上证指数走势形成背离现象；2008 年 1 月也显示出超买迹象（如图 8-7 所示）。

图 8-7　2007 年 9 月—2008 年 2 月上证指数的运行状况

8.6 OBV 线

OBV 线（On Balance Volume），即累积能量线，亦称 OBV 能量潮、成交量净额法。它是将成交量值予以数量化，制成趋势线，从成交量变动趋势来分析股价转势的技术指标。它的理论基础是"能量是因，股价是果"，即市场价格的变动必须有成交量配合。

8.6.1 指标计算方法

逐日累计上市股票每日总成交量，当天收市价高于前一日时，总成交量为正值；反之，为负值；若平盘，则为零。其计算公式为：

$$当日 OBV = 前一日的 OBV \pm 今日成交量$$

【例题8】 某股票的相关数据如表8-4所示。第一天为起始计算日（上市日），按照计算公式，其逐日的累积 OBV 值见表8-4中最右侧栏。如果以时间为横坐标，成交量为纵坐标，将每一日计算所得的 OBV 值在坐标系中标出位置并连接起来，即成为 OBV 线。

表8-4 某股票的 OBV 计算

日 期	收盘价	比前一日的涨跌	成交量（手股）	累积 OBV
1	18.8	—	—	—
2	19.2	+	3 000	3 000
3	19.4	+	2 500	5 500
4	19.1	-	700	4 800
5	19.0	-	800	4 000
6	19.6	+	2 000	6 000

8.6.2 指标应用方法

成交量值为股价变动的先行指标，短期股价的波动与公司业绩兴衰并不完全吻合，而是受人气的影响，因此，从成交量的变化可以预测股价的波动方向。一般来说，只观察 OBV 的变化并无意义，必须配合股价图表的走势才能体现其实际的效用。

（1）具体的运用规则是：当股价上涨而 OBV 线下降时，表示能量不足，股价可能会回跌；当股价下跌而 OBV 线上升时，表示买气旺盛，股价将止跌回升；当股价上涨而 OBV 线同步缓慢上升时，表示股市继续看好；当 OBV 线暴升时，不论股价是否暴涨或回跌，表示能量即将耗尽，股价可能反转。

（2）OBV 线为股市短期波动的重要判断方法，其 OBV 走势可以局部显示出市场内部主要资金的移动方向。

（3）OBV 线对双重顶（M 头）第二个高峰的确定有较为标准的显示。当股价自双重顶第一个高峰下跌又再次回升时，如果 OBV 线能随股价趋势同步上升，价量配合，则可能持续多头市场并出现更高峰；但是相反地，股价再次回升时，OBV 线未能同步配合，却见下降，则可能即将形成第二个峰顶，完成双重顶的形态，并进一步导致股价上涨行情的反转。

【例题 9】 图 8-8 所示是华夏银行（600015）在 2014 年 11 月至 2015 年 5 月间股价走出的一波较大的上升行情。在①阶段前面，股价调整但 OBV 线已开始上升，在②和③阶段股价小幅回落调整，但 OBV 线走平。

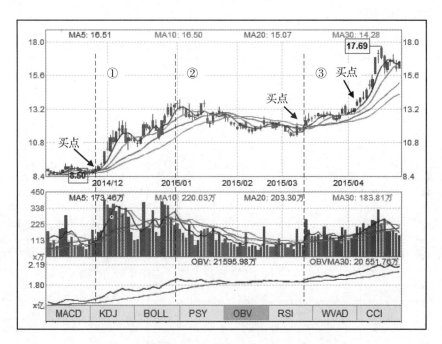

图 8-8　华夏银行（600015）股价及 OBV 线走势

8.7　随机指标

随机指标（Stochastics）也称 KDJ 指标，是一种适用于中短期趋势分析的在期货和股票市场中常用的技术分析工具。随机指标在设计中综合了动量观念、强弱指标和移动平均线的一些优点，在计算中考虑了计算周期内的最高价、最低价，兼顾了股价波动中的随机振幅，因而被人们认为能更真实地反映股价的波动。

8.7.1　指标计算方法

随机指标在图表上共有三根线，即 K 线、D 线和 J 线。随机指标可以选择任何一种日数作为计算基础，例如 5 日 KDJ 指标公式为：

$$K = 100 \times [(C - L_5)/(H_5 - L_5)]$$
$$D = 100 \times (H3/L3)$$
$$J = 3K - 2D$$

其中：

C——最后一天收盘价；

H_5——最后五天内最高价；

L_5——最后五天内最低价；

$H3$——最后三个（$C-L_5$）数的总和；

$L3$——最后三个（H_5-L_5）数的总和。

【例题 10】 五粮液（000858）2014 年 3 月 24 日—4 月 3 日的股票价格如表 8-5 所示，计算其 5 日的 KDJ 指标。

表 8-5 五粮液（000858）的股票价格

日　期	最高价/元	最低价/元	收盘价/元
3.24（周一）	18.80	17.20	18.78
3.25	17.60	16.99	17.25
3.26	17.56	17.05	17.09
3.27	17.27	17.02	17.06
3.28	17.19	16.48	16.60
3.31（周一）	16.89	16.56	16.67
4.01	17.25	16.57	17.23
4.02	17.64	17.10	17.28
4.03	17.40	17.17	17.19

解：

K 值：

$100 \times [(16.60 - 16.48)/(18.80 - 16.48)] = 100 \times 0.12/2.32 = 5.17$

$100 \times [(16.67 - 16.48)/(17.60 - 16.48)] = 100 \times 0.19/1.12 = 16.96$

$100 \times [(17.23 - 16.48)/(17.56 - 16.48)] = 100 \times 0.75/1.08 = 69.44$

$100 \times [(17.28 - 16.48)/(17.64 - 16.48)] = 100 \times 0.80/1.16 = 68.96$

$100 \times [(17.19 - 16.48)/(17.64 - 16.48)] = 100 \times 0.71/1.16 = 61.21$

D 值：

$100 \times [0.12 + 0.19 + 0.75]/[2.32 + 1.12 + 1.08] = 100 \times 1.06/4.52 = 23.45$

$100 \times [0.19 + 0.75 + 0.80]/[1.12 + 1.08 + 1.16] = 100 \times 1.74/3.36 = 51.79$

$100 \times [0.75 + 0.80 + 0.71]/[1.08 + 1.16 + 1.16] = 100 \times 2.26/3.40 = 66.47$

J 值：

$3K - 2D = J$

$69.44 \times 3 - 23.45 \times 2 = 161.42$

$68.96 \times 3 - 51.79 \times 2 = 103.3$

$61.21 \times 3 - 66.47 \times 2 = 50.69$

8.7.2 KDJ 指标基本原理

随机指标 KDJ 是以最高价、最低价及收盘价为基本数据进行计算，将得出的 K 值、D 值和 J 值都画在指标坐标和时间坐标构成的坐标系上，由此就形成了一个完整的、能反映价格波动趋势的 KDJ 指标线。K 线与 D 线相当于一个双移动平均线组合，其中 K 线相当于一条较短期的移动平均线，D 线相当于一条较长期的移动平均线，而 J 线反映的是 K 值与 D 值的最大乖离程度。

由此可见，KDJ 线本质上是一个随机波动指标，但它融合了动量观念、强弱指标和移动平均线的特点，能够比较迅速、快捷、直观地研判行情。因此，KDJ 构成的图形关系可以反映市场的超买超卖现象、走势背驰现象以及 K 与 D 相互交叉突破现象，从而预示中、短期走势的到顶与见底过程。

8.7.3 指标应用方法

(1) 超买区域的判断——K 值在 80 以上，D 值在 70 以上，为超买的一般标准。

(2) 超卖区域的判断——K 值在 20 以下，D 值在 30 以下，为超卖的一般标准。

(3) J 值 >90%，超买；J 值 <10%，超卖。

(4) D 线交叉突破判断：当 K 值大于 D 值时，表明当前是一种向上涨升的趋势，因此 K 线从下向上突破 D 线时，是买进的信号；反之，当 D 值大于 K 值，表明当前的趋势是向下跌落，因而 K 线从上向下跌破 D 线时，是卖出的信号。一般情况下，K 线与 D 线的交叉突破，在 80 以上或 20 以下较为准确。

(5) 如果 KD 线交叉突破反复在 50 左右震荡，说明行情正在整理，此时要结合 J 值观察 KD 偏离的动态。

(6) 背驰判断——如果股市层层拔高而 KD 线层层降低，或完全相反，这种情况称为"价线背离"，一般为转势的信号，此时应正确把握买卖时机。

(7) 注意：窄幅盘整行情不宜看 KDJ；长期单边行情后不宜看 KDJ，因指标已钝化；KDJ 是短期随机指标，不宜用其作长线研盘。

案例分析

道·琼斯工业股票平均指数在1989—1900年的行情反转

图 8-9 所示的实例中，1 月 3 日是一根十字线，应当引起我们的警惕。如果一根十字线跟随在一根长长的白色蜡烛线之后，则显示"苗头不对"。在该十字线当天，市场向上推过了 12 月的高点，创出了新高水平。但是在其随机指标曲线上，并没有相应地形成新高，未能呼应价格的新高。这样一来，就形成了一个看跌的负面相互背离现象。对于蜡烛图十字线的看跌信号来说，这是一个重要的验证信号。

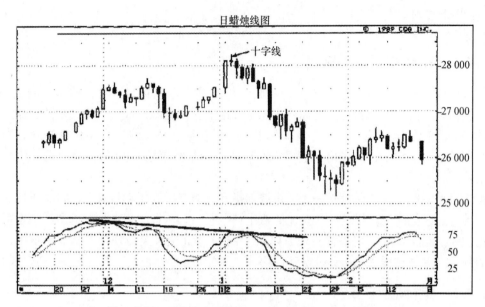

图 8-9　道·琼斯工业股票平均指数，1989—1900（随机指标与蜡烛图）

8.8　威廉指标

威廉指标（Williams % Rate），简称 W&R 或 %R。该指标主要是通过分析一段时间内股价的最高价、最低价和收盘价之间的关系，利用震荡点来反映市场的超买、超卖行为，以此来预测股价中短期的走势。

8.8.1　指标计算方法

威廉指标的计算公式为：

$$\%R = 100 - (C - Ln) \div (Hn - Ln) \times 100 = (Hn - C) \div (Hn - Ln) \times 100$$

其中：C 为计算日的收盘价，Ln 为 N 周期内的最低价，Hn 为 N 周期内的最高价，公式中 N 日为选设参数，一般设为 14 日或 20 日。

在实际应用中，根据研究的需要，威廉指标的参数也可按分钟、周、月、年设置分析周期。一般地，%R 指标值在 0~100 范围内。越接近 0 值，表明目前的价位越接近过去周期内的最低价；越接近 100 值，表明目前的价位越接近过去周期内的最高价。而在我国沪深股市通用的股市分析软件（钱龙、分析家等分析软件系统）中，%R 的刻度与 RSI 的刻度相反，即上界为 0、下界为 100。

8.8.2　指标运用方法

（1）当"%R"低于 20，即处于超卖状态，行情即将见底，20 这一横线，称为"买进线"。

（2）当"%R"高于 80，即处于超买状态，行情即将见顶，80 这一横线，称为"卖出线"。

（3）当"%R"由超卖区向上爬升，只是表示行情趋势转向，若是突破 50 中轴线，便是涨势转向强，可以买进。

(4) 当"％R"由超买区向下滑落，跌破50中轴线，可以确认跌势转强，应予卖出。

(5) 由于股市气势的变化，超买后还可再超买，超卖后亦可再超卖，因此，当"％R"进入超买或超卖区，行情并非一定立刻转势。只有确认％R线明显转向，跌破卖出线或突破买进线，方为正确的买卖讯号。

(6) 在使用威廉指标对行情进行研制时，最好能够同时使用强弱指标配合验证。

 寓言故事

鸟类迁徙行为的启示

鸟类迁徙现象至今仍是令人惊奇的现象，科学家们对其从千里之外定向识途的本领一直进行着研究。事实上，候鸟对于气候的变化感觉很灵敏，只要气候一发生变化，它们就纷纷开始迁飞。这样，便可以避免北方冬季的严寒，以及南方夏季的酷暑。一般认为鸟类迁徙是一种本能，这种本能不仅有遗传和生理方面的因素，也是对外界生活条件长期适应的结果。

股市也有冷暖变化，一个投资者如能不断积累知识和经验，学会像候鸟那样感知股市冷暖，"顺势而为"地把握股市的买卖机会，就自然能成为一名股市高手。

【例题11】 图8-10是2014年到2015年年初上证指数的一个运行图，在其整个上阶段威廉指标都是指示可以买入的。

图8-10 上证指数的一个运行图

8.9 心理线

心理线（Psychological line，PSY）是一种建立在研究投资人心理趋向基础上的分析指标，其将一段时间内投资者倾向于买方还是卖方的心理与事实转化为数值，构建人气指标，作为投资者买卖股票的参考依据。

8.9.1 指标计算方法

PSY 的计算公式如下：

$$PSY = N \text{ 日内的上涨天数}/N \times 100$$

N 一般设定为 12 日，最大不超过 24 日；周线的最长不超过 26 周。

此外，还可以设置 PSY 的移动平均指标，配合 PSY 的分析：

$$PSYMA = PSY \text{ 的 } M \text{ 日简单移动平均}$$

N 为 12 日时，参数 M 设置为 6 日。

8.9.2 指标基本原理

心理线（PSY）是研究股市涨跌对投资者产生的心理波动的情绪指标，它的理论依据是心理学。针对股市的心理学实证与实验研究表明：一般情况下，人们的心理预期与市场景气度的高低成正比。即市场价格上涨，人们的心理预期也提高；市场价格下跌，人们的心理预期也降低。当人们的心理预期接近或达到极端的时候，则逆反心理开始起作用，并可能最终导致心理预期方向的逆转。因此，心理线是反映人们的市场心态的一个数量尺度，它通过利用市势上涨的移动平均曲线来研判市场一段时间内的多空倾向性。

8.9.3 指标运用方法

（1）$0 \leqslant PSY \leqslant 100$，故 $PSY = 50$ 一般被认为是多空分界点。PSY 值大于 50 为 PSY 指标的多方区域；PSY 值小于 50 为 PSY 指标的空方区域；PSY 在 50 左右为多空力量维持平衡的徘徊区域。

（2）PSY 值的变化都在 25~75 范围内，反映股价处在正常的波动状态。PSY 高于 75 时为超买，而低于 25 时为超卖。但这个数值界线也不能被绝对化，在涨升行情时可将卖点提高到 75 之上，在跌落行情时可将买点降低至 25 以下。

（3）当 PSY 值大于 90 或小于 10 时，属于极端超买、超卖情况，投资者应果断卖出或者短期抢反弹。

（4）一段上升行情展开前，通常会出现两次超卖的低点，此时一般是买进机会。同样，一段下跌行情展开前，超买也会出现两次最高点，一般是卖出的时机。

（5）当 PSY 曲线和 PSYMA 曲线同时向上运行时，为买入时机；相反，当 PSY 曲线与 PSYMA 曲线同时向下运行时，为卖出时机。而当 PSY 曲线向上突破 PSYMA 曲线时，为买入时机；相反，当 PSY 曲线向下跌破 PSYMA 曲线时，为卖出时机。

（6）如果将 PSY 指标与成交量变异率（VR）、逆时针曲线指标、K 线形态配合运用，效果会更好。

【**例题 12**】 图 8-11 所示是久其软件（002279）在 2015 年 9—12 月的股价走势。从 PSY 指标看，9 月份出现两次超卖的低点，是一个买入良机；11 月股价上涨，但 PSY 指标走低，说明有调整要求。

图 8-11　久其软件（002279）在 2015 年 9—12 月的股价走势

8.10　乖离率

乖离率（BIAS，也称 Y 值）是测量股价偏离均线程度的指标，它通过百分比的形式表示股价与平均移动线之间的差距。基于乖离率可以分析股价在剧烈波动时因偏离移动平均趋势而造成可能的回档或反弹，以及股价在正常波动范围内移动而形成继续原有趋势的可信度。

乖离率是由移动平均线派生出来的技术分析指标，它的理论基础是投资者心理分析与平均持仓成本线原理。移动平均数一般可视为某一时期内买卖双方都能接受的均衡价格，因此，股价距离移动平均线太远时会重新向平均线靠拢。

8.10.1　指标计算方法

BIAS 计算公式：

Y 值 = （当日收市价 - N 日内移动平均收市价）/ N 日内移动平均收市价 × 100%

其中，N 一般为 5、6、10、12、24、30 和 72 日。在实际运用中，最常见的 BIAS 指标有三条指标线，N 的参数一般设置为 6 日、12 日、24 日。

8.10.2　指标运用方法

（1）乖离率分为正乖离率和负乖离率。当股价在移动平均线之上时，其乖离率为正；反之，则为负。随着股价走势的强弱和升跌，乖离率周而复始地穿梭于 0 点的上方和下方，其值的高低对未来走势有一定的预测功能。

（2）一般而言，当正乖离率涨至某一百分比时，表示短期内多头获利回吐可能性增大，呈卖出信号；当负乖离率降到某一百分比时，表示空头回补的可能性增大，呈买入信号。

（3）对于乖离率达到何种程度方为正确之买入点或卖出点，目前并没有统一原则。下面是国外不同日数移动平均线达到买卖信号要求的参考数据：

6 日平均值乖离：-3% 是买进时机，+3.5 是卖出时机；
12 日平均值乖离：-4.5% 是买进时机，+5% 是卖出时机；
24 日平均值乖离：-7% 是买进时机，+8% 是卖出时机；
72 日平均值乖离：-11% 是买进时机，+11% 是卖出时机。

（4）乖离率主要用来预警股价的暴涨和暴跌引发的行情逆转，即当股价在上方远离移动平均线时，就可以卖出；当股价在下方远离移动平均线时，就可以买进。

（5）BIAS 指标的缺陷是买卖信号过于频繁，因此要与随机指标（KDJ）、布林线指标（BOLL）搭配使用。

【例题 13】 如图 8-12 所示，华电国际（600027）在 2008 年 10 月上旬到 2009 年 3 月下旬的日线走势中，先后出现了 30 日乖离率低于 -7% 的走势。股价处在 30 日移动平均值线的下方，乖离率低于 -7%，显示超卖，短线会止跌反弹，可在当天买入。

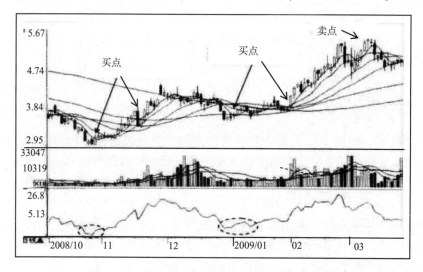

图 8-12　华电国际（600027）的一个日 K 线图

练习题八

1. 分析图 8-13 所示股票的 MA 指标、MACD 指标的运行过程，讨论其可能的买卖点。
2. 分析图 8-14 所示股票的 MA 指标、RSI 指标的运行过程，讨论其可能的买卖点。
3. 分析图 8-15 所示股票的 MA 指标、KDJ 指标的运行过程，讨论其可能的买卖点。
4. 分析图 8-16 所示股票随股价变化的一些运行特征，讨论其可能的买卖点。
5. 某股票从 6 月 1 日开始的 15 天股价数据如表 8-6 所示（P 高——当日最高价、P 低——当日最低价、P 收——当日收盘价）。假定 5 月 29 日（周五）的 12 日移动平均数为 34.8，26 日移动平均数为 35.4。

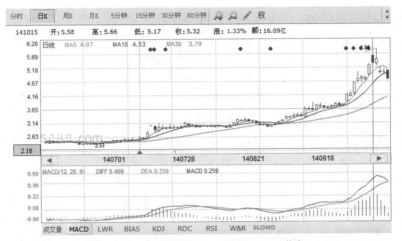

图 8-13　某股票的日 K 线和 MACD 指标

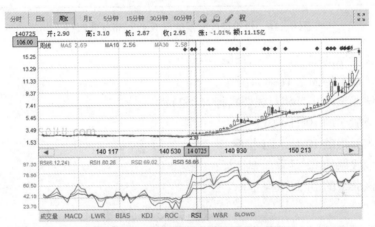

图 8-14　某股票的日 K 线和 RSI 指标

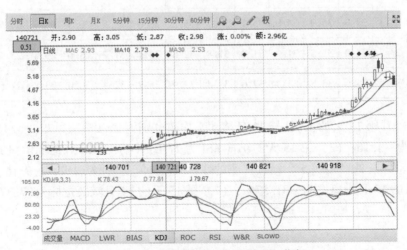

图 8-15　某股票的日 K 线和 KDJ 指标

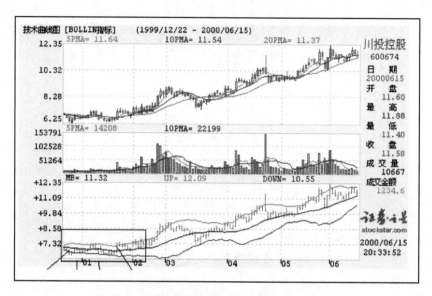

图 8-16 川投控股股票的日 K 线和布林线指标

（1）计算该股票的 12 日与 26 日移动平均数；
（2）计算该股票的 MACD 指标；
（3）计算该股票的 9 日相对强弱指标（RSI）；
（4）计算该股票的 10 日 BOLL；
（5）计算该股票的 10 日 KDJ 指标；
（6）计算该股票的 12 日乖离率指标；
（7）计算该股票的 14 日威廉指标。

表 8-6 某股票的 15 天股价数据

项目	1	2	3	4	5	6	7	8	9	10	11	12	13	14	15
P 高	36.7	35.3	37.4	35.9	34.0	35.7	34.7	35.2	36.0	35.8	30.3	33.0	29.6	27.4	22.5
P 低	31.8	33.7	34.0	33.5	31.0	31.0	31.8	32.6	33.1	31.2	28.6	29.8	25.1	23.0	19.5
P 收	35.1	34.6	34.6	33.8	33.4	32.6	34.4	32.9	35.7	32.4	30.0	29.8	27.5	23.9	19.9

提示：（1）第 15 天的 12 日与 26 日移动平均数分别为 29.08、31.78；（2）第 15 天的 MACD 指标为 -1.16；（3）第 15 天的 9 日 RSI 为 21.0；（4）第 15 天的 MB、UP、DN 分别为 29.61、38.95、20.27；（5）第 15 日的 K、D、J 值分别为 2.42、9.16、-11.04；（6）第 15 天的 12 日乖离率为 -31.57%；（7）第 15 天的 14 日威廉指标为 97.77。

投资名人故事

世界顶级投资大师——威廉·江恩

威廉·江恩（William Dilbert Gann，1878—1955）于1878年6月6日出生于美国得克萨斯州的路芙根市（Lufkin Texas），是证券、期货业中一位最具神奇色彩的技术分析大师。人们称他为20世纪20年代初期的传奇金融预测家、20世纪最伟大的投资家之一，甚至认为他是一位智者和伟大的哲学家。

1902年，24岁的江恩第一次入市买卖棉花期货。1906年，江恩到俄克拉荷马当经纪人，自己同时也进行期货买卖。1908年，江恩移居纽约成立了自己的经纪业务。同年，他提出了名为"控制时间因素"的市场趋势预测方法。由于多次预测十分准确，江恩由此声名大噪。

江恩在期货与股票市场投资长达45年，成功率高达80%～90%，赚取了5 000万美元的利润，相当于今天的5亿美元以上。虽然与其他一些投资大师相比，江恩获得的财富数量并不算大，但有三点是他人难以企及的：一是他用小钱赚取了巨大的财富，最重要的是，他靠自己的新发现去赚取他应得的财富；二是他的一生中经历了第一次世界大战、1929年的股市大崩溃、20世纪30年代的大萧条和第二次世界大战，在这样的动荡年代中赚取财富是非常了不起的；三是他把自己的投资心得总结出来，形成了著名的江恩理论。

江恩认为，投资者在市场买卖遭受损失，主要的原因有三点：（1）在有限资本上过度买卖；（2）投资者没有设止蚀盘，以控制损失；（3）缺乏市场知识，这是在市场买卖中损失的最重要原因。因此，江恩对所有投资者的忠告是：在你赔钱之前，请先细心研究市场。江恩认为，进行交易必须根据一套既定的交易规则去操作，而不能随意地买卖，盲目地猜测市场的发展情况。随着时间的转变，市场的条件也会跟随转变，投资者必须学会跟随市场的转变而转变，而不能认死理。为此，江恩提出了十二条重要的买卖规则。在他看来，买卖规则重于预测！这是他自己获胜的真正秘诀！

江恩坚信股市期市中存在着宇宙中的自然法则，股价运动方式不是杂乱无章的，而是可以预测的。他运用天文学、数学、几何学等方面的知识创立了独特的技术分析理论，其中包括波动法则、周期理论、江恩角度线、江恩四方形、江恩六角形等。江恩对技术理论的主要贡献是：对时间循环周期做了深入的研究，揭示了股市是按照某种数学比例关系与时间循环周期运作的，并阐明了价格与时间之间的关系，还把预测市场系统与操作系统区别对待。

江恩的代表作品有：《华尔街四十五年》《股票行情的真谛》《华尔街股票选择器》等。其中，《华尔街四十五年》堪称一部投资界思想巨著。

第九章

证券组合投资 *

本章学习要点：
（1）了解证券组合投资理论的产生与发展过程。
（2）掌握投资效用分析的基本原理。
（3）熟悉期望收益、标准差基本计算公式，熟悉资产投资组合的期望收益、标准差计算方法，理解风险条件下投资者机会及分析原理。
（4）熟悉有效投资组合分析方法。
（5）熟悉投资组合的有效边界计算技术。

9.1 组合投资理论的发展

证券投资组合理论是由美国经济学家哈里·马科维茨（Harry Markowiz, 1927—）等人建立的，是研究投资者在追求高的投资预期收益并希望尽可能躲避风险的前提下，如何获得最优证券投资组合的一整套理论框架和方法。其理论是：人们在任何投资预期收益上，宁愿证券组合的风险是最小的；而在任何既定的投资风险上，要追求投资预期收益的最大化。均值方差理论奠定了证券组合理论的基本框架，通过风险测量较为准确地计算出投资者收益和成本遭受损失的可能性大小。在此基础上，经过许多学者的逐渐完善，证券组合理论不断得以发展并在实践中获得了广泛应用。

9.1.1 20 世纪 50 年代前的组合投资思想

分散投资的理念早已存在，其道理正如我们平时所说的"不要把所有的鸡蛋放在同一个篮子里"。在传统的投资管理方法里，尽管投资品种也是由多种证券构成的组合，但其关注的只是证券个体，是个体管理的简单集合。投资组合管理则是将组合视为一个整体，关注的是对组合整体的收益与风险的权衡。

（1）英国经济学家约翰·希克斯（John Richard Hicks, 1904—1989）在 1935 年就已提出了"分离定理"，认为在无风险利率自由借贷的情况下，投资人选择投资组合时都会选择无风险资产和风险投资组合的最优组合点。这一点相对于其他的投资组合在风险上或是报酬上都具有优势。

（2）英国著名经济学家凯恩斯（John Maynard Keynes, 1883—1946）（于 1936 年）和 Hicks（于 1939 年）提出了风险补偿的概念，认为由于不确定性的存在，应该对不同金融产品在利率之外附加一定的风险补偿。Hicks 还进一步提出资产选择问题，认为风险是可以分散的。

（3）美国著名经济学家雅各布·马尔沙克（Jacob Marschak，1898—1977）在 1938 年提出了不确定条件下的序数选择理论，同时也注意到人们往往倾向于高收益且低风险。

（4）英国经济学家约翰·伯尔·威廉斯（John Burr Williams，1902—1989）于 1938 年在他的著作《投资价值理论》（The Theory of Investment Value）中最早提出了现金股利折现模型的基本思想。他认为，金融资产的价格反映了资产的"内生价值"，而这是可以用资产预期分红的现金流贴现来衡量的；如果投资于足够多的证券，我们可以假设总是存在一个满足收益最大化和风险最小化的组合，并能通过法律的保证使得组合的事实收益与期望收益一致。

（5）冯·纽曼-摩根斯坦（Von Neumann - Morgenstern，1902—1977），德国-美国经济学家。1947 年，他在公理化假设的基础上，运用逻辑和数学工具建立了不确定条件下对理性人的选择进行分析的框架，即期望效用函数理论（Expected Utility Theory），形成了应用预期效用进行不确定条件下的决策选择方法。

综上所述，在 20 世纪 50 年代以前的投资组合研究中，人们已经提出了在不确定条件下追求风险最小化和收益最大化的基本思想。其研究核心是利用组合达到风险分散化，追求收益最大化和风险最小化的目的，这其实也是现代投资组合理论的精髓。在这一阶段研究中，虽然已经提出了投资组合管理的理念，但是没有形成完整的理论体系，在表达上也缺乏计量模型与数理统计方法的精确论证。

9.1.2 马科维茨投资组合理论及其扩展

（1）1952 年 3 月，马科维茨在《金融杂志》上发表了题为《资产组合的选择》的论文，将概率论和线性代数的方法应用于证券投资组合的研究，探讨了类别不同、运动方向各异的证券之间的内在相关性。这篇论文的发表标志着现代投资组合理论（Modern Portfolio Theory，MPT）的开端。

（2）就在马科维茨发表《均值-方差投资组合》一文的同年，罗伊（A. D. Roy）提出了"安全-首要模型"（Safety - First Portfolio Theory）。罗伊将投资组合的均值和方差作为一个整体来选择，尤其是他提出，以极小化投资组合收益小于给定的"灾险水平"的概率，作为模型的决策准则。与马科维茨模型的思路不同，安全-首要模型的决策规则是极小化投资组合收益小于给定的"灾险水平"这一事件的概率，这为后来的 VaR（Value at Risk）等方法提供了思路。

（3）詹姆士·托宾（James Tobin，1918—2002）于 1958 年提出了著名的"二基金分离定理"：在允许卖空的证券组合选择问题中，每一种有效证券组合都是一种无风险资产与一种特殊的风险资产的组合。

（4）1959 年，马科维茨出版了《证券组合选择》一书，详细论述了证券组合的基本原理，从而为现代西方证券投资理论奠定了基础。

（5）1962 年，在马科维茨等人的研究工作基础上，Hicks 进一步提出了"组合投资的纯理论"，指出在包含现金的资产组合中，组合期望值和标准差之间有线性关系，并且风险资产的比例仍然沿着这条线的有效边界部分上升，从而解释了 Tobin 的分离定理的内容。

（6）美国著名经济学家威廉·F. 夏普（William F. Sharpe，1934—）在 1963 年发表

《对于"资产组合"分析的简化模型》，提出了均值-方差模型的简化方法——单一指数模型（Single-Index Model）。单一指数模型假定资产收益只与市场总体收益有关，从而大大简化了马科维茨理论中所用到的复杂计算。

（7）在马科维茨的模型中，以方差刻画风险，并且收益分布对称。在马科维茨的模型基础上，一些学者提出了各自不同的见解，进一步讨论了均值-半方差模型、均值-绝对偏差模型、收益不对称情况下的均值-方差-偏度模型等。

9.1.3 资本资产定价模型及其扩展

在马科维茨投资组合理论提出之后，威廉·F. 夏普（1964）等学者提出了一系列著名的资本资产定价模型（CAPM）。这些模型主要研究不确定条件下的资产定价问题，它们用资产的预期收益率和 β 系数描述收益和风险的关系，计算投资者实现效用最大化的资产定价，其核心思想是在一个竞争均衡中对有价证券定价。CAPM 模型不仅能对资产风险与其预期收益率之间的关系给出精确的估算，且运算过程简明，对投资实践具有重要的指导意义。它的出现引发了西方金融理论的一场革命，同时也标志着组合投资理论开始走向成熟阶段。

由于资本资产定价模型的假设条件过于严格，其在应用中受到一定局限，因此，对于 CAPM 的突破成为必然。斯蒂芬·罗斯（Stephen A. Ross，1944—）于 1976 年首次提出了套利定价理论（APT）。APT 不需要像 CAPM 那样作出很强的假定，从而突破性地发展了 CAPM。

费雪·布莱克（Fischer Black）、迈伦·斯克尔斯（Myron Scholes，1941—）于 1973 年推导出了期权定价公式，即著名的 B-S 模型；罗伯特·默顿（Robert Merton，1944—）（1973）对该定价公式进行了深化。迈伦·斯克尔斯、斯蒂芬·罗斯（1976）在假定股票价格为对数泊松分布情况下推导出了纯跳空期权定价模型（Pure Jump Model），罗伯特·默顿（1976）提出了扩散-跳空方程（Diffusion-Jump Model），罗伯特·默顿（1990）运用离散时间模型提出了交易成本与基础证券价格成比例的单阶段期权定价公式。迄今为止，有关期权定价理论与应用的议题仍是金融研究的前沿课题。

9.1.4 资本市场假说研究

9.1.4.1 有效市场假说研究溯源

有效市场假说的研究起源于路易斯·巴舍利耶（Louis Bachelier，1887—1946）。他从随机过程角度研究了布朗运动以及股价变化的随机性，并且认识到市场在信息方面的有效性，即过去、现在的事件，甚至将来事件的贴现值都反映在市场价格中。由此，他提出了股价遵循公平游戏（Fair Game）模型。1964 年，保罗·H. 库特纳（Paul. H. Cootner）编撰了《股票市场价格的随机行走特点》一书，对早已出现的"随机漫步理论"进行首次系统阐述。该理论认为，股票价格的变化类似于化学中的分子"布朗运动"，它变动的路径是不可预期的。保罗·萨缪尔森（Paul A. Samuelson，1915—2009）（1965）通过数学证明澄清了公平游戏模型与随机游走的关系，从理论上论述了有效市场和公平游戏模型之间的对应关系，其研究为随后有效市场假说的提出作了理论上的铺垫。

9.1.4.2 Fama 的有效市场假说

1965 年，尤金·法玛（Eugene Fama，1939—）在《金融分析家杂志》(Financial Analysts Journal) 上发表文章《股票市场价格行为》(Random Walks in Stock Market Prices)。他在这篇

文章中第一次提到了"Efficient Market"的概念：有效市场是这样一个市场，在这个市场中，存在着大量理性的、追求利益最大化的投资者。他们积极参与竞争，每一个人都试图预测单个股票未来的市场价格，每一个人都能轻易获得当前的重要信息。在一个有效市场上，众多精明投资者之间的竞争导致这样一种状况：在任何时候，单个股票的市场价格都反映了已经发生和尚未发生、但市场预期会发生的事情。

1970年，法玛正式提出了有效市场假说（Efficient Markets Hypothesis，EMH），其对有效市场的定义是：如果在一个证券市场中，价格完全反映了所有可以获得的信息，那么就称这样的市场为有效市场。衡量证券市场是否具有外在效率，有两个标志：一是价格能否自由地根据有关信息而变动；二是证券的有关信息能否充分地披露和均匀地分布，使每个投资者在同一时间内得到等量与等质的信息。

根据这一假设，投资者在买卖股票时能迅速而有效地利用可能的信息，而所有已知的影响一种股票价格的因素都已经反映在股票的价格中。因此，根据这一理论，股票的技术分析是无效的。法玛认为，成为有效市场的条件是：投资者都利用可获得的信息力图获得更高的报酬；证券市场对新的市场信息的反应迅速而准确，证券价格能反映全部信息；市场竞争使证券价格从旧的均衡过渡到新的均衡，而与新信息相对应的价格变动是相互独立的或随机的。

法玛依市场效率性质提出了弱式效率、半强式效率及强式效率的三种市场形态。第一是弱式效率（Weak Form Efficiency）。目前股票价格已充分反映了过去股票价格所提供的各项情报，所以投资人无法再运用各种方法对过去股票价格进行分析，再利用分析结果来预测未来股票价格。基于随机游走假说，未来消息是随机而来的，即投资者无法再利用过去的资讯来获得高额报酬。所以，弱势效率越高，若以过去量价为基础的技术分析来进行预测，结果就越不准确。第二是半强式效率（Semi-Strong Form Efficiency）。目前股票价格已充分反映了所有公开资讯，所以投资者无法利用情报分析结果再进行股票价格预测而获取高额报酬。因此，半强式效率越高，依赖公开的财务报表、经济情况及政治情势来进行基本面分析，然后再预测股票价格，就越是徒劳无功。第三是强式效率（Strong Form Efficiency）。目前股票价格充分反映了所有已公开和未公开之情报。虽然情报未公开，但投资者能利用各种渠道来获得资讯，所以，所谓未公开的消息，实际上是已公开的资讯且已反映于股票价格上的。在此种情形下，投资者也无法因拥有某些股票内幕消息而获取高额报酬。

9.1.4.3 EMH面临的挑战

资本市场作为一个复杂系统，并不像有效市场假说所描述的那样和谐、有序、有层次。比如，有效市场假说并未考虑市场的流通性问题，而是假设不论有无足够的流通性，价格总能保持公平。故EMH不能解释市场恐慌、股市崩盘，因为在这些情况下，以任何代价完成交易比追求公平价格重要得多。

在理论上，EMH也在多方面受到质疑：第一，投资者并非是完全理性的。Fischer、Black（1986）指出，投资者购买所依据的是"噪声"而非信息。第二，投资者不止偶然偏离理性，而是经常以同样的方式偏离理性。行为金融学中"投资者心态"理论讨论的就是大量投资者犯同样的判断失误的错误，且他们的错误又具有相关性的现象。第三，套利者不会完全消除非理性投资者的错误对价格的影响。在大多数情况下，证券没有合适的替代品，即使能找到完全的替代品，套利者也面临其他风险，如"噪声"交易风险——未来出让时价格不可预知。

9.1.4.4 资本市场的混沌（Chaos）（分形）假说

分形最早由本华·曼德博（Benoit Mandelbort，1924—2010）提出，用以描述那种不规则的、破碎的、琐屑的几何特征。李雅普诺夫指数和分形维的检验都说明资本市场呈现出的混沌行为。随着非线性动力学的发展，其基于混沌和分析理论的新视角为我们提供了理解资本市场行为的新途径，而分形市场假说的提出是这方面所取得的重大进展之一。

埃德加·E. 彼得斯（Edgar E. Peters）（1991，1994）首次提出了分形市场假说（FMH）。他强调证券市场信息接受程度和投资时间尺度对投资者行为的影响，并认为所有稳定的市场都存在分形结构。分形市场理论与有效市场理论的比较，如表9-1所示。

表9-1 分形市场理论与有效市场理论的比较

比较项目	有效市场理论	分形市场理论
市场特性	线性孤立系统	非线性、开放、耗散系统
均衡状态	均衡	允许非均衡
系统复杂性	简单系统	具有分形、混沌等特性的复杂系统
反馈机制	无反馈	正反馈
对信息的反应	线性因果关系	非线性因果关系
收益序列	白噪声，不相关	分数噪声，长记忆（对于初始值敏感）
价格序列	布朗运动（$H=0.5$）	分数布朗运动 $\{H \in [0.5, 1)\}$
可预测性	不可预测	提供了一个预测的新方法
波动有序性	无序	有序
二者之间关系	有效市场是分形市场的一个特例，分形市场拓展了有效市场的含义，分形市场理论能更广泛、准确地刻画市场	

分形市场理论带给人们的启示有：一是所有的投资者包括专家都会受制于心理偏差的影响，机构投资者也可能是非理性的。二是某些投资者可以在大多数投资者意识到错误之前采取行动而获利。行为金融的研究目的，即确定在怎样的条件下，投资者会对新信息反应过度或不足。三是投资者可以利用人们心理的偏差而长期获利。信息时代，人们能通过掌握更多信息获利。

9.1.5 现代投资组合理论的框架体系

证券投资组合经过几十年的发展，已逐渐形成了较为完善的理论体系（如图9-1所示），众多学者因在该领域研究取得的重大成果而荣获诺贝尔经济学奖。

9.1.6 投资组合理论的前沿动态

尽管证券投资组合理论已进入相对成熟阶段，但围绕证券投资组合的理论和方法创新仍在不断进行中。对此，我们从七个方面简要总结：

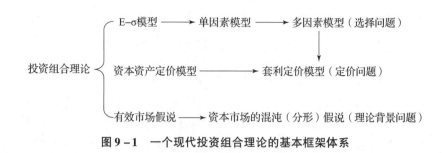

图 9-1 一个现代投资组合理论的基本框架体系

(1) 基于交易费用和流动性的投资组合理论。如果市场是无效和存在摩擦的,就会导致交易成本的存在,而开放式基金的流动性直接与交易成本相关。关于市场摩擦、证券的流动性对投资组合影响的问题一直受到学者们的关注。

(2) 基于风格投资的投资组合理论。风格投资始于 1992 年威廉·F. 夏普的论文《资产配置:风格管理与业绩评价》。风格投资在国外的研究主要集中在以下几方面:第一,风格投资的分析;第二,风格投资的表现及形成原因;第三,风格投资的周期性以及风格转换策略;第四,风格投资对证券市场的影响。

(3) 基于连续时间的长期投资组合理论。长久以来,马科维茨的均值-方差理论在指导人们进行短期投资中占有重要地位。但事实上,长期投资和短期投资的最优资产组合不尽相同。因此,长期投资者资产组合选择的实证模型构建、利率对长期投资的影响问题、长期投资的资产组合选择和风险控制问题、长期投资的资产配置问题等,都成为学者们感兴趣的研究议题。

(4) 基于 VaR 的投资组合理论。学者们从不同的角度深入探讨 VaR 方法的风险测度和资产组合优化问题。

(5) 基于非效用最大化的投资组合理论。其主要研究在影响效用最大化的不同情境下,证券市场的组合最优化问题。

(6) 行为金融和行为投资组合理论。通过证券市场上的实证研究,发现了许多无法由 EMH 和资本资产定价模型加以合理解释的异常现象。面对一系列金融异象,人们开始质疑以有效市场假说为核心的传统金融理论。由于行为金融学能够较好地解释这些现象,原先不受重视的行为金融学开始受到越来越多学者的关注。

(7) 证券投资组合优化算法研究。即将现代科学的一些优化算法引入资产组合选择最优化问题研究,如蒙特卡罗模拟法、模糊数学方法、遗传算法、神经网络法、熵值法等。

寓言故事

财富山上寻宝记

听说有座财富山,传说山顶上有很多的金子。于是,每年都有很多年轻人慕名而来找金子,但很少有人能活着回去。

有个叫阿呆的小伙子胆子很小,但也想上山寻金子。他听说有一位老人年轻时候曾上过山顶,于是就跑去问老人家怎样才能让自己拿到金子并活着回来。

老人告诉他:"山顶确实有金子,但是必须要经过山脚处河水里成群的鳄鱼、山腰处半夜出来吃人脑袋的黑豹，最后还有山顶上吐火的恶龙。如果你能达到山顶，就可以从山顶的另一面下山，一路坦途但是没有金子。至于能不能活着回来，要看你的命了。"看着阿呆很谦逊，老人就送了他三个纸条，让他在遇到危险时打开看。

第二天，阿呆跟着其他五百多人一起出发了。他们走到山脚，果然看见河水里有好多张着大嘴的鳄鱼。一批勇敢的年轻人跳进河水拼命地游向对岸。可是，这些鳄鱼非常凶猛而且饥饿，这些年轻人都被鳄鱼吞掉了。阿呆看得胆战心惊，急忙打开了第一个纸条，只见上面写着："等别人都跳下去，鳄鱼吃饱了自然就不吃了，你再慢慢过河。"就这样，阿呆和侥幸逃生的二百人一起度过了山脚。过了山脚后，大家果然在路上看到了零星散落的金币。众人都很开心，一边捡，一边赶路。

过了几天大家来到了山腰处，每个人都是既兴奋又疲乏，晚上睡觉时很快就都睡着了。突然一声惨叫，从树林里蹿出几只黑豹叼走了几个熟睡的年轻人。众人都异常害怕，但期望捡到更多金子的心理使他们不甘心就此下山。正在大家不知所措的时候，阿呆打开了第二个纸条："多数人醒着的时候，你放心睡觉。多数人都睡觉时，你就要警醒着。"就这样，每晚都有人被黑豹吃掉，但是阿呆却活了下来。他与其他活下来的一百人一同捡起死去同伴掉落的金币，装进袋子继续向前赶路。

终于，他们来到了山顶。山顶并没有金币，却突然从巨石后面跳出一条红色的火龙，它向正在低头找金币的人们喷起了火焰。于是，很多人被烧死了。这个时候阿呆赶紧打开第三个纸条，只见上面写着："什么都不要想，快跑逃命。"阿呆扔掉纸条，转身就向山下跑，一路看见金币也顾不得捡。最后，逃出来的只有少数几个年轻人，多数还带着伤。他们和阿呆一起，每人带着一袋子金币最终回到了家中。

阿呆来到老人家里，感谢老人的救命纸条，并拿出一半金子送给老人。老人坚持不要，并说："告诉你吧，山脚土壤里产金币，但是山顶上其实一直都只有恶龙，没有金币。恶龙每十年都会把山顶死去的人掉落的金币捡起来重新散落在山脚和山腰，这样就会吸引新的年轻人来到山顶，供它享用。"（素材来源：金镝. 关于一则投资寓言故事的讨论. http://blog.sina.com.cn/cqdxjind,2014 - 07 - 11）

这个寓言故事形象地告诉人们：做任何事情都要有事先准备，具备了真正的本领才可能事业成功。"股市有风险，入市需谨慎"，盲目进入股市很可能会踏上淘金者的不归路。这个故事同时启示人们：股市进入低谷时实际上风险最小，股市进入高潮（波峰）时风险最大！这是一种逆向思维，它往往是股市中为什么只有少数人才能赚钱的一个重要原因。

9.2 投资效用分析

投资者的偏好函数决定了最优风险组合的构成、投资者将持有的无风险资产以及投资者用于消费和投资的数量。因此，偏好函数对最优决策起着重要作用。

9.2.1 效用函数（偏好函数）的含义

效用函数是表示消费者在消费中所获得的效用与所消费的商品组合之间数量关系的函数，它被用来衡量消费者从消费既定的商品组合中获得满足的程度。

设 W 为某一投资行为的结果,$P(W)$ 代表 W 发生的频率(比例),$U(W)$ 表示结果值,$E(U)$ 表示 U 的期望值,则有

$$E(U) = \sum_W U(W)P(W)$$

该加权函数即为效用函数(Utility Function),又叫作冯·纽曼-摩根斯坦效用函数(VNM 函数)。对于不同的投资方案,投资者可通过效用函数最大化作出选择。

【例题 1】 表 9-2 列出了三项单独的投资,假设投资者的效用函数如下:

$$U(W) = 4W - (1/10)W^2$$

问题:投资者应该选择 A、B、C 哪种方案?

表 9-2 三种投资方案的结果及概率

投资 A		投资 B		投资 C	
结 果	概 率	结 果	概 率	结 果	概 率
20	3/15	19	1/5	18	1/4
18	5/15	10	2/5	16	1/4
14	4/15	5	2/5	12	1/4
10	2/15	—	—	8	1/4
6	1/15	—	—	—	—

解:按照上述投资结果可计算得出表 9-3 所示的投资者效用。上述三种投资方案的期望效用计算如下:

$U_A(W) = (40)(3/15) + (39.6)(5/15) + (36.4)(4/15) + (30)(2/15) + (20.4)(1/15)$
$ = 36.3$

$U_B(W) = (39.5)(1/5) + (30)(2/5) + (17.5)(2/5) = 26.98$

$U_C(W) = (39.6)(1/4) + (38.4)(1/4) + (33.6)(1/4) + (25.6)(1/4) = 34.4$

投资者将会选择 A 方案。

表 9-3 三种投资方案的效用及概率

投资 A		投资 B		投资 C	
结 果	概 率	结 果	概 率	结 果	概 率
40	3/15	39.3	1/5	39.6	1/4
39.6	5/15	30	2/5	38.4	1/4
36.4	4/15	17.5	2/5	33.6	1/4
30	2/15	—	—	25.6	1/4
20.4	1/15	—	—	—	—

9.2.2 效用函数的经济学性质

9.2.2.1 非饱和性（第一个性质）

效用函数的第一个限制条件是，它必须与多多益善相符。经济学上称这一性质为非饱和性，即人们总是选择结果最大的投资。

若用期末财富表示效用函数，非饱和性的意思便是财富多比财富少好。随着财富的增加，效用也增加，那么效用对财富的一阶导数就是正数。

无差异曲线

无差异曲线是描述给消费者带来相同满足程度的不同资源品组合的曲线。一般而言，无差异曲线是用来表示消费者偏好相同的两种商品的所有组合的。因为同一条无差异曲线上的每一个点所代表的商品组合所提供的总效用是相等的，所以无差异曲线也叫作等效用线。在投资学中，无差异曲线是对一个特定的投资者而言的，根据他对期望收益率和风险的偏好态度，按照期望收益率对风险补偿的要求，得到的一系列满意程度相同的（无差异）证券组合在均值方差（或标准差）坐标系中所形成的曲线。

无差异曲线具有以下三个基本性质：

（1）由于通常假定效用函数是连续的，所以，在同一坐标平面上的任何两条无差异曲线之间，可以有无数条无差异曲线。所有这些无差异曲线之间的相互关系是：离原点越远的无差异曲线代表的效用水平越高，离原点越近的无差异曲线代表的效用水平越低。

（2）在同一坐标平面图上的任何两条无差异曲线都不会相交。

（3）无差异曲线是凸向原点的。这就是说，无差异曲线不仅向右下方倾斜（即无差异曲线的斜率为负值），且无差异曲线是以凸向原点的形状向右下方倾斜的，即无差异曲线的斜率的绝对值是递减的（这取决于商品的边际替代率递减规律）。

如图 9-2 所示，无差异曲线 U 上的 a、b、c、d、e、f 各高点上的效用是一样的。

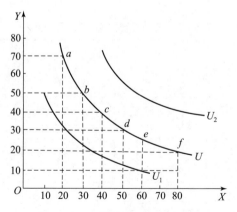

图 9-2 一个无差异曲线示意图

9.2.2.2 风险厌恶程度（第二个性质）

投资者对风险的厌恶程度有三种可能性：风险厌恶、风险中性、风险追逐。这种风险态度可用一个公平的变数来说明。

【例题 2】 讨论表 9-4 所示的变数（选择）。

表 9-4 一个公平变数的例子

投资		不投资	
结 果	概 率	结 果	概 率
2	1/2	1	1
0	1/2	—	—

讨论：

（1）风险厌恶意味着投资者会拒绝一个公平变数，即效用函数对财富的二阶导数是负数。

如果投资者偏好不投资，则不投资的期望效用必然大于投资的期望效用，即：

$$U(1) > (1/2)U(2) + (1/2)U(0)$$

整理得到：$U(1) - U(0) > U(2) - U(1)$

一个函数，若新增加一个单位的价值低于上一个增加单位的价值，这样的函数的二阶导数就是负数。

（2）风险中性是指投资者不在意是否是一个公平的变数，即效用函数对财富的二阶导数是零。

如果投资者不介意是否投资，则投资的期望效用必然等于不投资的期望效用，即：

$$U(1) = (1/2)U(2) + (1/2)U(0)$$

整理得到：$U(1) - U(0) = U(2) - U(1)$

一个函数，若新增加一个单位的价值等于上一个增加单位的价值，这样的函数的二阶导数就是零。

（3）风险追逐投资者愿意选择一个公平的变数，即效用函数对财富的二阶导数为正。

风险追逐投资者愿意投资，则投资的期望效用必然大于不投资的期望效用，即：

$$(1/2)U(2) + (1/2)U(0) > U(1)$$

整理得到：$U(2) - U(1) > U(1) - U(0)$

如果变量值越大，单位变化带来的价值变化越大，具备这种性质的函数的二阶导数就是正数。

根据上述讨论，我们可以把投资者的风险态度总结为表 9-5 所示的结果。

表 9-5 对风险态度的含义

条 件	定 义	含 义
风险厌恶	拒绝公平变数	$U''(0) < 0$
风险中性	不在意公平变数	$U''(0) = 0$
风险偏好	选择公平变数	$U''(0) > 0$

如投资者能说明他们对公平变数的态度,就可以大大缩小他们考虑的风险投资的集合,如图9-3所示。

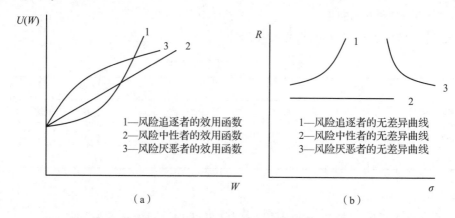

图9-3 偏好函数与无差异曲线

(a)财富效用空间下的偏好函数;(b)期望收益—标准差空间下三种效用函数对应的无差异曲线

9.2.2.3 投资者偏好变化相对于财富变化的假设(第三个性质)

(1)投资于风险资产的绝对额变化。

如果投资者财富增加后,提高了风险资产的投资,就称为递减绝对风险厌恶;
如果投资者财富增加后,对风险资产的投资不变,就称为固定绝对风险厌恶;
如果投资者财富增加后,减少了风险资产的投资,就称为递增绝对风险厌恶。
设用 $A(W)$ 度量投资者的绝对风险厌恶,则有(推导略):

$$A(W) = \frac{-U''(W)}{U'(W)}$$

绝对风险厌恶相对于财富的变化情况,如表9-6所示。

表9-6 绝对风险厌恶相对于财富的变化情况

条 件	定 义	$A^1(W)$ 性质	举 例
递增绝对风险厌恶	财富增加,风险资产投资减少	$A^1(W) > 0$	W^{-CW^2}
固定绝对风险厌恶	财富增加,风险资产投资不变	$A^1(W) = 0$	$-e^{-CW^2}$
递减绝对风险厌恶	财富增加,风险资产投资增加	$A^1(W) < 0$	$\ln W$

(2)投资于风险资产的百分比变化。

如果投资者财富增加后,提高了风险资产的投资比例,就称为递减相对风险厌恶;
如果投资者财富增加后,对风险资产的投资比例不变,就称为固定相对风险厌恶;
如果投资者财富增加后,减少了风险资产的投资比例,就称为递增相对风险厌恶。
设用 $R(W)$ 度量投资者的相对风险厌恶,则有(推导略):

$$R(W) = \frac{-WU''(W)}{U'(W)} = W * A(W)$$

相对风险厌恶相对于财富的变化情况,如表9-7所示。

表 9-7　相对风险厌恶相对于财富的变化情况

条件	定义	$A^1(W)$ 性质	举例
递增相对风险厌恶	财富增加，风险资产投资比例降低	$R^1(W) > 0$	$W - bW^2$
固定相对风险厌恶	财富增加，风险资产投资比例不变	$R^1(W) = 0$	$\ln W$
递减相对风险厌恶	财富增加，风险资产投资升高	$R^1(W) < 0$	$-e^{2W-1/2}$

9.3　风险条件下机会集分析

风险的存在意味着投资者不能只用一个收益值表示对任何资产的投资，还需要考虑收益的分布，即频率函数。这种分布有两个最常用的属性：期望收益——关于中心趋向性的指标，标准差——关于风险描述或偏离均值的指标。

组合投资的风险分析远比单个资产风险分析复杂。本章首先考察由两种资产构成的投资组合，进而扩展到多种资产构成的组合，然后进一步讨论风险条件下投资者面临的机会集。

9.3.1　平均收益的确定

人们都非常熟悉平均值的概念，表 9-8 所示的投资平均收益率为 9%，但统计学家们更喜欢使用期望值一词。

表 9-8　不同资产的收益

收益	概率	事件
12	1/3	1
9	1/3	2
5	1/3	3

若用"R_{ij}"表示证券 i 的第 j 种可能收益率，"P_{ij}"表示证券 i 的第 j 种可能收益率的概率，用 $E(R_i)$ 表示期望收益，则有：

$$\overline{R_i} = E(R_i) = \sum_{j=1}^{M} P_{ij} R_{ij}$$

期望值的两个基本性质：

(1) 两个收益值之和的期望值等于每个收益的期望值之和，即：

$$E(R_{1j} + R_{2j}) = \overline{R_1} + \overline{R_2}$$

(2) 一个常数"C"与一个收益之积的期望值等于常数乘以期望收益，即：

$$E[C(R_{ij})] = C\overline{R_i}$$

表 9-9 所示说明了上述两个特性，这两个特性将在后面的分析中被反复使用到。

如表 9-9 所示，在任何情况下，资产 3 是资产 1 和资产 2 的收益之和；资产 3 是资产 1 的 3 倍。

表9-9 不同投资的收益

事件	概率		资产1	资产2	资产3
A	1/3		14	28	42
B	1/3	期望值	10	20	30
C	1/3		6/30	12/30	18/30

9.3.2 度量离散程度

我们可以用方差或标准差度量结果偏离均值的程度。方差的计算公式为：

$$\sigma_i^2 = \sum_{j=1}^{M} [P_{ij}(R_{ij} - \overline{R_i})^2]$$

期望值、方差、标准差是常用的描述频率分布的统计指标。表9-10所示是这些指标计算的一个例子。在标准差相同的情况下，投资者偏好收益高的资产；在期望收益率相同的情况下，投资者偏好标准差低的资产。

表9-10 不同投资的收益

市场条件	资产1	资产2	资产3
好（1/3）	15	16	1
一般（1/3）	9	10	10
差（1/3）	3	4	19
平均收益	9	10	10
方　差	24	24	54
标准差	4.9	4.9	7.35

9.3.3 证券资产组合的一般特性

证券资产组合的特性可能完全不同于组合中单个资产的特性，一个普遍原理是：当几种资产组合的收益相互独立时，由这些资产构成的组合的离散程度可能比其中任何一个资产都小。

换言之，证券组合的风险并不等于单个证券风险的加权平均。在某些情况下，证券组合的风险比组合中任何一种证券的风险都小，甚至可能为零。现代证券投资组合理论证明了上述结论，为投资者寻找最佳证券组合提供了理论指导。

9.3.3.1 证券投资组合收益的计算

证券投资组合的每一个可能的投资收益率的计算公式为：

$$R_{pj} = \sum X_i R_{ij}$$

式中，R_{pj}为证券投资组合P的第j个收益率；X_i为投向证券的资金比例；R_{ij}为证券i的第j个收益率。

那么，证券投资组合的预期收益率的计算公式为：

$$E(R_{pj}) = R_p = \sum P_j R_{pj}$$

式中，R_p 为证券投资组合 P 的预期收益率；R_{pj} 为证券投资组合 P 的第 j 个收益率；P_j 为证券投资组合 P 的第 j 个收益率发生的概率。

通过以下推导，我们可以得出证券投资组合的预期收益率的另外一种计算方法：

$$R_p = E(R_{pj}) = E(\sum X_i \cdot R_{ij}) = \sum X_i \cdot E(R_{ij}) = \sum X_i \cdot R_i$$

我们通过上式可以看出，证券投资组合的预期收益率是组成证券投资组合的各种证券的预期收益率的加权平均。

【例题3】 存在两种证券，其估计收益率与各自出现的概率如表 9–11 所示。在投资比例为 2∶3 的情况下，求证券投资组合的预期收益率。

表 9–11 两种证券的估计收益率与各自出现的概率

估计收益率/%		可能性/%
证券一	证券二	（两个证券）
16	20	25
12	14	50
8	4	25

解：

$$R_1 = 16\% \times 25\% + 12\% \times 50\% + 8\% \times 25\% = 12\%$$
$$R_2 = 20\% \times 25\% + 14\% \times 50\% + 4\% \times 25\% = 13\%$$
$$R_p = \sum X_i \cdot R_i = 40\% \times 12\% + 60\% \times 13\% = 12.6\%$$

9.3.3.2 证券投资组合风险的计算

（1）证券投资组合方差的计算公式为：

$$\sigma_p^2 = E(R_{pj} - R_p)^2$$

式中，σ_p 为证券投资组合 P 的方差；R_{pj} 为证券投资组合 P 的第 j 个投资收益率；R_p 为证券投资组合 P 的预期收益率。

假设 R_{1j}、R_{2j} 分别是证券一和证券二的第 j 个投资收益率，R_1、R_2 分别是证券一和证券二的预期收益率，X_1、X_2 分别表示投向证券一和证券二的资金比例，那么，由这两种证券构成的证券投资组合的方差计算如下：

$$\begin{aligned}
\sigma_p^2 &= E(R_{pj} - R_p)^2 \\
&= E[(X_1 \cdot R_{1j} + X_2 \cdot R_{2j}) - (X_1 \cdot R_1 + X_2 \cdot R_2)]^2 \\
&= E[X_1(R_{1j} - R_1) + X_2(R_{2j} - R_2)]^2 \\
&= X_1^2 E(R_{1j} - R_1)^2 + 2X_1 X_2 E(R_{1j} - R_1)(R_{2j} - R_2) + X_2^2(R_{2j} - R_2)^2 \\
&= X_1^2 \sigma_1^2 + X_2^2 \sigma_2^2 + 2X_1 X_2 E(R_{1j} - R_1)(R_{2j} - R_2)
\end{aligned}$$

式中，$E[(R_{1j} - R)(R_{2j} - R_2)]$ 称为证券一和证券二的协方差，用 σ_{12} 表示，那么：

$$\sigma_p^2 = X_1^2 \sigma_1^2 + X_2^2 \sigma_2^2 + 2X_1 X_2 \sigma_{12}$$

可以看出，证券投资组合的风险并不等于组合中各个证券风险的加权平均。它除了与单个证券的风险有关外，还与各个证券之间的关系有关。协方差是两个证券收益离差乘积的期望值，与方差有相似之处。不同的是，方差是单个证券收益离差平方的平均值，永远是正值；而协方差是两个证券各自离差之积的平均值，可能是正值，也可能是负值。

当两种证券同时呈现出好的收益结果时，即各自的离差分别大于零；或当两种证券同时呈现出差的收益结果时，即各自的离差分别小于零，两离差之积都取正值，那么有 $\sigma_{12} > 0$。

当两种证券呈现相反的收益结果，即一种证券好的收益结果同时伴随另一种证券差的收益结果时，两离差之积则取负值，从而 $\sigma_{12} < 0$。

当两种证券的收益结果的产生条件之间无关系时，即一种证券的收益结果的发生与另一种证券的收益结果的发生之间无任何关联，则协方差 $\sigma_{12} = 0$。

由此可见，协方差是衡量两种证券之间收益互动性的一个测度。如果两种证券收益结果的变动方向一致，则协方差大于0；如果两种证券收益结果变动方向不一致，则协方差小于0；如果两种证券收益结果的变化方向之间无任何关系，则协方差为0。

【例题4】 表9–12给出了不同投资下的收益（率），讨论不同投资组合下的投资组合风险：①按60%投资资产2和40%投资资产3；②按50%投资资产2和50%投资资产4；③按50%投资资产1和50%投资资产5。

表9–12 不同投资下的收益（率）

市场条件	资产1	资产2	资产3	资产5	降雨	资产4
好（1/3）	15	16	1	6	充足（1/3）	16
一般（1/3）	9	10	10	10	一般（1/3）	10
差（1/3）	3	4	19	4	不足（1/3）	4
平均收益	9	10	10	10		10
方差	24	24	54	24		24
标准差	4.9	4.9	7.4	4.9		4.9

解：①按60%投资资产2和40%投资资产3。

资产2与资产3的组合期望收益：
$$R_p = 10 \times 0.6 + 10 \times 0.4 = 10$$

资产2与资产3的组合的协方差：
$$\sigma_{23} = E[(R_{2j} - R_2)(R_{3j} - R_3)]$$
$$= [(16-10)(1-10) + (10-10)(10-10) + (4-10)(19-10)]/3 = -36$$

根据公式：
$$\sigma_p^2 = X_1^2 \sigma_1^2 + X_2^2 \sigma_2^2 + 2X_1 X_2 \sigma_{12}$$

有资产2与资产3的组合的方差：
$$\sigma_p^2 = (0.6)^2 \cdot (24) + (0.4)^2 \cdot (54) + 2 \cdot (0.6) \cdot (0.4) \cdot (-36) = 0$$

资产2与资产3的收益好坏发生在相反的情况下，这种情况下往往可以构建一个零风险的组合。

②按50%投资资产2和50%投资资产4。

假设市场条件与降雨量相互独立，则资产2与资产4的收益是独立的。这时，二者的组合有 9 种情况，分别计算的结果与公式计算结果相同（可进行检验）。

资产 2 与资产 4 的组合期望收益：
$$R_p = 10 \times 0.5 + 10 \times 0.5 = 10$$

两种资产收益相互独立，协方差为 0。

资产 2 与资产 4 的组合的方差：
$$\sigma_p^2 = (0.5)^2 \cdot (24) + (0.5)^2 \cdot (24) = 12$$

当两种资产收益相互独立时，可以看到其方差低于构成组合的任何一个资产的方差（组合降低了风险）。

③按 50% 投资资产 1 和 50% 投资资产 5。

资产 1 与资产 5 的组合期望收益：
$$R_p = 9 \times 0.5 + 10 \times 0.5 = 9.5$$

资产 1 与资产 5 的组合的协方差：
$$\sigma_{15} = E[(R_{1j} - R_1)(R_{5j} - R_5)]$$
$$= [(15-9)(16-10) + (9-9)(10-10) + (3-9)(4-10)]/3 = 24$$

资产 1 与资产 5 的组合的方差：
$$\sigma_p^2 = (0.5)^2 \cdot (24) + (0.5)^2 \cdot (54) + 2 \cdot (0.5) \cdot (0.5) \cdot (24) = 24$$

资产 1 与资产 5 的收益好坏发生在相同的情况下，这种情况下构建的投资组合并不会减少风险。

(2) 为了计算的方便，一般情况下，我们通过把协方差标准化，用相关系数来代替协方差。其标准化的过程如下：

假设 σ_i、σ_j 分别是证券 i 和证券 j 的标准差，σ_{ij} 是这两种证券的协方差，用 ρ_{ij} 表示两种证券之间的相关系数，则有：

$$\rho_{ij} = \frac{\sigma_{ij}}{\sigma_i \sigma_j}$$

相关系数被限制在 $-1 \sim +1$ 之间。

标准化后的相关系数仍然保持协方差的性质，只是其取值范围被限制在 -1 和 $+1$ 之间。用相关系数代替协方差，由两种证券构成的证券组合的风险就可以表述如下：

$$\sigma_p^2 = X_1^2 \sigma_1^2 + X_2^2 \sigma_2^2 + 2 X_1 X_2 \sigma_1 \sigma_2 \rho_{12}$$

当 $\rho_{12} = +1$ 时，称两种证券完全正相关，此时有：

$$\sigma_p^2 = (X_1 \sigma_1 + X_2 \sigma_2)^2$$

由这两种证券构成的证券组合的风险就等于这两种证券各自风险的线性组合。

当 $0 < \rho_{12} < 1$ 时，称两种证券之间存在着正相关关系，ρ_{12} 越接近 $+1$，两种证券之间的正相关性越强；越接近 0，两种证券之间的正相关性越弱。此时证券组合的风险是：

$$\sigma_p^2 = X_1^2 \sigma_1^2 + X_2^2 \sigma_2^2 + 2 X_1 X_2 \sigma_1 \sigma_2 \rho_{12}$$

当 $\rho_{12} = 0$ 时，称这两种证券之间相互独立。此时，证券组合的风险是：

$$\sigma_p^2 = X_1^2 \sigma_1^2 + X_2^2 \sigma_2^2$$

显然，这是小于两种证券各自风险的线性组合。

当 $\rho_{12} = -1$ 时，称两种证券之间完全呈负相关，此时，证券组合的风险是：

$$\sigma_p^2 = (X_1 \sigma_1 - X_2 \sigma_2)^2$$

此时，证券组合的风险最小。当 $X_1\sigma_1 = X_2\sigma_2$ 时，$\sigma_p = 0$，此时两种证券的风险彼此完全抵消。

当 $-1 < \rho_{12} < 0$ 时，称两种证券之间存在着负相关关系。此时，两种证券之间的风险虽然不能完全抵消，但仍能抵消一部分。ρ_{12} 越接近于 -1，则抵消的幅度越大；越接近于 0，则抵消的幅度越小。

由以上分析可以得出如下结论：无论证券之间的投资比例如何，只要证券之间不存在完全正相关关系，证券组合的风险便总是小于单个证券风险的线性组合。

【例题5】 计算例题1中各种组合情况下的相关系数。

解：根据相关系数的计算公式：

$$\rho_{ij} = \frac{\sigma_{ij}}{\sigma_i \sigma_j}$$

$\rho_{23} = (-36)/(4.9)(7.35) = -1$，其他算法相同。资产之间的协方差与相关系数如表9-13所示。

表9-13 资产之间的协方差与相关系数

序 号	1	2	3	4	5
1		24(+1)	−36(−1)	0(0)	24(+1)
2			−36(−1)	0(0)	24(+1)
3				0(0)	−36(−1)
4					0(0)

从上面分析可以看出，在多种证券中，要选几种证券进行组合投资，应选相关程度较低的证券组合。

9.3.3.3 扩展到多种情况下的资产组合方差计算公式

N 项资产组合的方差计算公式：

$$\sigma_P^2 = \sum_{j=1}^{N}(X_j^2\sigma_j^2) + \sum_{j=1}^{N}\sum_{\substack{k=1\\k\neq j}}^{N}(X_jX_k\sigma_{jk})$$

假设每种资产都相互独立，且对每种资产是等额投资的，则有：

$$\sigma_P^2 = \sum_{j=1}^{N}(1/N)^2\sigma_j^2 = 1/N\left[\sum_{j=1}^{N}\frac{\sigma_j^2}{N}\right] = 1/N\,\overline{\sigma_j^2}$$

上式说明，当 N 趋于无穷大时，资产组合的方差趋近于零，即由足够多的相互独立资产构成的组合的方差会趋近于零。

即使每种资产都不是相互独立的，若每种资产是等额投资的，则资产组合的方差为：

$$\sigma_P^2 = \sum_{j=1}^{N}(1/N)^2\sigma_j^2 + \sum_{j=1}^{N}\sum_{\substack{k=1\\k\neq j}}^{N}(1/N)(1/N)\sigma_{jk}$$

上式可进一步变为：

$$\sigma_P^2 = (1/N)\sum_{j=1}^{N}\left[\frac{\sigma_j^2}{N}\right] + \frac{(N-1)}{N}\sum_{j=1}^{N}\sum_{\substack{k=1\\k\neq j}}^{N}\left[\frac{\sigma_{jk}}{N(N-1)}\right] = \frac{1}{N}\overline{\sigma_j^2} + \frac{N-1}{N}\overline{\sigma_{jk}}$$

上式说明，随着 N 的增大，单个证券的方差对资产组合的贡献趋近于零，但协方差的贡献趋近于平均协方差。即单个资产的风险可以被分散掉,但协方差项对总体风险的影响不能被分散掉。图 9-4 表述了证券数对组合风险的影响。

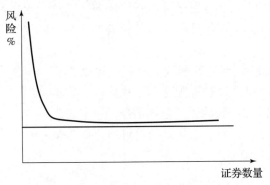

图 9-4 证券数对组合风险的影响

9.3.3.4 证券投资组合方案的选择

多种证券投资组合的原则是,组合期望收益愈大愈好,组合标准差越小越好。即如果说选择证券 A 优于选择证券 B,当且仅当:

$$R_A \geq R_B, \quad \sigma_A^2 \leq \sigma_B^2$$

而且至少有一个严格不等式成立。但在同一证券市场中,一般的情形是:一种证券的平均收益愈大,收益的方差(风险)也愈大。因此,上述选择的准则似乎没有什么实用价值。然而,考虑到均值和方差之间的抵换作用,就可以发现它的潜在价值。什么是抵换作用呢?看下面的例子。

【例题 6】 假如证券 A 和证券 B 的标准差及均值分别是 (0.2, 0.2) 和 (0.3, 0.10)。若按比例 X_1,$(1-X_1)$(其中 $0 \leq X_1 \leq 1$)购买证券 A 和 B,这种证券组合的平均收益将是:

$$R = X_1 R_A + (1 - X_1) R_B$$

方差:

$$\sigma^2 = X_1^2 \sigma_A^2 + (1 - X_1)^2 \sigma_B^2 + 2 X_1 (1 - X_1) \sigma_A \sigma_B \rho_{AB}$$

假定 $\rho_{AB} = 0.20$,按不同的 X_1(7 个),可得 7 个组合投资方案的期望收益和标准差,如表 9-14 所示。

表 9-14 7 个组合投资方案的期望收益和标准差

投资组合方案	搭配比例	期望收益	标准差
(1)	100% A	0.20	0.20
(2)	100% B	0.10	0.30
(3)	80% A,20% B	0.18	0.161 3
(4)	20% A,80% B	0.12	0.050 6
(5)	60% A,40% B	0.16	0.123 0
(6)	40% A,60% B	0.14	0.085 4
(7)	50% A,50% B	0.15	0.104 0

把这七个投资方案绘入以 σ 为横坐标、R 为纵坐标的坐标系中,得到一条曲线(如图9-5所示)。事实上,此曲线就是当 X_1 在(0,1)区间上连续变化时,所得的曲线,称为 A、B 组合的有效前沿。投资者可根据自己的偏好,在有效前沿上选择投资方案。

对于不同的 ρ_{AB},可得到不同的曲线,也就是可以得到不同的有效前沿,从而决定资金的分配比例。我们在具体选择投资组合时,也可以把投资人的无差别曲线绘入 σ、R 坐标系中,在无差别曲线与有效前沿相切处的投资组合即为最优方案。这里对其不做详细讨论。

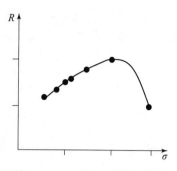

图9-5　A、B 组合的有效前沿

 案例分析

个人投资者选择证券组合的理由

普渡大学曾做过一项研究,考察个人投资者选择证券组合的理由。研究人员从一家大型全国性金融经济所的客户计算机记录中随机抽取 3 000 个客户,分别给他们寄去一份问卷。填写后寄回答卷的共972人,答卷所提供的信息包括性别、婚姻、年龄、收入、学历、职业等六项。对投资者有关信息的了解,有助于分析个人投资者选择证券组合的原因。表9-15至表9-17所示为这六项信息所代表的每一类投资人的数目。

表9-15　按性别及婚姻状况分组的频数统计

按性别分组	人数/人	按婚姻状况分组	人数/人
男	784	已　婚	782
女	188	未　婚	190
合　计	972	合　计	972

表9-16　按年龄及受教育程度分组的频数统计

按年龄分组	人数/人	按受教育程度分组	人数/人
21~25	1	中　学	225
26~35	29	学　士	526
36~45	117	硕　士	90
46~55	274	法学博士	63
56~65	252	理科博士	28
66以上	299	医学博士	40
合　计	972	合　计	972

表 9-17 按职业及年收入分组的频数统计

按职业分组	人数/人	按年收入（美元）分组	人数/人
专业技术人员	265	不超过 5 000	1
管理人员	157	超过 5 000 至 10 000	80
业主	124	超过 10 000 至 15 000	148
推销员	53	超过 15 000 至 20 000	129
家庭主妇	69	超过 20 000 至 25 000	173
技工和一般工人	8	超过 25 000 至 50 000	251
农场主	15	超过 50 000 至 100 000	132
服务员	5	超过 100 000 至 150 000	27
手艺人	23	超过 150 000	15
办事员	18	合　计	956
退休人员	217	遗　漏	16
失业人员	18		
合　计	972		

思考与讨论问题：根据上面三个表格的统计数据，分析不同类别的人在组合投资选择上的差异。

9.4　有效投资组合分析方法

本节对资产组合从几何上进一步给出解释，进而探讨可能的投资组合的子集（有效集或有效边界），并对卖空和借贷等不同假设下的有效边界可能出现的不同形状进行分析。

最优投资组合是指某投资者在可以得到的各种可能的投资组合中，唯一可获得最大效用期望值的投资组合。有效集的上凸性和无差异曲线的下凸性决定了最优投资组合的唯一性（如图 9-6 所示）。

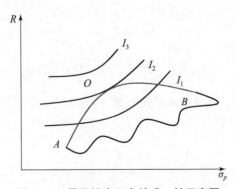

图 9-6　最优投资组合的唯一性示意图

9.4.1 不容许卖空下的两个风险资产的组合

上一节已给出了资产组合期望收益、方差、相关系数等的计算公式。我们知道两个资产组合的方差是：

$$\sigma_p^2 = X_1^2 \sigma_1^2 + X_2^2 \sigma_2^2 + 2X_1 X_2 \sigma_{12}$$

即标准差为：

$$\sigma_p = [X_1^2 \sigma_1^2 + (1-X_1)^2 \sigma_2^2 + 2X_1(1-X_1)\sigma_{12}]^{1/2}$$

上式可进一步改写为：

$$\sigma_p = [X_1^2 \sigma_1^2 + (1-X_1)^2 \sigma_2^2 + 2X_1(1-X_1)\rho_{12}\sigma_1 \sigma_2]^{1/2}$$

我们知道 $-1 \leqslant \rho \leqslant +1$，下面将结合表 9–18 所示数据对不同的 ρ 值下资产组合特性进行分析。

表 9–18 两只股票的特征

项 目	期望值/%	标准差/%
C	14	6
S	8	3

9.4.1.1 完全正相关（$\rho = +1$）

用 C、S 取代标准差公式中的下角标，由于 $\rho \leqslant +1$，故有：

$$\sigma_p = [X_C^2 \sigma_C^2 + (1-X_C)^2 \sigma_S^2 + 2X_C(1-X_C)\sigma_C \sigma_S]^{1/2}$$

上式可进一步改写为：

$$\sigma_p = X_C \sigma_C + (1-X_C)\sigma_S$$

投资组合的期望收益可以表达为：

$$\overline{R_p} = X_C \overline{R_C} + (1-X_C)\overline{R_S}$$

当相关系数为 +1 时，投资组合的风险和收益都是单个证券的方差和收益的线性组合，在收益–风险空间上完全正相关的两个证券的所有组合都位于一条直线上，分散化投资不能带来更好的效果。

令：

$$X_C = (\sigma_p - \sigma_S)/(\sigma_C - \sigma_S)$$

则有：

$$\overline{R_p} = \frac{\sigma_p - \sigma_S}{\sigma_C - \sigma_S}\overline{R_C} + \left(1 - \frac{\sigma_p - \sigma_S}{\sigma_C - \sigma_S}\right)\overline{R_S}$$

根据表 9–18 所示数据，表 9–19 给出了取不同值时的投资收益率。图 9–7 描述了这一关系。这一关系是线性的，故有：

$$X_C = \frac{\sigma_p}{3} - 1$$

$$\overline{R_p} = 2 + 2\sigma_P$$

表9－19 当 $\rho = +1$ 时由 C 和 S 构成的组合的期望收益与标准差

X_C	0	0.2	0.4	0.5	0.6	0.8	1.0
$\overline{R}_P$	8.0	9.2	10.4	11.0	11.6	12.8	14.0
σ_P	3.0	3.6	4.2	4.5	4.8	5.4	6.0

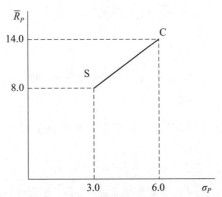

图 9－7 当 $\rho = +1$ 时期望收益与标准差的关系

9.4.1.2 完全负相关（$\rho = -1$）

若两个资产呈完全负相关（$\rho = -1$），其标准差的计算公式为：

$$\sigma_P = X_C \sigma_C - (1 - X_C) \sigma_S$$

或：

$$\sigma_P = -X_C \sigma_C + (1 - X_C) \sigma_S$$

上述两个方差总是有一个成立，故解是唯一的。当以 X_C 描绘 σ_P 时，上述方程都是线性的。因此，由两个资产构成的投资组合的收益率作为标准差的函数，将产生两个直线。

相关系数为 -1 的投资组合风险总是比相关系数为 +1 的风险小。如果两个证券呈完全负相关，我们总可以将这两个证券适当组合，使其风险降为 0。这说明了分散化的投资效应：证券组合有降低风险的能力。

令上述方程式为 0，我们可以找到 $X_C = \sigma_S / (\sigma_S + \sigma_C)$ 时的投资组合的风险为 0。表9－20所示的例子中，当 $X_C = 3/(3 + 6) = 1/3$ 时，会使风险最小，如图9－8所示。

具体而言，在完全负相关下，有：

$$\overline{R}_P = 8 + 6X_C$$

$$\sigma_P = 6X_C - 3(1 - X_C) \text{ 或 } \sigma_P = -6X_C + 3(1 - X_C)$$

表9－20 当 $\rho = -1$ 时，由 C 和 S 构成的组合的期望收益与标准差

X_C	0	0.2	0.4	0.6	0.8	1.0
$\overline{R}_P$	8.0	9.2	10.4	11.6	12.8	14.0
σ_P	3.0	1.2	0.6	2.4	4.2	6.0

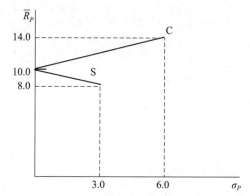

图 9-8 当 $\rho = -1$ 时，期望收益与标准差的关系

9.4.1.3 完全不相关（$\rho = 0$）

投资组合的收益率表达式没有改变，但协方差项消失，其标准差的公式变为：

$$\sigma_p = [X_C^2 \sigma_C^2 + (1-X_C)^2 \sigma_S^2]^{1/2}$$

此时的期望收益与标准差如表 9-21 和图 9-9 所示。

表 9-21 当 $\rho = 0$ 时，由 C 和 S 构成的组合的期望收益与标准差

X_C	0	0.2	0.4	0.6	0.8	1.0
$\bar{R}_P$	8.0	9.2	10.4	11.6	12.8	14.0
σ_P	3.0	2.68	3.00	3.79	4.84	6.0

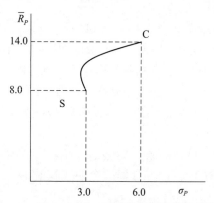

图 9-9 当 $\rho = 0$ 时，期望收益与标准差的关系

最小风险组合如何确定呢？我们可以通过考察方差的方程式来确定：

$$\sigma_p = [X_C^2 \sigma_C^2 + (1-X_C)^2 \sigma_S^2 + 2X_C(1-X_C)\rho_{CS}\sigma_C\sigma_S]^{1/2}$$

上述方程式对 X_C 求导数，并令导数为 0，可解得 X_C：

$$X_C = \frac{\sigma_S^2 - \sigma_C \sigma_S \rho_{CS}}{\sigma_C^2 + \sigma_S^2 - 2\sigma_C \sigma_S \rho_{CS}}$$

在相关系数为 0 的情况下，这一表达式可简化为：

$$X_C = \frac{\sigma_S^2}{\sigma_C^2 + \sigma_S^2}$$

继续讨论前面的例子，使风险最小化的 X_C 值为：

$$X_C = \frac{3^2}{3^2 + 6^2} = 0.20$$

9.4.1.4 中度风险（$\rho = 0.5$）

当相关系数为 0.5 时，例子中两个公司股票构成的投资组合的风险表达式为：

$$\sigma_p = [6^2 X_C^2 + 3^2 (1 - X_C)^2 + 2X_C(1 - X_C) \times 0.5 \times 3 \times 6]^{1/2}$$
$$= (27 X_C^2 + 9)^{1/2}$$

此时的期望收益与标准差如表 9-22 和图 9-10 所示。

表 9-22 当 $\rho = 0.5$ 时，由 C 和 S 构成的组合的期望收益与标准差

X_C	0	0.2	0.4	0.6	0.8	1.0
$\overline{R}_P$	8.0	9.2	10.4	11.6	12.8	14.0
σ_P	3.0	3.17	3.65	4.33	5.13	6.0

本例中，在 $\rho = 0.5$ 下，没有任何一种组合的风险能小于两个证券本身的最小风险，尽管比完全正相关下组合的风险小。

显然，根据上面的方程，如果 $\rho = 0.5$，当 $X_C = 0$ 时，投资组合的风险最小。

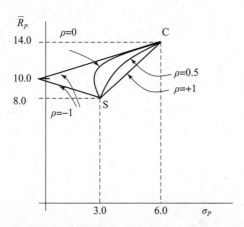

图 9-10 不同相关系数下期望收益与标准差的关系

9.4.2 投资组合可能曲线的形状

9.4.2.1 投资组合的可能曲线

投资组合可能曲线上，位于最小方差之上的部分是凹的，而位于最小方差下面的部分是凸的，这是组合问题所具有的一般性质。

图 9-11 和图 9-12 分别给出了三种假设下可能的曲线形状。如图 9-11 所示，（b）和（c）是不可能出现的，唯一可能的是（a）。在（b）中，资产组合的风险不可能小于两个资产的直线所代表的风险（即完全正相关的情况）。（c）的 U 和 V 的资产组合的曲线形状与（b）一样，不可能出现。同理，如图 9-12 所示，唯一合理的也是（a）。

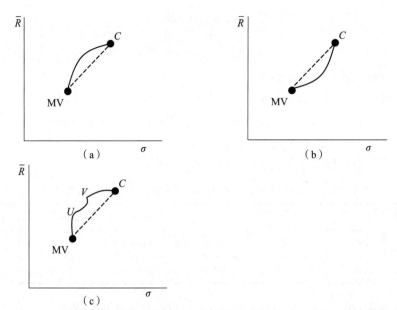

图 9-11 当最小方差组合与 C 结合时，期望收益与标准差的各种可能关系

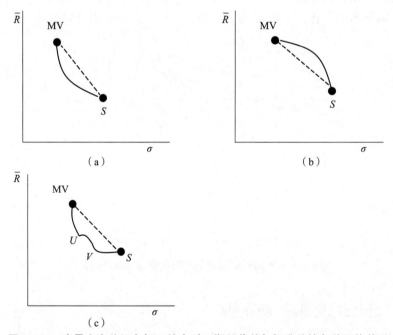

图 9-12 当最小方差组合与 S 结合时，期望收益与标准差的各种可能关系

9.4.2.2 不允许卖空条件下和允许卖空条件下的有效边界

一个投资者卖掉其并不拥有的一只证券，这个过程被称为卖空。当投资者预期证券的收益为负数时（甚至在某些期望收益率为正的情况下），卖空是有意义的，因为在时点 0 从卖空中获得的现金流量可以用来购买具有更高收益率的证券。

以三种证券为例，不允许卖空和允许卖空的可行域分别为实线围成的区域 a 和虚线包含的区域 b，如图 9-13 所示。

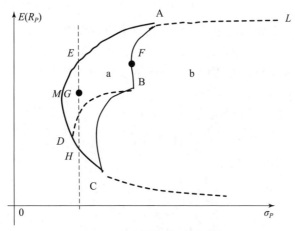

图 9 - 13 多种证券的可行域

图 9 - 13 所示的 a 区域，由 A、B、C 三种证券组合而成，图中的 G 点，是 A 和 C 组合，D 再与 B 组合而成。可行域内的任一组合都是可行组合。在允许卖空的情况下，A、B、C 三种证券的组合可行域是曲线 L 环成的无限区域 b。该可行域的形状不能是下凹的。

9.4.2.3 有效组合的原则

有效组合的原则为：①在各种风险条件下，提供最大预期收益率；②在各种预期收益率水平的条件下，提供最小的风险（同时满足这两个条件的组合为有效组合，有效组合并不唯一）。

利用图 9 - 13，我们来解释一下有效边界的定义。图中 M 点表示所有可行组合中风险最小组合的点。曲线 MA 及往外延长的虚线（卖空部分）称可行域的上边界。曲线 MC 及往外延长的虚线（卖空部分）称可行域的下边界。作平行线 EF，可看出 E 点和 F 点的预期收益相等，但 F 点的标准差（风险）要大于 E 点。相对 E 点，F 点表示的组合肯定不是有效组合。再作垂直线 EH，E 点与 H 点风险相等，预期收益率 H 点低，所以 H 点表示的组合不能是有效组合；而 E 点同时满足有效组合的二条原则，E 点代表的组合为有效组合。

可以验证，上边界所有的点代表的组合均为有效组合。我们称有效组合的集合为有效边界。在多种风险证券组合中，可行域的上边界即为有效边界。在有效边界上的所有组合均为有效组合。

说明：有效组合不是唯一的，且有效组合并不等于最大收益组合。

进一步讨论：在不可卖空区域 a 中，左边界是所有预期收益率水平下风险最小的，所以右边界上的点不可能是有效组合，左边界满足有效组合原则②；上边界是所有风险水平中预期收益最高的组合集，故下边界上的点不可能是有效组合，上边界满足有效原则①，且同时满足有效原则②，所以上边界是有效边界。

9.4.3 存在无风险借贷情况下的有效边界

前面考察了风险资产的投资组合，在投资组合中引入无风险资产可以大大简化分析。将无风险利率贷出资金视为投资于一个具有确定收益的资产（如储蓄账户），借款可以被视为卖空的资产，因此借款可以按无风险利率进行。

定义无风险资产的确定收益率为 R_F，因为收益率是确定的，所以这种无风险资产收益率的标准差为 0。

9.4.3.1 投资者可以无限制地按无风险利率借贷资金情况

假定投资者愿意将自己的部分资金投资于组合 A，或者贷出或者借入。设 X 是投资于 A 的比例，则 $(1-X)$ 是投资于无风险资产的比例（注意，投资于组合 A 的资金可以大于初始资金，所以 X 可以大于1）。

无风险资产和风险资产组合的期望收益率为：

$$\overline{R}_C = (1-X)R_F + X\overline{R}_A$$

组合的风险为（注意 $\sigma_F = 0$）：

$$\sigma_C = (X^2\sigma_A^2)^{1/2} = X\sigma_A$$

有：

$$\overline{R}_C = \left(1 - \frac{\sigma_C}{\sigma_A}\right)R_F + \frac{\sigma_C}{\sigma_A}\overline{R}_A = R_F + \left(\frac{\overline{R}_A - R_F}{\sigma_A}\right)\sigma_C$$

这是一个直线方程，在期望收益－标准差空间中，由无风险资产与 A 构成的组合都位于这条直线上，直线的截距为 R_F，直线将经过点 $(\sigma_A, \overline{R}_A)$，如图 9－14 所示。点 A 左侧是由贷款与 A 构成的组合，而点 A 右侧表示借款与 A 构成的组合。

一般来说，任何一种证券或投资组合与无风险借贷进行组合都位于一条直线上。如图 9－15 所示，如果将 B 与无风险借贷进行组合，则 R_FB 上的组合优于 R_FA 上的组合，对切点 G，GR_F 是最优组合。

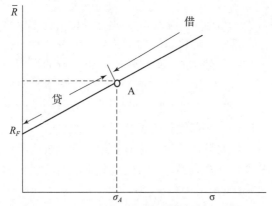

图 9－14　无风险利率与 A 组合时的期望收益与风险　　图 9－15　无风险资产与不同风险组合

风险厌恶者会选择 $G—R_F$ 段的某个投资组合；能容忍更多风险的人的投资组合位于 $G—H$ 段；而将初始资金全部投资于 G，持有的风险组合与 G 的构成相同。

9.4.3.2 投资者按无风险利率借贷，资金受到约束的情况

如果投资者能按无风险利率贷款，但不能按无风险利率借款，有效边界变为 $R_F—G—H$，一些投资者将在 $G—H$ 只持有风险资产组合，一般会持有风险组合 G（如图 9－16 所示）。

假设投资者能按一定利率贷款，但需按不同的、更高的利率借款。若借款利率为 R'_F，则有效边界变为 $R_F—G—H—I$，如图 9－17 所示。这种情况下，投资者只存在一小部分风险资产可以作为最优选择。如果 R_F 与 R'_F 相差不大，投资者考虑持有的最优风险资产组合与

G—H 部分近似。

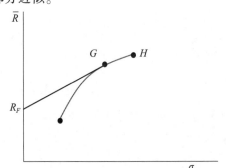

图 9-16 能按无风险利率贷款，但不能按无风险利率借款条件下的有效边界

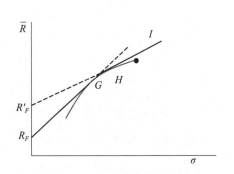

图 9-17 无风险借贷利率不同条件下的有效边界

9.5 计算有效边界的技术

本节主要介绍有效投资组合的计算方法。

9.5.1 允许卖空且可以无风险贷款

当存在无风险借贷利率时，有一个风险资产组合优于其他所有组合。在收益－标准差空间中，这个投资组合位于连接无风险资产和风险资产组合的逆时针方向的最远射线上。如图 9-18 所示，位于 R_F—B 上的组合优于其他风险资产的组合。

确定射线 R_F—B 的等效方法是确定它是斜率最大的射线。因此，我们有如下最大化目标函数：

$$\theta = \frac{\bar{R}_P - R_F}{\sigma_P}$$

约束条件为：

$$\sum_{i=1}^{N} X_i = 1$$

上述最优化问题有多种解法（如拉格朗日乘数法）。下面介绍的是一种比较简明的方法。R_F 可改写为：

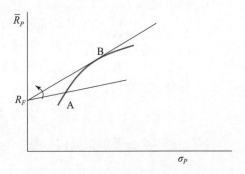

图 9-18 无风险资产与风险资产组合

$$R_F = 1 R_F = \left(\sum_{i=1}^{N} X_i\right) R_F = \sum_{i=1}^{N} (X_i R_F)$$

根据标准差的计算公式，有：

$$\theta = \frac{\sum_{i=1}^{N} X_i (\bar{R}_i - R_F)}{\left[\sum_{i=1}^{N} X_i \sigma_i^2 + \sum_{i=1}^{N} \sum_{\substack{j=1 \\ j \neq i}}^{N} X_i X_j \sigma_{ij}\right]^{1/2}}$$

对每个变量求偏导并令其为零，就可以通过联立方程求出问题的最优解。设

$$\lambda = \frac{\sum_{i=1}^{N} X_i(\bar{R}_i - R_F)}{\sum_{i=1}^{N} X_i \sigma_i^2 + \sum_{i=1}^{N} \sum_{\substack{j=1 \\ j \neq i}}^{N} X_i X_j \sigma_{ij}}$$

则有：

$$\frac{d\theta}{dX_i} = -(\lambda X_1 \sigma_{1i} + \lambda X_2 \sigma_{2i} + \cdots + \lambda X_i \sigma_i^2 + \cdots \lambda X_N \sigma_{Ni}) + \bar{R}_i - R_F = 0$$

令 $Z_k = \lambda X_k$，则上式变为：

$$\bar{R}_i - R_F = Z_1 \sigma_{1i} + Z_2 \sigma_{2i} + \cdots + Z_i \sigma_i^2 + \cdots Z_N \sigma_{Ni}$$

由于 $i = 1, 2, \cdots, N$，这是一个由 N 个方程组成的联立方程组，故可以解出其中的 Z_k。投资于股票 K 的最优比例为：

$$X_i = Z_k \Big/ \sum_{i=1}^{N} Z_i$$

【例题 7】 考虑三个证券，C 的期望收益率为 14%，标准差为 6%；S 的期望收益率为 8%，标准差为 3%；U 的期望收益率为 20%，标准差为 15%。假设 $\rho_{12} = 0.5$，$\rho_{13} = 0.2$，$\rho_{23} = 0.4$，无风险借贷利率为 5%。确定该无风险借贷条件下的投资组合有效集。

解：根据前面的公式有：

$$\bar{R}_1 - R_F = Z_1 \sigma_1^2 + Z_2 \sigma_{12} + Z_3 \sigma_{13}$$
$$\bar{R}_2 - R_F = Z_1 \sigma_{12} + Z_2 \sigma_2^2 + Z_3 \sigma_{23}$$
$$\bar{R}_3 - R_F = Z_1 \sigma_{13} + Z_2 \sigma_{23} + Z_3 \sigma_3^2$$

将假设值代入上述方程组，有：

$$14 - 5 = 36 Z_1 + (0.5)(6)(3) Z_2 + (0.2)(6)(15) Z_3$$
$$8 - 5 = (0.5)(6)(3) Z_1 + 9 Z_2 + (0.4)(3)(15) Z_3$$
$$20 - 5 = (0.2)(6)(15) Z_1 + (0.4)(3)(15) Z_2 + 225 Z_3$$

解上述联立方程组，有：

$$Z_1 = \frac{14}{63}; \quad Z_2 = \frac{1}{63}; \quad Z_3 = \frac{3}{63}; \quad \sum_{i=1}^{3} Z_i = \frac{18}{63}$$

因此，对每个证券的投资比例为：

$$X_1 = \frac{14}{18}; \quad X_2 = \frac{1}{18}; \quad X_3 = \frac{3}{18}$$

组合投资的期望收益率为：

$$\bar{R}_P = \frac{14}{18}(14) + \frac{1}{18}(8) + \frac{3}{18}(20) = 14\frac{2}{3}$$

组合投资收益率方差为：

$$\sigma_P^2 = \left(\frac{14}{18}\right)^2 (36) + \left(\frac{1}{18}\right)^2 (9) + \left(\frac{3}{18}\right)^2 (225) + 2\left(\frac{14}{18}\right)\left(\frac{1}{18}\right)(6)(3)(0.5) +$$

$$2\left(\frac{14}{18}\right)\left(\frac{3}{18}\right)(6)(15)(0.2) + 2\left(\frac{1}{18}\right)\left(\frac{3}{18}\right)(3)(15)(0.4) = 33\frac{5}{6}$$

该投资组合的斜率为：

$$\theta = \frac{\overline{R}_P - R_F}{\sigma_P} = \frac{14\frac{2}{3} - 5}{\left(33\frac{5}{6}\right)^{1/2}} = 1.66$$

投资组合的有效集是一条斜率为 1.66 的直线（如图 9 – 19 所示）。

9.5.2 允许卖空但禁止无风险借贷

如图 9 – 20 所示，5% 的无风险借贷利率的存在使投资者选择组合 B；如果无风险借贷利率变为 4%，投资者会选择组合 A；如果无风险借贷利率变为 6%，投资者会选择组合 C。因此，在不同的无风险利率下，我们可不断找到与之对应的最优组合，一直到有效边界被确定为止。

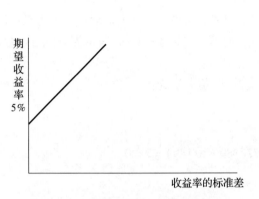

图 9 – 19　无风险借贷条件下的有效集　　图 9 – 20　不同的无风险利率下的切点组合

投资于任意一个证券的最优比例是 R_F 的一个简单线性组合，整个有效边界能够通过位于有效边界上的任意两个组合来确定。所以，针对任意两个 R_F 值，确认最优投资组合的特性后，就可以绘出整个有效边界。

下面讨论允许卖空但禁止无风险借贷下有效边界的一般解法。

当我们确定存在一个特定的无风险借贷利率时，最优投资组合是下列联立方程组的解：

$$\overline{R}_i - R_F = Z_1 \sigma_{1i} + Z_2 \sigma_{2i} + \ldots + Z_i \sigma_i^2 + \ldots Z_N \sigma_{Ni}$$

求解上述联立方程组时，可将 R_F 作为一个一般参数留在方程中，并求得 R_F 表示的 Z_k 值，这时产生如下形式的解：

$$Z_k = C_{0k} + C_{1k} R_F$$

其中，C_{0k}、C_{1k} 均为常数，对每个证券来说，它取不同的值，但这些值并不随 R_F 的改变而改变。一旦将 Z_k 表示为 R_F 的函数，我们就可以通过改变 R_F 的值来确定有效边界上不同的点所代表的每个股票的投资额。

对于例题 7，给定一个一般的 R_F，联立方程组为：

$$14 - R_F = 36Z_1 + 9Z_2 + 18Z_3 \tag{D1}$$

$$8 - R_F = 9Z_1 + 9Z_2 + 18Z_3 \tag{D2}$$

$$20 - R_F = 18Z_1 + 18Z_2 + 225Z_3 \quad (D3)$$

解这个联立方程组，有：

$$Z_1 = 42/189 \quad (D4)$$

$$Z_2 = 118/189 - 23/189 R_F \quad (D5)$$

$$Z_3 = 4/189 + 1/189 R_F \quad (D6)$$

（1）利用两个组合确定一般系数。

由上式（D5）知道，若 $R_F = 5$，则 $Z_2 = 1/63$；若 $R_F = 2$，则 $Z_2 = 72/189$。由此，我们有：

$$1/63 = C_{02} + C_{12}$$

$$72/189 = C_{02} + C_{12}$$

解这个方程组可得到：$C_{02} = 118/189$，$C_{12} = -23/189$。这说明了一个道理：有效边界可以通过简单地计算任意两个最优投资组合而直接得到，而不必间接地先将 Z_k 表示为 R_F 的函数。

（2）求解最优边界。

由（D4）、（D5）、（D6）可知，$R_F = 2$ 时对应的 Z_k 值分别为：

$Z_1 = 42/189$，$Z_2 = 72/189$，$Z_3 = 6/189$

对应的每个证券的投资比例分别为：

$$X_1 = (42/189)/(42/189 + 72/189 + 6/189) = 7/20$$

$$X_2 = 12/20$$

$$X_3 = 1/20$$

该投资组合的期望收益为：

$$\bar{R}_P = \left(\frac{7}{20}\right) \times 14 + \left(\frac{12}{20}\right) \times 8 + \left(\frac{1}{20}\right) \times 20 = 10\frac{7}{20}$$

该投资组合收益率的方差为：

$$\sigma_P^2 = \left(\frac{7}{20}\right)^2 \times 36 + \left(\frac{12}{20}\right)^2 \times 9 + \left(\frac{1}{20}\right)^2 \times 225 + 2 \times \left(\frac{7}{20}\right)\left(\frac{12}{20}\right) \times 9 +$$

$$2 \times \left(\frac{7}{20}\right)\left(\frac{1}{20}\right) \times 18 + 2 \times \left(\frac{12}{20}\right)\left(\frac{1}{20}\right) \times 18$$

$$= \frac{5\,481}{400}$$

如果知道 $R_F = 2$ 时的投资组合与 $R_F = 5$ 时的投资组合的协方差，我们就可以通过把这个投资组合看作一个资产，求出完整的有效边界。

协方差的确定如下：考虑一个投资组合由已定的两个投资组合各占一半，其具体比例为：

$$X_1^* = \frac{1}{2} \times \frac{7}{20} + \frac{1}{2} \times \frac{14}{18} = \frac{203}{360}$$

$$X_2^* = \frac{1}{2} \times \frac{12}{20} + \frac{1}{2} \times \frac{1}{18} = \frac{118}{360}$$

$$X_3^* = \frac{1}{2} \times \frac{1}{20} + \frac{1}{2} \times \frac{3}{18} = \frac{39}{360}$$

它的方差为：

$$\sigma_P^2 = \left(\frac{203}{360}\right)^2 \times 36 + \left(\frac{118}{360}\right)^2 \times 9 + \left(\frac{39}{360}\right)^2 \times 225 + 2 \times \left(\frac{203}{360}\right) \times \left(\frac{118}{360}\right) \times 9 +$$

$$2 \times \left(\frac{203}{360}\right) \times \left(\frac{39}{360}\right) \times 18 + 2 \times \left(\frac{118}{360}\right) \times \left(\frac{39}{360}\right) \times 18 = 21.859$$

同时我们知道，由两个资产或组合构成的投资组合的方差为：

$$\sigma_p^2 = X_1^2 \sigma_1^2 + X_2^2 \sigma_2^2 + 2 X_1 X_2 \sigma_{12}$$

由投资组合 1 和投资组合 2 以 1/2 比例构成的投资组合的方差为：

$$\sigma^2 = \left(\frac{1}{2}\right)^2 \times \left(\frac{203}{6}\right) + \left(\frac{1}{2}\right)^2 \times \left(\frac{5\,481}{400}\right) + 2 \times \left(\frac{1}{2}\right) \times \left(\frac{1}{2}\right) \sigma_{12} = 21.895$$

则 $\sigma_{12} = 19.95$。

求出期望收益率的方差和协方差后，就可以和第三节处理两个资产组合时一样，绘出有效边界（如图 9 – 21 所示）。

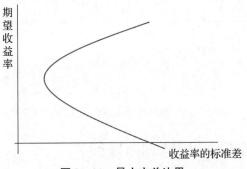

图 9 – 21　最小方差边界

 寓言故事

小猪的思维

一只小猪、一只绵羊和一头乳牛一同被关在一个圈栏里。有一天，主人试图捉住小猪，小猪大声嚎叫，猛烈地抗拒。主人竟然"唉"了一声，放开了小猪。绵羊和乳牛很讨厌小猪的嚎叫，事后问道："主人也常常捉我们，我们并不大呼小叫，你何以要大惊小怪地吼叫？"小猪皱皱眉头，回答道："捉你们和捉我完全是两回事。主人捉你们只是要你们的毛和乳汁，捉我却是要我的命呢！能不着急吗？"

这则寓言故事很有趣。它在中国股市投资领域里实际上很有启发性。当今的中国股票市场里存在大量散户投资者。于是，"大鱼吃小鱼"就成为一种常态。如果散户投资者忘却了自己是一只常常面临被宰杀危险的"小猪"，那他距离被人"宰杀"就不远了！

(3) 包含的证券数量。

允许卖空时，投资者几乎在所有证券上都有持仓。一般来说，每个证券都有一个对应的 R_F 值，对于大于这一值的所有 R_F 值，投资者会持有或卖空该证券；而对于小于这一值的

R_F 值，则采取相反的行动。即如果一个证券的特征使它不愿被持有，则投资者应该卖空，即发行这个证券（发行给他人）。

考察前面例子中的情况：

$Z_1 = 42/189$

$Z_2 = 118/189 - 23/189 \, R_F$

$Z_3 = 4/189 + 1/189 \, R_F$

从图 9-22 中可以看出，投资者总是持有证券 1。如果 R_F 小于 118/23，证券 2 被持有；如果 R_F 大于 118/23，证券 2 被卖空。如果 R_F 大于 -4，证券 3 被持有；如果 R_F 小于 -4，证券 3 将被卖空。

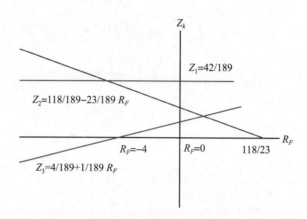

图 9-22　投资比例是无风险利率的函数

9.5.3　不允许卖空但可以无风险借贷

这个问题类似于允许卖空和无风险借贷的情况。不同的是增加了一个新的约束，即投资者持有证券的数量不能是负的。故问题可写为最大化：

$$\theta = \frac{\overline{R}_P - R_F}{\sigma_P}$$

约束条件为：

$$\sum_{i=1}^{N} X_i = 1$$

$X_i \geq 0$，对所有的 i 都适用。

由于目标函数是二次型方程（σ_P 中含有 X 的平方项和交叉相乘项），故这是一个二次规划问题，其求解需要借助软件。

9.5.4　不允许卖空且禁止无风险借贷

这个问题的有效集是由任意水平的期望收益率最小化风险来确定的，故相当于求解如下问题：

最小化：$\sigma_P^2 = \sum_{i=1}^{N}(X_i^2 \sigma_i^2) + \sum_{i=1}^{N}\sum_{\substack{j=1 \\ j \neq i}}^{N}(X_i X_j \sigma_{ij})$

约束条件为：

$$\sum_{i=1}^{N} X_i = 1$$

$$\sum_{i=1}^{N} (X_i \overline{R_i}) = \overline{R}_P$$

$X_i \geq 0$，$i = 1, 2, 3, \cdots, N$

该问题的求解还是一个二次规划问题。

上述问题中，如果还有其他约束条件，可纳入其中继续求解。如有些经理人希望选择的最优投资组合的股利收益率大于一定值 D，则在问题的求解中加入约束条件（4）即可：

(4) $\sum_{i=1}^{N} X_i d_i \geq D$

寓言故事

小鸟的忠告

一天，猎人捕捉到了一只从未见过的小鸟。于是，拢起火堆想把小鸟烤熟，因为他早已饥肠辘辘。小鸟央求道："放了我吧！我这么小，对你填饱肚子起不了多大作用，我会回报你三个有价值的忠告！"

猎人有些心动，就说道："你先告诉我，如果有道理，我就放了你。"

小鸟儿说："第一个忠告：做事不要后悔；第二个忠告：别人告诉你的一件事，你认为不可能的就不要相信；第三个忠告：当你爬不上去的时候，就不要费力去爬。"

猎人觉得小鸟说的话似乎有些道理，况且这么小的鸟确实也解决不了肚子饥饿问题，于是他放走了这只小鸟。

鸟儿快速飞向了一棵大树的树梢，她定了定神，然后对着猎人大声喊道："你真蠢，我嘴里有一颗大明珠，你竟然放了我！"

猎人一听就急了眼，发誓要再次捉到这只鸟。他费力地向大树树梢爬去，突然树枝咔嚓一声断了，他从高处掉了下来。双腿嘛，自然是摔得不能动了。

小鸟儿于是嘲笑道："你这个笨蛋，我刚才告诉你的忠告你全忘了。你首先后悔放走了我，其次轻易相信我说的话，我这么小的嘴里怎么会放得下一颗大明珠呢？最后不自量力而强迫自己爬树，摔断了双腿。"

猎人默然。（素材来源：孔方事. 投资理财寓言故事——鸟的忠告. http://blog.jinku.com/2630,2008-01-09）

这个故事对股票投资者有什么启示呢？最少有三点：

（1）"后悔症。"手里拿着的股票总不见涨，一狠心，调仓换股！谁知往往股票刚被抛出，它就大涨，后悔得真想一头撞死。

（2）"听信症。"听信小道消息及机构推荐的"好股"，买了就被套，总是苦恼幸运不站在自己一边。

（3）"短炒症。"价值投资似乎好听不好用，于是投机成为战略。追逐短线高手，能力不到却很要强，最终只能是"竹篮打水"一场空！

说到头，股市投资是一门深奥的学问，赚钱远比想象中的难！理论、知识、理念、经验，一样也不能少。实践证明：只有不断修炼、提高，才能找到成功的钥匙。

练习题九

1. 考虑效用函数 $U(W) = ae^{-bW}$，a 和 b 是常数。假定投资者的偏好是越多越好，并且属于风险厌恶型，那么，a 和 b 的符号是什么？

2. 假定投资者的效用函数是 $U(W) = a + be^{cW}$，其中 a、b、c 是常数，且 W 是财富。假设投资者认为多比少好，并且属于风险厌恶型，该如何判断 a、b、c 的符号？这一函数的绝对和相对风险厌恶系数是什么？

3. 你可在中国证券市场选择各行业的代表股票 30 只，按等比例投资，分析其证券数量变化与股票组合风险变化的关系。

4. 表 9-23 所示是 3 个公司 7 个月的实际股价和股利数据。
   （1）计算公司每月的收益率；
   （2）计算每个公司的平均收益率；
   （3）计算每个公司收益率的标准差；
   （4）计算可能的两两证券之间的相关系数；
   （5）计算下列组合的平均收益率和标准差：
   　　　1/2A + 1/2B；　　1/2A + 1/2C；　　2/3B + 1/3C；　　1/3A + 1/3B + 1/3C

表 9-23　3 个公司 7 个月的实际股价和股利数据

时 间	证券 A		证券 B		证券 C	
	价 格	股 利	价 格	股 利	价 格	股 利
1	9	—	14	—	22	—
2	10	—	13	—	23	—
3	12	0.5	14	0.8	21	1.2
4	11	—	15	—	20	—
5	12	—	17	—	18	—
6	8	0.4	17	0.8	17	1
7	7	—	18	—	16	—

5. 假设单个资产收益率的平均方差为 50，平均协方差为 10。分别以等比例投资 5 只、10 只、50 只证券的投资组合的期望方差是多少？

6. 在期望收益-标准差空间中，标出所有组合的点。假设 $\rho = 1$，-1，0。对于每一个相关系数，哪个组合获得最小的 σ_P？σ_P 的最小值是多少？假设不允许卖空。两个证券的期望收益-标准差如表 9-24 所示。

表 9-24　两个证券的期望收益—标准差

序　号	期望值/%	标准差/%
证券 1	10	5
证券 2	4	25

7. 在第 6 题中，假设无风险利率为 10%，最优投资是什么？

8. 假设分析师提供了表 9-25 所示的信息，如果无风险借贷利率为 5%，允许卖空，最优投资组合是什么？

表 9-25　三个证券的相关数据

证　券	平均收益	标准差	协方差 A	B	C
A	10	4	—	20	40
B	12	10	—	—	70
C	18	14	—	—	—

9. 问题 8 中，如果不允许卖空，列出求解组合问题的必要公式。

10. 假设给出的是两个有效组合，如表 9-26 所示。在标准的卖空定义下，有效边界是什么？

表 9-26　两个有效组合相关数据

组合	$\overline{R}_i$	σ_i	σ_{ij}
A	10	6	—
B	8	4	20

11. 辩论题：有人说，证券投资组合并不能消除系统性风险，故采用证券投资组合方法进行投资没有实质性意义；也有人说，合理选择证券组合可以有效降低个股出现问题时所造成的投资风险，故证券投资组合方法有实际价值。你更支持哪方观点呢？说出你的理由。

辩方 A：在证券市场里采用证券投资组合方法没有意义！

辩方 B：在证券市场里采用证券投资组合方法非常有意义！

 投资名人故事

组合投资理论的开创者——哈里·马科维茨

哈里·马科维茨（Harry Markowitz，1927 年—）1927 年 8 月 24 日生于美国伊利诺伊州的芝加哥，现任纽约市立大学巴鲁克学院教授。哈里·马科维茨的主要贡献是发展了一个概念明确的可操作的在不确定条件下选择投资组合理论，他的研究在今天被认为是金融经济学理论的前驱工作。因其在金融经济学方面做出了开创性工作，他与夏普和默顿·米勒同时荣获 1990 年诺贝尔经济学奖。

1947 年，他从芝加哥大学经济系毕业，获得学士学位，后攻读了经济学硕士。他最感兴趣的学科是不确定性经济学。1952 年 3 月，哈里·马科维茨发表了题为《证券组合选择》的论文，在学术界产生了巨大影响，其成果被认为是现代证券组合管理理论的开端。哈里·马科维茨将以往个别资产分析推进到了一个新阶段。他以资产组合为基础，配合投资者对风险的态度，在对风险和收益进行量化基础上建立了均值方差模型，从而提出了确定最佳资产组合的基本模型。他对资产选择的分析研究推动了现代的有价证券投资理论的产生。

马科维茨从对回报和风险的定量出发，系统地研究了投资组合的特性，从数学上解释了投资者的避险行为，并提出了投资组合的优化方法。马科维茨的开创性工作极大地激发了其他学者的研究热情：1963 年，威廉·F. 夏普提出了可以对协方差矩阵加以简化估计的单因素模型，极大地推动了投资组合理论的实际应用；夏普、林特和莫森分别于 1964、1965 和 1966 年提出了资本资产定价模型（CAPM）；1976 年，罗斯提出了一种替代性的资本资产定价模型——APT 模型。由此，投资组合理论逐渐趋于成熟并在投资实践中得到广泛应用。投资组合理论为有效投资组合的构建和投资组合的分析提供了重要的思想基础和一整套分析体系，也使投资管理的实践发生了革命性的变化。

马科维茨的代表作是 1959 年出版的《资产选择》一书。该书分析含有多种证券的资产组合，提出了衡量某一证券以及资产组合的收益和风险的公式和方法。其他相关著作还有：《资产选择：投资的有效分散化》（1970 年），《资产选择与资本市场中的均值——方差分析》（1987 年）。他发表的重要论文有数十篇，其中标志性的论文当属《资产选择——有效的分散化》（1952 年 3 月）。

第十章

资产证券化 *

本章学习要点：
(1) 理解资产证券化的概念，知晓资产证券化的分类。
(2) 理解资产证券化的基本原理。
(3) 熟悉资产证券化主要参与者及运作过程。
(4) 熟悉资产证券化的基本交易结构，了解各种类型的交易结构。
(5) 熟悉资产证券化常用的定价模型。
(6) 熟悉资产证券化的收益分析内容。
(7) 了解资产证券化主要的风险来源、识别过程、评价方法及风险管理。

10.1 资产证券化的概念与分类

资产证券化（Asset Securitization）被称为20世纪70年代末以来国际资本市场上的一项重要金融创新，为那些按照传统标准难以在资本市场上融资的企业提供了一个有效的融资途径，体现了比传统股票融资和债券融资等融资方式更具普适性的优势。图10-1给出了一个资产证券化基本业务体系示意，其中SPV是一个信用中介——特殊目的载体（Special Purpose Vehicle，SPV）。

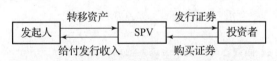

图 10-1 资产证券化基本业务体系示意图

10.1.1 资产证券化的概念

10.1.1.1 资产证券化的定义

资产证券化是指企业或金融机构将其缺乏流动性但具有稳定预期现金流的资产汇集成资产池，然后通过资产组合和实施信用增级，创立一种以基础资产产生的现金流为支持的证券产品，然后在金融市场上出售给投资者的完整活动过程。

对发起人而言，资产证券化实际上是通过出售存量资产来实现融资的手段；对于投资者而言，资产证券化是以基础资产现金流为本息支持的特殊债券。事实上，由于理解的视角不同或认定界限不同，学术界对资产证券化的定义尚未形成严格而统一的认识。表10-1列出了一些学者的不同定义，启示我们，可以从多视角思考资产证券化的内涵。

表 10-1 一些有代表性的资产证券化定义

偏重理解视角	基本定义（定义者）
过程观	资产证券化可以被广泛地定义为一个过程，通过这个过程将具有共同特征的贷款、消费者分期付款合同、租约、应收账款和其他不流动的资产包装成可以市场化的、具有投资特征的附息债券。[被誉为"证券化之父"的美国耶鲁大学的法博兹（Frank J. Fabozzi, 1996）] 在证券化中，公司部分地分解自己，把不具有流动性的资产从公司整体风险中隔离出来，随后以该资产为信用基础，在资本市场上融资。[美国杜克大学斯蒂文·L. 西瓦兹教授（Steven L. Schwarcz, 2002）] 资产证券化是一个过程，这个过程包括对个人贷款和其他债务工具进行打包，将被打包资产转化成一种或多种证券，同时提高这些证券的信用等级或评级等级并出售给第三方投资者。[美国学者肯德尔（Kendall, 1996）]
现金流观	资产支持证券是指由来自非流动资产的现金流提供信用支持的证券，这种现金流可由一组标准化债务合同或其他金融资产构成的资产池提供，并具有必要的信用担保。[美国证券交易委员会（SEC）]
技术观	资产证券化代表了一种财产或财产的集合，这些财产或财产的集合拥有收入并由其担保所有权利益，其实就是对股权或债券的出售。[美国学者申克尔和克莱塔（Shenker, Colletta, 1991）] 资产证券化是指证券化机构将可以产生稳定的可预见未来收入流的资产，按照某种共同特质汇集成一个组合，并通过一定的技术把这个组合转换为可在资本市场上流通的有固定收入的证券。[凤坤（2004）]
工具观	资产证券化是一种工具，卖方将固定收益资产（一般包括抵押贷款、消费者和住宅权益贷款、信用卡应收款、贸易应收款或汽车应收款、租赁应收款等）卖给一个破产隔离的特殊目的载体（Special Purpose Vehicle, SPV），SPV通过发行新型证券融资购买这些资产。[美国学者托马斯（Thomas, 2001）]
信用中介观	资产证券化是储蓄者与借款者通过金融市场得以部分或者全部匹配的一个过程或工具。开放的市场信用（通过金融市场）取代了由银行或者其他金融机构提供的封闭的市场信用。[美国学者加纳德（Gardener, 1991）]
制度安排观	资产证券化是一种融资体制安排，它是以特定的资信为信用基础，通过对该资产所对应的未来现金流进行结构重组和信用增级，在开放性的金融市场上发行证券进行融资的制度安排。[李传全（2003）]
广义观	可将资产证券化定义为"一切以证券作为媒介的一般化现象"。[美国学者罗森塔尔与奥坎波（Rosenthal J. A., Ocampo J. M.）] 广义上的资产证券化是指资产采取证券这一价值形态的过程和技术，具体包括：现金资产证券化、实体资产证券化、信贷资产证券化和证券资产证券化。[何小峰（1999）]

续表

偏重理解视角	基本定义（定义者）
综合观	资产证券化可分为两大类：一级证券化和二级证券化。我们可通过在资本和货币市场上发行证券的方式来举债，这种资产证券化可称为"一级证券化"；将已经存在的信贷资产集中起来，并重新分割为证券，转卖给市场上的投资者，使此项资产在原持有者的资产负债表上消失，这种资产证券化方式可称为"二级证券化"。[张超英（2005）] 从形式上分类，证券化可以分为融资证券化（Financing Securitization）和资产证券化（Asset Securitization）。前者是指资金短缺者通过在金融市场上发行债券、股票等证券的方式向资金提供者直接融通资金的过程，也称为"初级证券化"；后者是指将目前缺乏流动性、但未来能够产生可预见的稳定现金流的资产，通过一定的结构安排，转换成在金融市场上可以出售和流通的证券的过程。[王开国等（1999）]

10.1.1.2 资产证券化的基本特点

广义的资产证券化几乎包括了通过资本市场进行融资的所有形态的融资方法和金融工具。但是，既然我们把资产证券化视为一种区别于传统融资方式的创新事物，本书就倾向于站在较狭义的资产证券化的视角讨论相关问题。综合来看，我们可以归纳出资产证券化（狭义）的基本特点：

（1）资产证券化是一种资产支持融资，是一种依赖部分资产信用的融资方式。其发行的产品是一种以基础资产产生的现金流为支持的证券产品。

（2）资产证券化是一种结构融资方式，即证券发行者通过构建一个严谨的交易结构来实现融资目的。

（3）资产证券化是一种以市场为基础的信用中介融资方式。不同于传统的中介机构，一般需要一个能实现破产隔离特殊目的载体（Special Purpose Vehicle，SPV）完成基础资产购买和证券融资活动。同时，资产证券化以基础资产作为信用基础，打破了以发行主体信用为基础的传统证券发行模式。

（4）资产证券化既是一种融资技术，也是一种投融资过程，其主要环节包括资产重组、信用增级以及信用评级、证券产品销售等。

（5）资产证券化是一种流动性风险管理手段。我们通过对其风险、收益要素进行结构性重组，并实施一定的信用增级，可有效降低市场风险。同时，传统债券无法达到基础资产与发行主体隔离的效果，而资产证券化通过特殊目的载体（SPV）实现基础资产与发行主体的风险隔离，基础资产不属于破产清算财产。

（6）资产证券化是一种表外融资方式，发起人将资产包真实出售给SPV，实现破产隔离，相关资产的数据即可被剔除出资产负债表。

寓言故事

呼喊自由的鹦鹉

一个人，一个了不起的人，一个为自由而战的斗士，正在山峦间穿行。今晚他留在一个大旅店里过夜。旅店里有一个金鸟笼，里面有一只漂亮的鹦鹉在不停地呼喊着："自由！自由！"这让他很震惊。那里是这样的一种地方，当这只鹦鹉不断地呼喊"自由！"的时候，这个词便会在山峦间、深谷中久久回荡。

这个人想：我看到过很多鹦鹉，也曾想过，他们一定想从这些笼子里飞出去获得自由……但是，我从没有见过这样的鹦鹉，从早到晚，直到入睡，一整天都在呼喊着自由。他有了一个想法……午夜，当店主熟睡的时候，他悄悄起身，打开了鸟笼门，小声地对鹦鹉说："现在，出去吧。"

但是令他吃惊的是，这只鹦鹉竟抓着鸟笼的横木不放。他对它一遍又一遍地说："你忘了自由了吗？快出去！门开着，店主熟睡着，没有人会看到。你只要飞向天空，整片天空就是你的了。"

但是鹦鹉仍然牢牢地抓着横木不放，于是他说："怎么了？你疯了吗？"他试图用手把鹦鹉弄出来，但是鹦鹉却开始啄他，同时大喊："自由！自由！"深夜的山谷里荡起了一声又一声的回音，可是这个人也一样地顽固，谁让他是个自由之士呢！

这个寓言故事说明了一个哲理：空喊口号是不行的，实现理想是要付出实实在在的行动的。近几十年来，金融市场新事物层出不穷，但繁荣中常常伴随着巨大风险。资产证券化就是其中一个具有代表性意义的金融市场创新事物，它打破了很多传统融资的理念，在曲折的发展道路上不断前行。但创新总是要付出代价的，如果像那只鹦鹉一样，不敢跨出笼门，只是安于现状，何来自由？又何来新的发展空间？

10.1.2 资产证券化分类

资产证券化发展的历史不长，相关证券化产品处于不断创新之中，其分类也因看待问题的视角不同、标准体系不同、国情和监管规则不同而呈现出多样化。

10.1.2.1 广义视角下的资产证券化分类

广义视角下的资产证券化一般可概括为四类。①实体资产证券化，即以实物资产和无形资产为基础发行证券并上市，使实体资产转化为证券资产。②信贷资产证券化，即指把欠流动性但有未来现金流的信贷资产经过重组形成资产池，并以此为基础发行证券，这是早期意义上的狭义资产证券化。③证券资产证券化，就是将证券或证券组合作为基础资产，将证券资产再证券化进行发行。④现金资产证券化，即指现金的持有者通过投资将现金转化成证券产品。

10.1.2.2 根据基础资产分类

根据证券化的基础资产不同，可以将资产证券化分为不动产证券化、应收账款证券化、信贷资产证券化、未来收益证券化、债券组合证券化等。

美国的资产证券化主要是按底层资产的物理形态进行划分的，同样属于按照基础资产进行的一种比较简明的资产证券化（产品）分类，如图10-2所示。其中：ABS（Asset-Backed Securities），资产支持证券；MBS（Mortgage-Backed Securities），不动产（房地产）抵押贷款支持证券；CMBS（Commercial Mortgage-Backed Securities），商业地产抵押贷款支持证券；RMBS（Residential Mortgage-Backed Securities），住宅地产抵押贷款支持证券；ABCP（Asset-Backed Commercial Papers），资产支持商业票据；CDO（Collateralized Debt

Obligation），抵押债务支持证券；CLO（Collateralized Loan Obligation），担保（抵押）贷款支持证券；CBO（Collateralized Bond Obligation），担保（抵押）债券支持证券。

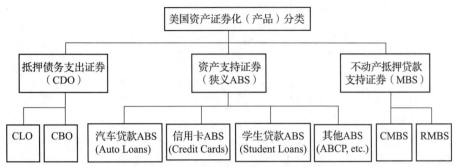

图 10-2　美国资产证券化（产品）分类

10.1.2.3　基于资产证券化模式的分类

基于金融行业分类监管等特殊国情，我国的资产证券化在实践中形成了四种主要模式：央行和银监会主导的信贷资产证券化；证监会主导的企业资产证券化（资产支持专项计划）；交易商协会主导的资产支持票据；保监会主导的项目资产支持计划。这四种具体实践模式对我国多层次资本市场建设，形成多渠道、多形态、多方式投融资生态市场都起到了积极促进作用。

因此，我国的资产证券化也常常被分为四大类：金融机构信贷资产证券化（信贷ABS）、非金融企业专项资产证券化（企业 ABS）、非金融企业资产支持票据（ABN）、保险资产管理公司资产支持计划，如表 10-2 所示。

表 10-2　四类资产证券化比较

类　型	信贷 ABS	企业 ABS	ABN	保险资产管理公司资产支持计划
主管部门	央行、银监会	证监会	交易商协会	保监会
发行主体	央行及其他一些金融机构	金融机构、非金融企业	非金融企业	未明确规定
SPV	特殊目的信托	券商资管或基金子公司发行管理的资产专项计划	设立 SPV 的破产隔离结构	资产支持计划
基础资产	银行信贷资产	企业应收账款、BT 回购款、信贷资产、门票收入、基础设施收费、信托受益权、商业地产租金收入等	企业应收账款、租赁债权、信托受益权，以及基础设施、商业物业等不动产或相关财产权利	能直接产出独立、可持续现金流的财产、财产权利

续表

类　型	信贷 ABS	企业 ABS	ABN	保险资产管理公司资产支持计划
主管部门	央行、银监会	证监会	交易商协会	保监会
审核方式	审批制	备案制	注册证	初次申请报核准，同类产品事后报告
发行方式	公开或定向	公开或非公开	公开或非公开定向	公开或非公开
流通市场	银行间债券市场	各类交易所	银行间债券市场	保险交易所
信用评级	需双评级	初始评级＋跟踪评级	公开发行需双评，定向无需	初始评级＋跟踪评级

资料来源：中融信托创新研发部．资产证券化专题．
http://www.zritc.com/khzc/tzgd/201805/t20180508_509384.html. 2017.10.10

10.1.2.4　其他分类

（1）根据资产证券化的地域分类。我们根据资产证券化发起人、发行人和投资者所属地域不同，可将资产证券化分为境内资产证券化和离岸资产证券化。国内融资方通过在国外的特殊目的机构（Special Purpose Vehicles，SPV）或结构化投资机构（Structured Investment Vehicles，SIVs）在国际市场上以资产证券化的方式向国外投资者融资称为离岸资产证券化；融资方通过境内 SPV 在境内市场融资则称为境内资产证券化。

（2）根据证券化产品的属性分类。我们根据证券化产品的金融属性不同，可以分为股权型证券化、债券型证券化和混合型证券化。

（3）根据资产池资产与投资者关系不同分类。可分为过手型证券（Pass-through，也称传递证券）和转付型证券（Pay-through）。①过手型证券不对产生的现金流进行处理，证券化资产的所有权随证券的出售而被转移给证券投资者，其来自资产的现金流收入被简单地"过手"给投资者，以偿付证券的本息。过手证券代表着对一个抵押贷款组合及其还款流量的直接所有权，抵押贷款组合归投资者所有，因而过手证券不是发行人的债务，其随销售转移而使证券化资产从发行人的资产负债表中剔除，而投资者自行承担基础资产的偿付风险。②转付型证券对产生的现金流进行重新安排与分配，使本金与利息的偿付机制发生了变化。它根据投资者对风险、收益和期限等的不同偏好，对基础资产组合产生的现金流进行重新安排和分配，其应用分档技术进行设计，将资产支撑证券划分为抵押担保债券（CMO）、仅付本金债券（PO）、仅付息债券（IO）、计划摊还档债券（PAC）以及目标摊还档债券（TAC）等不同档级。其主要特点：根据投资者对期限、风险和收益的不同偏好，将债券设计成不同的档次。不同档级证券化产品的特征不同，从而可满足不同投资者的偏好。多样化的证券品种吸引了市场投资者，也推动了应收账款证券化向纵深发展。过手型证券与转付型证券最根本的区别为：过手型证券的证券化产品是支持资产的所有权凭证，投资者拥有资产的所有权；转付型证券的支持资产只是证券偿付的抵押保证，所有权并不归投资者所有。

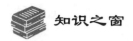

什么是基础资产

基础资产就是被证券化的资产。从理论上说，任何能够产生现金流的资产都有被证券化的可能；相反，不能够产生现金流的资产就无法被证券化。在现实中，基础资产往往是缺乏流动性的资产，通过证券化将流动性低的资产转变为流动性高的证券。资产证券化的难易程度一般取决于对基础资产的现金流预测的难易程度。

我们通过总结多年的资产证券化的实践经验发现，具有下列特征的资产比较容易实现证券化：①资产可以产生稳定、可预测的现金流收入；②原始权益人持有该资产已有一段时间，且信用记录良好；③资产应具有标准化的合约文件，即资产具有很高的同质性；④资产抵押物易于变现，且变现价值较高；⑤债务人的地域和人口统计分布广泛；⑥资产的历史记录良好，即违约率和损失率较低；⑦资产的相关数据容易获得。

常见的基础资产类别包括金融机构信贷资产、企业债权资产、企业收益权资产和企业不动产四个大类。一般来说，那些现金流不稳定、同质性低、信用质量较差且很难获得相关统计数据的资产不宜被直接证券化，如表10-3所示。

表10-3 基础资产类别及具体形式

序号	资产类型	资产基本类型	资产具体形式
1	信贷类资产	信贷资产	商业银行的信贷资产
			信托公司的信托资产
			财务公司的信贷资产
			金融租赁公司的融资租赁资产
			汽车金融公司的信贷资产
2	债权类资产	企业应收账款	保理业务中的应收账款
			经营租赁公司的应收债权
			企业经营销售形成的应收债权
			工程项目、PPP项目形成的债权
		互联网金融债权	互联网消费金融企业债权
3	收益类资产	基础设施和公共事业收费	水电热气、污水处理、垃圾处理收入
			高速公路、路桥、铁路、港口收费
			公交、地铁票款
		风景区及游乐场所门票	风景区、索道的门票
			娱乐场所的门票
		其他收费权	民办学校学费
			机票票款债权
			影院影票收入

续表

序号	资产类型	资产基本类型	资产具体形式
4	不动产物业类	不动产权收益	不动产销售收入
			物业费收入
			商铺租金收入
			酒店经营收入

10.2 资产证券化缘起与发展

10.2.1 资产证券化的缘起

资产证券化作为一项金融技术，其起源可追溯至20世纪60年代末的美国住宅抵押贷款市场。当时美国的储贷协会和储蓄银行承担了大部分住宅抵押贷款业务，但受到股市繁荣下的投资银行和共同基金强力冲击，其储蓄资金被大量提取而导致经营状况日渐恶化。在此背景下，美国政府决定启动住宅抵押贷款二级市场，以此尝试缓解储蓄金融机构资产流动性不足问题。

1968年，美国政府成立国民抵押贷款协会（General National Mortgage Association，GNMA）。1970年，美国储贷协会发起住房抵押贷款过手证券（Mortgage Pass–Through，MPT）。其具体做法为：美国储贷协会将经由联邦住宅局（Federal Housing Administration，FHA）和退伍军人局（Veteran Administration，VA）低价保证或免费保险的住房抵押贷款作为基础资产发起资产证券化，美国联邦国民抵押贷款协会（GNMA）则对由此生成的资产证券化债券提供及时的偿付保证。MPT作为资产证券化最早的创新产品，它的出现改变了银行传统的单向"资金出借者"的角色，使银行同时具有了"资产出售者"的职能，其一经推出即受到资本市场投资者的追捧。

10.2.2 资产证券化在美国的发展

住房抵押贷款支持证券（Mortgage–Backed Securities，MBS）是美国早期最主要的资产证券化类型，其按照一定的标准把若干住房抵押贷款组合起来，以此作为基础资产抵押发行债券。到1990年，美国已有3万亿美元的未偿还住宅抵押贷款，其中50%以上都实现了资产证券化。

从1983年开始，美国的资产担保抵押债券（Collateralized Mortgage Obligation，CMO）也兴盛起来，在一定程度上满足了投资者对金融工具要求有不同期限的需求。到1993年，美国的CMO已达到5 000亿美元市场规模。

1985年，美国汽车贷款抵押债券开始发行；1988年，美国推出以信用卡为抵押的证券化产品；1993年，针对学生贷款的抵押证券问世。这说明，这一时期资产证券化技术在美国已被广泛应用于非按揭债权资产中，特别是资产支持证券类型（ABS）领域。

美国不仅开启了资产证券化的先河，也是资产证券化技术和产品创新最多的国家。其应用领域从一开始的住房抵押贷款逐步扩展到汽车贷款、信用卡、应收账款、基础设施建设、出口贸易、消费分期贷款等，大有无所不包的发展态势。

虽然 2008 年的次贷危机严重打击了资产证券化的发展，但近些年来，其在美国又呈现出明显的回暖趋势。总体上讲，住房按揭贷款支持证券以及由此派生出来的大量衍生金融工具迅速发展，不仅推动了美国房地产市场的繁荣，也极大地促进了美国乃至国际金融市场的发展。目前的美国资本市场上，资产证券化已成为与股权融资、债权融资相并列的第三种主流融资工具，美国的资产证券化市场规模位居世界首位。截至 2017 年年底，美国资产证券化市场存量规模是 GDP 的 49%，约有 2.5 万亿美元（如图 10 – 3 所示）。其中，美国抵押贷款支持证券占资产支持证券存量规模的 86%（如图 10 – 4 所示）。

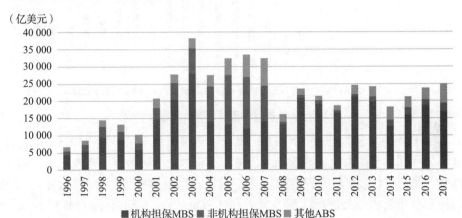

图 10 – 3　美国资产支持证券历年发行规模

资料来源：国金 ABS 研究院. 欧美资产证券化市场比较分析及对我国的启示.
https://www.sohu.com/a/256627396_770145. 2018 – 09 – 28（注：图 10 – 4 资料来源同此）

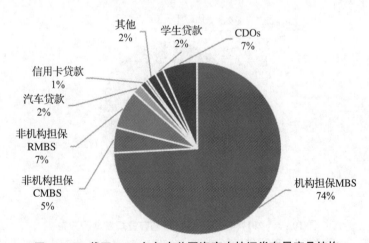

图 10 – 4　截至 2017 年年末美国资产支持证券存量产品结构

10.2.3　资产证券化在欧洲的发展

20 世纪 80 年代末，资产证券化由美国传入欧洲。20 世纪 90 年代末，欧洲资产证券化进入快速发展阶段（特别是欧元诞生以后）。目前，欧洲资产证券化市场规模居全球第二，

2017年欧洲资产证券化市场发行规模为2 350亿欧元（如图10-5所示），而截至2017年年底，整个欧盟资产证券化市场存量规模为GDP的6%。

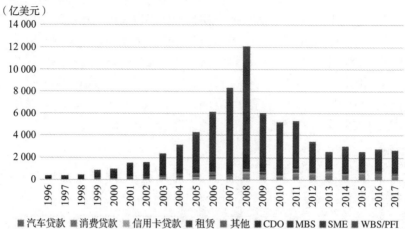

图10-5 欧洲资产支持证券历年发行规模

1987年，全英住房贷款公司（NHLC）发行了英国历史上第一笔RMBS，率先将资产证券化业务引入欧洲，英国由此成为欧洲各国中资产证券化发展最早、规模最大的国家。欧洲资产证券化市场集中度较低，并没有出现某一国家占据绝对发行优势的局面。从2017年发行规模的国家分布来看，英国、法国、意大利、西班牙资产证券化发行规模较大，分别占20%、16%、13%、11%，其他国家发行规模较小，占比不到10%。从2017年欧洲资产证券化市场存量规模的地区分布来看，主要集中在英国、荷兰、西班牙和意大利，占比达64.15%，其中英国占比最高，存量规模达3 048亿欧元（如图10-6所示）。

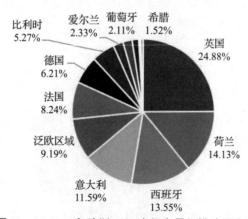

图10-6 2017年欧洲ABS市场存量规模地区分布

资料来源：国金ABS研究院.2017年欧洲资产证券化市场回顾.
https://www.sohu.com/a/242038066_770145. 2018-07-19（注：图10-7资料来源同此）

与美国类似，欧洲资产证券化主要由抵押贷款市场推动，其中抵押贷款支持证券占资产支持证券存量规模的62%（如图10-7所示）。

欧洲资产证券化在学习借鉴美国经验的过程中，发展出一些具有欧洲特色的资产证券化业务。其中，整体业务证券化（Whole Business Securitization，WBS）、中小企业贷款证券化

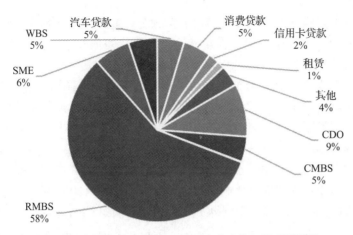

图 10-7　截至 2017 年年末欧洲资产支持证券存量结构

(Small and Medium Enterprises Securitization，SME Sec) 与资产担保债券（Covered Bond，CB）是欧洲的三种特色证券化产品。

①WBS 起源于 20 世纪 90 年代的英国，是指以企业某项业务产生的未来现金流为支撑发行债券的过程。WBS 债券属于企业的直接或间接债务，它是对正在运营的资产进行证券化，并将这些资产运营产生的收益用于偿付债务。其中，WBS 属于表内资产证券化，即资产所有权仍停留在发起人的资产负债表内；同时，整体业务运营产生的收益通常由某一代表投资者利益的证券信托机构持有。

②SME Sec 是指以中小企业贷款为基础资产，并以其产生的现金流为支撑的证券化产品。其不设立专门的 SPV 机构，一般需获得公共部门的支持以降低其交易成本。

③CB 是指银行以住房抵押贷款、公共部门贷款等高质量资产构建担保池，直接或间接发行的一种融资债券。CB 通常是固定利率债券，期限为 2 至 10 年，是欧洲最重要的结构性融资产品。其特点为担保资产仍然留在银行资产负债表内，担保债券的资产担保池是开放型的。

10.2.4　中国资产证券化的发展

2005 年 4 月，中国人民银行和银监会联合发布《信贷资产证券化管理办法》，正式推行信贷资产证券化试点。因此，2005 年也被称为中国"资产证券化元年"。中国建设银行开展的是住房抵押贷款证券化业务试点，国家开发银行开展的是信贷资产证券化业务，从而初步形成了以央行和银监会为主导、以信贷资产为支持、在银行间市场发行信贷资产支持证券并流通的体系。同年 8 月，中金公司设立的"中国联通 CDMA 网络租赁费收益计划"落地，表明券商资管计划成为企业资产证券化业务的载体。2005 年 12 月 15 日，国家开发银行和建行分别成功发行了第一只 41.78 亿元的 ABS 债券和第一只 29.27 亿元的 MBS 债券。

然而，作为中国资本市场的新生事物，资产证券化在发展初期并不规范。由于监管措施、风控管理等制度尚不完善，证监会 2006 年 9 月暂停了资产证券化相关项目的审批，而 2008 年美国爆发的次贷危机更使得我国资产证券化业务面临巨大的舆论压力，银监会便叫停了信贷资产证券化产品的发行，我国的资产证券化业务陷入全面停滞阶段。

2012 年 5 月，央行、银监会、财政部联合发布《关于进一步扩大信贷资产证券化试点有关事项的通知》，表明中国资本市场重新启动资产证券化业务试点。同年 8 月，银行间市场交易商协会发布并实施《银行间债券市场非金融企业资产支持票据指引》，正式推出资产支持票据 ABN，这是非金融企业资产收益权首次在银行间债券市场发行。2013 年，国务院决定进一步扩大证券化业务试点。

2014 年年底，银监会、证监会推出资产证券化的备案制。2015 年，国家大力发展资产证券化业务，国务院新增 5 000 亿元规模的信贷 ABS 试点。随着备案制、注册制、试点规模扩容等多项利好政策不断推出，国内资产证券化市场开始飞速发展，产品规模不断增长，交易流动性显著提升，创新模式更是层出不穷。截至 2015 年年底，全国共发行资产证券化产品 1 386 只，总规模高达 5 930.39 亿元。图 10-8 给出了我国资产证券化发展历程的概况，基本可以分为四个阶段：资产证券化业务的试点阶段（2005—2008 年）、停滞阶段（2009—2011 年）、常态发展阶段（2012—2014 年）、快速发展阶段（2015 年至今）。

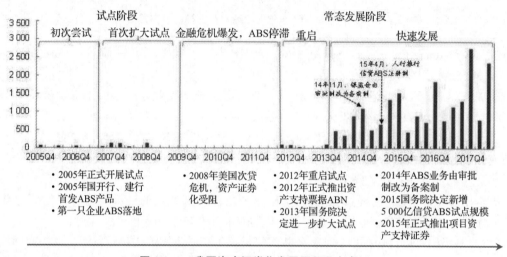

图 10-8　我国资产证券化发展历程及大事记

近些年，我国的资产证券化市场发展呈现快速和多样化发展的态势。根据 Wind 统计，截至 2020 年 4 月 17 日，我国的资产证券化产品体量（总发行募资）已达 3.61 万亿元。其中企业 ABS 有 1.8 万亿，信贷 ABS 有 1.4 万亿元，交易商协会 ABN 有 0.41 万亿元（如图 10-9 所示）。

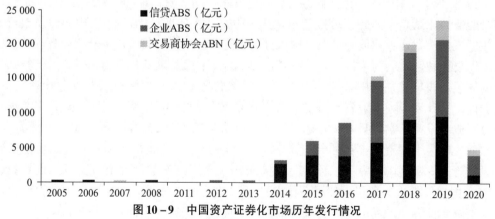

图 10-9　中国资产证券化市场历年发行情况

资料来源：wind，海通证券研究所．发行数据截至 2020 年 4 月 17 日．

10.3 资产证券化的原理

资产证券化是一个比较复杂、系统的活动过程,在这一过程中涉及众多相关利益方,在交易中涉及许多环节和较为纷繁的关系。因此,从资产证券化的设计到交易、经营运作,整个过程都需要遵循一些基本原理,以保证资产证券化的顺利实施。资产证券化的原理主要有资产重组原理、风险隔离原理以及信用增级原理等三个基本原理。

10.3.1 资产重组原理

资产原始权益人首先在分析自身融资需求的基础上确定资产证券化目标,然后,根据资产重组原理对所拥有的能够产生未来现金流的资产进行组合,形成一个资产池。然后,以这些可以从企业"剥离"出来的资产作为证券化的担保,形成可向投资者发行的证券化产品。如图10-10所示,不是所有的资产都适合证券化,但基础资产的范围可以是不同地域、不同企业的资产组合。一般而言,比较容易实现证券化的资产需满足现金流稳定、同质性高、信用质量高、资产相关数据容易获得等条件。

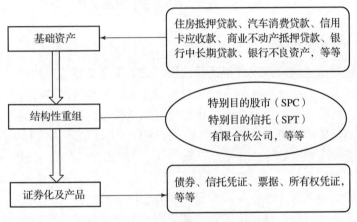

图10-10 资产证券化过程示意图

(1) 资产重组的原则。

资产重组的本质是通过重新组合和配置基础资产来平衡和满足各参与者的利益需要,以实现资产收益率的分割与再重组,从而构建出一个符合资产证券化标准和运作要求的资产池。资产重组原理以收益为出发点,考察资产证券化。进行资产重组一般需遵循三大原则:①预测性——具有可预测的未来现金流是资产可证券化的首要条件。资产池中的资产未来产生的现金流要有可预测性,以保证可对证券进行合理定价,对风险能够正确评估。②规模性——基于规模效应理论,通过资产重组实现资产证券化过程的成本费用分摊,以降低证券化成本,增加各参与者收益。③分散性——为了有效降低资产池风险,资产重组要保证资产池中的资产在来源风险上可被分散。

(2) 资产重组的具体原理。

一般包括如下内容:①最佳化原理。即通过资产重组使基础资产预期收益达到最佳水平,以提升拟发行证券的内在价值。②均衡原理,注重协调资产原始权益人、中介机构和潜在投资者的利益,以利于证券的发行、交易和流通。③成本最低原理,即力争降低资产重组后的成本。④优化配置原理,根据边际收益递减理论,当资产连续投入,使边际成本与边际收益趋于一致时,资产投入的效益就能达到最优状态。因此,资产重组不仅要提高资产的利用效率,还要促进社会资源配置的优化。同时,资产的收益与风险是相伴而生的,资产重组时也应注意风险组合效应。资产证券化的资产重组机理,如图10-11所示。

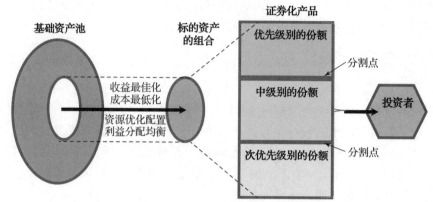

图 10-11 资产证券化的资产重组机理

10.3.2 风险隔离原理

风险隔离原理是指从风险角度分析证券化资产的未来现金流,对资产风险加以分割和重组,从而将原始权益人支撑证券化的资产与原始权益人的其他资产实现分离,而被证券化的基础资产则通过出售给 SPV,使得其证券化交易与原始权益人破产风险隔离开来。

破产风险隔离是资产证券化交易中所特有的技术。实现破产风险隔离需要具备两个条件:一是在交易结构中设立 SPV,二是基础资产被"真实出售"。设立 SPV 后,原始权益人就会把基础资产"真实出售"给 SPV,这样,已出售资产就不会再被列入其清算资产的范围,即使以后原始权益人破产也不会影响资产证券化的项目运作。

资产证券化的核心优势是把信用风险和基础资产的其他特征分离开来,便于对信用风险进行独立管理和优化。通过信用风险转让、合成、分拆、组合的高效手段,资产证券化可灵活地实现信用风险的分散和优化。同时,资产证券化可通过对风险收益的分层重整,促成与投资者风险偏好的对接匹配,进一步扩展投资者的风险分散范围。事实上,风险隔离原理的运用不仅可构筑一个风险隔离的有效机制,还可促进资本运营效率的提高,从而有效保证证券化参与各方的利益。

SPV 载体的设置是发起人经营风险、SPV、拟证券化资产三者之间的风险隔离硬件保障。在此基础上,构建起以组成资产池、组建 SPV、SPV 发行资产支持性证券组合、证券化产品的现金流偿付四个核心环节为基础的防火墙-风险隔离机制,以确保交易结构的安全与稳固(这一风险隔离机制的核心原理,如图 10-12 所示)。

10.3.3 信用增级原理

资产证券化的还本付息是以基础资产现金流回收来支持的,而现金流回收可能存在时间上的不确定性和分布上的不均匀性。资产证券化后,其现金流仅和基础资产池内特定的债权

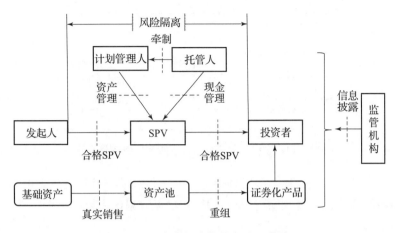

图 10-12 资产证券化的风险隔离原理

债务或某几项业务相关,在没有相应信用增信措施时,其违约风险相比传统债券会更加突出,这就加大了市场投资者的投资风险。因此,我们通过信用增级措施,一方面可以增强资产支持证券现金流回收的确定性,提升产品信用质量,满足不同投资人的需求,保护投资者利益;另一方面,借助信用增级而产生较高的流动性和提高信用支持,就可降低发行成本。同时,信用增级也满足了发行人在会计、监管和融资目标方面的需求,降低了证券化整体风险。

信用增级就是提高发行证券的信用级别,通过增加金融资产组合的市场价值,缩小发行人信用与投资者需求之间的差异,提高证券的信用质量和现金流的时间性与确定性,更好地满足投资者的需要。资产证券化的信用增级主要分为内部信用增级和外部信用增级两大途径。

10.3.3.1 资产证券化内部增信

内部增信主要围绕资产支持证券基础资产池的结构设计、产品的增信机制设计开展,一般包括证券优先级和次级的结构安排、利差支付制度、超额抵押设置、保证金和现金储备账户等。

(1) 优先/次级分层结构。

资产支持证券可分为优先档和次级档或更多级别,进而设定偿付顺序:在还本付息、损失分配安排上,优先级证券享有优先权。因此,用次级证券为优先级证券提供了收益分配保障,次级证券起到了对优先级的增信作用。例如,某权益性资产支持专项计划发行规模为 10 亿元,将证券化产品的等级划分为优先级和次级下的优先级资产支持证券规模为 7 亿元,则优先档证券可获得次级档证券提供的相当于基础资产池余额 30% 的信用支持。

如图 10-13 所示,资产池中的资产值的现金支付顺序是:①税金和费用支出;②高级别资产支持证券利息、储备金及其他费用支出;③高级别资产支持证券本金;④次级债券本金及利息。

如果将优先档进一步分层的话,支付顺序如下:①在违约事件发生前,会按照支付各期优先档利息、各期优先档本金、次级档本息的顺序进行清偿;②如果发生违约,则优先档本息支付顺序有所改变,会先支付最高级别优先 A 档本息,再支付优先 B 档本息,最后支付次级档本息。

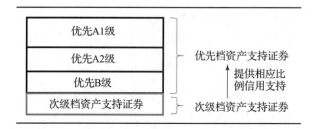

图 10–13　次级档为优先档提供相应比例的信用支持

可见，劣后级别的资产占比、各级别现金流的偿付顺序以及触发机制设置中各种情况下现金流偿付顺序的变化，均是判断优先/劣后结构增信效果的主要指标。

（2）超额利差。

超额利差是指打包放入资产池的基础资产所带来的现金流入与资产支持证券存续期间相关费用、投资者预期收益及未偿还本金的差额部分。采用超额利差增信的资产证券化产品会建立相应的利差账户，将产生超额利差的现金流存入该账户。当发生违约事件时，即可通过该账户中的资金对投资者提供一定的损失保护。由此，就可利用超额利差对证券化产品形成增信（该方式常被用于小贷公司或租赁公司发行的资产证券化产品）。

此外，超额现金流覆盖实际上是超额利差的一种类型，但一般多出现在权益类基础资产产品中。在设计资产证券化产品时，如果能使基础资产产生的未来现金流大于需要支付给投资者的本息，则可增加本息偿付的安全系数，从而增加信用增级效果。图 10–14 给出了一个利用超额现金流覆盖增信措施的例子。

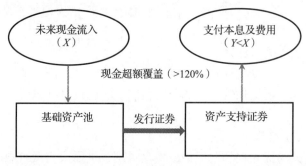

图 10–14　某资产证券化专项计划的超额现金流覆盖增信

（3）超额抵押。

超额抵押是指资产池（SPV）中基础资产总额大于资产支持证券票面金额，多出来的这部分就可作为超额抵押，为所出售的资产支持证券进行信用增级。一般来说，超额抵押也多用于债权类基础资产，如各类应收款、租赁租金债权、银行信贷债权等。

（4）保证金/现金储备账户。

保证金/现金储备账户类似于准备金机制，是指发行人根据要求专门设置保证金/现金储备账户，建立起准备金制度。储备账户则是以现金作为抵押，如果出现违约或信用风险，则可启用现金储备账户内的资金来弥补损失，从而对投资者形成流动性保护。图 10–15 给出了一个保证金/现金储备账户的增信方式示意。

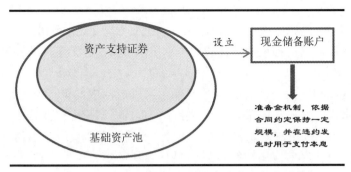

图 10-15 保证金/现金储备账户的增信方式示意

(5) 信用触发机制。

信用触发机制是指在资产证券化产品设计中加入相应条款,当原始权益人信用资质或参与机构履约能力下降,达到触发条件时,会导致相应的加速清偿或现金流重新安排。信用触发机制可以根据条款约定的不同进一步分为"加速清偿机制""违约事件""止赎事件触发机制"等,其目的是能够起到提前预警作用并在发生信用违约时作出对优先级投资人有利的保护。图 10-16 给出了一个信用触发机制的增信方式示意图。

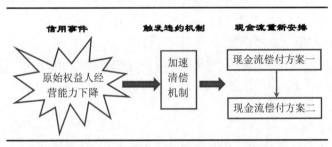

图 10-16 信用触发机制的增信方式示意图

10.3.3.2 资产证券化外部增信

外部增信是以外部企业或金融机构(第三方)提供信用担保为主,增强发行证券的信用,包括第三方担保、差额补足承诺、回购承诺、流动性支持等,如图 10-17 所示。

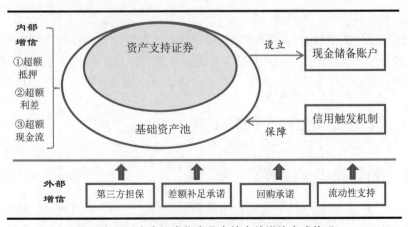

图 10-17 资产证券化产品中的内外增信方式体系

（1）差额补足承诺。

差额补足承诺通常是原始权益人（发起人）出具《差额支付承诺函》，承诺在 SPV 存续期间对基础资产收益与投资者预期收益的差额承担不可撤销、无条件的补足义务。

（2）第三方担保。

由第三方机构对 SPV 发行的证券进行担保，当资产池中的资产不足以支持投资人分配收益时，可以请求担保人在其担保范围内承担担保责任。第三方担保可用于全部或部分级别的资产证券化产品，主要解决原始权益人信用资质较低、基础资产难以达到相应级别要求的问题。选择担保人时，要求信用增级效果明显且容易衡量，担保人通常包括企业、担保公司、城投公司或其他信用较好的金融机构。

（3）保险。

原始权益人（发起人）在资产证券化中向保险公司购买了保险，对于买方破产、无力偿付债务或买方拖欠风险引起的直接损失，保险人将按保险单中的规定条款承担保险责任。

（4）回购承诺。

回购承诺实际上是原始权益人（发起人）针对 SPV 提供的一种外部增信。回购可以针对基础资产池中单一的基础资产，也可以针对资产支持证券整体。触发回购条款一般会约定：因原始权益人业务变更、丧失相关经营资质、政策变更、进入破产程序等，导致收益权无法回收的风险而发生加速清偿事件时，原始权益人有义务回购基础资产。

（5）收益权质押/基础资产抵押。

收益权质押是原始权益人或其他相关权利方将基础资产中相应的权益进行质押担保，来保证违约发生且其他外部增信措施失效时，计划管理人有权处置相应基础资产，即以抵押担保的方式为证券化提供外部增信。

（6）金融产品担保。

资产支持证券还可以通过购买其他金融产品为债券提供担保。例如备用信用证，是由金融机构向发行人开出的，由资产支持证券的持有人为受益人提供的担保信用证。

（7）购买次级产品。

由发起人或其他关联方承诺可购买次级证券，则可为优先级证券的投资者提供一定的信用担保。

（8）流动性支持。

在资产证券化产品存续期内，若出现基础资产产生的现金流与本息支付时间无法一致的情况（即临时资金流动性不足），可由第三方提供流动性支持，故成为第三方提供的一种外部增信。当然，该流动性支持只是为未来收入代垫款项，第三方并不承担信用风险。

10.4 资产证券化的交易结构

10.4.1 资产证券化的主要参与者

资产证券化是一种融资设计、交易与运营活动的系统，需要多方参与。按照承担的功能不同，我们可将资产证券化的主要参与者分为四大部分：原始权益方、管理方、服务商、投资方。具体参与人角色的简明表述，如表 10-4 所示。

表 10-4 资产证券化参与人角色

参与方	角色
特殊目的载体（SPV）	接受发起人的资产组合，并发行以此为支持的证券的特殊实体
原始权益人/发起人	根据融资需要提供资产证券化基础资产的机构
计划管理人/发行人	对 SPV 进行管理并履行其他法定及约定职责的机构
托管银行/监管银行	担任资金管理、监督 SPV 运作机构
资产服务机构	为基础资产管理服务，发起人一般会承担资产服务机构角色
信用增级机构	提供衍生信用（内部增信或外部增信），提高资产支持证券的信用等级
登记托管机构/支付代理机构	负责资产证券化登记、托管、交易过户、收益支付
信用评级机构	对基础资产和资产证券化产品进行评估
主承销商/推广机构	承销发行，交易协调
会计师事务所	对基础资产状况进行尽责调查和现金流分析，提供会计、税务和审计服务
律师事务所	进行尽责调查，明确各参与方的权责，拟定相关法律文件

（1）发起人。发起人即资产的原始权益人，也是基础资产的卖方。发起人根据融资需要选择适于证券化的基础资产，组成资产池，然后将其以真实销售的方式转移给特殊目的公司（Special Purpose Company），或者将该基础资产设定为信托财产，由受托人直接持有该基础资产。发起人是资产证券化基础资产的提供者，将基础资产进行打包后进行"真实出售"或信托，使基础资产从发起人资产负债表中剥离出去。

（2）特殊目的机构（SPV）。SPV 是专门为资产证券化设立的、具有独立法律地位、实施破产隔离的一个特殊实体。SPV 从发起人处购买资产，持有并管理资产，然后以资产产生的预期现金流为担保，发行资产支持证券。SPV 是发行证券的载体，是证券化交易结构的核心。

如何组建 SPV，需要考虑一个国家或地区具体的法律制度和现实需要，它既可以是由资产证券化发起人设立的一个附属机构，也可以是专门进行资产证券化的机构。SPV 有三种形式：以信托形式组建的 SPT，以公司形式组建的 SPC 及有限合伙型的 SPV。其中，前两种是目前资产证券化中主要采用的 SPV 形式。

（3）服务商。服务商是指从事管理基础资产、归集基础资产所产生现金流并将其存入 SPV 指定账户等相关活动的服务中介。服务商是证券化交易中非常重要的一个角色。在实际操作中，发起人因比较熟悉基础资产的基本情况，一般会继续担任证券化交易的服务商。

对于较为繁杂的管理服务工作，一般会以多服务商结构取代单一服务商结构，由此形成了服务商的职能分工：①主服务商，承担提供约定服务的全部法律责任，负责管理附属服务商，管理所有的税务和保险事宜等；②附属服务商，其主要职责是对基础资产进行日常管理；③特别服务商，负责监督和处理有问题的基础资产，一旦出现违约情况，便将这些有问题的基础资产的管理服务从主服务商转移到特别服务商，并采取必要的措施来保护证券持有人的利益。

（4）托管人。托管人是现金流的管理者。托管人代表 SPV 从发起人处购买资产，将服务人存入 SPV 账户中的现金流转给投资者，对没有立即转付的款项进行再投资。托管人一般由金融机构承担，代表信托受益人的利益而持有信托财产。

托这人按照发起人（或 SPC）与受托人的信托法律关系，以受托人自己的名义持有信托财产（基础资产），满足基础资产风险隔离的要求。托管人实际上是现金流的管理者，可以受托向投资者支付投资本息，可以受托将闲散资金进行投资。

（5）承销商。承销商为证券的发行进行促销，以帮助证券成功发行。此外，在证券设计阶段，承销商一般还担任融资顾问的角色，运用其经验和技能制定一个既能在最大程度上保护发起人的利益又能为投资者所接受的融资方案。证券承销商主要是有丰富发行经验和销售渠道的券商或投资银行。

（6）信用增级机构。信用增级是资产证券化的发行人为吸引更多的投资者，通过附加第三方信用或以改进证券自身结构来提高资产支持证券信用等级的行为。在内部信用增级无法达到所需的发行评级时，即需要外部信用增级机构提供信用支持，故信用增级机构一般是指资产证券化交易各方之外的第三方信用提供者，一般包括大商业银行、保险公司以及某些地方政府机构。

（7）支付代理机构。一般由大型商业银行担任，或者由受托人直接担任。

（8）投资者。投资者是 SPV 发行的资产支持证券的购买者，对基础资产所产生的权益即预期现金流进行投资。由于资产证券化结构的复杂性，一般可分为机构投资者和公众投资者。机构投资者主要包括旨在分散经营风险的银行，寻求长期投资机会的证券投资基金，看重具有稳定收益的保险公司、社保基金、企业年金，以及其他谋求高于国库券回报的安全投资机会的机构投资者。

（9）中介机构。中介机构一般包括信用评级机构、律师事务所、会计师事务所、评估师事务所、财务顾问、交易结构管理人（Administrator）等。

SPV 的三种形式

①以信托形式组建的 SPV，即特殊目的信托（Special Purpose Trust，SPT）。信托制度起源于英国"衡平法"中的用益制度，被认为是英国人在法学领域取得的最伟大、最独特的成就。与合同制度和代理制度相比，信托制度最重要的功能在于：它可以把信托财产分立出来，并独立于委托人、受托人和受益人的个人固有财产。三方当事人的债权人，不能向信托财产追偿。在信托中，剩余权益一般由委托人持有。信托在分立财产和隔离风险方面具有优越性。信托法对受托人的义务设定也有助于维护所有信托受益人的利益，加上信托在税法上不是一个实体，不存在实体层面的税收问题，将信托作为资产证券化载体再好不过。实际上，在资产证券化交易中采取信托形式作为特殊目的的机构非常普遍。SPT 是以资产证券化为目的而设立的信托，在性质上属于商事信托，受托人所发行的受益证券属于有价证券，因此，原则上应当由信托公司或兼营信托业务的银行担当受托人。

②以公司形式组建的 SPV，即特殊目的公司（Special Purpose Company，SPC）。SPC 专

门为资产证券化而设立,其目的在于隔离证券化资产原始权益人的破产风险。在很多国家和地区,特别是大陆法系国家和地区,对资产证券化都专门制定法律,对 SPC 制度进行规范,有选择地适用普通公司法的规范。SPC 业务内容基本上都是通过公司章程和资产证券化计划事先确定,当出现问题时,SPC 一般是根据资产证券化计划确定的方案被动地应对。需要 SPC 独立地作出建议表示的情形很少,它具有明显的工具性特征。有学者认为,SPC 实质上只是作为资产证券化载体的"法律外壳""纸上公司"而已。正因为 SPC 是一个"壳公司",其所发行的证券信用基础来源于证券化的资产,而不是 SPC 的经营业务,所以 SPC 资本额的多少就没有太大的实际意义,法律也大多只是象征性地规定了 SPC 的最低资本额要求。SPC 作为资产证券化的通道,其目的不在于经营,而在于持有证券化资产,隔离原始权益人的破产风险。就正常情况而言,如果是为单一资产证券化而设立 SPC,那么在该资产证券化执行完成后,SPC 即应解散和清算。如果不限于单一资产证券化,那么 SPC 可以不断地从事资产证券化业务,永续存在。

③有限合伙型 SPV。有限合伙型 SPV,主要是通过向其成员即合伙人购买基础资产,为其成员提供证券化服务,或者发行一种参与型权益(Participation Interests)的方式进行。合伙在美国联邦税法上不作为直接课税对象,其营业收益和损失直接由各合伙人分担,因此可实现避免双重纳税的目的,该形式多为不动产证券化所采用。有限合伙型 SPV 的缺点在于:合伙人一般要对合伙的债务承担连带责任,即合伙人的财产风险和合伙组织的风险并没有完全隔离开来,所以不能达到 SPV 所要求的破产隔离的目的。

10.4.2 资产证券化的基本交易结构

所谓资产证券化的交易结构是指由资产证券化交易中的主要参与方以及能够体现证券化交易特征的主要交易环节所组成的一个有机体。资产证券化最具创新性的地方就在于其独特的交易结构以及这种交易结构中精妙的具体安排,这也正是证券化交易具有优势的根源。其中,SPV 模式的设计是资产证券化交易结构设计的核心,直接影响到后期资产池组建、风险管理以及信用增级、信用评级等过程。图 10-18 给出了资产证券化基本交易结构的一般表述。

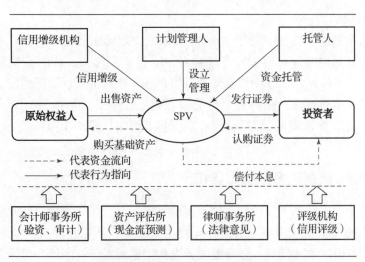

图 10-18 资产证券化的基本交易结构示意图

从国内外资产证券化的实践来看,具体资产证券化的交易结构可谓多种多样:①根据交易所发行的资产支持证券的法律性质,证券化交易结构可分为债权融资结构、股权融资结构和信托结构;②根据基础资产转移方式的不同,证券化交易结构可分为单宗销售和多宗销售;③根据发起人与SPV的关系,证券化交易结构可分为单层销售与双层销售;④为了能积累起规模更大的资产池以摊薄交易费用,还出现了循环型交易结构。

10.4.3 债权融资结构、信托结构和股权融资结构

(1) 债权融资结构。

债权融资结构是指SPV以基础资产为担保,通过向投资者发行相应规模的债权凭证而进行融资的交易结构。SPV作为投资者的债务人,其所持有的基础资产的收入应优先用于清偿债权凭证。债权凭证类ABS的主要品种有转付证券(Pay-through Securities)和资产支持债券(Asset Backed Obligation)等。

(2) 信托结构。

信托结构主要包括授予人信托(Grantor Trust)、所有者信托(Owner Trust)和主信托(Master Trust)。在信托结构中,SPV将其以信托方式持有的基础资产的收益权分成若干相等的份额,并通过信托受益凭证的形式发售给投资者,每一份信托受益凭证都拥有对基础资产等额的收益权。历史上最早发行的资产支持证券过手证券(Pass-through Securities)和抵押参与证(Mortgage Participation Certificates)均属于信托受益凭证,如图10-19所示。

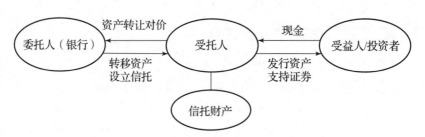

图10-19 信贷资产证券化的信托结构示意图

(3) 股权融资结构。

股权融资结构是指SPV所发行的ABS股票,主要是优先股股票。SPV通过向投资者发行优先股股票,将募得的资金作为资产转移对价支付给发起人,从而实现发起人的融资目的。优先股股票的赎回期、股息率等根据基础资产未来收入的实现情况而定。由于投资者享有的股息需支付双重所得税,提高了交易的综合成本,所以,除非SPV享有税收优惠,一般资产证券化交易较少采用股权融资结构(大多出现在权益类REITs产品中,相关内容,如图10-20所示)。

10.4.4 单宗销售和多宗销售结构

单宗销售是指卖方将基础资产一次性销售给买方,具有结构简单、期限确定等特点。由于这种交易结构的SPV仅仅为单一的证券化交易而设立,所以交易成本比较高。在单宗销售结构中,SPV可以采取信托型、公司型或者合伙型的形式。其中信托可采取两种结构:授予人信托和所有者信托。

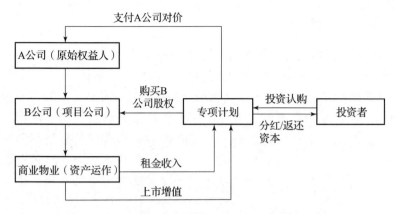

图 10-20 资产证券化中的一个股权融资结构示意图

多宗销售则是指基础资产的卖方向买方进行一系列资产销售。通过设立一个共享 SPV，来操作多项证券化交易。因此，多宗销售结构可以节约交易成本，提高经济效率。

10.4.5 单层销售结构与双层销售结构

单层销售结构是指基础资产的卖方向其子公司 SPV 转移资产的证券化销售结构。由于子公司 SPV 与其母公司具有合并财务报表的关系，所以单层销售结构无法使基础资产从证券化原始权益人的资产负债表中剥离。

为了满足原始权益人将基础资产从资产负债表上剥离的要求，可以采取双层销售结构（双 SPV 交易结构）。双层销售结构是指原始权益人将基础资产转移给其子公司 SPV1（称为垂直销售），再由子公司 SPV1 将资产销售给予原始权益人无关的、独立的第三方 SPV2（称为水平销售）。经过双层销售之后，基础资产转为由与原始权益人无合并财务报表关系的第三方 SPV2 持有，使其得以从原始权益人的资产负债表中剥离。

单层销售结构是资产证券化运作过程中比较基本、简单的资产转移方式，而双层销售结构则是在单层销售结构的基础上发展起来的，相对而言比较复杂。在双层销售结构中，SPV1 主要用来实现基础资产转让和破产隔离功能，SPV2 则主要用来发行资产支持证券（如图 10-21 所示）。

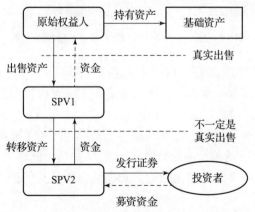

图 10-21 双层销售结构（双 SPV 交易结构图）

10.4.6 循环交易结构

循环交易结构是指证券化交易的发起人除在交易开始时向 SPV 提供交易所需的初始基础资产之外，还会在交易过程中陆续发起新的基础资产的交易结构。

证券化交易采用循环交易结构的主要目的之一是摊薄交易成本。证券化交易需要投资银行、资产评估机构、律师事务所、会计师事务所、信用评级机构、信用增级机构、受托管理人、服务商等众多中介机构的参与，需向这些机构支付高昂费用和酬劳，这些费用和酬劳大部分是刚性的，构成交易的前期费用和固定成本。为摊薄融资成本，唯有扩大交易规模或延长交易周期，而此点可以在循环交易结构中得到实现。循环交易结构因此主要被那些一次只能发起较小规模或较短期限的支持资产，但可持续发起同质资产的发起人所采用。

被普遍采用的循环交易结构主要有三种：再循环结构、先行融资账户结构和仓储型循环结构。

①再循环结构是指证券的生命期包含循环期（也叫非摊还期）和摊还期。循环期由 SPV 根据其自身的资金总体调度策略以及潜在证券投资人的投资偏好进行设计，循环期内资产池产生的现金流除少部分被用于支付证券化产品到期利息外，其余被用于购买新发起的资产，以扩大资产池的总体规模；在摊还期内，资产池所产生的现金流将全部按计划向投资者偿付证券本息。图 10-22 给出了一个资产证券化再循环结构示意。

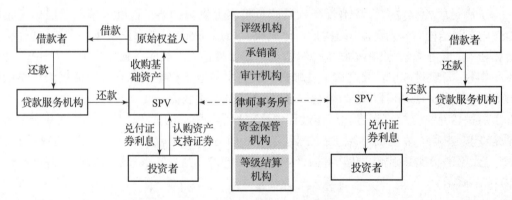

注：—→ 代表现金流动方向；----▶ 代表中介机构提供服务

图 10-22 一个资产证券化再循环结构示意图

②先行融资账户结构实质上是一种"先行发行（证券化产品）、后续购买（证券化资产）"的结构融资方式，属于一种以较少的初始资产支持发行较大规模 ABS 的方式，实现了摊薄单位证券发行费用的目的。

③在仓储型循环结构中，原始权益人会获得投资者在一个预先确定的时期内购买一定数额的基础资产的资金承诺。这种交易结构通过"多次发行（证券化产品）、多次购买（证券化资产）"的方式实现短期资产证券化融资的长期化，所发行的证券化产品一般为商业票据或其他短期债务融资工具。

案例分析

招商创融－招商蛇口长租公寓资产支持专项计划

2018年2月13日，深圳市招商置地投资有限公司作为原始权益人进行"招商创融－招商蛇口长租公寓第一期资产支持专项计划"发行，这是全国首单储架式长租公寓CMBS，储架融资规模为60亿元，分多期发行，首期发行规模20亿元，期限为18年（3+3+3+3+3+3）。其中，优先级产品规模19.90亿，发行利率5.7%，评级AAA；劣后级0.1亿元，无评级。该项目资产服务机构为深圳市招商公寓发展有限公司，差额补足义务人为招商局蛇口工业区控股股份有限公司，如表10-5所示。

表10-5 "招商创融－招商蛇口资产支持计划"产品要素表

原始权益人	差额支付承诺人	发行规模	产品期限	基础资产	底层资产	外部担保人	产品规模及利率	
招商蛇口工业控股股份有限公司	招商蛇口	60亿	18年	单一资金信托下的信托贷款	长租公寓的租金现金流	"四海小区"全部的物业资产	优先级 19.90亿	99.5%
							劣后级 0.1亿	0.5%

"招商创融－招商蛇口资产支持计划"的交易结构，如图10-23所示。

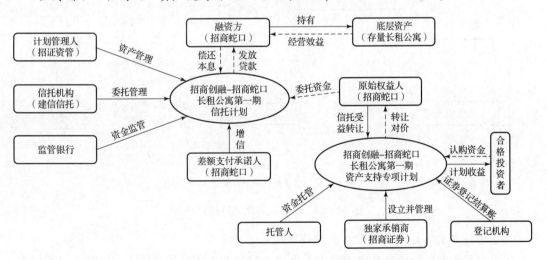

图10-23 "招商创融－招商蛇口长租公寓资产支持专项计划"交易结构图

招商蛇口是一家央企，其在长租公寓领域已进行了多年的产业布局及战略规划，旗下拥有的长租公寓资产多具有持有成本低廉、运营成熟、租金收入稳定、运营模式清晰的特点，完全符合资产证券化对于基础资产现金流的相关要求，具有适宜开展资产证券化业务的优良的基础资产。该专项计划基础资产为信托受益权类型,以存量长租公寓租金现金流为底层资产(深圳南山区蛇口四海路西、工业九路以东1 826套物业)。原始权益人通过抵押物业资产获得资金,并在到期偿还贷款后解除抵押。原始权益人保留了物业资产的所有权,可分配到抵押期间地产增值的红利。

(参考资料来源:和睿养老.从长租公寓资产证券化看养老房地产金融创新的可能性. http://www.hzherui.com/news/show-197.html.2018-03-27)

10.5 资产证券化的运作过程

尽管实践中具体的资产证券化模式和方法各有所异,但资产证券化的基本运作过程会包括资产池的组建、交易结构的安排、证券的发行以及发行后的管理等环节(如图10-24所示)。总体上理解,资产证券化可分为两大阶段:发起和发行阶段,后期管理阶段。①发起和发行阶段:由发起人设立SPV并将基础资产转移到SPV,SPV对资产再进行信用增级、信用评级、发行证券、销售证券、偿付发起人资产;②后期管理阶段:服务商回收资产池的现金流,偿还投资人本金和利息。

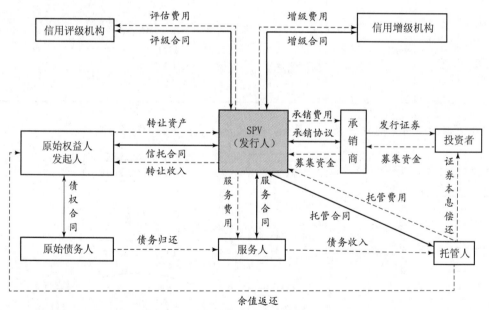

注:实线表示应收款证券化中的业务流;虚线表示应收款证券化中的现金流。

图10-24 资产证券化的运作过程

(1) 选择和确定证券化资产,组建资产池。

首先,发起人在分析自身融资需求、资产情况和市场条件的基础上,按照一定的标准和方法选择和确定需进行证券化的资产,其中各种可行基础资产的现金流分析是一项核心工作。然后,对资产证券化的目标资产和规模进行规划,构建资产池。资产重组是资产证券化的又一项核心工作,包括确定资产包的构成、资产证券化的规模和收益率。

并非所有能产生现金流的资产都可以证券化,一般要求资产在种类、现金流、期限等方面符合同质化和分散风险的要求：①能够产生可预测的、稳定的现金流收入；②保持一定时期的良好的运营效果和信用记录；③具有很高的同质性，具有标准化的合约文件；④资产的风险在结构、组合上被有效分散；⑤资产的相关统计数据容易取得；⑥基础资产要有一定的规模。

基础资产是资产证券化现金流的流动路径起点，是资产证券化未来偿还本金和利息的首要保障。基础资产池涉及的方面很多，需要结合基础资产分析完成其构建（如图10-25所示）。

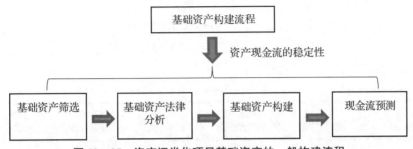

图10-25 资产证券化项目基础资产的一般构建流程

（2）设立特殊目的实体SPV。

SPV是专门为资产证券化而设立的一个特殊实体，是证券化交易结构的核心。资产证券化应当根据资产的特征、融资目标以及制度环境的不同，采用不同的操作模式，进而确立SPV形式及交易结构。SPV主要有特殊目的公司（SPC）、特殊目的信托（SPT）和特殊目的合伙（SPP）等形式。SPV的职能主要包括：①寻找有资产证券化意向的发起人，签订基础资产转让协议，按照真实销售标准从发起人处购买基础资产。②对基础资产进行证券化设计，进行信用增级。③聘请评级机构，对资产支持证券进行信用评级。④与受托人签订信托契约，约定受托人提供的服务范围，开设各种信托账户。⑤选择服务商，签订基础资产管理服务协议。⑥作为资产支持证券的发行主体，选择承销商，由承销商承销资产支持证券。

（3）资产的真实出售和风险隔离。

将证券化资产从发起人处转移给SPV，是资产证券化运作流程中一个非常重要的环节，涉及会计处理、法律和税收问题，一般都要求这种转移在性质上是属于"真实出售"（True Sale）（法律上无追索权）。

以真实出售的方式转移证券化资产需要做到两个方面：①证券化资产必须完全转移给SPV，这既保证了发起人的债权人对已转移的证券化资产没有追索权，也保证了SPV的债权人即投资者对发起人的其他资产没有追索权；②由于资产控制权已经从发起人转移到了SPV，所以应将这些资产从发起人的资产负债表上剔除，使资产证券化成为一种表外融资方式。

真实出售的目的就是实现证券化资产与发起人其他资产之间的风险隔离，这是资产证券化的重要特色和优势之一。如此，通过资产收益和风险重新分割和优化组合后的资产池便具有了发行证券的良好基础，也增强了对投资者的吸引力，有利于保证证券的成功发行。

（4）信用增级和信用评级。

为使资产证券化产品对投资者有吸引力并降低融资成本，发起人需要对证券化资产进行信用增级，提高其信用级别。信用增级的方法有内部增级和外部增级，如优先/次级计划、超额抵押和担保、第三方担保等。信用增级是资产证券化设计中非常重要的工作，其根本目的就是强化目标证券的现金流和信用保障，实现证券信用评级和发行的最大经济效益。

当然，资产证券化产品达到什么样的信用等级，这就需要由信用评级机构进行认定了。信用评级机构一般会在一开始就参与资产证券化的规划和设计，提供意见和反馈。通常信用评级机构对证券化产品要进行两次评级：初评与发行评级。初评是为了确定要达到所需要的信用级别必须进行的信用增级水平；发行评级是在按评级机构的要求进行完信用增级之后，评级机构所进行的正式评级。信用评级机构一般通过审查各种合同和文件的合法性及有效性，给出评级结果。同时，在实务中，信用评级机构还会在证券发行后一直跟踪观察交易表现。信用等级越高，表明证券的风险越低、收益性越好。因此，信用评价等级是对资产证券化产品进行定价和发行的重要依据，也是投资者作出投资决策的重要参考依据（图10-26显示了资产证券化信用评级的主要流程）。

前期准备与立项	入池标准与交易结构	现场访谈与尽责调查	信用评估与撰写报告	信息披露与发布报告	跟踪评级与评价调整
• 1周左右 • 多方讨论 • 资金收集	• 1周左右 • 细节设计 • 尽责调查准备	• 3~5天 • 现场访谈 • 资料检查 • 经营检查	• 1~2周 • 现金流分析 • 压力测试 • 反复验证	• 发行阶段 • 投资人沟通 • 细节调整	• 存续期 • 跟踪评级

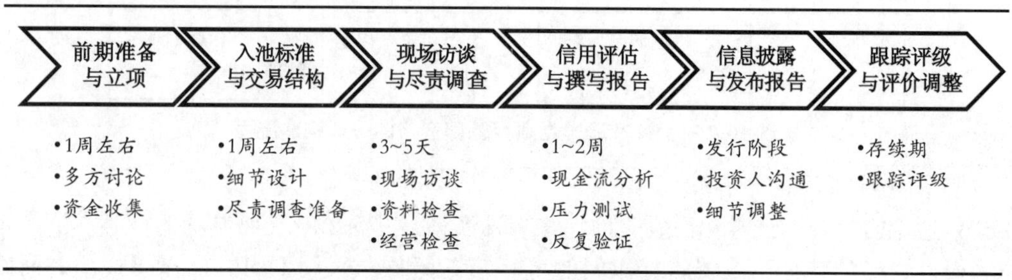

图 10－26　资产证券化信用评级的主要流程
资料来源：华创债券．资产证券化信用评级要点及分析方法．
https://www.sohu.com/a/74278023_335953，2016－05－09．

(5) 发售证券，向发起人支付价款。

SPV 与证券承销商签署证券承销协议，将证券交给证券承销商去发行。发行方式包括公开发售和私募方式，亦可两种方式结合运用。

销售完毕，SPV 从销售商处获得证券发行收入，优先向其聘请的各专业机构支付相关费用，然后按事先约定的价格向发起人偿付购买基础资产的资金。

(6) 存续管理，清算终结。

在证券存续期间，SPV 需要专门聘请服务商或管理人对资产池进行管理，具体包括现金流的收集、账户的管理、债务的清偿、交易的监督管理以及信息披露等。服务商需要收取、记录由资产池产生的现金收入，并将其存入 SPV 在托管人处设立的特定账户。

SPV 还会委托托管人按照证券发行说明书的约定，在证券偿付日，足额向投资者偿付本息。SPV 将资产池产生的收入还本付息、支付各项服务费之后，如果还有剩余，即按照协议在发起人和 SPV 之间进行分配。当全部债权被偿付完毕或资产池里的资产全部被处理后，资产证券化的交易过程即结束。

寓言故事

骡子的寓言

从前，农夫有一头骡子。一天，骡子掉进了农夫的井里。仔细估量了形势后，农夫虽然很同情骡子，他还是判定，不管是骡子还是井都不值得挽救了。于是，他把邻居们召集起来，希望他们帮忙运土把老骡子埋入井里，使它不再痛苦。

开始，老骡子有点歇斯底里。但是当农夫和他的邻居们继续铲土并且将土不断地打在骡子背上的时候，骡子突然想到了一个主意。他意识到，他可以把落在背上的每一锹土抖下来，踩在脚下，自己就可以站高一点。

"抖下来，站高一点；再抖下来，再站高一点！"骡子默默地咬牙，不断这样做着！

不管土打在背上有多痛，不管形势是多么令人痛苦，老骡子都坚持不懈地把土抖下来，站高一点。没过多久，遍体鳞伤、筋疲力尽的老骡子终于成功地从井里走了出来。

寓言的哲理：这就是生活。如果我们能面对我们的问题并以积极的态度来应对，而不是屈服、惊慌、悲伤或者自怜……我们便能从看起来会埋葬我们的苦难中受益。

进入股市的人经常被告知要有风险意识和承受能力，但初入市者往往对此说法嗤之以鼻。可严酷的事实反复证明：听不进忠告的人在股市里会"死"得很快、很惨！"骡子的故事"能带给我们什么启示呢？我认为可以总结为一个公式：股市生存能力＝承担风险能力＋忍受痛苦能力＋积累经验和智慧的能力。

蚂蚁花呗资产证券化

蚂蚁花呗是蚂蚁金服在 2014 年推出的一种消费贷款产品，于 2015 年 4 月正式上线运行。其应用场景，前期主要集中在天猫、淘宝购物平台，后来进一步扩展到大部分网购平台（如亚马孙、苏宁易购、美团、大众点评、乐视官方商城等）。2016 年 8 月 3 日，上交所第一单互联网消费金融资产证券化产品（蚂蚁花呗消费信贷资产支持证券）正式挂牌交易。截至 2018 年 3 月底，蚂蚁花呗已经发行多期消费信贷资产支持证券，发行金额累计达到 1 682 亿元。

1. 蚂蚁花呗第一期资产证券化情况

蚂蚁花呗首单消费信贷资产证券化专项计划项目募集资金总额高达 300 亿元，总发行期数不超过 20 期，第一期发行规模为 20 亿元，期限定为 1 年。该专项计划分为优先级、次优先级、次级三种级别。其中，优先级发行金额占到总募集金额的 81.8%；次优先级发行金额占比为 6.3%；次级发行金额占比为 11.9%，如表 10-6 所示。

表 10-6 蚂蚁花呗第一期资产证券化情况

产品类别	蚂蚁花呗资产支持专项计划优先级资产支持证券	蚂蚁花呗资产支持专项计划次优先级资产支持证券	蚂蚁花呗资产支持专项计划次级资产支持证券
证券简称	花呗 01A1	花呗 01A2	花呗 01B
证券代码	131 801	131 802	131 803
期限/天	373	373	373

续表

产品类别	蚂蚁花呗资产支持专项计划优先级资产支持证券	蚂蚁花呗资产支持专项计划次优先级资产支持证券	蚂蚁花呗资产支持专项计划次级资产支持证券
发行量/亿元	16.14	1.40	2.46
年收益率/%	3.60	5.00	—
信用等级评定单位	上海新世纪资信评估投资服务有限公司	上海新世纪资信评估投资服务有限公司	—
占比/%	80.70	7.00	12.30
信用评级	AAA	AA	—
专项计划管理人	德邦证券股份有限公司	德邦证券股份有限公司	德邦证券股份有限公司
付息方式	到期一次性还本付息	到期一次性还本付息	—
付息次数	1	1	—
收益分配日期	2017年6月15日	2017年6月15日	到期分配剩余收益
专项计划起息日	2016年6月7日	2016年6月7日	2016年6月7日
专项计划到期日	2017年6月15日	2017年6月15日	2017年6月15日

2. 项目主要参与方

原始权益人/资产服务机构为重庆市蚂蚁小微小额贷款监管银行有限公司（蚂蚁金服100%股权）；计划管理人为德邦证券；托管银行为宁波银行；监管银行为浙江网商银行；法律顾问为上海市方达（北京）律师事务所；评级机构为上海新世纪资信评估投资有限服务公司；托管机构为中国证券登记结算有限公司上海分公司。

3. 基础资产入池条件

基础资产必须符合以下条件才能打包到资产池中：①该资产由蚂蚁小贷所有，且是真实、合法、有效的基础资产，这部分资产没有任何第三方抵押权、质权等有效权利主张；②入池基础资产只能是通过蚂蚁花呗业务发放的人民币贷款；③在专项计划下，属于该基础资产借款人的借款本金余额不得超过20亿元；④该基础资产按蚂蚁小贷五级分类标准可以划分为正常类；⑤在蚂蚁金服和阿里集团可查询到的贷款信息中，该基础资产的借款人没有未偿还的不良贷款记录和其他违约情况，过往也没有严重逾期和其他严重违约情况；⑥基础资产入池时的对应还款日不得晚于专项计划成立之日起的第六个月届满的日子；⑦该基础资产无限制转让规定。

蚂蚁花呗账单、交易分期业务的情况比较一致，结果表现出较高的相似性，入池基础资产的质量普遍较高（如表10-7所示）。

4. 基本运作

蚂蚁花呗互联网消费金融资产证券化专项计划项目主要包括资产存续期、资产循环期、资产分配期三个运作期，采用储架发行模式和循环购买机制，如图10-27所示。

表 10-7 截至 2017 年 6 月末蚂蚁花呗交易分期业务分布状况

	贷款余额/亿元	贷款逾期余额/亿元	逾期率
分期期限（3、6、12 个月）	90.70	0.004 9	0.005 4
贷款余额区间 [0, 6 000]（元）	94.60	0.005 0	0.005 3
年龄分布 [0, 35)（岁）	78.26	0.004 4	0.005 6

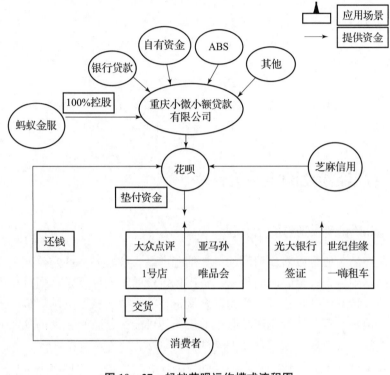

图 10-27 蚂蚁花呗运作模式流程图

5. 本专项计划信用增级方式

（1）现金流超额覆盖。

依据未来产生的现金流预测，存续期间本专项计划优先级和次优先级资产支持证券的现金流覆盖率超过 108%，未来超额现金流用以提供信用增级，如表 10-8 所示。

表 10-8 资产支持证券专项计划资产池现金流量预测结果——以第一期为例

基础资产不良率/%	期初受让资产合计/万元	期末现金流入循环再购买/万元	优先级预期收益率/%	次优先级预期收益率/%	现金流覆盖倍数
1	98 309.39	55 046.19	5.7	5.8	1.134 0
3	98 309.39	54 956.46	6.2	6.3	1.117 4
5	98 309.39	54 868.32	6.2	6.3	1.106 4
6	98 309.39	54 824.82	6.2	6.3	1.101 0

(2) 证券信用级别分层。

本专项计划对资产支持证券设置了三个信用级别分层，即优先、次优先、次级分层，次级产品占本期资产支持证券本金总额的比例为12.3%。回收资金将依据约定顺序进行支付，次级资产支持证券因支付顺序在最后一级而将承担最终的损失，因此在现金流支付顺序中，高级别的资产支持证券得到了其后一级资产支持证券的信用增级。

6. 基础资产风险隔离手段

本专项计划从制度、协议、技术三个层面进行框架设计和合同约束，有效实施入池基础资产与其他参与方固有资产的风险隔离（与计划管理人固有资产相分离、与原始权益人的固有资产相分离、与投资者固有资产相分离、与托管人固有资产相分离），起到了良好的风险隔离效果。

主要参考资料来源：[1] 于秀娟. 蚂蚁花呗资产证券化案例研究 [D]. 云南财经大学，2019；[2] 崔佳惟. 蚂蚁花呗消费贷款资产证券化案例研究 [D]. 哈尔滨商业大学，2019；[3] 孙可. 蚂蚁资产证券化案例分析 [D]. 潘阳理工大学，2019。

10.6 资产证券化的定价方法

10.6.1 资产证券化的定价原理

资产证券化产品一般可以看作债券的一类细分产品，故其基本的定价原理与普通债券类似，估值的依据基础也是资金的时间价值。资产化定价的基本原理是：通过预测产品未来产生的偿付现金流，计算产品收益率，作为现金流折现的系数，将预测的现金流进行折现即得到产品的价值。但是，资产证券化产品有提前偿还的可能，其未来各期的现金流具有不确定性，故在定价方法上又与普通债权存在差异性。

资产证券化定价的难点就在于：如何准确评估提前偿还情况并预测未来现金流。从理论上讲，为对资产证券化定价产生较大影响的因素一般包括：风险水平、债券面额、债券期限、市场利率和票面利率等。其中，资产证券化产品的风险主要包括违约风险、利率风险和提前偿付风险。同时，折现率的确定是资产证券化定价的核心工作。

在定价过程中应遵循的一个重要原则和出发点就是现金流的现值，由于对利率变化的预期会影响投资者再融资和提前偿付行为，而利率变化又会对资产池的现金流产生关键性影响，故资产定价问题的核心就自然转移到如何合理确定最合适的折现率上。在国外学者们的研究中，常常将产品的信用评级、发行金额、持续期限、附属比例、市场利率、第三方担保（增信措施）纳入产品利率影响因素的考察过程中。

图10-28给出了一个资产证券化定价的基本思路：需要关注的焦点是如何合理地确定利率的变动问题；进而考虑利率变动对提前偿付是如何影响的，利率变动对资产池的现金流是如何影响的；最后，依据定价模型综合考虑各种影响因素的作用，最终得出合理的资产定价。

10.6.2 资产证券化定价的影响因素分析

进行资产证券化的定价，通常要先对基础资产进行全方位的评价，综合考虑违约、流动

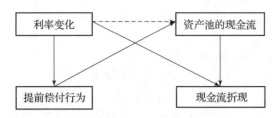

图 10-28　资产证券化定价思路

性、早偿等风险，再在此基础上对未来现金流进行测算，确定科学合理的标准，以及最终资产的评估价格。

影响资产证券化定价过程的因素很多，主要有以下几种：

（1）利率值。

利率变化是所有固定收益证券价格变动的主要因素，债券的期权性质决定了债券市场是受利率政策调整影响最快也是最直接的市场。利率的变化对证券化的影响包括三方面：第一是利率变动会导致证券价格发生变化，从而影响投资者获利的大小；第二是利率变化会导致证券利息收入再投资收益率的变化；第三是利率变化会导致证券本金流量发生变化，进而给投资者的收益带来影响。一般而言，证券的价格与利率呈反向变化，即利率上升（下降）时，证券的价格会下降（上升）。如果投资者将证券持有至到期日，那么证券到期前价格的变化不会对投资者产生影响；如果投资者在到期之日前出售证券，那么利率的上升就会导致资本的损失。一般而言，在其他条件相同的情况下，证券的息票利率越高，其价格对利率的变化就越敏感；或证券的到期期限越长，其价格相对于利率的变化就越敏感；或利率水平越低，证券的价格对于利率的变化就越敏感。

（2）利率波动率。

利率波动率上升将提高证券内含短期期权的价值，使证券本身价值下降；相反，利率波动率下降将降低证券内含短期期权的价值，从而使证券本身的价值增加。

（3）偿还期。

偿还期是指债务人承诺履行义务的时间。债券一经到期，债务人就要偿清债券所有未偿还的本息。偿还期主要通过三个方面来影响债券的价格：第一，偿还期表明了债券的期望存续时间或者投资者预期收到利息的时期数以及距本金偿还的时间；第二，债券的收益率从根本上取决于偿还期，具体说，长期债券的收益率可能会大于较短期的债券；第三，债券价格的波动性与它的偿还期密切相关，实证分析发现，市场利率水平的波动会对所有证券的价格造成波动，但是，对于一定的息票债券和初始收益，期限越长，价格波动越大。

（4）提前偿付。

提前偿付是指借款者有权在到期日之前随时全部或部分偿还借款余额，它是资产证券化的特征。发行人只要拥有这个提前偿付的权利，就可以在市场利率下降时利用较低利率的低债来代替旧债，以减少债务负担。在这种情况下，发行人就有权缩短偿还期，而此时市场利率已经下降，因此债权人只能以较低的利率进行再投资，使债券持有人遭受一笔机会损失，债权人则往往要求比较高的债券利率。提前偿付在某种意义上是一种嵌入式的期权。提前偿付使资产未来现金流具有很大的不确定性，继而直接影响证券的价格。

10.6.3 资产证券化常用定价模型

10.6.3.1 静态现金流折现定价模型

静态现金流折现法是资产定价方法中最早使用且最为简便的，简明扼要地概括了资产证券化定价中最基本的原理，在资产证券化分析中是一个必不可少的工具。该方法在确定内部收益率 r 时有一个暗含的假设：内部收益率在各个时期保持不变，即忽略利率的期限结构影响，直接以单一折现率对资产未来现金流进行折现计算。当然，任何事物都具有两面性，虽然静态现金流折现法比较简便，但它没有考虑利率波动性以及其他因素，因此计算定价结果与现实情况有一定的差距，不太适用于周期较长的项目定价分析。

静态现金流折现法定价模型为：

$$P = \sum_{t=1}^{N} \frac{CF_t^n}{(1-y)^t} \tag{10.1}$$

其中：P 为证券的价格；
CF_t^n 为未来 t 期的现金流；
y 为投资者期望的收益率；
N 为到期所经历的期数。

未来每期的现金流量（CF_t^n）中包括本金的偿还、利息的支付和提前偿付额。静态现金流折现法的关键是求出证券的内含收益率，使证券未来现金流通过这一收益率折现以后的值等于证券的现价。

10.6.3.2 利差定价模型

利差定价模型是固定收益证券相对价值定价思想的具体表现。资产证券化有其自身独有的风险性，因此其预计的收益率要能够涵盖可以进行横向比较的证券间的收益差值。可利用的具体方法有三种：名义利差定价法、静态利差定价法、期权调整利差定价法。

（1）名义利差定价法。

名义利差（Nominal Spread）所指的是拟定价证券预期收益率大于相对期限可比基准债券利率的数额。这种方法在进行实际运算的时候比较便捷，相关参与者均可以快速确定证券化产品的价值。这种方法的缺点是，未对利率的期限构成进行具体测算，没有综合认识债券本金和利息的再投资收益，也没有将早偿风险考虑到其中。

$$\sum_{t=1}^{n} \frac{第\ t\ 期预期现金流}{(1+证券静态收益率)} \tag{10.2}$$

$$名义利差 = 票面收益率 - 基准收益率 \tag{10.3}$$

（2）静态利差定价法。

静态利差（Static Spread，SS），也称零波动利差（Z. Spread）。这种定价方法适当考虑了利率波动，也将每笔现金进入时可比证券利率的不同纳入了考虑范围。其定价思路是，首先对初始静态利差进行假设，然后加上不同期限的无风险利率（一般是国债利率），作为不同期限现金流的折现率。其具体计算公式如下：

$$P = \sum_{i=1}^{n} \frac{CF_i^n}{(1+r+SS)^i} \tag{10.4}$$

其中：P 为资产证券化产品的价格；CF_i 为第 i 期预期的现金流，r 指不同期限国债的收益率，SS 则指静态利差，反映了资产证券化产品相对于国债的风险溢价。

静态利差定价模型，是假定在一定的提前偿付率情况下，定价产品的各期收益率与不同期限的国债利率之间的利差相同，从而得到定价产品的到期收益率曲线。这种方式具有更高的准确性，就算该类证券不含权，也能实现对产品价值的准确评价。但该方法忽略了不同利率路径对提前偿付率的影响，没有考虑不到期偿还情况下的资金时间价值因素，对于期权性较强的产品来说，这种定价法不是很适用。

（3）期权调整利差定价法。

期权调整利差（Option Adjusted Spread，OAS）是指一个附带期权的债券将期权的影响去除后的利差，体现了对信用风险和流动性风险的补偿。期权调整利差法的核心思想是用期权利差来衡量提前还款、赎回等风险给债券带来的未来现金流的不确定性。该方法的基本原理是：已知过去的价格，得到固定的期权利差 OAS，这时，假设未来的 OAS 一直等于该固定值，可以通过未来现金流贴现得到现在的价格。

期权调整利差定价模型是资产证券化中使用较多的一种定价模型，这种模型的实质是通过利率情景模拟来量化证券持有者因承担额外风险而享有的超过国库券收益率之上的回报率。具体讲，就是将债券存续期分为不同的阶段，通过设想每一个阶段利率可能出现的情况，再以模拟利率加上一个期权调整利差来贴现未来现金流，建立起一个树状的现金流量模型。在每个利率树权上，对应不同利率便会有一系列现金流。

①利率路径的构建。

从期权调整利差的模型中不难看出，整个模型的重点在于利率的路径模拟上，一般可采用二叉树模型对利率路径进行模拟（如图 10 – 29 所示）。

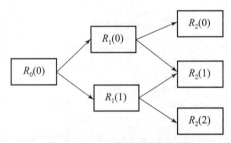

图 10 – 29　二叉树利率模型

其中，$R_i(j)$ 表示在划分节点上各期的市场利率。各节点算法如下：

当 $t = 0$ 时，市场利率与银行间固定国债利率相等；

当 $t \neq 0$ 时，本文根据 HO – LEE 模型公式推导得出：

$$R_n(i) = R_n(0) e^{2\mu\sigma\sqrt{dt}} \tag{10.5}$$

其中 σ 表示利率波动率，μ 表示利率上行数量，dt 表示时间间隔。

②各期市场利率的确定。

我们可通过市场利率与银行间固定国债利率相等这一条件，逐期推导各期的市场利率以及各节点价值。其公式如下：

$$V_j = \alpha \frac{V_{j1} + W}{1 + R_j(a)} + \beta \frac{V_{j2} + W}{1 + R_j(b)} \tag{10.6}$$

其中，V_j 表示第 j 期节点价值，V_{j1} 表示第 j 期节点利率上行价值，V_{j2} 第 j 期节点利率下行价值，α 表示利率上行概率，β 表示利率下行概率。

③债券价格模型构建。

期权调整利差法不仅考虑了证券的期限结构，还考虑了早偿及期权价值对资产支持证券价值的影响。该方法较全面地反映了资产证券化产品的风险特征，将利率对现金流的影响纳入考虑，从而克服了静态现金流贴现法的缺点，但在缺乏相关违约历史数据、早期偿付数据库的情况下，该方法适用性比较受限。其公式如下：

$$PV = \frac{1}{N} \sum_{n=1}^{N} \sum_{t=1}^{T} \frac{CF_t^n}{\prod_{t=1}^{t}(1 + r_t^n + \text{OAS})} \tag{10.7}$$

式中，PV 表示资产证券化价格（现金流现值），N 为模拟的利率路径总条数，r_t^n 为第 N 条路径下 t 期的基准利率，$CF^m{t}$ 为第 N 条路径下 t 期的现金流，OAS 为期权调整利差。

④期权调整利差定价计算过程。

在得出各期价值和各节点市场利率之后，我们可通过在基础利率上加上利差，再次从 $t=0$ 时刻开始计算各利率路径下的价格，得到模型理论价格，并不断调整利差，使最终的理论价格与实际价格相等（即理论价值与实际价格相比较；若两者相等，即可将计算中所用的固定利差定义为期权调整利差；若两者不相等，则利用不同的利率进行试错测算，直到得到一个与实际价格相等的理论价值），此时的利差即期权调整利差 OAS（期权调整利差定价过程，如图10-30所示）。

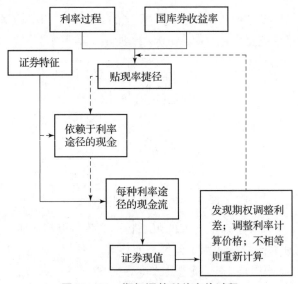

图 10-30 期权调整利差定价过程

OAS 法的优势在于没有把利率看作静态的常量，而是考虑了利率路径的多样性。但是该方法也存在较大弊端：首先，需要有足够的历史交易价格来模拟；其次，该方法假设不同期限的现金流都有相同的期权利差，而且假设未来的期权利差会一直与过去和现在的相同，这显然属于一种理想的简化；此外，OAS 方法是一种相对定价法，OAS 的大小与所选择的基准收益率曲线密切相关，如选取不同等级国债收益率曲线，计算所得出的 OAS 值就会不同。

10.6.3.3 蒙特卡洛模拟模型

蒙特卡洛模拟抓住事物运动的几何数量和几何特征，利用数学方法进行模拟，属于一种以概率模型为基础的数字模拟实验。它按照这个模型所描绘的过程，以模拟实验的结果作为问题的近似解。一般可以把蒙特卡洛解法分为三步：①构造或描绘概率过程。如可设有统计独立的随机变量 X_i（$i=1, 2, 3, \cdots, k$），其对应的概率密度函数分别为 $f(X_1)$，$f(X_2)$，$\cdots$，$f(X_k)$，功能函数式为 $Z = g(X_1, X_2, \cdots, X_k)$。②从已知概率分布抽样。根据各随机变量的相应分布，产生 N 组随机数值 $X_1, X_2, \cdots, X_k$。③建立各种估计量。计算功能函数值 $Z_i = g(X_1, X_2, \cdots, X_k)$（$i=1, 2, \cdots, N$），若其中有 L 组随机数对应的功能函数值 $Z_i \leq 0$，当 $N \to \infty$ 时，根据伯努利大数定理及正态随机变量的特性，可得出结构失效概率、可靠指标。

在资产证券化定价中，蒙特卡罗模拟模型（Montecarlo Simulation Model）的基本思想是：通过运用蒙特卡罗模拟的方法，产生随机利率路径（Random Interest Path）来模拟现实的利率变动。由此模拟出的是一系列远期利率，利用它可进一步计算出未来的现金流量，并将其贴现为现值，完成证券的定价。

具体过程如下：
①生成随机的短期利率演变路径；
②利用短期利率计算出即期利率，作为计算未来现金流量现值的贴现率；
③将各期远期利率作为参数，代入相应的随机的提前偿付模型，计算出各期的提前偿付额；
④根据抵押合同利率和还款期，计算定期本金偿还数额和应得利息；
⑤将提前偿付额、定期本金偿付额和应得利息汇总，计算出未来各期总的现金流量；
⑥将未来各期的总现金流量贴现为现值并相加，得到与一条利率路径相对应的资产证券的价格；
⑦重复①—⑥步骤，得出与足够多路径相对应的证券价格；
⑧计算与足够多的路径相对应的证券价格的算术平均值，作为证券的发行价格。

利用蒙特卡洛模拟模型进行定价，最关键的是随机利率路径的选择。具体来看，随机利率路径的产生取决于利率的期限结构、波动率。利率期限结构（Term Structure of Interest Rate）是指基于当前国债利率（无风险利率）而得到的理论上的即期利率。波动率（Volatility）决定了通过模拟所得的利率的分散度（Dispersion）。

10.6.3.4 几种资产证券化定价方法的比较

关于几种资产证券化定价方法（模型）的特点及优缺点的比较分析，如表 10-9、表 10-10 所示。

表 10-9 常见定价方法（模型）特点比较

定价方法（模型）	模型构造	操作难度	早偿行为期权	利率期限结构	风险溢价
静态现金流折现定价法	简单	简单	未考虑	未考虑	未考虑
名义利差定价法	简单	简单	未考虑	未考虑	未考虑
静态利差定价法	一般	一般	未考虑	考虑	考虑

续表

定价方法（模型）	模型构造	操作难度	早偿行为期权	利率期限结构	风险溢价
期权调整利差定价法	困难	困难	考虑	考虑	考虑
蒙特卡洛模拟模型	困难	困难	可考虑	可考虑	可考虑

表 10-10　常见定价方法（模型）优缺点比较

比较的方法	优点	缺点	适用范围
静态现金流折现定价法	最简单易行，可以为其他各种方法提供一个标准，而且对 SCFY 差价的历史分析结果对其他定价方法是很好的检验	本法是以单一的贴现率来折现所有现金流量，并未顾及到期收益率曲线上所反映的不同期限贴现率不一定相同；并未考虑不同利率路径之下现金流量的波动性	资产支撑证券的一些定性研究
名义利差定价法	在进行实际运算的时候比较便捷，相关参与者均能以此快速确定证券化产品的价值	未考虑利率的期限构成，也没有将早偿风险考虑到其中	用于证券价值的初步测算
静态利差定价法	将利率期限结构纳入考虑范围，针对不同期限下贴现率发生变化的情况，引入静态利差 SS 进行解决，这在很大程度上增加了定价模型的实用性，使其更加贴近实际	未考虑利率波动造成的早偿行为，进而无法考虑其对现金流造成的影响	静态利差模型适用于中长期且现金流稳定的产品
期权调整利差定价法	将利率的期限结构及利率的波动性较好地结合起来，加进了对现金流量和提前还本产生的影响中。在 OAS 模型中模拟了大量的利率运动轨迹，使结果能在更大程度上反映真实情况	各期现金流量在折现时都将各个期限无风险利率加上一个相同的风险贴水（即期权利差 OAS），这与现实不相吻合；虽然已考虑了隐含在抵押贷款证券上的提前还本期权，但仍然有其他的隐含期权未考虑到	最常用于在相同的假设下，相似证券之间的价格比较；适用于短期且现金流受利率影响较小的产品
蒙特卡洛模拟法	按时间发展顺序，从前往后生成标的资产每个时间点的价格，也就是价格路径。当标的资产价格受特定信息影响或期权价值对标的资产价格存在路径依赖时，可以较灵活地在每个时间点进行判断，并得到特定条件下的期权定价	需要繁杂的电脑技术和大量的复杂抽样；对于代表价格变动的随机模型，若是选择不当，会导致模型风险的产生；模拟所需的样本数必须足够大，才能使估计出的分布得以与真实的分布接近	应用大规模的随机数列来模拟复杂系统，得到某些参数或重要指标

10.7 资产证券化的收益分析

10.7.1 现金流分析

至于基础资产可预见的现金流证券化产品价值计算的依据，信用评级机构也只有通过对现金流量的确定性分析才可能进行信用评级。因此，基础资产的现金流分析是资产证券化的一项核心工作，也是资产证券化收益分析的前期基础工作。基础资产的现金流分析主要分析三个问题：资产的估价；资产的风险与收益；资产的现金流结构。

10.7.1.1 现金流归集

（1）资产证券化的资金流。

在 ABS 交易活动中，融资人是用其未来的现金流折现融资，投资者则以当前投资获得未来收益，故可以认为，资产证券化一切结构设计都是围绕如何最大程度缓释在现金流流动路径上可能出现的风险来设置的。图 10-31 显示了一个围绕收款、现金流归集、现金流分配所形成的资产证券化现金链条。

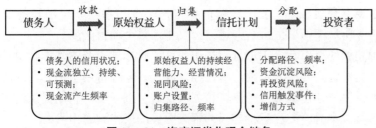

图 10-31 资产证券化现金链条

（2）现金流账户设置。

一般在 ABS 交易结构中会设置以下几个账户：

①募集专用账户。用于接收、存放募集阶段认购人交付的认购资金（该账户只用于产品设立阶段）。

②回款归集账户。该账户由资产服务机构（一般就是原始权益人）开立，用于接收基础资产的回款（即底层付款人的还款）。

③监管账户。该账户是资产服务机构在监管银行开立的，专门用于接收回款归集账户转付的基础资产的回款。

④专项计划账户。管理人为了完成专项计划，在托管银行开立的，专门用于接收监管账户转付的基础资产的回款，也用于向专项计划持有人分配收益与本金。

（3）现金流归集步骤。

对基础资产回收款现金流进行归集是资产证券化交易的重要环节，也是进行收益分配的前提。在常见的证券化交易操作中，回收款现金流一般通过如下步骤实现归集：

①债务人将应付款项划转至收款账户。

②资产服务机构将回收款划转至监管账户。

③监管银行将回收款划转至专项计划账户。

10.7.1.2 现金流预测假设

在对现金流进行预测时,我们应与委托方商定,设定一定的前提假设。具体实践中,由于 ABS 项目类型和企业情况不同,所做出的现金流预测假设会有很大差异。一般可从如下方面考虑前提假定:

(1) 项目计划资产于基准日不存在法律上的障碍。

(2) 假设国家现行的有关法律法规及政策、国家宏观经济形势和社会环境无重大变化,无其他不可预测和不可抗力因素造成的重大不利影响。

(3) 假设预测对象可持续经营。

(4) 假设预测对象完全遵守有关的法律法规。

(5) 假设预测对象保持现有的管理方式和管理水平继续经营,且其经营范围、方式与目前保持一致。

(6) 假设无其他人力不可抗拒因素及不可预见因素,不会对项目运营造成重大不利影响。

(7) 假设项目的资产运营企业在预测期内不出现大型经营事故。

10.7.1.3 现金流预测的计算

在整个现金流项目测算中,评估机构需要协调权益人、管理公司及中介服务公司等多方关系,充分进行沟通协调,以获得合理的现金流测算结果。

测算前一般要召开项目启动会,发起企业和 SPV 要与参与整个项目的证券公司、评级机构、会计师事务所和律师事务进行沟通,以安排好整个项目进度。

测算过程中要做的工作有:①进行现场访谈,了解标的资产的基本状况;②确认现金流测算中标的资产的经营收入所含范围,解析经营成本、管理费用、销售费用的相关构成,核实其相关税金的税率及计税基础;③测算相关数据后,进一步与企业提供的关联资料进行比对核实;④确认其成本时,需注意将与标的资产无关的成本剥离出去。

测算结果出来后,需将其结果报送相关中介机构。依据反馈意见对测算中不合理的地方进行沟通协调。

预测资产证券化的现金流时,可运用基本的现金收支法与收益调整法。

(1) 现金收支法。

采用现金流量表的思路,按照"收入 – 支出 = 流量净额"的等式关系,建立一个简单的现金流分析模型,以估算计划期内基础资产的现金流入与流出金额。现金收支法的基本步骤为:预测企业基础资产未来核算期的现金流入量;预测企业基础资产未来核算期的现金流出量;计算现金流量净额,进一步计算出现金流的折现值。

(2) 收益调整法。

该法是根据企业基础资产的净收益,按照收付现金进行调整,进而确定企业现金流的一种方法。收益调整法的基本步骤如下:将证券化基础资产经营税前净利润调整为收付实现制的税前净收益,然后调整为税后净收益;将税后净收益加减与预测期无关的现金收付额,然后调整为预测期的现金余额增加额;利用预测期期初与期末数,确定一定时期的现金存量,并进行调整。

10.7.1.4 现金流覆盖倍数及压力测试

(1) 现金流覆盖率(倍数)。

现金流覆盖率(倍数)一般是指项目产生的现金流能够覆盖相对应贷款本息的程度,

可揭示项目现金流对贷款的偿还能力。

$$现金流覆盖率(倍数) = 当期可偿债现金流/当期还债责任$$

在 ABS 项目中，现金流覆盖被当作一种信用增级措施，表示基础资产池内资产价值大于兑付的本金和/或收益。

（2）现金流压力测试。

压力测试能够帮助评估基础资产的现金流在不同压力情况下对证券端本金和利息的覆盖程度，进而检验产品结构的稳健性，以及证券端所获得的信用增级水平是否达到预期的信用级别要求；同时，对现金流压力测试的分析也有助于不断完善交易的结构设计。

现金流压力测试需要在整个产品设计周期中不断重复进行，当压力测试下未来现金流的分布情况不符合预期时，需要对产品结构、增信措施甚至基础资产作出一定的调整，以保证最终的产品结构能够达到预期的要求。

（3）现金流压力测试步骤。

一般来说，债权类基础资产支持证券的现金流压力测试步骤如下（如图 10-32 所示）：

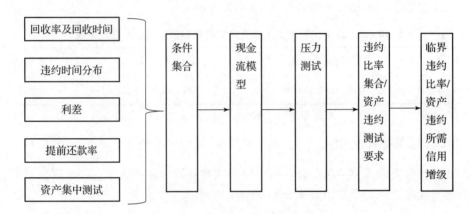

图 10-32 现金流压力测试步骤

资料来源：唐春连，陈龙妹. 大额集中债权资产 ABS 现金流分析和压力测试.
https://www.sohu.com/a/242121257_739558，2018-07-19

①根据基础资产的特征，确定压力测试要素。一般来说，债权基础资产支持证券的压力测试包括违约资产回收率及回收时间、违约时间分布、基础资产与受评资产支持证券利差、基础资产提前还款率等关键参数压力测试及资产违约测试。

②结合交易结构设计，构建适用于该资产证券化产品的现金流模型。

③在基础资产组合信用风险分析基础上，结合基础资产特征等情况对第①步确定的压力测试因子设定压力条件，并结合现金流模型进行压力测试。

④根据第③步的结果，得到特定压力条件下能够实现资产证券化产品优先 A 级还本付息的资产池违约比率集合以及资产违约测试所需信用增强水平。

⑤在第④步基础上，获取资产证券化产品优先 A 级的临界违约率以及资产违约下资产证券化产品优先 A 级所需要的信用支持水平。

【例题1】 某企业 2019 年发行了一期资产支持票据，其中测算了基准情景下本期资产支持票据的现金流入和本息流出的覆盖情况。

①现金流覆盖倍数测算。

摊还期内优先级资产支持票据本息于 2021 年 1 月兑付完毕,测算的摊还期基础资产预期现金流入对优先级资产支持票据剩余本息覆盖倍数为 1.75 倍(如表 10 – 11 所示),保障程度较好。

表 10 – 11　基准情形下优先级资产支持票据预期现金流覆盖倍数

时　间	预期现金流入/万元	预期现金流出/万元	覆盖倍数
摊还期合计	236 493.13	135 082.50	1.75

②压力测试。

考虑到跟踪期内,本期资产支持票据基础资产回款未达到初始预期回款分布比例,假定基础资产损失率提升至 20%,得出压力测试结果:摊还期基础资产预期现金流入对优先级资产支持票据剩余本息覆盖倍数为 1.29 倍,即基础资产回收款在压力情形下亦实现了对优先级资产支持票据本息的超额覆盖,如表 10 – 12 所示。

表 10 – 12　压力情形下优先级资产支持票据预期现金流覆盖倍数

时　间	预期现金流入/万元	预期现金流出/万元	覆盖倍数
摊还期合计	174 434.96	135 082.50	1.29

10.7.2　融资成本分析

资产证券化融资成本包括两部分:筹资融资成本和资金使用成本。一般可以用资金成本率来表达融资成本,即资金使用成本与筹资金额的比值:

$$K_r = D/(K - F) \tag{10.8}$$

式中:K_r 为资金成本(率);D 为资金使用成本;K 为所筹资金数;F 为资金筹集成本。

(1) 资金筹集收入。

①销售收入。这是指企业(发起人)把资产销售给 SPV 所获得的收入。

②利差账户收入。存量资产信用评级高于企业自身评级,从而使 ABS 能以较低的成本(利率)发行,由此 ABS 利率产生了一个账户余额,证券到期时,将最终归属于企业(该收入应贴现到销售日)。

(2) 资金筹集成本。

①可行性研究费。发起企业在进行资产剥离时,需要聘请 SPV 专家作可行性研究,该项支出应从销售收入中扣除。

②销售收入折扣费。由于 SPV 需要承担资产证券化的相应分析和原始债务人的违约成本,故 SPV 必须以低于企业资产账面价值的购价买入证券化基础资产,该费用也应从销售收入中冲减。

③购买从属权费。为防止可能的坏账损失,企业需购买从属权,相当于向 SPV 提供了一笔保证金,该一次性支出也应从现金中扣除。

(3) 资金使用成本。

①机会成本。发起人若把资产销售给 SPV，就失去了资产的所有权，即失去了从原始债务人处获得到期稳定现金流（利息收入）的机会。这笔机会成本是发起企业每期均丧失的，属于定期支出。

②资产储备评估费。SPV 为增信而采用了资产储备方式，则发起企业需要定期对储备资产价值进行评估。若现行资产价值下降，就需补充新的资产，以达到信用协议中对储备资产的要求，这也是企业的一项定期支出。

③服务费。指发起企业作为服务人能定期从 SPV 获得服务费，属于企业获得的现金收入，应定期从支出中扣减。

(4) 资产证券化筹资成本模型。

若假定所得税为 T，市场利率为 i，则根据前面（1）~（3）的分析，可构建基本的资产证券化筹资成本模型。

①若 SPV 为增信而采用了资产储备方式，则融资成本计算模型如下：

$$K_r = [O + (A-S) \times (1-T)] / [K - R - D + G/(1+i)^n] \quad (10.9)$$

式中：O 为机会成本；A 为资产评估费；S 为服务费；K 为所筹资金数（销售收入）；R 为可行性研究费；D 为资金使用成本；G 为利差账户收入。

②如采用购买从属权方式，则融资成本计算模型如下：

$$K_r = [O - S \times (1-T)] / [K - R - D - W + G/(1+i)^n] \quad (10.10)$$

式中：W 为购买从属权费用；其他变量含义同上式。

【例题 2】 假设从一个 A 信用级别的金融机构包装 3 亿元的应收账款，发行三年期的资产支持，该证券信用增强后为 AAA 级。相关数据如表 10-13 所示。为了进行比较，假定企业也可以采用内部融资的方式获得资金，其融资成本计算模型如下：

$$K_r = 利息 \times (1-T)/K - 发行费$$

问题：比较资产证券化融资与企业内部融资的成本差异。

表 10-13 资产证券化融资与企业内部融资的比较

项 目	公开发行	私募发行	企业内部融资
三年期国债利率/%	9.01	9.01	—
国债收益率的溢价	60~85	70~105	债务成本
票面成本/%	9.7~9.95	9.8~10.15	9.9~10.1
信用增强	3~6	3~6	
承销费	12~17	12~17	
印刷、法律咨询费	7~10	4~6	
会计报表等年度成本	2~3	1~2	股本股权成本
汇总发行成本	24~36	20~31	
平均成本/%	9.94~10.31	10~10.46	11.42~12.1

解：从表10-13可以看出，由于企业内部股本权益成本太高，通过资产增信，采用应收账款证券化融资，成本比内部融资方式降低了两个百分点，其优势还是比较明显的。

10.7.3 原始权益人收益分析

证券化可以给原始收益人（发起人）提供更低的融资成本、多样化的资金来源，以及更好的资产负债管理，使得发行企业能够充分利用自己的现有资产获得融资，取得更好的经济效益。企业通过将资产包装设计成多等级证券，能大范围地满足投资者的需求。同时，卖方能将其利率风险分散给那些更愿意和能够吸收风险的投资者。

10.7.3.1 静态现金流收益率分析

可以根据静态现金流收益率法建立模型，从收益率角度分析发起人的收益。

以应收账款的资产证券化为例，假设：

n：应收账款的周转时间为 n 个月

t：专项计划续存期

M：每个月形成的合规应收账款（符合资本化条件的应收账款）

I：发行证券向投资者募集的资金

i：同期商业银行贷款利率

r：优先级证券预期收益率

q：应收账款真实销售的折价率

则发起人的收入为：

$$W_0 = n \times M \times q \tag{10.11}$$

发起人的静态现金流净值为：

$$W_0 - W_1 = n \times M \times q - M \frac{(1+i)^n - 1}{i(1+i)^n} \tag{10.12}$$

【例题3】 我们以京东金融发行的第一期京东白条应收账款债权资产支持证券为例（2014年2月发行），对原始权益人的收益进行分析。相关数据资料如表10-14所示。

表10-14 京东白条应收账款债权资产支持证券基础资料

n：应收账款的周转时间/月	12
M：每个月形成的合规应收账款/亿元	1.4
i：同期商业银行贷款率/%	5
C：次级资产支持证券投资/亿元	0.96

解：

根据公式（10.12），原始权益人的收益为：

$$W_0 - W_1 = 12 \times 1.4 \times q - 1.4(P/A, 5\%/12, 12)$$

若使 W_0，$W_1 > 1$，则：

$$q > 97.32\%$$

可见，当折价率 q 大于97.32%时，原始权益人可获得收益。

10.7.3.2 经营绩效评价

我们可对发起人的经营绩效进行评价。主要采用财务数据进行评价，如盈利能力评价、偿债能力评价、运营能力评价。

【例题 4】 仍以京东金融发行京东白条为例，基于经营绩效评价说明企业资产证券化的经营效益。分析结果如表 10-15、表 10-16 和表 10-17 所示（基于京东集团 2015—2016 年财务报表整理计算得出）。

表 10-15 京东资产证券化前后盈利能力情况

财务指标	资产证券化前			资产证券化后		
	2015 一季度	2015 二季度	2015 三季度	2015 四季度	2016 一季度	2016 二季度
总资产报酬率/%	-1.265 7	-1.996 3	-2.757 5	-12.837 1	-0.959 8	-0.888 2
净资产收益率/%	-1.265 7	-1.996 3	-2.757 5	-12.837 1	-0.959 8	-0.888 2
每股收益/元	-1.265 7	-1.996 3	-2.757 5	-12.837 1	-0.959 8	-0.888 2

表 10-16 京东资产证券化前后偿债能力情况

财务指标	资产证券化前			资产证券化后		
	2015 一季度	2015 二季度	2015 三季度	2015 四季度	2016 一季度	2016 二季度
流动比率/%	1.494 7	1.259 9	1.222 4	1.192 5	1.293 5	1.238 8
速动比率/%	1.077 2	0.834 5	0.823 6	0.773 6	0.925 5	0.916 4
资产负债率/%	47.49	54.81	55.75	63.98	62.83	66.16

表 10-17 京东资产证券化前后资产流动性情况

财务指标	资产证券化前			资产证券化后	
	2012 年	2013 年	2014 年	2015 年	2016 年
应收账款周转率/%	114.20	141.33	78.28	30.35	20.28
流动资产周转率/%	3.24	3.63	3.18	3.34	3.15

10.7.4 计划管理人收益分析

计划管理人（及 SPV）通过购买原始权益人的基础资产，再将其包装成证券出售给投资者，从中间形成差价收益。一般可以用静态现金流收益法构建模型对计划管理人的收益进行测算。

仍以应收账款资产证券化为例。计划管理者的收入包括以下两点。①每月从原始权益人处收回的应收账款。②向投资者发行证券募集的资金，及计划管理者的成本；向原始权益人购买应收账款的支出；支付给投资者的利息；到期日归还投资者的本金。

假定 F_0 为计划管理人收入现值，F_1 为计划管理人支出现值，其他变量及符号含义同 10.7.3.1 小节。

计划管理人收入现值：

$$F_0 = M \times (P/A, i, n) + I = \sum_{t=1}^{n} \frac{M}{(1+i)^t} + I \tag{10.13}$$

计划管理人支出现值：

$$F_1 = n \times M \times q + I \times r \times (P/A, i, n) + I \times (P/F, i, n)$$

$$= n \times M \times q + \sum_{t=1}^{n} \frac{Ir}{(1+i)^t} + \sum \frac{I}{(1+i)^t} \tag{10.14}$$

从 SPV 角度来看，开展资产证券化的约束条件为：

$$F_0 - F_1 \geq 0 \tag{10.15}$$

根据式（10.13）和（10.14），SPY 的收益为：

$$F_0 - F_1 = \sum_{t=1}^{n} \frac{M}{(1+i)^t} + I - nMq - \sum_{t=1}^{n} \frac{Ir}{(1+i)^t} - \sum \frac{I}{(1+i)^t}$$

$$= M \frac{(1+i)^n - 1}{i(1+i)^n} - nMq - I(r-i) \frac{(1+i)^n - 1}{i(1+i)^n} \tag{10.16}$$

要使 SPV 的收益大于零，则需：

$$I(i-r) \frac{(1+i)^n - 1}{i(1+i)^n} > 0 \tag{10.17}$$

也就是说，资产证券化的利率 r 低于同期银行的贷款利息 i。

【例题 5】 我们仍以京东金融发行的第一期京东白条应收账款债权资产支持证券为例，对计划管理人的收益进行分析，相关资料如表 10-18 所示。

表 10-18 京东白条应收账款债权资产支持证券基础资料

t：专项计划续存期/月	24
I：向投资者募集的资金/亿	优先 01 级 6 亿元，优先 02 级 1.04 亿元，次级 0.96 亿元
r：优先级证券预期收益率/%	优先 01 级 5.1%，优先 02 级 7.3%

解：根据公式（10.16），计划管理人的收益为：

$F_0 - F_1 = 1.4 \times (P/A, 5\%/12, 12) + 8 - 12 \times 1.4q - (6 \times 5.1\% + 1.04 \times 7.3\%)/12 \times$
$(P/A, 5\%/12, 48) - 7.04 \times 0.822$

$i - r = 5\% - 75\% \times 5.1\% - 13\% \times 7.3\% = 2.26 \times 10^{-3} > 0$

同期银行利息为 5%，高于优先级资产支持证券利息 4.774%，满足了计划管理人获得收益的必要条件。

因此：

$$I(i-r) \frac{(1+i)^n - 1}{i(1+i)^n} = 8 - 1.38 - 7.04 \times 8.22 = 0.83 > 0$$

其次，若使 $F_0 - F_1 \geq 0$，则：
$$F_0 - F_1 = 16.35 + 8 - 12 \times 1.4q - 1.38 - 5.78688 > 0$$
则 $q < 102.28\%$。

可见，当折价率 q 小于 102.28% 时，计划管理人可获得收益（折价率 q 为影响各参与方经济利益的关键指标）。

10.7.5 投资人的收益分析

证券化过程为投资者在市场中提供了一个高质量的投资选择机会。在许多情况下，当金融机构将其资产通过信用提高转换为 AAA 级资产支持证券时，便为投资方创造了一个合格的投资机会。大多数组合资产都是由许多小额信用资产集合而成的，这促进了组合的多样化，其中的一两个贷款违约不会对整个组合产生质的影响。而且许多组合资产保持了地理区域多样化，因此，某一地区经济的低速发展不会深刻或迅速地影响到整个组合资产的绩效，而且投资者通过购买不同组合资产的部分证券，能够避免地理和行业的集中带来的风险。由于信用评级由第三方执行，然后公布等级，所以投资者不用自己去分析每个发起人的资信，这也是吸引投资者的一个优势所在。

风险与收益的匹配程度决定了投资工具的吸引力。在一般情况下，只要资产支持证券的投资收益率比国债和银行存款高，就可以吸引投资者的关注。由于资产证券化运用信用增级的手段大大提高了基础资产的信用等级，降低了基础资产的信用风险，投资者就可以在原有收益的基础上获得较高信用等级的投资产品。整体而言，投资者购买资产证券化产品可以在较低风险的基础上获得超额收益。

假设：

i：同期商业银行贷款利率

r：优先级证券预期收益率

r_0：国债投资收益率

r_1：公司债投资收益率

对于投资者而言，证券化产品的收益率应符合以下条件：

$$\text{Max}(i, r_0) < r < r_1 \tag{10.17}$$

10.7.6 其他参与者的收益分析

其他参与者，特别是中介机构，都是以提供服务为主获得收益的。因此，他们主要的收益来源为服务费用。

表 10-19 所示是中国目前资产证券化服务收费的一个调查数据。

表 10-19 一个专项计划各项费用调查数据

机构	费用项目	收费标准
承销商	承销佣金	计划募集金额的 0.5%~1.5%
评级机构	信用评级费	15 万元左右
审计机构	资产评估和审计费	20 万元左右

续表

机构	费用项目	收费标准
律师	律师费	20万~40万元
中证登	初始登记费	募集金额的0.02%
	兑付派息费	每次应付利息的0.05%
计划管理人	计划管理费	每年0.1%~0.3%
资产服务机构	资产服务费	1%/年
托管银行	托管费	每年募集金额的0.1%

10.8 资产证券化的风险管理

资产证券化作为一项创新型金融业务，具有分散经营风险、降低资产负债率、改善企业经营能力和增进资本市场活力等特点。不过，资产证券化的运作过程中也存在一系列风险，因此，要保证资产证券化的运作成功，就要重视其风险分析，全面做好风险管理工作。

10.8.1 资产证券化的风险来源

资产证券化的参与者众多，关联的方面也很多。资产证券化资产池构建、交易结构设计、交易技术、交易过程都比较复杂。因此，资产证券化既受到外部因素的影响，也受到内部因素的影响，每一个运作环节都可能隐藏着一定程度的风险。

（1）环境风险。

从国际层面看，资产证券化需要关注国际政治、经济、科技、军事等动态，特别要重视全球经济周期及金融市场波动的影响；从国家层面看，经济、市场、技术、政策、法规等方面的因素都是资产证券化风险分析中必须要考虑的宏观环境因素。在实际项目运作中，我们一般着重于从经济风险、市场风险、政策法规风险三个方面进行分析。

经济风险是指，由于社会经济前景的不确定性，企业等参与者在从事资产证券化活动时可能受到经济波动的影响。市场风险是指未来市场价格（如利率、商品价格和股票价格等）具有不确定性，从而给资产证券化带来不利影响的可能性。其中，利率、汇率以及流动性是我们重点要考察的风险来源。政策法规风险是指因国家宏观政策（如货币政策、财政政策、税收政策、行业政策、证券市场政策等）发生变化或是有重要的举措、法规出台而给资产证券化带来不利影响的风险。

（2）基础资产风险。

资产证券化的基础资产是指在未来能够产生稳定现金流的资产。基础资产的质量、价值、权利归属等相关因素的任何不利变化都会给证券化交易带来风险，所以基础资产风险的核心是资产质量风险，同时也包括价值变动风险、权利变动风险。

（3）证券化技术风险。

资产证券化包括资产池构建、破产隔离、信用增级、证券发行、产品定价等重要技术环节，其中任何环节的不完善或出现问题都会引起相应的资产证券化运作风险。涉及证券化技术运用的风险主要是指破产隔离风险、信用增级风险、信用评级风险、产品定价风险等。

(4) 信用风险。

资产证券化的信用风险，是指交易中的各参与方因种种原因，不愿意或无力履行合同条件而构成违约，致使交易对方遭受损失的可能性。资产证券化的主要当事人包括债务人、发起人和其他人（包括 SPV 等第三方），由于他们的违约所引起的风险被称为债务人信用风险、发起人信用风险、第三方信用风险。债务人信用风险包括债务人违约风险和提前偿付风险。

(5) 操作风险。

巴塞尔银行监管委员会对操作风险的正式定义是：由不完善或有问题的内部程序、人员及系统或外部事件所造成损失的风险。根据《巴塞尔新资本协议》，操作风险可以分为由人员、系统、流程和外部事件所引发的四类风险，并由此分为七种表现形式：内部欺诈，外部欺诈，雇员活动和工作场所安全性，客户、产品及业务活动，实物资产的损坏，业务中断和系统失灵，行政、交付和过程管理。操作风险源自内部程序不完善、人为失误、系统故障和外部事件的影响。

资产证券化操作风险中的风险因素很大比例上来源于证券化的业务操作，属于相关部门可控范围内的内生风险，但由于证券化产品的复杂性、证券化业务对 IT 技术的高度依赖，以及参与方之间的相互合作关系，使得一些"操作"上的失误可能带来很大甚至极其严重的后果。

10.8.2 资产证券化风险因素识别

(1) 资产证券化的风险特点。

资产证券化作为一项创新型金融业务，具有降低资产负债率、提高企业盈利水平等众多优点，但同时，在资产证券化运作的过程中也存在一系列风险，一般具有以下特征：

①系统性风险高。证券化资产转移的过程实际上也是风险在原始权益人和投资者、信用增级机构之间的一种转移，以此来实现风险的共担。然而，我们知道在证券化过程中，参与者涵盖了银行、证券、信托、保险等各个行业，涉及发起人、特设信托机构、信用评级机构、券商、投资者等众多的主体，因此风险在不同行业、不同机构间的传播扩散会导致对整个金融市场的影响。同时，证券化业务受政策影响较大，一旦发生政策更改导致资产证券化过程的中断情况出现，就会产生大量违约现象，继而引发资本市场的系统性风险。

②结构设计风险较高。资产证券化需要对基础资产进行重组，实际上体现了对资产未来预期现金流的重组，以此构建满足市场需求的风险-收益组合证券产品。因此，资产证券化的交易结构设计、资产结构设计选择、证券化产品的风险与收益设计等都比较复杂，这些结构设计的合理性会对证券化产品能否成功发行产生重大影响。

③信用风险高。资产证券化运作需要基础资产池能够产生足够且稳定的现金流来偿付本息，这样，基础资产的质量高低就在一定程度上影响着信用程度；同时，实际发行中的基础资产多为流动性较差的信贷资产，如应收账款、不良贷款、融资租赁贷款等，这些资产相对而言引发的信用风险较高。

④风险产生的危害性较大。资产证券化业务的发行规模较大，因此一旦发行失败，不仅企业不能实现资产证券化的目的，还要承担大量交易成本，甚至资产池也有可能遭受损失。

(2) 风险识别方法。

风险识别是项目风险管理中非常重要的一环，贯穿于项目的始终。在现有的风险管理理论中，关于风险的信息是复杂、琐碎的，风险识别的方法既可以借鉴许多改良版的管理决策方法，也可以运用许多简单易行的因素分析法。具体来说，主要有以下几种：

①德尔菲法（Delphi Method）。

德尔菲法，又称专家意见调查法，是基于专家智慧进行问题辨识和决策的方法。一般需要十几人组成专家组，但要在相互隔离情况下征求每个专家的意见。然后，整理分析所有的意见，根据本次的结果再次征求专家组每个人的意见。如此往复几次，直到专家意见基本相同时，得到最终结果。

②头脑风暴法（Brain Storming）。

该方法的重点是激发与会专家的灵感，通过思考背景信息和提出问题来穷举所有的可能性。

③核对表法（The Checklist Method）。

核对表法主要是根据以前项目成功或失败的经验教训，考虑项目当时所处的现状及存在的问题，探究内部控制因素和外部环境变化对项目产生的影响，进行影响因素的收集归纳，从而发现风险源。

④其他方法。

除上述三种方法之外，还有很多方法可以应用，如流程图法、概率法、SWOT 分析法、常识经验和判断、敏感性分析、情景分析法、财务报表法、故障树分析法、案例分析法等。事实上，这些风险识别方法各有利弊，我们可以根据实际情况选取一个或几个方法（互为补充）。

(3) 风险识别过程。

与一般的项目风险识别相似，资产证券化的风险识别过程如图 10 - 33 所示。

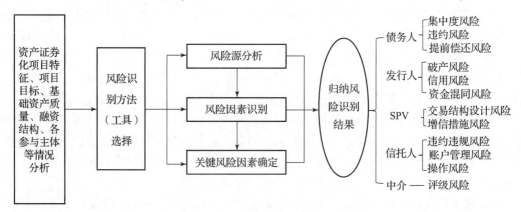

图 10 - 33 资产证券化风险识别过程

10.8.3 资产证券化风险评价

(1) 构建风险评价指标体系。

根据资产证券化项目中识别出的风险因素，可建立项目风险评估体系，一般由三个层次指标构成：目标层指标、准则层指标、要素层指标。

（2）风险评价指标权重的确定。

风险评估体系中的每层指标都要针对上层指标确定其重要性，可以用指标权重系数表达。一般常用的风险评价指标权重的确定有专家意见调查法（德尔菲法）、因子分析法、层次分析法等。

（3）风险评价模型构建。

评价模型的构建有单变量判定模型、多元线性评价模型、综合评价模型等，具体采用何种模型需根据具体问题合理选择。

这里的核心工作是对最底层指标进行评判，可使用的具体方法有人工神经网络法、模糊综合评判法、影响图法、决策树法、蒙特卡罗法、敏感性分析法、专家意见调查法（德尔菲法）、检查表评价法、风险度评估法、层次分析法等。

（4）风险综合评价。

给出每个底层因素评价得分（指标值），依据指标权重系数进行逐层汇总（各指标值一般需无量纲化），得出各层次指标及总指标评价值。

（5）评价结果讨论。

对资产证券化风险评价结果进行分析、归纳，并通过进一步讨论得出总体结论。

10.8.4　资产证券化风险管控

资产证券化的种类及产品繁多，它的基础资产几乎涉及所有的行业，具有跨市场、风险转移、产品结构复杂等特征。而且，每一个具体资产证券化项目都有众多参与主体，故资产证券化从项目层面到社会层面都是一个复杂的系统工程。特别是，资产证券化将实体产业、商品市场、服务市场、信贷市场、货币市场、资本市场六者有机地联系在了一起，使得资产证券化的风险不仅体现在个体现象层面，而且易因市场集聚性、联动性引发系统性风险。因此，资产证券化风险管控不仅重要，而且其工作具有很大的复杂性。

10.8.4.1　建立多层次资产证券化风险管控体系

我们对于资产证券化风险的管控不能仅局限于一个项目视野，而应站在多层角度审视资产证券风险问题并设置风险控制措施。这里，我们可以运用控制论中的事先控制、事中控制、事后控制的原理，结合资产证券化风险控制的层次性，构建一个资产证券化风险管控的体系（如图10-34所示），以清晰理解如何才能系统、有效地防控资产证券化风险。

10.8.4.2　个体层面资产证券化风险管控

（1）原始权益人（发起人）风险防控。

①优化基础资产的质量。

基础资产的安全性和质量一旦出现问题，不仅有可能使前期投入资金变为沉没成本，还会在资产证券化后发生严重的风险危机。因此，原始权益人要严格遵守初始基础资产入池标准，选择合适的、收益稳定的、高质量的、法律关系明确的基础资产入池，从源头上控制基础资产风险。

②扩大基础资产范围分布。

基础资产不能过于单一，不能过于集中于同一地区、同一行业，否则资产产生的现金流会使环境因素变得非常敏感。因此，资产证券化中选择基础资产时要尽量考虑资产的多元化，要选择不同种类、地区的项目来形成基础资产池，这样有利于分散资产风险。

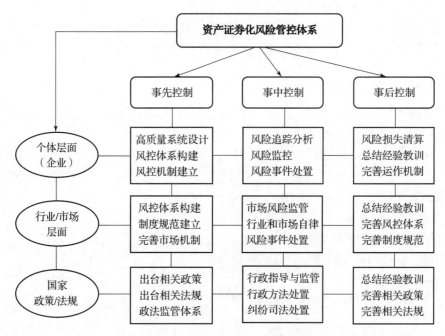

图 10-34 资产证券化风险管控的体系

③确保基础资产现金流可以覆盖资产支持证券的本息。

资产证券化之前要对基础资产现金流来源进行严格审核，通过科学的预测方法来预测项目未来的现金流。只有当基础资产现金流来源稳定且可以覆盖资产支持证券本息时，才能避免资产证券化资金出现断流风险。

④强化履约能力。

原始权益人要重视自身信用，遵纪守法地开展经营，要努力提升管理水平，提升资产运营的盈利水平，增强自己的履约能力。

⑤遵守法律政策，合规经营。

企业要有长远发展的眼光和风险意识，严格遵守各项法律政策，认真对待各类窗口指导意见，及时调整公司业务模式和风控措施，在合规经营中实现自身健康发展。

（2）计划管理人风险防控。

计划管理人要对原始权益人的经营状况进行考察，确认其可以进行正常的生产经营并且保持一定的盈利水平。要保证资产服务机构有能力并且按照协议将资金进行归集，以预防原始权益人有可能陷入经营困境的风险。

①严格执行尽职调查操作，确保入池基础资产质量。

在 SPV 设立之前，计划管理人就要重点考察原始权益人和基础资产相关情况。对于原始权益人，主要考察行业发展情况、公司所在行业地位以及公司自身发展情况等内容；对于基础资产，主要考察历史数据表现情况，确保制订了严格的基础资产入池标准。

②采取灵活多样的信用增级措施。

我们通过采取灵活多样的信用增级措施（如选择信用好、资本雄厚的担保公司，规定差额支付承诺人按时向准备金账户存入一笔资金等）可使优先级证券本息的兑付能力得到大幅度提高，证券的信用等级也会随之提升。这将有利于提升投资者积极性并降低其投资风险，不仅能更好地保护投资者利益，也有利于资产证券化项目的顺利实施。

③提升破产隔离效果。

在 SPV 设立时，我们要设计好交易结构，建立好破产风险隔离机制。特别情况下还可考虑设立特许经营权的备选企业（即西方国家的"行政接管人"方法），当原始权益人发生风险的时候，可以将经营权转让到备选企业，以此保护投资者利益。

④对资产池进行实时监控，防止资产不良率上升。

在资产证券化计划存续期间，计划管理人和资产服务机构要严格履行自身职责，对已经入池的基础资产运营状态要时刻进行监控。特别是要实时监控资产池的不良率等情况，一旦出现警情，应立即采取已备或应急措施，确保资产证券化项目的顺利进行，保障投资者的利益。

⑤确保资金池现金的平滑性。

设计资产证券化产品的投资期限时，我们要注意资金池现金的平滑性，按照基础资产质量对不同期限的资产证券化产品的评级和清偿方式进行设定。

⑥加强基础资产运营监管。

计划管理人应当加强对基础资产运营的监管，对于不可抗力等突发因素可能引发的风险，要进行事前预防和事后把控，对项目现金流的收支等关键流程要进行严格监控。此外，在资产证券化项目得到清偿之前，计划管理人对基础资产的早偿率、违约率、回收率以及坏账率等风险因素要进行实时监控。还可以通过设置触发机制来防范风险，比如，当闲置资金比例上升至某一水平时，实行加速清偿机制。

（3）其他参与者的风险管控。

①资产服务机构风险管控。

资产服务机构（有时可以由原始权益人兼任）为专项计划提供服务，要避免现金流的归集中出现延迟或者谎报情况。因此，资产服务机构应尽职尽责地服务，努力提高管理服务专业水平。最关键的时间是交易结构设计之初，要对资产服务机构的权责进行严格细分，比如要求设立单独的资金归集账户，资金不得混同，允许计划管理人与托管人对其账户进行严格盘查等。

②托管人风险管控。

由于原始权益人可能将收取的费用与本身的资金混用，或者无法及时将资金转入托管人账户，一般要委托一个独立的第三方机构对基础资产现金流进行管理，由资金支付方直接将资金转至第三方机构账户，由其进行归集；同时，托管人应加强对原始权益人与资金支付方的现金收支监管，当资金汇入时，要进行记录并及时督促原始权益人将资金转入托管人账户。

③评级机构风险管控。

信用评级和信用增级机构在对基础资产质量进行评估时要保证其真实性，遵循行业规范，诚信服务。在实际操作中，如果费用允许，可引入双评级制度，即同时选用两家评级机构对其进行独立评级，以保证评级的客观公正。

10.8.4.3 行业和市场层面资产证券化风险管控

从行业和市场层面看，资产证券化涉及的方面很广，为促进资产证券化市场发展和对国民经济的支持作用，应力求建立起多维度、多层次的行业和市场风险监管体系和有效机制。

（1）加强资产证券化产品标准化建设。

目前，中国资产证券化市场还缺乏一个规范、透明的产品分类标准体系。而我们都清楚：证券产品的标准化、透明度、流动性优良有助于提升投资者的信心、增进二级市场的流转效率；而从风险评估角度看，只有制定了标准，方能确保相关数据的可获得性、高质量、及时性、完备性，从而有利于采用有效的风险防控措施。因此，我国必须重视和加强资产证券化产品标准化建设工作，以促进行业的规范化运作和市场的有序运行。

（2）完善风险隔离制度规范，推动信用风险有效定价。

破产隔离是资产证券化制度设计的核心，尽管不同的项目、不同的 SPV 设计者可以有不同的方案，但是资产证券化设计还是应有基本的行业规范，以利于行业和市场对资产运作项目及其风险进行有效监管。其中，可以有基础资产的基本条件规定、对信用增级和信用评级的条例规定、破产隔离特殊目的载体构建的基本要求、对基础资产违约行为的约束规定，等等。特别是，应给出定价模型的选择指导指南，推动构建有效的信用风险定价机制，以求建立起更加透明高效的市场。

（3）完善信息披露制。

完善的信息披露制度可以很好地缓解信息不对称所造成的投资者风险。我国行业监管者应制定强制性的、统一的信息披露规范，明确资产证券化过程中需要对投资者、政府、各参与主体披露的内容。同时，监管部门要强化对各参与方信息披露的监管，严格按照规范和程序对各参与方应披露的信息进行审查，对不履行责任者应坚决予以处罚，以保证所公布信息的真实性。

（4）提高资产证券化产品单个发行规模，实现投资者多元化。

提高二级市场流动性的有效方法是提高单个资产证券化产品发行规模，以提高二级市场的流动性。我们通过改善基础资产和证券化产品设计，提高证券化产品标准化程度，使不同证券化产品信用评级之间具有较高的可比性，这也是提高二级市场活跃度的重要手段。让多元化的投资者包括投机者参与产品投资是提高市场流动性的关键，投机的重要作用是发现合理价格，投机者的存在有利于提高市场透明度，降低市场的系统性风险。

（5）设立做市商，提供双向报价。

资产证券化产品的定价比较复杂，其产品的固收特性、分割的交易市场、定价成本的限制、价格模型的复杂性共同约束着其二级市场的流动性。为此，我们可采用传统的做市商制度提升整体市场流动性：一方面，价差的存在驱动做市商去循环报价；另一方面，流动的报价为不同参与者提供更多的报价区间，以供选择。

（6）降低准入门槛，吸引投资者参与。

目前，我国资产证券化产品交易市场的买方和卖方都以机构投资者为主。我们知道，资产证券化产品的结构化优先级份额为二级市场主流交易标的，其优先级特性也可以满足自然人投资者对风险低、收益稳定的投资产品需求。但目前银行间与交易所门槛偏高，需要优化投资流程、降低准入门槛，以便更广泛地吸收普通投资者参与。

（7）建立统一的交易平台。

目前，银行间市场和交易所市场相互独立，这是我国资产证券化产品交易所市场的重要特征。同时，流通市场的参与者都以银行、基金、保险等机构投资者为主。一方面，这样的市场并不以资本增值或套利交易为目的,降低了交易的活跃性;另一方面,两个独立的交易市场具有不同的监管和市场架构,使市场很难找到比较可靠的收益率曲线,而市场的割裂使参与者不能同时参与两个市场的交易,这也会导致两个市场的流动性下降。

为此,可考虑建立联通两个市场的资产证券化产品转让平台,将 MBS 与 ABS 统一投放在这个转让平台上进行交易,有助于明晰产品的特点,减少搜寻成本,扩大市场影响力。

10.8.4.4　国家政策、法规层面的资产证券化风险管控

(1) 政策引导和约束。

国家政策对任何行业与市场的发展都具有重大影响。资产证券化属于创新事物,既要从政策上予以支持,又要从政策上给出清晰的行为约束条件,以促进市场的制度化、规范化、法制化建设。

(2) 完善相关法律法规。

在完善法律法规方面,我们首先应当在《证券法》等法律中增强资产证券化的规定,规范资产证券化过程中可能会出现的法律问题,使资产证券化业务的开展有法可依、有例可循,促进资产证券化良性发展。其次,可考虑出台专门的《资产证券化法》,专门对这一领域作出具体的法律规定。

(3) 应在法律层面明确监管者及职责。

目前我国主要通过效力层级较低的行政法规和规范性文件对政府的监管范围和职责作出规定,从而影响了执法的依据性。因此,我们有必要将其上升到法律层面,明确规定政府的监管代表者是谁,明晰监管体系、监管者的范围和职责。

(4) 明确 SPV 的法律地位。

明确 SPV 的法律地位,维护其作为诉讼主体的权利和地位,使其实现资产的转移与破产隔离的功能,继而得到法律的保障。由法律明文规定 SPV、专项计划主体资格后,其组织形式和职能,其对基础资产所享有的权益才具有合法性,基础资产所包含的权利义务才能与原始投资人进行分离,才能达到破产隔离的效果。

(5) 明确资产转移相关法律规定。

要以法律的方式明确收益权的性质以及转移方式,以立法的形式明确规定其认定标准以及转让的时间、方式和生效方式。

(6) 通过立法规范资产证券化项目运作机制。

要通过立法规范资产证券化项目的流程和运行机制,维护资本流通的效率和安全,减少其法律风险;要通过立法约束发行人(原始受益人)在项目中的行为,以法律的形式明确其权利边界,从源头上保证资产证券化产品的质量与信用;要通过立法对资产证券化中参与各方的权利义务和责任承担方式作出明确规定。

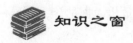 知识之窗

什么是 REITs

REITs(Real Estate Investment Trusts)即房地产信托投资基金,是指通过发行收益凭证的方式汇集投资者资金,由专门投资机构进行房地产投资经营管理,再将综合收益按照一定比例回报投资者的一种信托投资基金。它是把流动性差的房地产投资直接转化为资本市场上

的证券资产的金融交易方式。

REITs 实质上是资产证券化（ABS）的一个分支，主要应用于商业地产证券化项目。但它与房地产开发上市公司有本质区别，很少涉及房地产项目的开发建造，主要业务是房地产项目完工后的管理与租赁，如对写字楼、酒店、购物中心等的租赁和物业管理。

REITs 在国际上已发展比较成熟，有六个显著特点：(1) 流动性强。可以在公开市场上市与流通，投资门槛低。(2) 资产组合。主要面向具有稳定现金流的物业资产，如写字楼、酒店、公寓、商业零售、工业地产等。(3) 税收中性。不增加新的税收负担，甚至有些国家或地区还有税收优惠。(4) 积极管理。参与者都是主动型管理公司，具有与上市公司一样的治理结构。(5) 收益分配合理。通常 90% 以上的收益分配给投资者，长期投资回报率较高。(6) 低杠杆。也属于杠杆经营，但杠杆适中，如美国的 REITs 资产负债率低于 55%。

REITs 产品按照募集资金的形式不同，可分为公募和私募两种；按照底层资产类型不同，可分为权益型、抵押型和混合型三种。表 10-20 给出了按照后者分类的三种 REITs 产品的比较。

表 10-20 三种 REITs 产品比较

项 目	权益型	抵押型	混合型
投资形态	直接参与不动产投资、经营	以利息固定收益为主	混 合
投资标的	不动产本身	抵押债券和相关债券	混 合
影响收益主因素	不动产景气与经营绩效	货币市场利率水平	混 合
收益稳定性	较 低	较 高	中
投资风险	较 高	较 低	中
类似投资标的	股 票	债 券	混 合

练习题十

1. 思考题：2008 年，由美国房地产次级贷问题引发的全球金融危机是自 20 世纪大萧条之后最严重的一场全球金融危机，留给人们的教训是刻骨铭心的。引发这场危机最重要的原因是：美国一些资产证券化产品将大量低质量甚至是劣质的资产打包包装，同时在产品结构中又大量引入了金融杠杆，加之评级公司标准失控与对风险的误判、信息披露不充分、产品发起人风险预留不足、投资人本金准备不足等问题，最终在基础资产赖以维持的市场条件发生不利变化时，导致了次级贷危机的发生，进而引发了一场全球性金融危机。据估计，在这场危机中，全球证券化投资人的损失达万亿美元以上。

请思考：在我国资产证券化市场建设中，要避免类似的系统性风险发生，应该从哪些方面做好工作？

2. 辩论题：住房公积金贷款具有一定的特殊性：一方面，住房公积金管理中心并非金融机构，可以作为企业资产证券化的发起方在交易所挂牌住房公积金贷款 ABS；另一方面，住房公积金贷款均为公积金中心通过委托贷款银行向买房人发放的公积金贷款,且没有物业作抵押担保,因此在性质上也不属于个人住房抵押贷款资产证券化(RMBS)。目前,我国的住房公积金贷款 ABS 既可以在人民银行审批/备案,以特定目的信托计划作为 SPV 在银行间市场发行,又可以在交易所/证监会进行审批/备案,以资产管理计划作为 SPV 在交易所发行。也就是说,"住房公积金贷款"作为基础资产同时存在于信贷 ABS 类型和企业 ABS 类型中。你更赞同下面哪一方的观点?

辩方 A:资产证券化必须形成严格的产品标准化体系,"住房公积金贷款"资产证券化只能归于一类中,以避免实际操作中的混乱现象产生。

辩方 B:作为发展中的新事物,不必太强调产品标准化而约束手脚,"住房公积金贷款"作为基础资产,可同时存在于信贷 ABS 类型和企业 ABS 类型中。

3. 计算题:假定 H 企业应收账款采用资产证券化和账面信贷资产两种融资方式,其收益及融资成本数据如表 10-21 所示。

表 10-21 H 企业两种融资方式的收益及融资成本数据

项 目	资产支持证券/%	账面信贷资产/%
总收益	14	14
筹资成本	10~10.3	9.9
运营成本	1.5	1.5
坏账准备	0.5	0.5
间接费用	1.0	1.0
总成本	13~13.3	12.9
净边际收益率	0.7~1.0	1.1

问题:
(1) 计算两种融资方式的总成本;
(2) 比较两种融资方式的净边际收益率。
(提示:融资总成本分别为 13~13.3/12.9;净边际收益率分别为 0.7~1、1.1)

4. 计算题:表 10-22 所示为中银消费 ABS 发行的一个基本信息。因为假设了折现率存在波动性,所以不能利用国债即期利率 2.475 8 进行折现,而是利用二叉树模型对各期的折现率进行路径模拟,得出的具体路径模拟值,如图 10-35 所示。

表 10-22 中银消费 ABS 的基本信息

项 目	发行金额/万元	分层占比/%	发行利率	付息方式	加权平均年限	信用等级
优先 A 档	56 100.00	80.26	浮动利率(实际 3.29%)	按月	0.11	AAA

续表

项目	发行金额/万元	分层占比/%	发行利率	付息方式	加权平均年限	信用等级
优先B档	8 450.00	12.09	浮动利率（实际4.1%）	按月	0.47	AA
次级档	5 351.41	7.65	无票面利率	按月	无	无评级

如图10-35所示，可以得出8条路径及对应的折现率，基于8条路径折现值的平均值即可用来作定价分析。

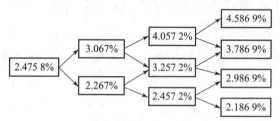

图10-35 基于二叉树模型的8条路径及对应的折现率

问题：（1）面值为100，根据A档证券每期还本付息额，在8条路径下分别进行折现，计算出A档证券的现值（平均折现）；

（2）通过多路径的二叉树模型计算出B档证券的折现值。

（提示：(1) 8条路径的现值分别为100.29、100.39、100.40、100.40、100.40、100.40、100.40、100.15，平均值为100.37；(2) 100.84）

5. 计算题：京东集团以京东白条融资模式发行应收账款债权资产支持证券，获得良好效果。表10-23、表10-24所示是根据京东2014—2017年公开的财务数据整理的一些资料，试分析其京东白条运用对企业产生的绩效。

表10-23 京东盈利能力变化

项目	2014年	2015年	2016年	2017年
净利润率/%	-2.75	-3.27	0.76	1.83
净资产收益率/%	-18.42	-19.35	4.80	12.65

表10-24 2014—2017年京东集团自由现金流相关财务数据 单位：亿元

项目	2014年	2015年	2016年	2017年
调整后经营现金流	37.67	123.6	161.31	198.21
资本性支出	29.02	52.99	51.10	60.35
自由现金流	8.65	70.61	110.21	137.86

投资名人故事

最成功的投资家——吉姆·罗杰斯

吉姆·罗杰斯（Jim Rogers），1942年10月19日出生于美国亚拉巴马州，为国际著名的投资家和金融学教授。他具有传奇般的投资经历。他与巴菲特、索罗斯并称为全球三大金融巨头，被称为"华尔街神话"。从他与金融大鳄索罗斯创立的令人闻之色变的量子基金到牛气十足的罗杰斯国际商品指数（RICI），从两次环球投资到被 Jon Train's Money Masters of Our Time，Jack Schwager's Market Wizards 等著名年鉴收录，无不令世人叹服。

吉姆·罗杰斯的七条投资法则：

（1）勤奋。罗杰斯曾多次说过："我并不觉得自己聪明，但我确实非常、非常、非常勤奋地工作。"对这一点，著名投资家赞叹道："罗杰斯是杰出的分析师，而且特别勤劳，一个人做6个人的工作。"

（2）独立思考。"我总是发现自己埋头苦读很有用处。我发现，如果我只按照自己所理解的行事，既容易又有利可图，而不是要别人告诉我该怎么做。"罗杰斯认为，从来没有人能靠随大流而发财。"每个人都必须找到自己成功的方式，这种方式不是政府所引导的，也不是任何咨询机构所能提供的，必须自己去寻找。"

（3）别进商学院。"学习历史和哲学吧，干什么都比进商学院好；当服务员，去远东旅行。"罗杰斯在哥伦比亚经济学院教书时，总是对所有的学生这样说。可以看出，罗杰斯是一位注重实战的投资家。

（4）绝不赔钱法则。"除非你真的了解自己在干什么，否则什么也别做。""你应该耐心等待好时机，赚了钱获利了结，然后等待下一次的机会。如此，你才可以战胜别人。""所以，我的忠告就是绝不赔钱，做自己熟悉的事，等到发现大好机会才投钱下去。"

（5）价值投资法则。"如果你是因为商品具有实际价值而买进，即使买进的时机不对，你也不至于遭到重大亏损。""我不认为我是一个炒家，我只是一位机会主义者，等候机会出现，在有十足信心的情形下才出击。"罗杰斯如是说。

（6）等待催化因素的出现。在罗杰斯看来，市场走势时常会呈现长期的低迷不振。为了避免使资金陷入如一潭死水的市场中，你就应该等待能够改变市场走势的催化因素出现。

（7）静若处子法则。"投资的法则之一是袖手不管，除非真有重大事情发生。"罗杰斯对"试试手气"的说法很不以为然，认为"这实际上是导致投资者倾家荡产的绝路"。罗杰斯认为，一个人若在股市遭到亏损，一定要平心静气，不能急躁，要等到市场有新状况发生时再采取行动。

罗杰斯写过四本畅销书：

（1）Investment Biker: Around the World with Jim Rogers - 1995（ISBN 1-55850-529-6），中译本名为《投资骑士》。

（2）Adventure Capitalist: The Ultimate Road Trip - 2003（ISBN 0-37550-912-7），中

译本名为《风险投资家环球游记》/《玩赚地球》。

（3）Hot Commodities：How Anyone Can Invest Profitably in the World's Best Market－2004（ISBN 1－40006－337－X），中译本名为《热门商品投资》。

（4）A Bull in China：Investing Profitably in the World's Greatest Market－December 4，2007（ISBN 1－40006－616－6），中译本名为《中国牛市》。

附录：贵州茅台投资分析报告（2020年）

内容目录

1 公司发展基本情况
    1.1 公司发展历程
    1.2 公司股权结构
    1.3 产品体系
    1.4 公司经营概况
2 宏观环境分析
    2.1 白酒市场需求的新变化
    2.2 国家内需消费刺激政策利好白酒业
    2.3 白酒行业面临的风险与挑战
3 行业分析
    3.1 行业总体格局和趋势
    3.2 行业集中度高，贵州茅台稳坐领头羊地位
    3.3 高端白酒市场格局稳定，呈三足鼎立之势
4 公司经营基本面分析
    4.1 公司产能状况
    4.2 公司经营效益
    4.3 公司的核心竞争力
5 公司核心财务指标分析
    5.1 盈利能力
    5.2 成长能力
    5.3 营运能力
    5.4 偿还能力
6 公司管理水平分析
7 公司股票技术分析
8 结论与投资建议

1 公司发展基本情况

1.1 公司发展历程

贵州茅台地区由于独特的地理和自然资源条件，其造酒历史悠久，产品最早可以追溯到公元前 135 年茅台古镇一带产出的被汉武帝称为"甘美之"的枸酱酒。1915 年，茅台酒荣获巴拿马万国博览会金奖。从此，茅台酒蜚声中外，与法国科涅克白兰地、英国的苏格兰威士忌并称为世界三大蒸馏名酒。

1951 年，成立地方国营茅台酒厂。1952 年，茅台酒被评为全国八大名酒。1954 年日内瓦会议期间，周总理用茅台酒宴请贵宾，让茅台酒再度享誉世界。此后，茅台酒长期成为中国的国宴之酒。国家一直非常重视贵州茅台酒厂的建设和发展。1999 年，中国贵州茅台酒厂等八家公司共同发起设立股份有限公司。2001 年，贵州茅台酒股份有限公司成功在上海证券交易所上市。2010 年，贵州茅台酒股份有限公司总市值达 1 735 亿元，高居白酒上市公司第一。2017 年，贵州茅台股票价格再创新高，成为全球市值最高的酒制造企业。其基本资料如表 1 所示。

表 1　贵州茅台酒股份有限公司基本资料

公司名称	贵州茅台酒股份有限公司		
英文名称	Kweichow Moutai Co., Ltd.		
A 股代码	600519	A 股简称	贵州茅台
证券类别	上交所主板 A 股	所属东财行业	酿酒行业
上市交易所	上海证券交易所	所属证监会行业	制造业——酒、饮料和精制茶制造业
总经理	李静仁（代）	法人代表	高卫东
董秘	刘刚	董事长	高卫东
办公地址	贵州省仁怀市茅台镇	注册地址	贵州省仁怀市茅台镇
区域	贵州	邮政编码	564501
注册资本（元）	12.6 亿	工商登记	9152000071430580XT
经营范围	茅台酒系列产品的生产与销售；其他相关产业		

2006 年茅台酒传统酿造工艺被列入首批国家级非物质文化遗产名录，并申报世界非物质文化遗产。在英国品牌评估机构"品牌金融"（Brand Finance）发布的全球最具价值的"50 大烈酒品牌"排行榜中，贵州茅台从 2016 年起问鼎，连续五年名列榜首（2020 年评估的品牌价值为 393.32 亿美元，第二名中国的五粮液为 208.72 亿美元）。毫无疑问，贵州茅台已是国际烈酒市场上最具知名度的品牌。

1.2 公司股权结构

（1）股权基本结构。

中国贵州茅台（集团）有限责任公司是贵州省国资委的全资公司，持有贵州茅台酒股份有限公司61.99%的股票，为公司实际控制人。其股权结构如图1所示。

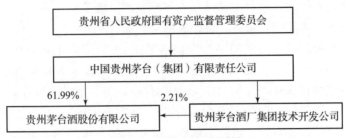

图1 贵州茅台股权结构

（2）前十大股东持股情况。

其股东持股情况，如表2所示。

表2 贵州茅台酒公司前十大股东持股情况（截至2020-06-30）

十大股东	本期持有股/万股	持有比例/%
中国贵州茅台酒厂（集团）有限责任公司	728 531 955	58.00
香港中央结算有限公司	106 148 171	8.45
贵州省国有资本运营有限责任公司	50 240 000	4.00
贵州茅台酒厂集团技术开发公司	27 812 088	2.21
中央汇金资产管理有限责任公司	10 787 300	0.86
中国证券金融股份有限公司	8 039 538	0.64
深圳市金汇荣盛财富管理有限公司－金汇荣盛三号私募证券投资基金	5 020 950	0.40
珠海市瑞丰汇邦资产管理有限公司－瑞丰汇邦三号私募证券投资基金	4 095 932	0.33
中国人寿保险股份有限公司－传统－普通保险产品－005L－CT001沪	3 845 138	0.31
贵州金融控股集团有限责任公司（贵州贵民投资集团有限责任公司）	3 487 220	0.28

从表2可以看出，除控股股东外，其他九大股东均为很有实力的投资机构或基金，可见市场对其认可程度很高。

1.3 产品体系

公司以高端茅台酒主打市场,同时发挥品牌影响力,扩展市场宽度,向全国中低端白酒市场拓展。2016年5月,公司实施了"133"战略:

(1) 1个世界级品牌:贵州茅台;

(2) 3个全国核心品牌:茅台王子酒+贵州迎宾酒+赖茅;

(3) 3个区域性强势品牌:汉酱+贵州大曲+仁酒。

其中,公司的世界级品牌(贵州茅台)价格带在1 000元以上;3个全国性品牌(茅台王子酒+贵州迎宾酒+赖茅)覆盖100~900元的价格带,满足中低档消费者的需求;区域性强势品牌价格带定位在500~1 000元,满足带有地方和文化特色的需求。

目前,贵州茅台酒股份有限公司茅台酒年生产量四万多吨,43°、38°、33°茅台酒拓展了茅台酒家族低度酒的发展空间,形成了低度、高中低档、极品三大系列200多个规格品种的生产能力。在国内独创年代梯级式的产品开发模式,15年、30年、50年、80年陈年茅台酒填补了我国极品酒、年份酒、陈年老窖的空白,全方位占据了国内白酒市场制高点。

1.4 公司经营概况

公司主要业务是茅台酒及系列酒的生产与销售。主导产品"贵州茅台酒"是世界三大蒸馏名酒之一,也是集国家地理标志产品、有机食品和国家非物质文化遗产于一身的白酒品牌。

2019年,贵州茅台公司实现营业收入共计人民币85 429 573 467.25元,同比增长16.01%,归属上市公司股东净利润为人民币41 206 471 014.43元,同比增长17.05%。分产品来看,2019年贵州茅台酒基酒产量为49 922.71吨,实现营业收入758.02亿元;茅台系列酒基酒产量为25 122.02吨,实现营业收入95.42亿元。近几年来,公司的营业收入保持高增长,显示出了公司良好的经营状况,如表3所示。

表3 贵州茅台公司主营构成分析

2019-12-31	主营构成	主营收入/元	收入比例/%	主营成本/元	成本比例/%	主营利润/元	利润比例/%	毛利率/%
按行业分类	酒类	853.45亿	99.90	73.65亿	99.12	779.80亿	99.97	91.37
	其他(补充)	8 500.51万	0.10	6 519.63万	0.88	1 980.88万	0.03	23.30
按产品分类	茅台酒	758.02亿	88.73	47.12亿	63.42	710.90亿	91.14	93.78
	其他系列酒	95.42亿	11.17	26.53亿	35.70	68.89亿	8.83	72.20
	其他(补充)	8 500.51万	0.10	6 519.63万	0.88	1 980.88万	0.03	23.30

续表

2019-12-31	主营构成	主营收入/元	收入比例/%	主营成本/元	成本比例/%	主营利润/元	利润比例/%	毛利率/%
按地区分类	国内	824.24 亿	96.48	71.26 亿	95.91	752.98 亿	96.54	91.35
	国外	29.20 亿	3.42	2.39 亿	3.21	26.82 亿	3.44	91.83
	其他（补充）	8 500.51 万	0.10	6 519.63 万	0.88	1 980.88 万	0.03	23.30

2 宏观环境分析

我国有着悠久的酿酒历史，而白酒是具有悠久历史和独特民族文化内涵的我国特有的酒种。目前，我国的经济发展迅速，人们生活水平得到不断提升，白酒的消费也一直呈现上升态势。相关专家认为，未来五年白酒市场的规模将达万亿元级。当然，白酒的消费观念逐步改变，健康饮酒、理性饮酒的消费理念逐渐深入人心，消费者在白酒消费选择上的品牌意识、健康意识逐步增强。总体而言，中国白酒市场面临新的增长动力和发展机遇，但也需要调整产业结构，满足市场日益变化的需求。

2.1 白酒市场需求的新变化

2.1.1 白酒市场具有刚性需求特征

中国白酒在 20 多年里始终保持增长态势，虽然有过经济下行、行业持续调整的时期，也经历了消费背景、环境、政策的反复变化，但白酒市场需求一直相对稳定增长。这在客观上反映出白酒在中国广大消费者中具有坚挺的刚性需求，如图 2 所示。

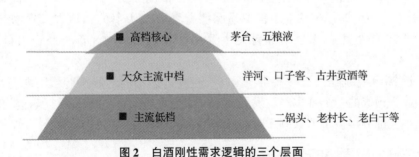

图 2　白酒刚性需求逻辑的三个层面

（1）刚性需求的第一个层面——低档，高频次，低价格。

从老村长到红星、牛栏山二锅头，近些年白酒业务年均增速高于 20%；地方特产名酒价格带上移，注重品牌提升，许多退出低档酒市场，成为全国化品牌，以成本优势进入市场；低端市场的品牌化、集中度提升。

（2）刚性需求的第二个层面——大众主流中档，100～300 元价格带。

以三、四线城市为主，100～300 元成为核心价格带；全场景消费，销量泡沫低，价格带中枢上移。

(3) 刚性需求的第三个层面——核心高端刚需。

茅台、五粮液有最核心的高端消费人群，且刚性需求不分淡旺季。茅台现在的价格是 2 600~2 800 元。

2.1.2 白酒市场需求结构更趋合理

党的十八大以来，由于中央出台八项规定，2012—2014 年，白酒市场消费经过近三年的深度调整，"三公消费"的占比已经大幅降低（原来占 40%）。相关调查数据显示：高端白酒目前政务消费的占比为 2%，商务消费的占比为 60%，大众消费的占比为 38%。可见，商务和大众消费成为高端白酒消费的主要来源，以前以"三公消费"助推的高端白酒消费逐渐被商务和大众消费承接，需求结构更加合理和健康。

2.1.3 大众白酒需求多样化

随着大众消费接替政商消费成为白酒增长的主要驱动力，居民收入和消费升级对于白酒行业的影响正在逐步增强。在此背景下，甚至有人认为，中国酒业即将从"产品为王"进入"消费为王"的时代。

随着时代的发展、人们收入的提高，人们对白酒乃至整个酒类的品质、口感、包装、度数等都提出了新的要求。特别是，目前中国"80 后"正在成为酒类消费的主要力量，白酒消费年龄层次呈现年轻化态势。新一代的年轻人思想意识更为现代化，他们秉承"少喝酒、喝好酒"的消费理念，故中高端白酒正成为年轻人的首选产品。

2.2 国家内需消费刺激政策利好白酒业

在很长的一段时间里，我国的消费政策一直是"重积累，轻消费"，而现在正实行"扩大内需，刺激消费"的政策。2008 年爆发全球金融危机后，我国政府及时出台了"十大刺激内需政策"；2012 年 12 月举行的中央经济工作会议明确提出"要牢牢把握扩大内需这一战略基点，培育一批拉动力强的消费增长点"；2016 年 12 月的中央经济工作会议又出台重要政策导向：中国政府将采取多项"富民政策"，刺激内需，改善消费不振的局面；2018—2019 年，在发生中美贸易摩擦背景下，从中央到地方都在密集释放刺激消费信号；2020 年 3 月 13 日，在全球发生重大疫情背景下，23 部委联合出台 19 条刺激消费举措。

可见，近 20 年特别是最近一些年，国家一直在通过不同的政策刺激国内消费，挖掘和扩展内需已成为国家的一个基本经济发展战略。作为重要消费品的白酒，其产业保持着强劲增长势头，很大部分得益于国家刺激内需政策的有利环境。

2.3 白酒行业面临的风险与挑战

(1) 经营环境风险。

2012 年 12 月以来，国家相继推出"八项规定""六项禁令"等一系列限制"三公"消费的政策，对高档酒店、高档白酒消费产生了重大影响。2020 年以来的新冠病毒疫情使全球发展遭受重大打击，在此背景下，中国白酒业也很难独善其身。

(2) 产业政策风险。

白酒价格增长过快问题、行业垄断问题，一直为政府部门所关注。

2019年12月3日,财政部发布了《中华人民共和国消费税法》。白酒生产环节征税的税率为20%加0.5元/500克。然而,此前市场较为关心的白酒税率移至消费端,却并未见到规定。

2019年4月发布的《产业结构调整指导目录》中,酒精生产线和白酒生产线继续列为限制类目录,但对白酒生产线提出"白酒优势产区除外",这对整个白酒产业是重大利好。

（3）食品安全问题。

国家非常重视食品安全工作,采取了一系列重大措施强化食品安全监督,这对白酒行业而言显然具有双刃剑效应。

3 行业分析

3.1 行业总体格局和趋势

截至2019年年底,全国规模以上酿酒企业数量为2 129家,其中白酒行业规模以上的企业数量达到1 176家。2019年,全国酿酒行业实现营业收入8 350.7亿元,白酒行业仍为最大的销售品种,实现营业收入5 617.8亿元,同比增长8.2%;全国规模以上白酒企业完成酿酒总产量785.95万千升,同比下降0.76%;白酒行业实现利润总额达到1 404.1亿元,同比增长14.54%。

白酒行业仍处于新一轮的增长周期,但同时也面临着中高端白酒阶段性去库存及竞争更加激烈的问题,行业进一步向少数有品牌影响力、高品质的名酒集中。总体来看,白酒行业由高速度增长迈向高质量发展的新阶段。

白酒行业目前主要呈现以下三个发展趋势:①品质至上。在居民收入显著提高和消费持续升级背景下,以名优白酒为代表的品质消费更加契合消费者日益增长的美好生活需要。②分化加剧。市场竞争逐步进入挤压式增长和结构性繁荣新常态,大企业、名优品牌产品市场竞争优势更加明显。③集中度提升。行业市场份额正加速向优势品牌、优势产能和优势产区集中,行业结构不断升级,整体格局不断优化,如表4所示。

表4 2019年中国各类酒利润增长率

项目	白酒	啤酒	黄酒	其他
利润增长率/%	19.87	18.30	-49.04	26.98
行业平均/%	18.57			

3.2 行业集中度高,贵州茅台稳居龙头位置

目前,白酒行业前五名企业的营业额占白酒产业营业额的50%,利润占比超70%。这说明市场核心集中在全国性的高端及中高端白酒上。

贵州茅台以854.30亿元的营收规模位居行业龙头地位,其营收规模占白酒行业规模以上企业营收的比重达15%,如图3所示。

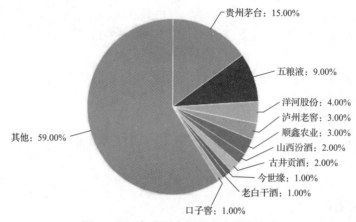

图 3　2019 年中国白酒行业市场占有率

3.3　高端白酒市场格局稳定，呈三足鼎立之势

由于白酒品牌的塑造需要时间沉淀和文化积累，所以高端白酒的市场参与者基本稳定，较难有新进入者。目前，茅台、五粮液、泸州老窖之间有明确的品牌定位，也具有足够的价格差来区分，消费者在价格带的选择上更加明晰。高端白酒市场高度集中，按销售收入计，茅台占比 63%，位列第一；五粮液占比 26%，紧随其后；国窖 1573 占比 6%；其他高端白酒品牌合计占比 5%，如图 4 所示。

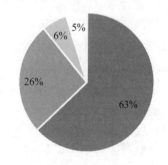

图 4　中国高端白酒市场占有率

贵州茅台酒股份有限公司拥有著名的品牌、卓越的品质、悠久的文化、厚重的历史积淀、独特的环境、特殊的工艺，共同构成其核心竞争力；同时，公司拥有实力雄厚的管理、技术和营销团队以及精通制酒、制曲、勾兑、品评的工匠队伍；还有成熟的销售体系、稳定的消费人群、忠实的"茅粉"群体。这些优势为企业保持核心竞争力、实现可持续稳定发展奠定了坚实基础。

4　公司经营基本面分析

4.1　公司产能状况

（1）现有产能。

其现有产能如表 5 所示。

表 5　贵州茅台现有产能　　　　　　　　单位：吨

主要工厂名称	设计产能	实际产能
茅台酒制酒车间	38 528	49 922.71
系列酒制酒车间	21 245	25 122.02

(2) 在建产能。

其在建产能如表 6 所示。

表 6　贵州茅台在建产能　　　　　　　　　　　　　　　　　　　单位：吨

在建产能名称	计划投资金额	报告期内投资金额	累积投资金额
"十三五"中华片区茅台酒技改工程及其配套设施项目	355 900	65 185	80 280
3 万吨酱香系列酒技改及配套设施项目	838 400	65 140	65 140

(3) 产品产销情况。

其产销情况如表 7 所示。

表 7　贵州茅台产品产销情况

产品档次	产量/吨	同比/%	销量/吨	同比/%	销售收入/万元	同比/%	主要代表品牌
茅台酒	49 922.71	0.51	34 562.46	6.46	7 580 230.48	15.75	贵州茅台酒
其他系列酒	25 122.02	22.28	30 082.84	1.04	954 226.35	18.14	茅台王子酒、茅台迎宾酒、赖茅酒

4.2　公司经营效益

我们可以用反映每股的各种效益、效果指标来表达贵州茅台酒股份有限公司的经营效益情况。总体来看，各种指标都表现出优良的状态和稳定的增长趋势（如表 8 所示）。

4.3　公司的核心竞争力

4.3.1　深厚的品牌文化积淀，成就品牌价值

白酒企业的核心竞争力源于产品品质和品牌基因。白酒品牌的塑造需要历史的沉淀，因而品牌是具有深厚文化内涵的稀缺资源。在中国数千年的酿造史上，茅台酒的酿造工艺可以说是最复杂的。其主导产品"贵州茅台酒"被公认是酱香型白酒的鼻祖，这是因为其制作工程的独特性。1996 年，茅台酒的酿造工艺被确定为国家机密加以保护，并被列入首批国家物质文化遗产和国家非物质文化遗产名录。

茅台酒历史悠久，具有不可复制的品牌价值。1915 年，茅台酒获得巴拿马万国博览会金奖，名扬全球。新中国成立后，茅台酒无数次独揽国内国际金奖。贵州茅台不仅成为中国白酒行业的领军企业，更成为世界公认的蒸馏酒第一品牌。

4.3.2　独特的酿造工艺，打造产品核心优势

白酒类型可分为酱香型、浓香型和清香型。相较于其他两类白酒，酱香型白酒工艺复杂、生产周期长。

表 8 贵州茅台每股指标表现(时间:2011-12-31—2019-12-31)

每股指标	19-12-31	18-12-31	17-12-31	16-12-31	15-12-31	14-12-31	13-12-31	12-12-31	11-12-31
基本每股收益/元	32.8000	28.0200	21.5600	13.3100	12.3400	13.4400	14.5800	12.8200	8.4400
扣非每股收益/元	32.9600	28.3300	21.6700	13.5000	12.4300	13.5900	14.8800	12.9100	8.4400
稀释每股收益/元	32.8000	28.0200	21.5600	13.3100	12.3400	13.4400	14.5800	12.8200	8.4400
每股净资产/元	108.2714	89.8255	72.8003	58.0276	50.8885	46.7868	41.0547	32.8938	24.0700
每股公积金/元	1.0945	1.0945	1.0945	1.0945	1.0945	1.2040	1.3244	1.3244	1.3244
每股未分配利润/元	92.2564	76.4067	63.6932	49.9267	43.6866	39.9003	34.6520	27.6446	19.2039
每股经营现金流/元	35.9900	32.9448	17.6350	29.8132	13.8803	11.0618	12.1896	11.4829	9.7753

酱香型酒的酿造工艺主要特点在于：

（1）接种剂不同：酱香型酒的接种剂采用超高温曲，发酵温度一般在 60 ℃ 以上；浓香型和清香型酒的接种剂分别为中温及低温曲，温度分别在 55 ℃ ~ 60 ℃ 以及 50 ℃ 以下。同时，酱香型酒的用曲量也远超其他类型。

（2）工艺特点不同：各类酒的口味侧重不同，因此在制造过程中，工艺也各不相同，其中又以茅台最为复杂，在生产过程中需要 9 次蒸煮、8 次发酵、7 次取酒，还要求在各个环节中严格把控。

（3）生产周期不同：酱香型酒生产周期约为 1 年，此后还要经过 3 年以上的贮存期，以及半年至 1 年的勾兑后贮存期；而浓香型与清香型酒生产周期较短，一般为 3 个月，甚至更短。

贵州茅台的核心产品酱香型白酒，生产周期更是高达 5 年以上，这就决定了茅台酒供给端的稀缺属性。茅台具有独特的复杂严苛的酿酒制造环节，同时，制酒 1 年，形成基酒后贮存 3 年，茅台可销售成品酒量大致和四五年前的基酒产量对应。这不仅保证了茅台酒质量上乘，且因供给端无法迅速扩张，产能具有上限，导致其供给端稀缺，使得茅台酒具有资源稀缺性。其生产流程及周期如图 5 所示。

图 5　茅台酒生产流程及周期

4.3.3　立体化营销体系，扁平化渠道模式

贵州茅台近年来致力于打造"经销为主、直营为辅 + 云商平台"的立体化营销体系，重视小经销商、专卖店发展和云商平台的构建，形成了多维立体化的营销网络体系，提升了渠道控制力，促进了销售额的增长。

公司于 2015 年搭建茅台云商平台，实施"互联网 +""大数据"战略。近些年更注重发展小型经销商，借助小商模式，深化直营店渠道，以加强对终端的控制，建立更为精细化的营销格局。目前，茅台采取的是扁平化的"区域总经销 + 特约经销商 + 直营店"模式，如图 6 所示。

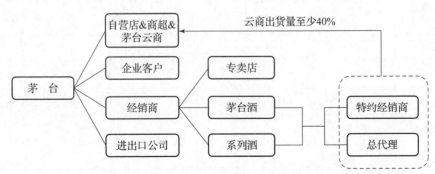

图 6　茅台的"区域总经销 + 特约经销商 + 直营店"扁平化渠道模式

4.3.4 卖方市场下具备提价空间

贵州茅台自上市以来，共提价 9 次，每次提价幅度均在 10% 以上（2020 年 7 月茅台批价已至 2 470 元）。茅台提价动因主要有以下几点：经济增长加快、供需失衡、销售渠道管控、大众消费升级。

（1）对标城镇居民可支配收入的复合平均增速，茅台仍然有提价空间。

2013 年之后茅台出厂价增速放缓，低于城镇居民可支配收入的复合平均增速（如表 9 所示）。在我国经济持续稳定增长的大背景下，居民可支配收入也会水涨船高，茅台仍有提价空间。

表 9 城镇居民可支配收入与茅台出厂价的复合平均增长速度对比

时 间	城镇居民可支配收入平均增速/%	茅台出厂价平均增速/%
2000—2012 年	12.00	13.20
2013—2018 年	7.80	3.40

（2）茅台酒渠道利润空间大，供需趋紧，提价动力足。

自 2016 年 7 月起，茅台酒批价快速上行，带动渠道利润率增加，为经销商带来了丰厚的渠道利润。2019 年春节后，飞天茅台一批价 1 800 元左右，可推算渠道利润率达到 85.8%。由于市场需求旺盛，茅台酒产量受限，供需趋紧，处于卖方市场，故与其他主要高端白酒五粮液和国窖 1573 相比，提价空间较大。

（3）产品结构升级，满足消费差异化需求。

茅台通过推出生肖酒、年份酒等非标产品，完善产品结构，满足了消费者的差异化、高端化、个性化需求。同时，一些非标酒定价高于普通茅台，带动了公司业绩提升。

5 公司核心财务指标分析

贵州茅台酒公司近些年的财务指标如表 10 所示，我们由此可以分析得知，公司各项财务指标均处于良好状态。

表 10 贵州茅台财务指标情况（2011-12-31—2019-12-31）

成长能力指标	19-12-31	18-12-31	17-12-31	16-12-31	15-12-31	14-12-31	13-12-31	12-12-31	11-12-31
营业总收入/元	889 亿	772 亿	611 亿	402 亿	334 亿	322 亿	311 亿	265 亿	184 亿
毛利润/元	653 亿	558 亿	439 亿	289 亿	267 亿	264 亿	259 亿	218 亿	144 亿
归属净利润/元	412 亿	352 亿	271 亿	167 亿	155 亿	153 亿	151 亿	133 亿	87.6 亿

续表

成长能力指标	19-12-31	18-12-31	17-12-31	16-12-31	15-12-31	14-12-31	13-12-31	12-12-31	11-12-31
扣非净利润/元	414亿	356亿	272亿	170亿	156亿	155亿	155亿	134亿	87.6亿
营业总收入同比增长/%	15.10	26.43	52.07	20.06	3.82	3.69	17.45	43.76	58.19
归属净利润同比增长/%	17.05	30.00	61.97	7.84	1.00	1.41	13.74	51.86	73.49
扣非净利润同比增长/%	16.36	30.71	60.57	8.57	0.62	0.45	15.30	52.90	73.55
盈利能力指标	19-12-31	18-12-31	17-12-31	16-12-31	15-12-31	14-12-31	13-12-31	12-12-31	11-12-31
加权净资产收益率/%	33.09	34.46	32.95	24.44	26.23	31.96	39.43	45.00	40.39
摊薄净资产收益率/%	30.30	31.20	29.61	22.94	24.25	28.73	35.51	38.97	35.06
摊薄总资产收益率/%	25.65	25.69	23.44	18.00	21.63	26.82	31.79	35.07	30.59
毛利率/%	91.30	91.14	89.80	91.23	92.23	92.59	92.90	92.27	91.57
净利率/%	51.47	51.37	49.82	46.14	50.38	51.53	51.63	52.95	50.27
实际税率/%	25.20	25.57	25.13	25.16	25.21	25.65	25.51	25.09	25.01
盈利质量指标	19-12-31	18-12-31	17-12-31	16-12-31	15-12-31	14-12-31	13-12-31	12-12-31	11-12-31
预收款/营业收入	0.16	0.18	0.25	0.45	0.25	0.05	0.10	0.19	0.38
销售现金流/营业收入	1.11	1.14	1.11	1.57	1.14	1.06	1.07	1.09	1.29
经营现金流/营业收入	0.53	0.56	0.38	0.96	0.53	0.40	0.41	0.45	0.55

续表

运营能力指标	19-12-31	18-12-31	17-12-31	16-12-31	15-12-31	14-12-31	13-12-31	12-12-31	11-12-31
总资产周转率/次	0.52	0.52	0.49	0.40	0.44	0.53	0.62	0.66	0.61
应收账款周转天数/天	—	—	—	0.00	0.03	0.03	0.11	0.14	0.03
存货周转天数/天	1 182.04	1 257.35	1 293.23	2 039.35	2 339.81	2 064.29	1 764.17	1 483.88	1 480.77
财务风险指标	19-12-31	18-12-31	17-12-31	16-12-31	15-12-31	14-12-31	13-12-31	12-12-31	11-12-31
资产负债率/%	22.49	26.55	28.67	32.79	23.25	16.03	20.42	21.21	27.21
流动负债/总负债/%	99.82	100.00	99.96	99.96	99.92	99.83	99.84	99.81	99.82
流动比率	3.87	3.25	2.91	2.44	3.24	4.51	3.71	3.80	2.94
速动比率	3.25	2.69	2.34	1.88	2.34	3.09	2.66	2.79	2.18

资料来源：东方财富网·行情中心. http://f10.eastmoney.com/BusinessAnalysis,2020-09-01

5.1 盈利能力

从盈利能力总体看，贵州茅台盈利空间大，盈利能力整体高于高端白酒行业其他竞争者，如表11所示。

表11 公司盈利能力表现及预测

预测指标	2017年	2018年	2019年	2020年	2021年预测	2022年预测
每股收益/元	21.556 6	28.024 0	32.802 5	37.473 0 (126家)	44.701 1 (126家)	52.235 5 (105家)
上一个月预测每股收益/元	21.556 6	28.024 0	32.802 5	37.455 6 (133家)	44.710 7 (133家)	52.235 5 (105家)
每股净资产/元	72.800 3	89.825 5	108.271 4	130.074 5 (96家)	157.463 9 (96家)	189.889 1 (82家)
净资产收益率/%	32.95	34.46	33.09	29.31 (115家)	29.06 (115家)	28.19 (96家)

续表

预测指标	2017年	2018年	2019年	2020年	2021年预测	2022年预测
归属于母公司股东的净利润/元	271亿	352亿	412亿	471亿 (118家)	561亿 (118家)	657亿 (101家)
营业总收入/元	611亿	772亿	889亿	990亿 (119家)	1 159亿 (119家)	1 336亿 (99家)
营业利润/元	389亿	513亿	590亿	673亿 (109家)	801亿 (109家)	933亿 (91家)

(注：表中括号中的数字为作出本行指标预测的机构家数；2017、2018、2019年为实际统计或计算数据)

2012年以来，贵州茅台销售毛利率一直在90%左右，高于同样位于高端白酒市场的五粮液和泸州老窖（目前茅台、五粮液、泸州老窖毛利率都超过80%）。

从成本费用利润率来看，茅台也始终远高于五粮液和泸州老窖，2018年为197.72。同时，茅台、五粮液、泸州老窖（茅五泸）作为头部企业，在产品生产、流通环节的成本相对于中小企业更有优势，单个产品的成本明显低于同品类白酒，如图7所示。

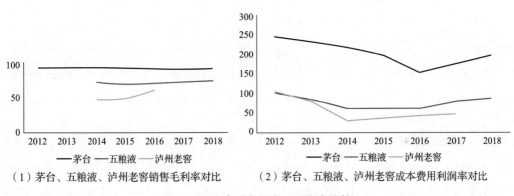

（1）茅台、五粮液、泸州老窖销售毛利率对比　　（2）茅台、五粮液、泸州老窖成本费用利润率对比

图7　三家高端白酒企业利润率比较

5.2　成长能力

贵州茅台的成长性不仅比五粮液、泸州老窖高得多，与正处于较快成长期的其他一些酿酒公司相比也名列前茅（如表12所示）。

表12　一些上市酒业公司成长性比较

排名	代码	简称	基本每股收益增长率/%						营业收入增长率/%					
			3年复合	19A	TTM	20E	21E	22E	3年复合	19A	TTM	20E	21E	22E
11	600519	贵州茅台	16.63	17.06	1.81	14.38	19.06	16.49	15.92	16.01	1.93	15.88	16.84	15.04

续表

排名	代码	简称	基本每股收益增长率/%					营业收入增长率/%				
			3年复合	19A	TTM	20E	21E	22E	3年复合	19A	TTM	20E	21E	22E

排名	代码	简称	3年复合	19A	TTM	20E	21E	22E	3年复合	19A	TTM	20E	21E	22E
	行业平均		16.22	14.99	0.54	11.10	20.02	17.12	12.75	13.47	0.89	8.34	15.72	13.69
	行业中值		17.13	19.92	1.05	8.32	23.70	18.51	11.62	5.19	-0.50	1.59	16.36	14.87
1	000799	酒鬼酒	28.09	34.50	1.64	22.96	32.19	29.30	20.28	27.38	3.16	12.65	24.70	23.88
2	600809	山西汾酒	25.06	28.35	2.31	27.30	26.07	21.87	18.00	25.79	3.60	17.67	19.47	16.87
3	000860	顺鑫农业	24.04	8.72	-3.26	16.62	30.53	25.38	12.88	23.40	2.20	12.03	13.39	13.22
4	300755	华致酒行	23.58	-39.53	1.05	18.99	25.67	26.22	22.61	37.38	7.74	21.29	24.42	22.15
5	600197	伊力特	19.35	5.19	27.92	4.24	33.83	21.88	12.10	8.36	11.28	1.59	20.19	15.39

5.3 营运能力

高端白酒行业一大特殊点就在于经销商需要先付款再拿货，因此，从白酒企业的预收账款可看出企业对渠道经销商的控制能力并预估其未来销量。自2014年以来，随着白酒行业复苏，茅台预收账款大幅上升，2018年年末预收账款达135亿元。从存货周转率上看，由于独特的酱酒制作方法导致生产周期更长，以及供不应求的供需关系，茅台的存货周转率一直低于同行水平，但近两年存货周转率有所提高，达到0.29%，如图8、图9所示。

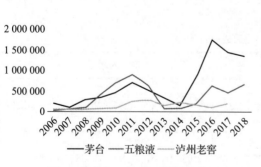

图8 茅台、五粮液、泸州老窖
预收账款对比（单位：万元）

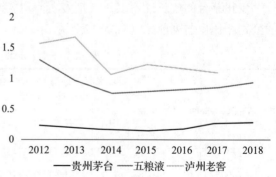

图9 茅台、五粮液、泸州老窖
存货周转率

5.4 偿还能力

贵州茅台的偿债能力指标一直处于良性状态。2019年，贵州茅台流动比率3.87%，速动比率3.25%，资产负债率22.49%。与五粮液、泸州老窖比较，三家企业的偿还能力指标有逐年趋同的态势。

6 公司管理水平分析

（1）公司治理规范。

公司具有完善的法人治理结构，公司股东大会、董事会、监事会与经理层之间权责分明、各司其职、运作规范。董事会下设战略、审计、风险管理、提名、薪酬与考核五个专门委员会，按照各自职责开展工作。公司不仅制定各种规章制度，还能保证各项制度得到有效执行。

（2）公司发展战略明确。

公司的战略基调是坚持稳中求进，围绕"做足酒文章，扩大酒天地""定位、定向、瘦身、规范、改革"的总要求，不断深化"双轮驱动"战略：①扩大酱香系列酒产能规模，聚焦培育打造大单品，推动酱香系列酒实现高质量发展；②利用品牌定位升级契机，科学规划全球市场战略布局，持续巩固茅台酒世界蒸馏酒第一品牌地位，推动公司做强、做优、做精、做久。

（3）经营计划清晰。

①经营理念：恪守"质量、安全、环保"三条生命线，坚持"居安思危，行稳致远"。

②经营目标：2020年实现营业总收入较上年度增长10%左右，完成基本建设投资53.71亿元，安全生产实现"双百双零三低"。

（4）经营管理措施具体。

①扎实开展"基础建设年"，提升企业治理体系和治理能力现代化水平。②深入推进"文化茅台"建设，进一步提升茅台品牌影响力和文化辐射力。③认真抓好生产质量，强化技术攻关，推进"茅台全产业链大数据平台"建设，提升产品全生命周期的质量管控水平。④不断完善市场工作机制，着力提高市场服务能力和水平，做精、做优市场服务质量。⑤深化和细化"智慧茅台"顶层设计。⑥大力推进基础设施建设。⑦全力抓好安全生产和生态环保。⑧积极践行社会责任。

（5）公司文化厚重。

企业使命——弘扬国酒文化，追求创新卓越；企业愿景——享誉全球；企业核心价值观——以人为本，以质求存，恪守诚信，继承创新；企业经营理念——理性扩张，统筹发展；企业决策理念——谋则科学民主，定则果断执行；企业人才理念——以才兴企，人企共进；企业领导理念——务本兴业，正德树人；企业精神——爱我茅台，为国争光，工艺技术。

（6）有效的商业模式。

①得益于得天独厚大自然要素下的低成本。贵州茅台的主要生产要素并不是厂房、机器、设备，而是自然要素——赤水河的水、云贵高原的地形、茅台镇的气候和微生物。按照

天人合一的古训，端午采曲，重阳下沙，借助大自然的神力，生产出优质的茅台酒。这样的产品其实是大自然的作品，不仅质优，而且价廉。公司成本控制能力强，一直保持成本稳定。

②茅台卖的是社交产品，需求刚性，长期供不应求，价格稳中有升。对于有些人来说，酒是健康、养生、长寿；对于大多数人来说，酒是交情、友情、亲情。喝酒是一种精神享受，喝的是社交关系和社会资源。所以，茅台酒是社交需求品。从这个意义上讲，消费者买的不是酒，买的是社交品，看重的不仅是价格，更是品牌。

③茅台酒长期存酿增加了内在价值，控制生产规模能增加稀缺性。"酒是陈的香"，茅台酒比其他厂家存酿时间长，把储存也变成了生产、加工的一部分。有效生产规模下，靠优良品质增加内在价值，故没有跌价风险，消费者购买保存还会升值。

7 公司股票技术分析

贵州茅台从2014年的百元股，经过逐年攀升，2020年8月已达到1 800元左右，是名副其实的中国股市第一股。因此，以短线形态分析贵州茅台股价走势已不合理。本文以月K线图观察贵州茅台股价基本走势（如图10所示），可以看出贵州茅台的短线操作意义不大，且很难把握，但长期趋势坚挺这一点是十分明确的。

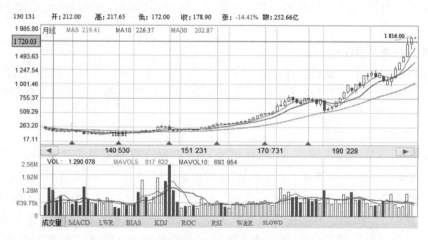

图10　贵州茅台股价月K线图，反映出股价持续稳定上升的态势

8 结论与投资建议

贵州茅台拥有著名的品牌、卓越的品质、悠久的文化、厚重的历史积淀、独特的环境、特殊的工艺。

从价值投资的角度进行基本面分析可以看出，在大众消费升级、高端白酒市场升温的背景下，由于具有深厚的品牌价值积淀和独一无二的产品竞争力，加上优秀的渠道经销商管理，贵州茅台股价内在价值高，价值提升内驱力大，是值得长期投资的好股票，如表13所示。

表 13　中国股市前六名酒业公司规模比较

排名	代码	简称	总市值/元	流通市值/元	营业收入/元	净利润/元
1	600519	贵州茅台	2.24 万亿	2.24 万亿	440 亿	239 亿
	行业平均		1 199 亿	1 142 亿	44.3 亿	14.3 亿
	行业中值		138 亿	118 亿	12.0 亿	1.79 亿
2	000858	五粮液	9 316 亿	9 110 亿	308 亿	114 亿
3	000568	泸州老窖	2 190 亿	2 183 亿	76.3 亿	32.2 亿
4	002304	洋河股份	2 126 亿	1 762 亿	134 亿	54.0 亿
5	600809	山西汾酒	1 719 亿	1 708 亿	69.0 亿	16.2 亿
6	000596	古井贡酒	1 301 亿	991 亿	55.2 亿	10.1 亿

贵州茅台（600519）2019 年实现稳健增长，2020 年确定性仍冠绝行业。在不考虑未来提价的情况下，预估 2021—2022 年公司实现营业总收入 1145/1314 亿元，同比 +15.5%/+14.7%；实现收入归母公司净利润 568/664 亿元，同比 +18.5%/+17.0%，对应 EPS 为 45.20/52.87 元，目前股价对应 PE 为 27/23 倍。中国股市前六名酒业公司估值比较，如表 14 所示。

表 14　中国股市前六名酒业公司估值比较

排名	代码	简称	PEG	市盈率/%					市销率/%				
				19A	TTM	20E	21E	22E	19A	TTM	20E	21E	22E
10	600519	贵州茅台	3.08	54.46	51.17	47.61	39.99	34.33	17.40	24.05	22.67	19.40	16.87
	行业平均		3.33	32.07	49.30	46.50	38.74	33.48	8.95	14.11	14.01	12.10	10.88
	行业中值		3.11	45.33	31.86	45.57	37.68	32.25	3.91	5.86	5.85	5.31	5.66
1	600197	伊力特	1.26	21.30	24.33	20.44	15.27	12.53	3.07	4.42	4.07	3.39	2.94
2	600702	舍得酒业	1.79	25.80	26.93	25.15	20.32	16.94	3.82	5.34	4.94	4.18	3.60
3	300755	华致酒行	1.86	45.68	43.95	38.39	30.55	24.20	2.53	3.47	3.22	2.59	2.12
4	603919	金徽酒	2.19	35.34	37.37	32.35	26.69	22.02	4.23	6.24	5.36	4.61	3.92
5	000568	泸州老窖	2.28	47.17	42.83	40.89	33.52	28.13	8.03	14.18	12.77	10.86	9.37

从技术分析的角度而言，自 2019 年春节以来，贵州茅台股价一路上涨到 1 800 元左右。因此，短期来看，贵州茅台股价可能会迎来短期内的小幅下跌震荡，投资者近期内应谨慎交易。

目前，白酒板块对应 2020 年业绩的整体估值水平在 26 倍左右，贵州茅台的估值高于板块平均水平。但基于公司行业绝对龙头的地位稳固、增长确定性冠绝行业，公司基本面良好，可维持长期投资持有"推荐"评级。

参 考 文 献

［1］埃德温·J. 埃尔顿，等. 现代投资组合理论和投资分析［M］. 北京：中国人民大学出版社，2006.

［2］维基百科. 艾略特波浪理论［EB/OL］. ［2015 - 01 - 03］. http://wiki. mbalib. com/wiki/.

［3］百度百科. 效率市场假说［EB/OL］. ［2014 - 10 - 12］. http://baike. baidu. com/view/342791. htm.

［4］百度百科. 布林线指标［EB/OL］. ［2015 - 12 - 03］. http://baike. baidu. com/view/896305. htm.

［5］曹凤岐，刘力，姚长辉. 证券投资学［M］. 北京：北京大学出版社，2000.

［6］陈东. 道氏理论——市场分析的基石［M］. 北京：中国经济出版社，2003.

［7］陈广志，尚文秀. 证券投资学［M］. 北京：经济科学出版社，2012.

［8］Freeney P W. Securitization：Redefining the Bank［M］. New York：St. Martin's Press，1995：1.

［9］高广春. 资产证券化的结构：形成机理和演变逻辑［M］. 北京：中国经济出版社，2008.

［10］Henderson J, Barings I. Asset securitization：current techniques and emerging market applications［M］. London：Euromoney Institutional Investor PLC，1997.

［11］哈利·马柯威兹. 资产组合选择和资本市场的均值—方差分析［M］. 朱菁，欧阳向，译. 上海：上海三联书店、上海人民出版社，2007.

［12］哈里·马科威茨. 资产选择——投资的有效分散化［M］. 刘军霞，张一弛，译. 北京：首都经济贸易大学出版社，2000.

［13］哈姆·勒威，马歇尔·萨纳特. 证券投资组合与选择［M］. 陈云贤，朱敢林，译. 广州：中山大学出版社，1998.

［14］维基百科. 乖离率［EB/OL］. ［2015 - 10 - 20］. http://wiki. mbalib. com/wiki/.

［15］胡海鸥. 证券投资分析［M］. 上海：复旦大学出版社，2003.

［16］胡黄山. 基于 CVaR 的投资组合理论及实证研究［D］. 东北大学. 2005.

［17］Kendall L T. Securitization：A New Era in American Finance. Kendall L T, Fishman M J. A Primer on Securitization［C］. Massachusetts：The MIT Press，1996：1 - 2.

［18］吕栋. 股票价格估算与投资方法［M］. 北京：中国经济出版社，2008.

［19］刘力耕. 金融衍生品市场研究［J］. 复印报刊资料. 金融与保险：2002（03）：39 - 43.

[20] MBA 百科. 投资组合理论 [EB/OL]. [2011-08-05]. http://baike.mbachn.com.

[21] 南方财富网. 利润表分析 [EB/OL]. [2010-06-23]. http://www.southmoney.com/zhishi/jbmfx/112164.html.

[22] 维基百科. OBV 指标 [EB/OL]. [2015-12-04]. http://www.baike.com/wiki/.

[23] 普莱切特, 弗罗斯特. 艾略特波浪理论 [M]. 陈鑫, 译. 北京: 机械工业出版社, 2010.

[24] 普林格. 技术分析 [M]. 任若恩, 译. 北京: 中国财政经济出版社, 2003.

[25] Ranieri L S. The Origins of Securitization, Sources of Its Growth, and Its Future Potential. Kendall L T, Fishman M J. A Primer on Securitization [C]. Massachusetts: The MIT Press, 1996: 31.

[26] 维基百科. 随机漫步理论 [EB/OL]. [2014-08-13]. http://wiki.mbalib.com/wiki/.

[27] 斯蒂文·L. 西瓦兹. 结构金融——资产证券化原理指南 [M]. 李传全, 龚磊, 杨明秋, 译. 北京: 清华大学出版社, 2003.

[28] Thomas H. Effects of Asset Securitization on Seller Claimants [J]. Journal of Financial Intermediation, 2001 (10): 306-330.

[29] 维基百科. 效率市场假说 [EB/OL]. [2014-07-09]. http://zh.wiki.pedia.org/wiki/.

[30] 吴晓求. 证券投资学 [M]. 北京: 中国人民大学出版社, 2004.

[31] 维基百科. 相对强弱指标 [EB/OL]. [2015-07-16]. Http://wiki.mbalib.com/wiki.

[32] 百度百科. 移心理线 (PSY) 指标 [EB/OL]. [2015-12-05]. http://baike.baidu.com/view/3138064.htm.

[33] 詹姆斯·L. 法雷尔. 投资组合管理理论及应用 (第二版) [M]. 北京: 机械工业出版社, 2000.

[34] 新浪财经. 股神沃伦·巴菲特介绍 [EB/OL]. [2010-04-27]. http://www.sina.com.cn stock/usstock/c/20100427/22407838659.shtml.

[35] 百度百科. 移动平均线 [EB/OL]. [2015-12-02]. http://baike.baidu.com/link?url.

[36] 中国金融期货交易所. 股指期货基础教程 [M]. 上海: 上海远东出版社, 2010.

[37] 中国证券业协会. 证券市场基础知识 [M]. 北京: 中国财政经济出版社, 2006.

[38] 中国证券业协会. 证券发行与承销 [M]. 北京: 中国财政经济出版社, 2006.

[39] 中国证券业协会. 证券交易 [M]. 北京: 中国财政经济出版社, 2006.

[40] 维基百科. 证券市场分析论 [EB/OL]. [2014-08-05]. http://wiki.mbalib.com/wiki/.

[41] Frank J. Fabozzi. Bond Markets: Analysis and Strategies (8th Edition) [M]. Upper Saddle River: Pearson, 2012.

[42] Schwarz SL. Enron and the Use and Abuse of Special Purpose Entities in Corporate Structures [J]. Social Science Electronic Journal, 2002, 70 (328): 1309-1318.

［43］Leon T，Kendall and Michael J．A Primer on Securitization［M］．London，England：The MIT Press Cambridge，Massachusetts，1996．

［44］Securities and Exchange Commission．Asset‐Backed Securities［R］．https：//www.sec.gov/rules/final/33‐8518.htm．March 8，2005．

［45］Joseph C Shenker，Anthony J Colletta．Asset Securitization：Evolution，Current Issues and New Frontiers［J］．Texas Law Review，1991，169（5）：1374‐1375．

［46］于凤坤．资产证券化：理论与案例［M］．北京：北京大学出版社，2004．

［47］Hugh Thomas．Effects of Asset Securitization on Seller Claimants［J］．Journal of Financial Intermediation，2001，306‐330．

［48］Gardener．Asset Securitization：Current Techniques and Emerging，Market Applications［M］．Euromoney Publications PLC，1991．33．

［49］李传全．资产证券化在中国［N］．国际金融报，2003‐09‐01．

［50］Rosenthal J A，Ocampo J M．Securitization of Credit：Inside the New Technology of Finance［J］．Journal of Applied Corporate Finance，1988，01（3）：6‐100．

［51］何小锋．资产证券化理论及其在中国实践［J］．学术研究，1999（2）：22‐27．

［52］张超英．资产证券化对货币市场的影响［J］．中国软科学，2005（2）：57‐65．

［53］王开国．关于中国推行资产证券化问题的思考［J］．经济研究，1999（6）：29‐36．

［54］邹晓梅，张明，高蓓．欧洲资产证券化：发展历程、特色产品及对中国的启示［J］．上海金融，2015（1）：79‐81．

［55］华创证券．资产证券化信用增级措施［EB/OL］．［2017‐09‐06］．https：//www.sohu.com/a/190129325_99924606．

［56］田艳杰．资产证券化过程中信用增级方式研究［J］．时代金融，2020（9）：117‐118．

［57］张佳．我国应收账款证券化未来模式的探讨［D］．天津财经学院，2004．

［58］原丕业，殷啸钟，有维宝．公租房收益权资产证券化定价研究［J］．价值工程，2018（3）：59‐61．

［59］仁达评估．房地产资产证券化概述及现金流分析预测［EB/OL］．［2019‐05‐08］．https：//www.sohu.com/a/312611436_761133．

［60］杨升升．消费金融资产证券化交易结构和定价研究［D］．对外经济贸易大学，2017．

［61］周晓静，段云．企业资产证券化的成本收益分析［J］．哈尔滨商业大学学报（自然科学版），2006（5）：126‐128．

［62］马如锦．京东白条应收账款资产证券化收益与风险研究［D］．北京交通大学，2018．

［63］岳会玉．京东白条应收账款资产证券化动因与效应研究［D］．河北经贸大学，2018．

［64］胡虹雨．京东白条应收账款资产证券化融资效应研究［D］．太原理工大学，2018．

［65］杨莎．宜信租赁涉农租赁资产证券化案例分析［D］．河北金融学院，2019．

［66］范宇麟. PPP 项目资产证券化风险识别与评价研究——以资阳市雁江区停车场 PPP 项目资产证券化为例［D］. 青岛大学，2019.

［67］秦芬. Z 信托公司消费金融资产证券化项目风险评估研究［D］. 湖南大学，2018.

［68］谢宜坚. PPP 项目资产证券化基础资产风险管理研究——以绿源项目为例［D］. 江西财经大学，2019.